Portanto, tudo quanto quereis que as pessoas vos façam, assim fazei-o vós também a elas, pois esta é a Lei e os Profetas.
Mateus 7.12

Contabilidade de Custos

Contabilidade de Custos

Teoria facilitada e todas as questões resolvidas

Ed Luiz Ferrari

Niterói, RJ
2015

 © 2015, Editora Impetus Ltda.

Editora Impetus Ltda.
Rua Alexandre Moura, 51 – Gragoatá – Niterói – RJ
CEP: 24210-200 – Telefax: (21) 2621-7007

Conselho Editorial:
Ana Paula Caldeira
Benjamin Cesar de Azevedo Costa
Ed Luiz Ferrari
Eugênio Rosa de Araujo
Fernanda Pontes Pimentel
Marcelo Leonardo Tavares
Renato Monteiro de Aquino
Rogério Greco
William Douglas Resinente dos Santos

Projeto Gráfico: Editora Impetus Ltda.
Editoração Eletrônica: SBNigri Artes e Textos Ltda.
Capa: Editora Impetus Ltda.
Revisão de Português: Hugo Correa
Impressão e encadernação: Edelbra Editora e Indústria Gráfica Ltda.

F375c
    Ferrari, Ed. Luiz.
        Contabilidade de custos / Ed Luiz Ferrari. – Niterói, RJ: Impetus, 2015.
        520 p.; 17 x 24 cm.
        ISBN: 978-85-7626-842-0
        1. Serviço público – Brasil – Concursos. 2. Contabilidade de custos. I. Título.
        CDD- 351.81076

O autor é seu professor; respeite-o: não faça cópia ilegal.
TODOS OS DIREITOS RESERVADOS – É proibida a reprodução, salvo pequenos trechos, mencionando-se a fonte. A violação dos direitos autorais (Lei nº 9.610/98) é crime (art. 184 do Código Penal). Depósito legal na Biblioteca Nacional, conforme Decreto nº 1.825, de 20/12/1907.

A **Editora Impetus** informa que se responsabiliza pelos defeitos gráficos da obra. Quaisquer vícios do produto concernentes aos conceitos doutrinários, às concepções ideológicas, às referências, à originalidade e à atualização da obra são de total responsabilidade do autor/atualizador.

www.impetus.com.br

O Autor

- Analista Tributário da Receita Federal do Brasil.
- Especialista na área de concursos públicos, ministrando aulas há mais de 20 anos em diversos cursos preparatórios.
- Autor de diversos simulados e apostilas de Contabilidade Geral, Custos, Análise das Demonstrações Contábeis, Contabilidade Avançada e Auditoria.

Autor dos livros:
- *Contabilidade Geral – Questões*, pela Editora Impetus.
- *Contabilidade Geral para Concursos*, pela Editora Impetus.
- *Análise de Demonstrações Contábeis*, pela Editora Impetus.
- *Análise de Balanços – Provas e Concursos*, pela Editora Campus/Elsevier.
- *Resumo de Contabilidade Geral para Concursos*, Editora Impetus.

Apresentação do Autor

Dividida em 10 capítulos, a presente obra tem por objetivo atender, sobretudo, àqueles que desejam a aprovação em concursos públicos elaborados pelas diversas bancas existentes no Brasil, tais como ESAF, FCC, Fundação Cesgranrio, FGV, Cespe etc., onde se exijam conhecimentos de Contabilidade Custos, incluindo a Contabilidade Gerencial.

Embora o conteúdo aqui apresentado seja primordialmente dirigido aos que desejam realizar concursos públicos, também poderá ser utilizado por aqueles que, motivados por causas diversas, desejam o conhecimento rápido e objetivo de Contabilidade de Custos e Gerencial, tais como acadêmicos, professores, contadores, pesquisadores, auditores, tributaristas etc.

Toda a parte teórica está descrita em linguagem sequencial didática e acompanhada de diversos exemplos práticos e exercícios resolvidos.

Ao final de cada capítulo há uma coletânea de questões extraídas de diversos concursos públicos, sendo <u>todas</u> resolvidas e comentadas ao final do respectivo capítulo.

Em especial, o Capítulo 8 apresenta a parte de Contabilidade Gerencial, que é uma ramificação da Contabilidade de Custos, a qual tem sido muito cobrada pelas diversas bancas em vários concursos públicos.

O Capítulo 9 foi dedicado ao estudo do Custeio Padrão, incluindo as principais análises das variações de custos.

O Capítulo 10 inclui questões do tipo <u>Certo</u> ou <u>Errado</u> exclusivamente extraídas da banca Cespe/UnB (Centro de Seleção e Promoção de Eventos da Universidade de Brasília).

Por fim, agradeço desde já a confiança dispensada, estando aberto a quaisquer observações ou críticas que contribuam para o aperfeiçoamento do presente trabalho.

Ed Luiz Ferrari

Sumário

Capítulo 1	Conceitos Gerais..1	
	1. Conceito de Contabilidade de Custos....................................1	
	2. Breve Histórico da Contabilidade de Custos.........................1	
	3. Tipos de Indústrias...3	
	3.1. Quanto ao ritmo de fabricação dos produtos................3	
	3.2. Quanto aos processos de fabricação dos produtos........3	
	3.3. Quanto à variedade dos produtos..................................3	
	3.4. Quanto aos tipos de produtos fabricados......................3	
	3.5. Quanto ao modo de obtenção dos produtos.................4	
	4. Nomeclaturas Aplicáveis à Contabilidade de Custos..............4	
	4.1. Desembolso...4	
	4.2. Gasto 5	
	4.3. Investimento...5	
	4.4. Custo 5	
	4.5. Despesa...5	
	4.6. Perda...7	
	5. Componentes dos Custos..7	
	5.1. Materiais Diretos Aplicados 8	
	5.2. Mão de Obra Direta (MOD) 9	
	5.3. Custos Indiretos de Fabricação (CIF) 11	
	6. Resultado Industrial 12	
	7. Classificação dos Custos...13	
	7.1. Custos Diretos..13	
	7.2. Custos Indiretos 14	
	7.3. Custos Fixos...23	

		7.4.	Custos Variáveis 24
		8.	Método Maior Menor (*High Low*) 34

Exercícios de Fixação 39
Gabarito 67

Capítulo 2	Apuração de Custos 91
	1. Apuração Matemática de Custos 91
	1.1. Matéria-Prima Aplicada (MPA) 91
	1.2. Custo Primário (CPr) 92
	1.3. Custo de Transformação (CTr) 93
	1.4. Custo de Produção (CP) 93
	1.5. Custo da Produção Acabada (CPA) 94
	1.6. Custo dos Produtos Disponíveis para Venda (CPDV) 95
	1.7. Custo dos Produtos Vendidos (CPV) 95
	2. Apuração Contábil de Custos 98

Exercícios de Fixação 101
Gabarito 118

Capítulo 3	Estoques 131
	1. Tipos de Estoques numa Indústria 131
	2. Critérios de Controle de Estoques 133
	3. Custo dos Estoques 139
	4. Valor Realizável Líquido dos Estoques 144
	5. Quando os Estoques Geram Despesas 144
	6. Avaliação dos Estoques Quando não há Contabilidade de Custos Integrada e Coordenada com o Restante da Escrituração 144

Exercícios de Fixação 149
Gabarito 152

Capítulo 4	Sistemas de Custeamento 155
	1. Classificação 155
	1.1. Quanto à forma de apropriação dos custos 155

		1.2.	Quanto à forma de acumulação dos custos 155
	2.	Custeio por Absorção... 155
	3.	Custeio Variável 156
	4.	Custeio por Ordem 159
		4.1.	Exemplo de Cálculo e Contabilização 159
		4.2.	Ordens de Longo Prazo para Execução................... 161
	5.	Custeio por Processo 163
		5.1.	Produção Equivalente com o Mesmo Grau de Acabamento dos Componentes do Custo 164
			5.1.1. Método do Custo Médio 165
			5.1.2. Método PEPS (Primeiro que Entra Primeiro que Sai)... 166
		5.2.	Produção Equivalente com Diferentes Graus de Acabamento dos Componentes do Custo 167

Exercícios de Fixação 187
Gabarito 205

Capítulo 5 Produção Conjunta 217

	1.	Introdução 217
	2.	Coprodutos 217
		2.1. Atribuição de Custos aos Coprodutos...................... 218
		2.1.1. Método do Valor de Mercado 219
		2.1.2. Método do Volume Produzido.................... 222
		2.1.3. Método das Ponderações............................. 222
		2.1.4. Método da Igualdade do Lucro Bruto.......... 223
	3.	Subprodutos 224
	4.	Sucatas (ou Resíduos) 225

Exercícios de Fixação 229
Gabarito 235

Capítulo 6 Departamentalização 241

	1.	Departamentalização 241
	2.	Classificação dos Departamentos Fabris 241

		2.1. Departamentos de Serviços...241
		2.2. Departamentos de Produção.......................................242
	3.	Centro de Custos 243
	4.	Métodos de Alocação dos Custos Indiretos aos Departamentos...243
		4.1. Método Direto...243
		4.2. Método Hierárquico 245
		4.3. Método Recíproco..247
		4.3.1. Matriz 248
		4.3.2. Representação Genérica de uma Matriz.........249
		4.3.3. Diagonal Principal de uma Matriz Quadrada...250
		4.3.4. Igualdade de Matrizes 250
		4.3.5. Multiplicação de Matriz por um Número......251
		4.3.6. Adição (ou Subtração) de Matrizes................251
		4.3.7. Multiplicação de Matrizes 252
		4.3.8. Matriz Identidade..254
		4.3.9. Matriz Inversa...255
		4.3.10. Cálculo dos Custos Indiretos Alocados aos Departamentos de Produção pelo Método Recíproco (ou Método Matricial).................257
	5.	Sequência da Contabilidade de Custos com Departamentos...261
	6.	Produção Equivalente na Departamentalização..................271
	7.	Perda e Adição de Unidades na Departamentalização.........279
	8.	Perda de Unidades no Departamento ao Final do Processo...284

Exercícios de Fixação 286
Gabarito 295

Capítulo 7	Custeio ABC 303
	1. Significado e Necessidade de Aplicação.............................303
	2. Conceitos Básicos...304
	3. Etapas de Aplicação do ABC...305
	4. Custeamento das Atividades...306

		5. Custeamento dos Produtos 307
Exercícios de Fixação 310
Gabarito 317

Capítulo 8	Contabilidade Gerencial 325
	1. Finalidade 325
	2. Sistema de Custeamento Mais Adequado para a Contabilidade Gerencial 325
	3. Margem de Contribuição Unitária (MC/u) 327
	4. Aplicação da Margem de Contribuição para Fins da Decisão de Aceitar ou Não uma Encomenda 328
	5. Decisão de Tirar ou Não um Produto de Linha 330
	6. Decisão de Comprar ou Fabricar 331
	7. Escolha do Mix de Produção que Maximiza o Lucro Quando há <u>Apenas um</u> Fator que Limita a Capacidade de Produção 332
	8. Escolha do Mix de Produção que Maximiza o Lucro Quando há <u>Mais de um</u> Fator que Limita a Capacidade de Produção 335
	9. Ponto de Equilíbrio Contábil (PEC) 372
	9.1. Conceito 372
	9.2. Fórmula 373
	9.3. Análise Gráfica 374
	10. Margem de Segurança (MS) 374
	11. Grau de Alavancagem Operacional (GAO) 375
	12. Ponto de Equilíbrio Econômico (PEE) 376
	13. Ponto de Equilíbrio Financeiro (PEF) 377
	14. Ponto de Equilíbrio Conjunto 377
	15. Critérios para Fixação do Preço de Venda 395
	15.1. Introdução 395
	15.2. Fixação de Preço com Base no Custeio por Absorção 396

  15.3. Fixação de Preço com Base no RKW.........................398

  15.4. Fixação de Preço com Base no Custeio Variável 400

  15.5. Fixação de Preço de Venda com Base no Custo Meta
    (Target Cost) 401

Exercícios de Fixação 402

Gabarito 429

Capítulo 9   Custo Padrão **449**

 1. Significado 449

 2. Necessidade do custo real para o uso do custo padrão 450

 3. Análise das variações entre o custo padrão e o custo real....451

  3.1. Análise das Variações dos Materiais Diretos 452

    3.1.1. Variação de Quantidade - VQ (ou Variação
      de Consumo) 453

    3.1.2. Variação de Preço (VP) 454

    3.1.3. Variação Mista (VM) 455

  3.2. Análise das Variações da Mão de Obra Direta 458

    3.2.1. Variação de Eficiência 459

    3.2.2. Variação de Taxa 460

    3.2.3. Variação Mista 460

  3.3. Análise das Variações dos Custos Indiretos de
    Fabricação 462

    3.3.1. Variação de Volume dos CIF (VV CIF) 462

    3.3.2. Variação de Custo dos CIF (VC CIF) 464

    3.3.3. Variação de Eficiência dos CIF (VE CIF).......465

 4. Controle do custo padrão 467

Exercícios de Fixação 475

Gabarito 484

Capítulo 10   Questões do Cespe/UnB **491**

CAPÍTULO 1

CONCEITOS GERAIS

1. CONCEITO DE CONTABILIDADE DE CUSTOS

A CONTABILIDADE DE CUSTOS é aquela aplicada às empresas industriais, prestadoras de serviços, rurais (pecuárias ou agrícolas) e às empresas de construção civil, com a finalidade de calcular separadamente o valor dos estoques de produtos em elaboração e os estoques de produtos acabados, a partir dos três componentes dos custos que são os materiais diretos aplicados, a mão de obra direta aplicada e os custos indiretos aplicados.

Na presente obra, iremos focar a contabilidade INDUSTRIAL, principalmente pelo fato de as questões de concursos públicos, em geral, se referirem a esse ramo.

No caso das empresas comerciais, não há que se falar em custos, visto que estes se referem aos gastos na produção de bens ou serviços, o que não ocorre nas empresas puramente comerciais, dado que essas se dedicam exclusivamente à revenda de mercadorias.

2. BREVE HISTÓRICO DA CONTABILIDADE DE CUSTOS

Oficialmente, a Contabilidade de Custos propriamente dita surgiu no século XVIII com a Revolução Industrial. Antes dessa época, existia apenas a Contabilidade Financeira, também chamada de Contabilidade Geral, a qual foi aperfeiçoada na época mercantilista, com a finalidade de servir às empresas que se limitavam a revender as mercadorias que adquiriam de seus fornecedores (empresas comerciais), sendo esses naquela época normalmente representados por produtores individuais ou por grupos de pessoas, dificilmente organizados em forma de empresas.

Com o surgimento das indústrias no século XVIII, a preocupação primordial dos contadores, auditores e dos governos foi a de determinar como mensurar os estoques dos produtos fabricados, bem como a forma de apuração do resultado das empresas industriais. Naquela época, chegou-se à conclusão de que o valor dos estoques fabricados deveria incluir, além dos materiais utilizados em sua obtenção, todos os outros fatores de produção necessários à sua fabricação, tais como os gastos com mão de obra, energia, depreciação de máquinas fabris, aluguel de fábrica etc. Posteriormente, em função do crescimento do capital das empresas e distanciamento entre administradores, ativos da empresa e empregados, surgiu a necessidade da utilização das informações produzidas pela Contabilidade de Custos, com a finalidade de fornecer aos administradores condições para a tomada de decisões. Daí, o aparecimento do que hoje conhecemos como "Contabilidade Gerencial", que nada mais é do que um novo ramo da Contabilidade de Custos, dada sua extensão e evolução, a qual deixou de se limitar à mera apuração do valor dos estoques e dos resultados das indústrias e passou a ser utilizada como uma poderosa ferramenta administrativa na tomada de decisões.

Cabe salientar que, assim como a Contabilidade Gerencial é um ramo da Contabilidade de Custos, esta última também pode ser considerada um ramo da Contabilidade Financeira. Em outras palavras, a Contabilidade Financeira engloba todas as outras contabilidades.

Contudo, quando utilizamos a expressão "Contabilidade Financeira" (ou Contabilidade Geral), estamos, em geral, excluindo o estudo detalhado da Contabilidade de Custos, apesar de esta ser uma parte daquela.

EVOLUÇÃO HISTÓRICA DA CONTABILIDADE FINANCEIRA:

3. Tipos de Indústrias

3.1. Quanto ao ritmo de fabricação dos produtos

o INDÚSTRIAS DESCONTÍNUAS (ou SAZONAIS): Dependem de épocas especiais para a fabricação de produtos, tais como aquelas que produzem enfeites de natal, máscaras de carnaval, artefatos de festa junina etc.

o INDÚSTRIAS CONTÍNUAS (ou PERENES): Operam ao longo do ano todo, visto que não dependem de épocas especiais para a produção, como, por exemplo, indústria de bebidas, indústrias de alimentos processados, indústrias de remédios, indústrias de cosméticos, indústrias de eletrônicos etc.

o INDÚSTRIAS MISTAS: Parte da linha de produção é contínua, pois não depende de épocas especiais, e outra parte é sazonal, visto que depende de épocas especiais para a produção. É o caso, por exemplo, das empresas fabricantes de chocolates. Ao longo do ano todo produzem diversos tipos de chocolates. Somente na época da Páscoa, produzem ovos de chocolate. Em regra, dificilmente uma indústria é puramente sazonal, pois sempre possuem linhas de produtos que podem ser vendidos o ano todo.

3.2. Quanto aos processos de fabricação dos produtos

o INDÚSTRIAS DE PRODUÇÃO SIMPLES: Utilizam as matérias-primas numa única etapa, isto é, não há fabricação de produtos intermediários, tal como o caso de indústrias de móveis, as quais utilizam os diversos tipos de madeiras adquiridos de indústrias madeireiras como matéria-prima.

o INDÚSTRIAS DE PRODUÇÃO COMPLEXA: Os produtos finais são obtidos mediante a fabricação de produtos intermediários. É o caso, por exemplo, de indústrias de fabricação de veículos, as quais fabricam algumas peças a partir de determinadas matérias-primas, e, posteriormente, utilizam essas peças como matérias-primas para a montagem dos veículos.

3.3. Quanto à variedade dos produtos

o INDÚSTRIAS MONOTÍPICAS: Produzem apenas uma linha de produtos. É o caso, por exemplo, de indústrias de fabricação de radiadores para automóveis.

o INDÚSTRIAS POLITÍPICAS: Fabricam diversas linhas de produtos, como é o caso, por exemplo, de uma indústria fabricante de eletrodomésticos, as quais podem fabricar, ao mesmo tempo, geladeiras, máquinas de lavar, liquidificadores, condicionadores de ar etc.

3.4. Quanto aos tipos de produtos fabricados

o INDÚSTRIAS UNIFORMES: Fabricam linhas de produtos escolhidas por elas mesmas, pois não dependem de especificação de clientes.

- INDÚSTRIAS POLIFORMES: Não possuem linha própria de produtos, pois dependem de especificações dos clientes. É o caso, por exemplo, de indústria de fabricação de esquadrias de alumínio, onde o pedido de cada cliente possui desenho e medidas próprias.

3.5. Quanto ao modo de obtenção dos produtos

- INDÚSTRIAS DE PRODUÇÃO DESCONJUNTA: Cada sequência de processos de fabricação destina-se a um único tipo de produto. É o caso, por exemplo, de uma empresa de fabricação de camisetas, onde todo o esforço na produção gera apenas camisetas.

- INDÚSTRIAS DE PRODUÇÃO CONJUNTA: Numa mesma sequência de processos de fabricação, são obtidos diversos tipos de produtos. É o caso, por exemplo, de uma indústria de produção de carne bovina, onde num mesmo abate são produzidos couro, alcatra, picanha etc. Nesse caso, podemos dizer que a produção é conjunta concomitante. Outro exemplo seria o de uma refinaria, onde numa mesma sequência são produzidos gasolina, óleo diesel, querosene. Nesse tipo, a produção é considerada conjunta progressiva, visto que os derivados do petróleo vão surgindo à medida que a produção se processa.

4. NOMENCLATURAS APLICÁVEIS À CONTABILIDADE DE CUSTOS

4.1. Desembolso

O DESEMBOLSO corresponde à saída de numerário (dinheiro) para aquisição de bens (ex.: matérias-primas), serviços (ex.: pagamento de mão de obra) ou remuneração de capitais de terceiros (ex.: pagamento de aluguel de fábrica).

Quanto à época, o desembolso poderá ocorrer simultaneamente à aquisição, após a aquisição ou antes da aquisição.

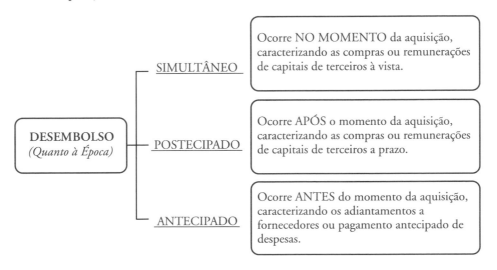

4.2. Gasto

É toda alteração patrimonial manifesta pela redução das disponibilidades financeiras (gastos à vista) ou pelo aumento de passivos (gastos a prazo) para aquisição de bens (ex.: aquisição de matérias-primas), serviços (ex.: pagamento de salários de funcionários) ou para remuneração de capitais de terceiros (ex.: pagamento de aluguel de fábrica). Em outras palavras, um gasto é todo sacrifício patrimonial para aquisição de bens ou serviços, bem como para remuneração de capitais de terceiros.

Quanto à aplicação, existem **três tipos** de GASTOS:

- Investimentos
- Custos
- Despesas

4.3. Investimento

É todo gasto na obtenção de bens, os quais, no caso de uma indústria, de uma empresa comercial ou de uma empresa prestadora de serviços, integrarão seus respectivos ATIVOS. Assim, por exemplo, a aquisição de matérias-primas representa numa indústria um investimento no ativo circulante. Ao mesmo tempo, a aquisição de máquinas de produção representa nesse mesmo tipo de empresa um investimento no ativo imobilizado.

4.4. Custo

É todo gasto na aquisição de bens ou serviços (ou na remuneração de capitais de terceiros) para a produção de outros bens ou serviços. Dessa forma, por exemplo, a aquisição de couro (matéria-prima) numa indústria de produção de calçados de couro é um INVESTIMENTO quando o mesmo é estocado. Ao retirar esse couro do estoque e empregá-lo na produção, esse gasto se transforma num CUSTO, o qual integrará o custo de fabricação dos sapatos de couro. Uma empresa de transportes aéreos (prestadora de serviços), por exemplo, ao efetuar gastos com os salários das comissárias de bordo, estará integrando esses gastos ao custo do serviço do transporte aéreo.

Cabe ressaltar que os gastos posteriores à produção não são custos e sim **despesas**, tais como os salários do pessoal administrativo, as comissões dos vendedores de produtos, os aluguéis dos imóveis administrativos etc. Cabe ainda ressaltar que há custos não expressos por gastos, como, por exemplo, as depreciações de máquinas fabris, visto que também integrarão o custo dos produtos fabricados, embora não gerem redução de disponibilidades ou aumento de passivos.

4.5. Despesa

É todo gasto no consumo de bens ou serviços após a produção dos bens (fora da fábrica), isto é, gasto na ADMINISTRAÇÃO no sentido "amplo" (administração de pessoal não ligado à produção, administração de vendas, administração financeira etc.).

Pode-se também dizer que DESPESA é o consumo de bem ou serviço, o qual direta ou indiretamente, visa à obtenção direta ou indireta de receitas (princípio da CONFRONTAÇÃO das despesas com as receitas de mesma competência), o que não acontece com o custo de produção ou de prestação de serviço, o qual representa consumo de bem ou serviço para a obtenção de outro bem ou serviço.

Assim, numa indústria metalúrgica, por exemplo, o gasto com os salários de torneiros mecânicos é custo de produção, ao passo que o gasto com o salário de vendedores é despesa comercial. O gasto com energia elétrica na fábrica é custo de produção, ao passo que o gasto com energia elétrica do escritório é despesa administrativa. A depreciação de máquinas fabris é custo de produção, ao passo que a depreciação de veículos usados para entrega de produtos aos clientes é despesa comercial. O aluguel do prédio da fábrica é custo de produção, ao passo que o aluguel do prédio de administração central é despesa administrativa. O gasto na aquisição da matéria-prima já aplicada na produção é custo, ao passo que o gasto na aquisição de material de escritório que já foi consumido é despesa administrativa.

Obs. 1: Outra **diferença** entre DESPESAS e CUSTOS, no caso de uma indústria, é que aquelas serão diretamente apropriadas ao resultado em confronto com as receitas para a apuração do lucro ou prejuízo, ao passo que esses só serão apropriados ao resultado quando da venda dos produtos fabricados, integrando assim o CPV (Custo dos Produtos Vendidos), que, apesar do nome, "CUSTO" não é tratado contabilmente como custo de produção e sim como despesa.

Obs. 2: Enquanto os produtos fabricados não forem vendidos, os custos de produção integrarão os **estoques** de PRODUTOS PRONTOS (ou produtos acabados) e PRODUTOS EM FABRICAÇÃO (ou produtos em elaboração), os quais são classificados no ativo circulante. Assim, por exemplo, se uma indústria de móveis gastou na fabricação de uma mesa R$ 130,00 de matérias-primas, R$ 180,00 de mão de obra direta e R$ 20,00 de custos indiretos de fabricação, o custo da mesa pronta será de R$ 330,00. Enquanto a mesa não for vendida, esse custo integrará os estoques no ativo circulante. Quando for vendida, esses R$ 330,00 serão transferidos contabilmente para o resultado como CPV, o qual, juntamente com as demais despesas, será confrontado com as receitas para apuração do resultado.

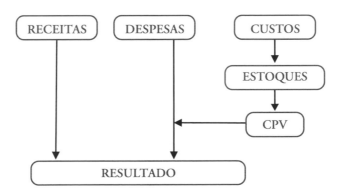

Observemos no esquema acima que os CUSTOS só se "transformarão" em despesas quando integrarem o CPV (Custo dos Produtos Vendidos), visto que, enquanto estiverem nos ESTOQUES, não serão considerados despesas e sim investimentos, normalmente, no ativo circulante. Assim, podemos inferir do esquema acima a seguinte igualdade:

RESULTADO (Lucro ou Prejuízo) = Receitas − CPV − Despesas

4.6. Perda

É todo gasto INVOLUNTÁRIO na área de produção de bens ou serviços ("normalmente" custo), ou fora da área de produção ("sempre" despesa).

Assim, numa indústria de fabricação de roupas, por exemplo, as perdas de retalhos de tecidos que sobraram no processo de corte (perdas normais) são custos. Numa indústria de fabricação de móveis de madeira, as perdas de pedaços de madeira (perdas normais) são custos. Já, as eventuais perdas ocorridas na administração não são custos e sim despesas.

Obs.: As perdas ANORMAIS, mesmo ocorrendo na área de produção, são tratadas como <u>despesas</u> e não como custos. Assim, numa indústria de fabricação de perfumes, por exemplo, as perdas por evaporações (perda normal) são custos de produção. As perdas por vazamentos (perdas anormais) são despesas. No entanto, a legislação do Imposto de Renda não faz distinção entre perdas normais e anormais, impondo que qualquer perda na área fabril seja computada como custos de produção e não como despesas. Desta forma, o procedimento contábil correto é contabilizar como item componente dos custos de produção somente as perdas normais, de sorte que as perdas anormais serão apropriadas diretamente ao resultado como despesas. Por ocasião do cálculo do IR e CSLL a pagar (normalmente ao final de cada trimestre), as perdas anormais serão adicionadas ao lucro tributável no livro LALUR (Livro de Apuração do Lucro Real), visto que serão tratadas como despesas indedutíveis.

5. Componentes dos Custos

- Materiais Diretos Aplicados (MDA)
- Mão de Obra Direta (MOD)
- Custos Indiretos de Fabricação (CIF)

Exemplo: Para fabricar 12.000 unidades do produto "X" num determinado mês, foram apurados os seguintes gastos:

Materiais Diretos Aplicados..R$ 3.800,00

Mão de Obra Direta ....R$ 2.500,00

Custos Indiretos de Fabricação ....R$ 1.500,00

Assim, o Custo de Produção (CP), também chamado de Custo de Fabricação, do produto "X" será calculado da seguinte forma:

CP = MPA + MOD + CIF = R$ 3.800,00 + R$ 2.500,00 + R$ 1.500,00 = R$ 7.800,00

O Custo Produção por unidade (CPu) do produto "X" será obtido da seguinte forma:

CPu = R$ 7.800,00 ÷ 12.000 = R$ 0,65

Supondo que fossem vendidas 8.700 unidades do produto "X", o Custo dos Produtos Vendidos (CPV) seria calculado da seguinte forma:

CPV = R$ 0,65 × 8.700 = 5.655

5.1. Materiais Diretos Aplicados

- Matérias-Primas Aplicadas
- Materiais Secundários Aplicados
- Materiais de Embalagem Aplicados

Obs. 1: DIRETO significa de fácil identificação em relação ao produto. As matérias-primas, por exemplo, são sempre consideradas materiais diretos, pois sempre é possível identificar a quantidade de matéria-prima para cada tipo de produto. Assim, por exemplo, numa indústria de fabricação de roupas o tecido é matéria-prima, pois sempre é possível associar diretamente a quantidade de tecido para cada tipo de roupa.

Obs. 2: Os materiais secundários só serão considerados materiais diretos quando for possível identificar com facilidade a quantidade específica para cada tipo de produto. Assim, por exemplo, numa indústria de fabricação de móveis de madeira, esta é considerada matéria-prima, pois entra em maior composição no produto. Parafusos, dobradiças, fórmicas são considerados materiais secundários diretos, pois é sempre possível associar a quantidade específica para cada tipo de produto. No entanto, cola e verniz são considerados materiais secundários indiretos (fazem parte dos custos indiretos), tendo em vista que normalmente não se controla a quantidade para cada tipo de produto.

Obs. 3: Os materiais de embalagem utilizados ainda na fase de produção, tais como potes de sorvetes, embalagens de biscoitos etc., regra geral, são materiais diretos.

Obs. 4: Em Contabilidade de Custos não é essencial a separação do conceito de Materiais Diretos e Matérias-Primas, pois ambos, opcionalmente, podem ser tratados como sinônimos. Assim, no caso de uma indústria de fabricação de roupas, podemos dizer que o tecido é matéria-prima e os botões e zíperes materiais secundários diretos. Nesse caso, por opção de contabilização, podemos também dizer que tecido, botões e zíperes são todos matérias-primas ou materiais diretos. No caso de uma indústria de fabricação de massas alimentícias, por exemplo, podemos dizer que a farinha de trigo é a matéria-prima, visto que entra em maior composição na fabricação das massas. Ovos, sal, fermento, açúcar e óleo, nesse caso, podem ser considerados materiais secundários diretos. Opcionalmente, nesse mesmo caso, também podemos dizer que farinha de trigo, ovos, sal, açúcar, fermento e óleo são todos matérias-primas ou materiais diretos. Numa fábrica de sorvetes, por exemplo, a embalagem do sorvete pode ser considerada matéria-prima juntamente com o palitinho e os componentes do sorvete. Por fim, em decorrência do exposto, de outra forma também podemos dizer que os componentes dos custos são as matérias-primas, a mão de obra direta e os custos indiretos. Em questões de concursos públicos, por exemplo, devemos estar atentos se o enunciado de determinada questão faz distinção entre matérias-primas e materiais diretos ou não.

Obs. 5: As matérias-primas só serão consideradas custos se forem aplicadas. Se estocadas, não são custos e sim um <u>investimento</u> no ativo circulante.

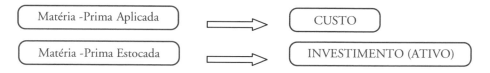

5.2. Mão de Obra Direta (MOD)

A MOD é composta pelo somatório do salário bruto com os encargos e contribuições previdenciárias (FGTS, INSS patronal etc.) do pessoal <u>diretamente</u> ligado à produção (operários de produção), tais como pintores, montadores, torneiros, mecânicos, marceneiros etc.

Em outras palavras, para que a mão de obra seja considerada direta, é necessário que a atribuição do seu custo aos produtos fabricados seja <u>direta</u>, isto é, sem a necessidade de critérios de rateio ou estimativas.

O cálculo da mão de obra direta para determinado produto não é tão simples. Não basta apenas somarmos os salários e encargos sociais dos operários de produção. Para que esse cálculo seja possível, é necessário medir o tempo do(s) operário(s) envolvido(s) na fabricação do produto. A parcela da remuneração e encargos dos operários ligados diretamente à produção que não for diretamente identificada em relação ao produto, como, por exemplo, o tempo ocioso, em regra, é tratada como **mão de obra indireta**.

De outro modo, se determinado operário trabalhasse na fabricação de dois ou mais produtos, sem que houvesse medição das horas trabalhadas para cada produto, a mão de obra nesse caso seria também considerada <u>indireta</u> e só poderia ser apropriada a cada produto individualmente através de algum critério de rateio.

No caso das horas remuneradas de mão de obra de uma eventual greve de operários de produção, esse gasto não será tratado como mão de obra direta ou indireta e sim como <u>perda anormal</u>, devendo ser lançada diretamente ao resultado como despesa operacional.

No caso de <u>outros gastos</u> com os operários de produção, tais como vale-transporte, vale-refeição, plano de saúde, uniformes etc., normalmente não integram o custo da mão de obra direta, pois esta é, "regra geral" (há exceções), tratada como custo variável (varia proporcionalmente à produção) e aqueles são considerados custos fixos, pois é mais provável que não variem em função da produção e dessa forma serão lançados como custos indiretos.

Exemplo de cálculo do custo da hora da mão de obra direta: Um operário é contratado por R$ 15,00 a hora, com jornada de trabalho de 40 horas semanais (a jornada prevista na Constituição Federal é de 44 horas), para trabalhar de segunda a sexta-feira (5 dias por semana). Assim, teremos:

Número de horas diárias de trabalho à disposição da empresa = 40/ 5 = 8 horas

Número de dias no ano (ano bissexto)	366
(–) Número de dias de férias	(30)
(–) Repousos semanais remunerados no ano (sábados e domingos)	(96)
(–) Número de feriados no ano	(12)
(–) Número de dias com faltas abonadas (licença paternidade)	(3)
(=) Número de dias à disposição da empresa	225

Logo, se o operário esteve à disposição da empresa 225 dias no ano e trabalhou em média 8 horas por dia, o número total de horas que esteve à disposição da empresa é de 225 × 8 h = 1.800 h.

No entanto, mesmo o operário tendo trabalhado apenas 225 dias no ano, a empresa também foi obrigada a pagá-lo pelos dias não trabalhados (férias, sábados, domingos, feriados, faltas abonadas) mais o 13º salário e o adicional de férias. Desta forma, a remuneração total anual com o operário será calculada da seguinte forma:

Salários (336 dias × 8 h × R$ 15/ h)	R$ 40.320
(+)Férias (30 dias × 8 h × R$ 15/ h)	R$ 3.600
(+)Adicional de férias (1/3 sobre as férias)	R$ 1.200
(+)13º salário (30 dias × 8 h × R$ 15/h)	R$ 3.600
(=) Remuneração total do empregado	R$ 48.720

Desse modo, o gasto total com a mão de obra do referido operário será o somatório da remuneração total com os encargos e contribuições sociais (INSS, FGTS, SENAI, Seguros c/ Acidente de Trabalho, Salário Educação etc.).

Supondo apenas a existência de INSS patronal de 22%, FGTS de 8%, o gasto total anual com a mão de obra será calculado da seguinte forma:

Remuneração total anual do empregado   R$ 48.720

(+) INSS (22% × R$ 47.520)   R$ 10.454

(+) FGTS (8% × R$ 48.720)   R$ 3.898

(=) Mão de Obra Direta (gasto total anual)   R$ 63.072

Nota: De forma diferente do FGTS, o INSS não incide sobre 1/3 de férias, ou seja, seu valor será de 22% × (R$ 48.720 − R$ 1.200) = 22% × 47.520 = R$ 10.454.

Finalmente, o custo da hora da mão de obra direta será o quociente do gasto total anual com a mão de obra (R$ 63.072) pelo total de horas de trabalho no ano (1.800 horas), ou seja, R$ 35,04.

Conclusão: Com este último resultado, concluímos que para calcularmos o custo da mão de obra direta de determinado produto onde atuou esse operário, basta multiplicarmos o número de horas trabalhadas nesse produto por R$ 35,04. Caso outros operários também tenham atuado na fabricação do referido produto, o custo total da mão de obra direta será o somatório de todos eles, seguindo os mesmos critérios de cálculo. As horas desses operários não identificadas com os produtos serão consideradas mão de obra indireta.

5.3. Custos Indiretos de Fabricação (CIF)

- Materiais indiretos aplicados
- Mão de obra indireta
- Aluguel de fábrica
- Depreciação (prédio da fábrica, máquinas industriais, etc.)
- Energia elétrica (fábrica)
- Seguros (fábrica)
- Manutenção e limpeza dentro da fábrica
  etc.

Obs. 1: Os Custos Indiretos de Fabricação possuem os seguintes sinônimos: Custos Indiretos de Produção (CIP); Gastos Gerais de Produção (GGP); Gastos Gerais de Fabricação (GGF); Despesas Gerais de Produção (DGP); Despesas Indiretas de Produção (DIP); Despesas Indiretas de Fabricação (DIF) etc.

Obs. 2: Apesar da impropriedade das expressão "Despesas Gerais de Produção" não se trata de despesa operacional e sim de CUSTO de produção.

EXERCÍCIO RESOLVIDO 1: (Petrobras/ Fundação Cesgranrio) Analise os dados extraídos da contabilidade de custos da Indústria Arteflex Ltda., num determinado período produtivo.

- Compras de matéria-prima a prazo: 20.000 unidades a R$ 2,00 a unidade
- Requisição pela fábrica de 18.000 unidades de matéria-prima
- Saldo inicial de caixa da empresa — R$ 50.000,00
- Gastos com mão de obra direta a pagar — R$ 24.000,00
- Custos indiretos de fabricação pagos — R$ 16.000,00
- Depreciação de máquinas da fábrica — R$ 5.000,00
- Despesas de salários pagos — R$ 20.000,00
- Despesas administrativas pagas — R$ 6.000,00
- Despesas com vendas pagas — R$ 3.000,00
- Vendas a prazo de 15.000 das 18.000 unidades acabadas no período por R$ 8,00 cada unidade

Considerando os dados e a não incidência de qualquer tipo de imposto, o custo unitário das 18.000 unidades fabricadas, em reais, montou a

a) 4,00
b) 4,22
c) 4,50
d) 5,00
e) 5,25

(SOLUÇÃO)

CPu (Custo de Produção por unidade) = MPAu + MODu + CIFu

MPAu (MPA por unidade) = 2,00

MODu (MOD por unidade) = 24.000,00 ÷ 18.000 = 1,33

CIFu (CIF por unidade) = (16.000,00 + 5.000,00) ÷ 18.000 = 1,17

CPu (Custo de Produção por unidade) = 2,00 + 1,33 + 1,17 = 4,50

(Resposta: opção c)

6. RESULTADO INDUSTRIAL

Corresponde ao conceito de Resultado Operacional Bruto ou, simplesmente, Lucro (ou Prejuízo) Bruto de uma empresa industrial. Desta forma, teremos:

> Resultado Industrial = Receita Líquida – Custo dos Produtos Vendidos

Exemplo:

Faturamento Bruto	R$ 40.000,00
(–) IPI	(R$ 3.000,00)
(=) Receita Bruta	R$ 37.000,00
(–) ICMS, PIS, COFINS	(R$ 6.500,00)
(=) Receita Líquida	R$ 30.500,00
(–) CPV	(R$ 12.100,00)
(=) Resultado Industrial	R$ 18.400,00

Nota: Numa empresa industrial, o faturamento bruto é igual à receita bruta mais o IPI, tendo em vista que o IPI é um imposto "por fora", isto é, não está embutido na receita bruta.

7. Classificação dos Custos

➢ Quanto à forma de apropriação
- Custos DIRETOS
- Custos INDIRETOS

➢ Quanto aos níveis de produção
- Custos FIXOS
- Custos VARIÁVEIS

7.1. Custos Diretos

São todos os custos de produção cuja atribuição aos produtos fabricados é objetiva, ou seja, sempre é possível saber com grande precisão o valor desses custos em relação a cada tipo de produto.

Exemplos:
- Matéria-prima aplicada
- Materiais de embalagem aplicados (no processo da fabricação)
- Materiais secundários diretos aplicados (relevante e fácil identificação em relação aos produtos)
- Mão de obra direta
- Energia elétrica (quando há medidores individuais para cada tipo de produto)
- Depreciação de máquinas (quando são utilizadas para a fabricação de um único tipo de produto)
    etc.

7.2. Custos Indiretos

Todos os custos de produção de difícil identificação em relação aos produtos fabricados, bem como aqueles cuja identificação não seja compensadora por ser onerosa, são considerados CUSTOS INDIRETOS DE FABRICAÇÃO (CIF).

Exemplos:

- Materiais indiretos aplicados (materiais de embalagem ou materiais secundários de difícil identificação em relação aos produtos)
- Mão de obra indireta
- Energia elétrica (quando não há medidores individuais para cada produto)
- Depreciação de máquinas fabris (quando são usadas na fabricação de mais de um tipo de produto)
- Manutenção e limpeza de fábrica
  etc.

Observações:

1) A Mão de Obra Indireta é composta, por exemplo, pelos salários e encargos dos supervisores de produção e quaisquer outros trabalhadores dentro da fábrica que pertençam aos departamentos que prestam serviços (almoxarife, técnico de manutenção etc.) ou relativos à parte dos operários de produção que não pôde ser diretamente relacionada aos produtos em função da existência do tempo ocioso (hora de almoço, cafezinho, banheiro, conversa, descanso etc.).

2) Na hipótese de a empresa fabricar apenas um único tipo de produto, todos os seus custos são considerados diretos, isto é, os custos que, em regra, seriam indiretos, passam a ser considerados DIRETOS.

3) Para a apropriação dos custos indiretos aos produtos fabricados, utilizamos CRITÉRIOS DE RATEIO. Entre os diversos critérios, temos os seguintes:
   - Ratear os custos indiretos proporcionalmente à matéria-prima aplicada (ou materiais diretos aplicados)
   - Ratear os custos indiretos proporcionalmente à mão de obra direta
   - Ratear os custos indiretos proporcionalmente ao custo primário (Matéria-Prima Aplicada + Mão de Obra Direta).

   Para a definição do critério de rateio mais apropriado, em geral, temos as seguintes regras:
   Custos Indiretos FIXOS (mão de obra indireta, aluguel de fábrica, depreciação de máquinas etc.) – Nesse caso, o critério de rateio se dá pela EXPECTATIVA de utilização e não pelo uso efetivo dos itens que geram esses custos.

Custos Indiretos VARIÁVEIS (materiais indiretos) – Nesse caso, o critério de rateio se dá pela EFETIVA UTILIZAÇÃO dos itens e não da expectativa.

Assim, por exemplo, no caso de um hospital os custos com salários de enfermeiros, depreciação de instrumentos etc. são rateados entre os diversos setores com base na expectativa de uso. Nesse caso, se em certo período um único funcionário utilizar o ambulatório, não seria correto transferir todos os custos do atendimento médico para o seu departamento, dado que tais serviços, mesmo não utilizados, estão à disposição de todo o hospital.

EXERCÍCIO RESOLVIDO 2: (Petrobras/Fundação Cesgranrio) A Indústria Nordeste Ltda. possui as seguintes características:

Custo variável unitário do produto A	R$ 3,00
Custo variável unitário do produto B	R$ 5,00
Horas de mão de obra do produto A	2.500 horas
Horas de mão de obra do produto B	3.500 horas
Custos fixos a ratear	R$ 45.000,00
Critério de rateio dos custos fixos	Horas de mão de obra

Considerando os dados e sabendo-se que foram produzidas 6.000 unidades do produto A e 5.000 unidades do produto B, o custo unitário total do produto B, em reais, será

a) 12,50
b) 11,25
c) 10,50
d) 10,25
e) 6,12

(SOLUÇÃO)

O primeiro passo é calcularmos a parcela dos R$ 45.000,00 de Custo Fixo (CF) que cabe ao produto B e depois dividir esse resultado encontrado por 5.000, a fim de encontrar o CF por unidade de B (CFu):

$$CFu(B) = \left(\frac{45.000,00}{2.500 + 3.500} \times 3.500\right) \div 5.000 = 5,25$$

Por fim, o valor do Custo Unitário Total (CTu) do produto B será o somatório do Custo Variável Unitário (CVu) com o CFu, ou seja:

$CTu = 5,00 + 5,25 = 10,25$

(Resposta: opção d)

EXERCÍCIO RESOLVIDO 3: (Petrobras – Técnico(a) de Contabilidade/Cesgranrio) Observe as informações obtidas na contabilidade de custos da Indústria Planaltina Ltda.

Produtos	Material Direto	Mão de Obra Direta	Preço Unitário de Vendas	Unidades Produzidas e Vendidas
A	20,00	10,00	80,00	12.000
B	25,00	6,00	95,00	4.000

Os custos indiretos de fabricação montam a R$ 500.000,00 e o rateio dos mesmos é feito com base no custo total de mão de obra direta.

Considerando-se as informações, sem a incidência de qualquer tipo de imposto, o lucro bruto total da empresa no período, em reais, foi

a) 984.000,00

b) 776.500,00

c) 356.000,00

d) 340.000,00

e) 207.350,00

(SOLUÇÃO)

Visto que a quantidade produzida foi <u>integralmente vendida</u>, não há necessidade de ratearmos os Custos Indiretos de Fabricação (CIF) no total de R$ 500.000,00 para calcularmos o Lucro Bruto TOTAL da venda dos dois produtos.

Neste caso o Custo de Produção dos dois produtos coincidirá com o CPV (Custos dos Produtos Vendidos), o qual poderá ser calculado somando-se o total dos Materiais Diretos com a Mão de Obra Direta com os CIF:

CPV = (20 + 10) × 12.000 + (25 + 6) × 4.000 + 500.000 = 984.000

Finalmente, o Lucro Bruto TOTAL (LB) será obtido pela diferença entre a Receita de Vendas dos dois produtos (12.000 × 80 + 4.000 × 95 = 1.340.000) e o CPV dos dois produtos (984.000), ou seja, LB = 1.340.000 − 984.000 = 356.000.

(Resposta: opção c)

EXERCÍCIO RESOLVIDO 4: Em março de X1, a Cia. Industrial Neves, para produzir 50 unidades do produto A, 30 unidades do produto B e 10 unidades do produto C, apurou os seguintes gastos :
- Matéria-Prima Aplicada (Produto A) .... R$ 26.000
- Matéria-Prima Aplicada (Produto B) .... R$ 15.000
- Matéria-Prima Aplicada (Produto C) .... R$ 7.000

- Mão de Obra Direta (Produto A) .... R$ 31.000
- Mão de Obra Direta (Produto B) .... R$ 12.000
- Mão de Obra Direta (Produto C) .... R$ 9.000
- Mão de Obra Indireta .... R$ 6.000
- Salários e Encargos Sociais
  - Vendedores .... R$ 7.000
  - Administração .... R$ 11.000
- Seguros
  - Fábrica .... R$ 2.000
  - Administração .... R$ 400
- Materiais Indiretos Aplicados .... R$ 4.600
- Material de Escritório (consumido) .... R$ 800
- Depreciação
  - Máquinas Fabris .... R$ 1.500
  - Prédio da Fábrica .... R$ 900
  - Prédio da Administração .... R$ 500

Sabe-se que no período (março) foram vendidas:
- 40 unidades do Produto A a R$ 2.000 cada
- 20 unidades do Produto B a R$ 1.500 cada
- 5 unidades do Produto C a R$ 2.500 cada

(Considere o ICMS 12% e o IPI 10% e que todas as vendas foram realizadas a empresas comerciais revendedoras dos produtos)

Assim, sabendo-se que os custos indiretos são rateados proporcionalmente aos custos diretos, que não havia no início do período estoques de produtos (prontos e em fabricação) e que no final do período não havia estoques de produtos em elaboração, determine:

(1) O Custo dos Produtos Fabricados
(2) Os Custos Unitários de Fabricação
(3) O Custo dos Produtos Vendidos
(4) O Estoque Final dos Produtos Prontos
(5) A Receita Bruta
(6) O Faturamento Bruto
(7) A Receita Líquida
(8) O Resultado Industrial (Lucro Bruto)
(9) O Lucro Operacional
(10) A DRE (Demonstração do Resultado do Exercício) até o lucro operacional

SOLUÇÃO:

Custos Indiretos de Fabricação (CIF):

Salários e encargos de supervisores de produção	R$ 6.000,00
Seguros de fábrica	R$ 2.000,00
Materiais indiretos aplicados	R$ 4.600,00
Depreciação de máquinas fabris	R$ 1.500,00
Depreciação do prédio da fábrica	R$ 900,00
Total	R$ 15.000,00

Custos Diretos = MPA (Matéria-Prima Aplicada + MOD (Mão de Obra Direta):

Produto A (R$ 26.000,00 + R$ 31.000,00)	R$ 57.000,00
Produto B (R$ 15.000,00 + R$ 12.000,00)	R$ 27.000,00
Produto C (R$ 7.000,00 + R$ 9.000,00)	R$ 16.000,00

Visto que o critério de rateio para os custos indiretos de fabricação (CIF) é apropriá-los proporcionalmente aos custos diretos (MPA + MOD), então devemos dividir os CIF (R$ 15.000,00) em partes diretamente proporcionais a R$ 57.000,00, R$ 27.000,00 e R$ 16.000,00, que é equivalente ao dividir em partes proporcionais a 57, 27 e 16. Assim:

Constante de proporcionalidade = R$ 15.000,00 ÷ (57 + 27 + 16) = R$ 150,00

Desta forma, teremos:

CIF (A) = R$ 150,00 × 57 = R$ 8.550,00
CIF (B) = R$ 150,00 × 27 = R$ 4.050,00
CIF (C) = R$ 150,00 × 16 = R$ 2.400,00

Respondendo as perguntas:

1) Custo dos Produtos Fabricados (CPF = MPA + MOD + CIF):
   CPF (A) = R$ 26.000,00 + R$ 31.000,00 + R$ 8.550,00 = R$ 65.550,00
   CPF (B) = R$ 15.000,00 + R$ 12.000,00 + R$ 4.050,00 = R$ 31.050,00
   CPF (C) = R$ 7.000,00 + R$ 9.000,00 + R$ 2.400,00 = R$ 18.400,00,

2) Custos Unitários dos Produtos Fabricados (CPFu = CPF ÷ Quantidade Produzida):
   CPFu (A) = R$ 65.550,00 ÷ 50 = R$ 1.311,00
   CPFu (B) = R$ 31.050,00 ÷ 30 = R$ 1.035,00
   CPFu (C) = R$ 18.400,00 ÷ 10 = R$ 1.840,00

3) **Custo dos Produtos Vendidos (CPV = CPFu × Quantidade Vendida):**
   CPV (A) = R$ 1.311,00 × 40 = R$ 52.440,00
   CPV (B) = R$ 1.035,00 × 20 = R$ 20.700,00
   CPV (C) = R$ 1.840,00 × 5 = R$ 9.200,00
   CPV (Total) .... R$ 82.340,00

4) **Estoque Final dos Produtos Prontos (EFPP = CPFu × Quantidade Sobra):**
   EFPP (A) = R$ 1.311,00 × 10 = R$ 13.110,00
   EFPP (B) = R$ 1.035,00 × 10 = R$ 10.350,00
   EFPP (C) = R$ 1.840,00 × 5 = R$ 9.200,00
   EFPP (Total) .... R$ 32.660,00

5) **Receita Bruta (RB = Valor unitário de venda × Quantidade Vendida):**
   RB = R$ 2.000,00 × 40 + R$ 1.500,00 × 20 + R$ 2.500,00 × 5 = R$122.500,00

6) **Faturamento Bruto (FB = RB + IPI):**
   FB = R$ 122.500,00 + 10% R$ 122.500,00 = R$ 134.750,00

7) **Receita Líquida (RL = RB − ICMS):**
   RL = R$ 122.500,00 − 12% R$ 122.500,00 = R$ 107.800,00

8) **Lucro Bruto (LB = RL − CPV):**
   LB = R$ 107.800,00 − R$ 82.340,00 = R$ 25.460,00

9) **Lucro Operacional (LOP = LB − Despesas Operacionais):**
   Despesas Operacionais:
   Salários e encargos de vendedores   R$ 7.000,00
   Salários e encargos da administração   R$ 11.000,00
   Seguros administração   R$ 400,00
   Material de escritório   R$ 800,00
   Depreciação (administração)   R$ 500,00
   Total .... R$ 19.700,00
   LOP = R$ 25.460,00 − R$ 19.700,00 = R$ 5.760,00

Produto	MPA	MOD	CIF	CPF	CPFu	CPV	EFPP
A	26.000	31.000	8.550	65.550	1.311	52.440	13.110
B	15.000	12.000	4.050	31.050	1.035	20.700	10.350
C	7.000	9.000	2.400	18.400	1.840	9.200	9.200

10) DRE (Demonstração do Resultado do Exercício):

Faturamento Bruto	134.750
(–) IPI	(12.250)
(=) Receita Bruta	122.500
(–) ICMS	(14.700)
(–) Receita Líquida	107.800
(–) CPV	(82.340)
(=) Lucro Bruto	25.460
(–) Despesas Operacionais	(19.700)
(=) Lucro Operacional	5.760

EXERCÍCIO RESOLVIDO 5: (Agente Tributário – MT/ ESAF) A Firma ComServiçal Limitada, no exercício de 2000, apurou resultados baseados nas seguintes informações:

Serviços prestados à vista	R$ 12.000,00
Serviços prestados a prazo	R$ 18.000,00
Materiais estocados no fim do período:	
para uso nos serviços oferecidos	R$ 1.400,00
para revenda direta "in natura"	R$ 7.000,00
Compras à vista:	
Materiais para uso nos serviços	R$ 4.000,00
Materiais para revenda direta	R$ 5.000,00
Compras a prazo:	
Materiais para uso nos serviços	R$ 6.000,00
Materiais para revenda direta	R$ 5.000,00
Estoques iniciais inexistentes para ambos os materiais	
Mão de obra direta do serviço	R$ 6.200,00
Mão de obra do restante da atividade	R$ 2.700,00
Despesas de juros e multas	R$ 1.000,00
Cofins e Pis/Faturamento: 4%	
ICMS e ISS: alíquota zero	
Lucro Operacional Bruto da atividade de revenda de materiais:	R$ 6.500,00

A contabilização correta desses valores vai demonstrar, no referido exercício, a existência de:
a)   custo das mercadorias vendidas no valor de R$ 3.260,00
b)   custo dos serviços prestados no valor de R$ 20.200,00
c)   custo total (de mercadorias e serviços) no valor de R$ 21.500,00
d)   lucro bruto na atividade serviços no valor de R$ 14.000,00
e)   lucro líquido no valor de R$ 16.540,00

(SOLUÇÃO)

Materiais Aplicados (prestação de serviços):

Estoque Inicial	*0*
(+) Compras [4.000,00 + 6.000,00]	*10.000,00*
(−) Estoque Final	*(1.400,00)*
(=)	**8.600,00**

Custo dos Serviços Prestados:

Materiais Aplicados	*8.600,00*
(+) Mão de Obra Direta	*6.200,00*
(=)	**14.800,00**

Lucro Bruto (serviços):

Receita Bruta de Serviços [12.000,00 + 18.000,00]	*30.000,00*
(−) Cofins e Pis [4% de 30.000,00]	*(1.200,00)*
(=) Receita Líquida de Serviços	*28.800,00*
(−) Custo dos Serviços Prestados	*(14.800,00)*
(=)	**14.000,00**

(Resposta: opção d)

Custo das Mercadorias Vendidas:

Estoque Inicial	*0*
(+) Compras [5.000,00 + 5.000,00]	*10.000,00*
(−)Estoque Final	*(7.000,00)*
(=)	**3.000,00**

Lucro Líquido:

Lucro Bruto (revenda de materiais)	6.500,00
(+) Lucro Bruto (serviços)	14.000,00
(–) Mão de Obra (restante da atividade)	(2.700,00)
(–) Despesas de juros e multas	(1.000,00)
(=)	**16.800,00**

EXERCÍCIO RESOLVIDO 6: (Auditor Fiscal da Receita Estadual – RJ/FCC) A empresa Gama produz os produtos 1, 2 e 3 utilizando um único departamento. Ao analisar o processo produtivo no mês de agosto de 2013, a empresa obteve as seguintes informações:

Produto	Matéria-prima	Mão de obra direta	Quantidade total produzida	Preço de venda	Horas de mão de obra direta
1	R$ 200/unidade	R$ 100/unidade	1.000	R$ 1.800/unidade	2h/unidade
2	R$ 300/unidade	R$ 300/unidade	1.500	R$ 2.000/unidade	2h/unidade
3	R$ 100/unidade	R$ 300/unidade	2.000	R$ 2.100/unidade	1h/unidade

Sabe-se que a empresa utiliza o custeio por absorção, que os custos indiretos totais incorridos, no mês de agosto de 2013, foram de R$ 2.520.000,00 e que a empresa os aloca aos produtos em função da quantidade total de horas de mão de obra direta utilizada. Com base nestas informações, e sabendo que não havia estoques iniciais e finais de produtos em processo, o custo unitário de produção, no mês de agosto de 2013, para os produtos 1, 2 e 3 foram, respectivamente, em reais,

a) 1.308; 1.608 e 904
b) 200; 300 e 100
c) 300; 600 e 400
d) 1.020; 1.320 e 760
e) 860; 1.160 e 960

(SOLUÇÃO)

O primeiro passo é ratearmos R$ 2.520.000,00 proporcionalmente à quantidade total da mão de obra direta utilizada, a fim de determinarmos o CIFu (Custos Indiretos de Fabricação unitário) da seguinte forma:

$$CIFu\ (1) = \left[\frac{2.520.000}{(1.000 \times 2) + (1.500 \times 2) + (2.000 \times 1)} \times (1.000 \times 2)\right] \div 1.000 = 720$$

$$CIFu\ (2) = \left[\frac{2.520.000}{(1.000 \times 2) + (1.500 \times 2) + (2.000 \times 1)} \times (1.500 \times 2)\right] \div 1.500 = 720$$

$$CIFu\ (3) = \left[\frac{2.520.000}{(1.000 \times 2) + (1.500 \times 2) + (2.000 \times 1)} \times (2.000 \times 1)\right] \div 2.000 = 360$$

Por fim, iremos determinar o Custo de Produção unitário (CPu) somando a Matéria-Prima Aplicada unitária (MPAu) com a Mão de Obra Direta unitária (MODu) com os Custos Indiretos de Fabricação unitários, ou seja, CPu = MPAu + MODu + CIFu. Assim, teremos:

CPu (1) = 200,00 + 100,00 + 720,00 = 1.020,00

CPu (2) = 300,00 + 300,00 + 720,00 = 1.320,00

CPu (3) = 100,00 + 300,00 + 360,00 = 760,00

(Resposta: opção d)

7.3. Custos Fixos

Todo custo de produção que permanece constante qualquer que seja o volume de produção é considerado CUSTO FIXO. **Ex.:** aluguel de fábrica, seguros de fábrica, depreciação de máquinas pelo método linear, mão de obra indireta etc.

Cabe, porém, ressaltar que o custo só é dito FIXO em relação à quantidade de bens ou serviços produzidos, visto que podem variar em função da inflação, expansão da fábrica, mudança de tecnologia etc. Em outras palavras, os custos fixos não têm que ser necessariamente os mesmos em todos os períodos.

Um outro aspecto dos custos fixos é que esses podem ser repetitivos (ou recorrentes) e não repetitivos (ou não recorrentes). REPETITIVOS são os que se repetem em valor em vários períodos seguintes, tais como a remuneração da mão de obra indireta, a depreciação de máquinas etc. NÃO REPETITIVOS são os que apresentam diferenças em cada período, como, por exemplo, manutenção e limpeza de fábrica.

Há, porém, custos fixos que se mantêm em determinado valor até certo volume de produção. Acima desse volume, esses custos tendem a subir e se manter constantes até outro determinado volume de produção, a partir do qual tendem a subir novamente e, mais uma vez, se manter constantes até um novo determinado volume de produção. Tais custos são denominados SEMIFIXOS, como, por exemplo, salários de supervisores de produção, os quais integram a "mão de obra indireta", visto que tendem a ter um comportamento escalonado, ou seja, até determinado volume de produção, uma empresa poderia necessitar de certo número de supervisores de produção, sendo os gastos com suas remunerações custos fixos. Acima dessa produção, essa mesma empresa poderia ter a necessidade de contratar mais supervisores, mantendo o novo custo fixo até um certo limite. Acima deste último limite até um determinado volume de produção a empresa poderia se ver obrigada a contratar mais supervisores de produção, e assim por diante. Outro exemplo de custo fixo que "poderia" (não necessariamente) ser designado de "semifixo" seriam os gastos com limpeza e manutenção de fábrica, visto que esses gastos também poderiam ser escalonados em função de faixas de volume de produção. Assim, por exemplo, se determinada indústria fabricasse até 100 unidades de determinado produto gastaria R$ 500,00 com limpeza da fábrica. Acima de 100 unidades até 200 unidades, gastaria, por exemplo, R$ 800,00 com limpeza. Acima de 200 unidades até 300 unidades, gastaria, por exemplo, R$ 1.000,00 com limpeza. Este exemplo poderia ser apresentado graficamente da seguinte forma:

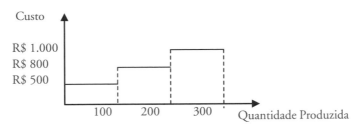

Cabe ressaltar que, ao passo que os Custos Fixos TOTAIS têm seus valores constantes, independentemente do volume de produção, os Custos Fixos UNITÁRIOS (CF/u) variam **inversamente** à quantidade produzida, isto é, quanto maior for a quantidade produzida, menor será o custo fixo unitário.

Dessa forma, suponhamos, por exemplo, que num determinado mês fossem fabricadas numa indústria somente 10 unidades do produto "X", onde foram apurados custos fixos no total de R$ 500,00.

Assim, o custo fixo de cada uma dessas 10 unidades seria de R$ 500,00 ÷ 10 = R$ 50,00.

Se no mês seguinte a produção fosse de 20 unidades, o custo fixo total ainda seria de R$ 500,00 (não varia em função da quantidade), mas o custo fixo unitário seria de R$ 500,00 ÷ 20, isto é, R$ 25,00.

Se, por hipótese, no terceiro mês a produção fosse de 40 unidades, o custo fixo unitário seria de R$ 500,00 ÷ 40, ou seja, R$ 12,50.

Analogamente, se a produção num determinado mês fosse, por exemplo, de 1.000 unidades, o custo fixo de cada uma dessas 1.000 unidades seria de R$ 500 ÷ 1.000 = R$ 0,50. Por fim, quando o volume de produção é muito grande, o custo fixo unitário aproxima-se de ZERO.

7.4. Custos Variáveis

Qualquer custo de produção cuja variação é proporcional à quantidade produzida é considerado CUSTO VARIÁVEL, tal como a matéria-prima aplicada e a mão de obra direta.

No entanto, alguns custos, embora tenham sua parte mais significativa variável em função da quantidade produzida, tal variação não é proporcional a essa quantidade, como é o caso, por exemplo, da energia elétrica de fábrica ou do consumo de água, pois, entre outras razões, existe uma parte pouco significativa da energia ou água que é fixa, dado que, na hipótese de a produção ser ZERO, ainda sim haveria gastos com energia na fábrica (iluminação, condicionadores de ar, refrigeradores etc.) ou água dentro da fábrica (usada, por exemplo, por funcionários da fábrica para fins pessoais, como bebida, banho, higiene pessoal etc.), de sorte que esse consumo mínimo seria mais ou menos constante, mesmo que todas as máquinas industriais estivessem desligadas. Nesse caso, a classificação desses custos como exclusivamente variáveis é inadequada, sendo, portanto, classificados por alguns doutrinadores como custos SEMIVARIÁVEIS.

Em outras palavras, os custos SEMIVARIÁVEIS são aqueles que "no todo" variam sim, mas sua variação não se dá exatamente na mesma proporção da quantidade produzida, visto que são resultado da conjugação de uma parte "mais ou menos" fixa (ou não exatamente fixa) com uma outra parte variável, porém não exatamente linear. Abaixo, temos um aspecto "aproximado" da representação gráfica de custos semivariáveis:

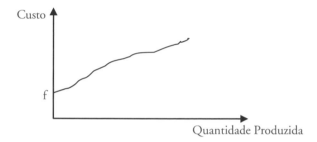

Observemos no gráfico anterior que "f" seria a parte fixa do custo semivariável, onde a quantidade produzida é zero. À medida que a quantidade produzida aumenta, há um crescimento do custo semivariável, mas não exatamente linear, como é o caso já mencionado do consumo de energia e água dentro da fábrica.

Obs. 1: As definições vistas anteriormente de "custos semifixos" e "custos semivariáveis" não são pacíficas entre os diversos doutrinadores e contadores de custos, visto que alguns invertem as definições, ou seja, o que chamamos de custos semifixos eles chamam de custos semivariáveis e vice-versa. Outros, simplesmente não fazem distinção entre as referidas expressões, de sorte que consideram custos semifixos e custos semivariáveis a mesma coisa. Outros não utilizam nenhuma das duas expressões, designando as duas por "custos mistos". Outros, ainda, simplesmente "ignoram" as peculiaridades de cada tipo de custo, designando os custos somente como fixos ou variáveis, sem entrar em detalhes específicos. Na presente obra, procuramos as versões mais utilizadas, principalmente entre as diversas questões de concursos públicos.

Obs. 2: Ao passo que os custos variáveis TOTAIS variam proporcionalmente à quantidade produzida, os custos variáveis UNITÁRIOS são FIXOS. Assim, por exemplo, suponhamos que para a fabricação de 10 escadas de madeira de um mesmo modelo sejam gastos R$ 400,00 de matérias-primas (madeira e parafusos) e R$ 300,00 de mão de obra direta. Neste caso, os custos variáveis totais de fabricação das 10 escadas seriam de R$ 700,00. Já, o custo variável de cada escada seria de R$ 700,00 ÷ 10, ou seja, R$ 70,00. Se, por hipótese, fossem fabricadas 20 escadas, os custos variáveis totais seriam de R$ 1.400,00, mas o custo variável unitário seria de R$ 1.400,00 ÷ 20, isto é, R$ 70,00. Por fim, se fossem fabricadas, por exemplo, 100 escadas, os custos variáveis totais seriam de R$ 7.000,00, mas o custo variável unitário seria de R$ 7.000,00 ÷ 100, ou seja, R$ 70,00.

Obs. 3: Em regra, todos os custos diretos são também custos variáveis, ou seja, os materiais diretos e a mão de obra direta, que são os custos diretos, também são custos variáveis. Daí, ser muito comum entre autores o tratamento dos custos diretos como se fossem praticamente sinônimos de custos variáveis, apesar de os critérios serem diferentes, pois, como já visto, custos diretos são aqueles de fácil identificação em relação aos produtos e custos variáveis são aqueles que variam proporcionalmente às quantidades produzidas. Cabe, no entanto, ressaltar que nem todos os custos variáveis são custos diretos. É o caso dos materiais indiretos, pois variam em função da quantidade produzida, mas não são associados diretamente a cada produto, devendo ser apropriados a cada tipo de produto através de algum critério de rateio.

Obs. 4: Não se deve confundir a REMUNERAÇÃO fixa determinada na folha de pagamento dos operários diretamente ligados à produção com o custo da MÃO DE OBRA DIRETA apontado com esses operários. Se determinado operário diretamente ligado à produção, por exemplo, tem uma remuneração fixa de R$ 1.800,00 isso não quer dizer que o custo da MOD com esse operário também é de R$ 1.800,00. É possível, por exemplo, que desse valor somente R$ 1.100,00 sejam identificados na fabricação de produtos onde esse operário atuou, isto é, MOD = R$ 1.100,00. Os R$ 700,00 não identificados, neste caso, seriam considerados gastos com o tempo ocioso, e, desta forma, considerados **mão de obra indireta**, sendo apropriados aos produtos como custos indiretos, mediante critérios predeterminados de rateio. Em decorrência disso, a mão de obra poderá, regra geral, sempre ser considerada como custo variável, visto que o custo com o tempo ocioso dos operários de produção não será incorporado ao custo da mão de obra direta, sendo esse custo tratado como fixo. No entanto, a tendência do futuro é que cada vez mais diminua a ideia de MOD como custo variável e passe a ser considerada como CUSTO FIXO, tendo em vista a crescente automação nas indústrias, isto é, as máquinas cada vez mais substituindo pessoas. Neste caso, o pessoal diretamente ligado à produção assumiria o papel de OPERADORES DE MÁQUINAS, de forma que um número fixo desses operadores fizesse variar a produção em função de regulagens nas máquinas, isto é, a produção poderia, dentro de certos limites, aumentar ou diminuir, dependendo da demanda, mas o número de operadores não seria alterado e, consequentemente, o gasto com a MOD desses operadores seria tratado na íntegra como custo fixo e não como custo variável. Além disso, em um grande número de indústrias, mesmo os operários atuando diretamente sobre a produção, sendo, portanto, possível o apontamento do tempo de seu trabalho para cada tipo de produto, a distinção entre o tempo utilizado na produção e o tempo ocioso sairia tão cara que seria economicamente inviável para a empresa tratar a MOD com custo variável, reforçado pelo fato de que o gasto com a MOD cada vez mais tende a ser pequeno em relação aos outros gastos. Nessa situação também é recomendável que a MOD deva ser tratada como CUSTO FIXO e não como custo variável. Em nível de questões de custos de diversos concursos públicos, quando só for informado o valor da MOD, sem ser especificado mais nada, a convenção "normalmente" adotada é supor que a mesma seja <u>custo variável</u> e não custo fixo, embora, na prática, a tendência crescente é que a MOD seja considerada custo FIXO.

Obs. 5: O CUSTO INDUSTRIAL, também chamado de CUSTO DE PRODUÇÃO, é a soma dos custos variáveis com os custos fixos. Consequentemente, o custo industrial unitário é a soma do custo variável unitário com o custo fixo unitário. Sabemos que, à medida que o volume de produção aumenta, o custo variável unitário mantem-se constante, mas o custo fixo unitário reduz, ou seja, se dilui. Desta forma, à medida que o volume de produção aumenta, o custo industrial unitário de aproxima do custo variável unitário pela diluição do custo fixo unitário.

Obs. 6: Conforme já podemos concluir, à medida que o volume de produção <u>diminui</u>, os custos FIXOS UNITÁRIOS aumentam, majorando assim o custo UNITÁRIO de fabricação dos produtos, o qual sabemos ser a soma do custo variável unitário com o custo fixo unitário. No entanto, como exceção a essa regra, o aumento anormal de custos fixos unitários em função de uma queda anormal do volume de produção não deve ser tratado como custo e sim apropriado como despesa do período. Ao contrário, a redução anormal de custos fixos unitários em função de um aumento anormal da produção é tratado SIM como custo, tendo por consequência a redução do custo unitário de fabricação dos produtos. A base legal disso é o item 13 do Pronunciamento Técnico CPC 16 (R1) – Estoques, o qual reproduzimos abaixo (grifos nossos):

> ***Item 13.*** *A alocação de custos fixos indiretos de fabricação às unidades produzidas deve ser baseada na capacidade normal de produção. A capacidade normal é a produção média que se espera atingir ao longo de vários períodos em **circunstâncias normais**; com isso, leva-se em consideração, para a determinação dessa capacidade normal, a parcela da capacidade total não utilizada por causa de manutenção preventiva, de férias coletivas e de outros eventos semelhantes considerados **normais** para a entidade. O nível real de produção pode ser usado se aproximar-se da capacidade normal. Como consequência, **o valor do custo fixo alocado a cada unidade produzida não pode ser aumentado por causa de um baixo volume de produção ou ociosidade**. Os custos fixos não alocados aos produtos devem ser reconhecidos diretamente como <u>DESPESA</u> no período em que são incorridos. Em períodos de anormal alto volume de produção, o montante de custo fixo alocado a cada unidade produzida deve ser diminuído, de maneira que os estoques não sejam mensurados acima do custo. Os custos indiretos de produção variáveis devem ser alocados a cada unidade produzida com base no uso real dos insumos variáveis de produção, ou seja, na capacidade real utilizada.*

Obs. 7: De forma diferente da mão de obra direta, a qual, em regra, é considerada um custo direto e variável, a mão de obra INDIRETA, regra geral é tratada como um custo indireto e fixo. No entanto, o item 12 do Pronunciamento Técnico CPC 16 (R1) – Estoques – prevê exceção a essa última regra. Abaixo, reproduzimos esse item (grifos nossos):

> *Item 12. Os custos de transformação de estoques incluem os custos diretamente relacionados com as unidades produzidas ou com as linhas de produção, como pode ser o caso da mão de obra direta. Também incluem a alocação sistemática de custos indiretos de produção, fixos e variáveis, que sejam incorridos para transformar os materiais em produtos acabados. Os custos indiretos de produção fixos são aqueles que permanecem relativamente constantes independentemente do volume de produção, tais como a depreciação e a manutenção de edifícios e instalações fabris, máquinas e equipamentos e os custos de administração da fábrica. Os custos indiretos de produção **variáveis** são aqueles que variam diretamente, ou quase diretamente, com o volume de produção, tais como materiais indiretos e "**certos tipos**" de mão de obra INDIRETA.*

Obs. 8: Como já comentado no início do presente capítulo, normalmente, quando falamos em contabilidade de custos, estamos nos referindo à contabilidade industrial, de sorte que o custo de fabricação dos produtos é o somatório dos custos variáveis com os custos fixos. No entanto, há um ramo da contabilidade que só considera custo de fabricação os custos variáveis, tratando os custos fixos como despesas. Essa é a chamada CONTABILIDADE GERENCIAL, a qual, como o nome já sugere, é aquela utilizada pelos administradores no processo da tomada de decisões. A razão desse ramo da contabilidade de custos não considerar os custos fixos e tratá-los juntamente com as despesas fixas é em função de esses custos existirem independentemente da produção, isto é, qualquer que seja a decisão gerencial entre produzir mais ou menos, tirar um produto de linha, acrescentar uma nova linha de produto, aceitar ou não um pedido de um cliente etc., os custos fixos não serão afetados por tal escolha, não devendo, portanto, serem considerados no processo decisório. Estudaremos esse assunto no Capítulo 8 da presente obra.

EXERCÍCIO RESOLVIDO 7: (Auditor Fiscal da Receita Estadual – RJ/FCC) A empresa Predileta S.A., ao analisar os custos do produto Predileto, obteve as seguintes informações:

	Quantidade produzida	Custo unitário	Custo Total
Custo A	1.000 unidades	R$ 10,00	R$ 10.000,00
	2.000 unidades	R$ 5,00	R$ 10.000,00
	2.500 unidades	R$ 4,00	R$ 10.000,00

	Quantidade produzida	Custo unitário	Custo Total
Custo B	1.000 unidades	R$ 4,00	R$ 4.000,00
	2.000 unidades	R$ 4,00	R$ 8.000,00
	2.500 unidades	R$ 4,00	R$ 10.000,00

Com base nas informações obtidas, é possível afirmar que os custos A e B são, em relação à unidade do produto Predileto, respectivamente,

a) fixo e fixo
b) indireto e fixo
c) variável e fixo
d) fixo e variável
e) variável e indireto

(SOLUÇÃO)

Com relação ao custo "A", observemos que o custo unitário reduz na razão <u>inversa</u> à quantidade produzida, ao passo que o custo total mantem-se estável. Logo, concluímos que o custo "A" é FIXO.

No caso do custo "B", observemos que o custo unitário mantem-se fixo, ao passo que o custo total varia na razão <u>direta</u> à quantidade produzida. Logo, concluímos que o custo "B" é VARIÁVEL.

(Resposta: opção d)

EXERCÍCIO RESOLVIDO 8: Para uma produção mensal de 4.000 unidades do produto **A** e 5.000 do produto **B**, a Cia. Santos incorre nos seguintes gastos (valores em R$):

Item	A	B
Matérias-Primas	8.000	9.000
MOD	2.000	3.000
Custos Indiretos Variáveis	1.000	1.500
Custos Indiretos Fixos	3.000	3.150

Desejando-se aumentar em 30% o salário de seus operários de produção (mão de obra direta), **sem alterar os custos unitários dos produtos A e B,** a produção mensal de B deverá exceder a produção mensal de A em

a) 1.000 unidades
b) 1.500 unidades
c) 2.000 unidades
d) 2.500 unidades
e) 3.000 unidades

(SOLUÇÃO)

PRODUTO A:

Custos Unitários (antes do aumento):

MPAu = R$ 8.000 ÷ 4.000 = R$ 2,00

$MODu = R\$ 2.000 \div 4.000 = R\$ 0,50$

$CIVu = R\$ 1.000 \div 4.000 = R\$ 0,25$

$\underline{CIFu = R\$ 3.000 \div 4.000 = R\$ 0,75}$

TOTAL .... R$ 3,50

Lembrando que os **custos variáveis unitários** são <u>fixos</u> e os **custos fixos unitários** são <u>variáveis</u> na razão inversa da quantidade produzida, teremos:

Custos Unitários (após o aumento):

$MPAu = R\$ 2$ (fixo)

$MODu = R\$ 0,5 \times 1,3 = R\$ 0,65$ (aumento de 30% nos salários dos funcionários)

$CIVu = R\$ 0,25$ (fixo)

$\underline{CIFu = \quad ? \quad}$

TOTAL .... R$ 3,50 (o mesmo custo unitário da situação anterior)

Assim, podemos montar a seguinte equação:

R$ 2,00 + R$ 0,65 + R$ 0,25 + ? = R$ 3,50 → ? = R$ 0,60

Logo, a nova quantidade do produto <u>A</u> será de R$ 3.000 ÷ 0,60 = 5.000 u

PRODUTO B:

Custos Unitários (antes do aumento):

$MPAu = R\$ 9.000 \div 5.000 = R\$ 1,80$

$MODu = R\$ 3.000 \div 5.000 = R\$ 0,60$

$CIVu = R\$ 1.500 \div 5.000 = R\$ 0,30$

$\underline{CIFu = R\$ 3.150 \div 5.000 = R\$ 0,63}$

TOTAL .... R$ 3,33

Custos Unitários (após o aumento):

$MPAu = R\$ 1,80$ (fixo)

$MODu = R\$ 0,60 \times 1,3 = \$ 0,78$ (aumento de 30% nos salários dos funcionários)

$CIVu = R\$ 0,30$ (fixo)

$\underline{CIFu = \quad ? \quad}$

TOTAL .... R$ 3,33 (o mesmo custo unitário da situação anterior)

Assim, podemos montar a seguinte equação:

R$ 1,80 + R$ 0,78 + R$ 0,30 + ? = R$ 3,33 → ? = R$ 0,45

Logo, a nova quantidade do produto <u>B</u> será de R$ 3.150 ÷ 0,45 = 7.000 u

Finalmente, a produção mensal de B excederá a produção de A em 7.000 u – 5.000 u, ou seja, 2.000 u.

(Resposta: opção c)

EXERCÍCIO RESOLVIDO 9: (BNDES – Profissional Básico – Formação de Contabilidade/ Fundação Cesgranrio) Uma indústria, num determinado período produtivo, produziu 100.000 unidades de um de seus produtos, fazendo as seguintes anotações por unidade produzida, exclusivamente, desse produto:

Matéria-prima	Mão de obra direta	Embalagens	Custos fixos
R$ 40,00	R$ 20,00	R$ 5,00	R$ 7,00

Numa pesquisa de mercado consumidor do aludido produto, essa indústria comprovou que, se vender esse produto a R$ 80,00 a unidade, poderá elevar a produção atual dele em 40% tendo, entretanto, um aumento nos custos fixos de 20%.

Nas condições informadas, se a indústria atender à demanda do mercado consumidor e adotar o método do custeio por absorção, o custo unitário de produção do tal produto, em reais, será

a) 65,00
b) 67,00
c) 70,00
d) 71,00
e) 72,00

(SOLUÇÃO)

Custo fixo total (antes do aumento) = R$ 7× 100.000 = R$ 700.000

Custo fixo total (após o aumento) = R$ 700.00 + 20% R$ 700.000 = R$ 840.000

Nova produção = 100.000 u + 40% 100.000 u = 140.000 u

Custo fixo unitário da nova produção = R$ 840.000 ÷ 140.000 = R$ 6

Por fim, lembrando que a matéria-prima de R$ 40, a mão de obra direta de R$ 20 e os gastos com embalagens de R$ 5 são custos variáveis unitários, os quais sabemos que não variam em função da quantidade produzida, então o novo custo unitário do produto será de R$ 40 + R$ 20 + R$ 5 + R$ 6 = R$ 71

(Resposta: opção d)

EXERCÍCIO RESOLVIDO 10: (Consultor Legislativo – Estado do Tocantins/Fundação Cesgranrio) A indústria Alfa produziu, em março de 2005, 100.000 unidades de um mix de produtos cujo custo misto (fixo + variável) montava a R$ 800.000,00. Em abril de 2005, a produção do mesmo mix de produtos foi de 95.000 unidades, montando o custo misto a R$ 775.000,00. Em vista disso, a parcela variável unitária do custo misto, em reais, foi:

a) 8,16
b) 8,00
c) 6,25
d) 6,00
e) 5,00

(1ª SOLUÇÃO – Solução algébrica)

Sejam:

V1: Custo Variável no mês de março

V2: Custo Variável no mês de abril

F : Custo Fixo mensal (o mesmo para março e abril)

Assim, podemos montar as seguintes equações:

V1 + F = 800.000,00

V2 + F = 775.000,00

Subtraindo as equações, teremos:

V1 + F − V2 − F = 800.000,00 − 775.000,00 → V1 − V2 = 25.000,00

Por outro lado, sabemos que os custos variáveis totais variam proporcionalmente às quantidades produzidas. Assim, podemos montar as seguintes igualdades, onde o quociente entre os custos variáveis totais e as respectivas quantidades será igual ao custo variável unitário, o qual sabemos ser sempre "fixo":

$$\frac{V1}{100.000} = \frac{V2}{95.000} = \frac{V1-V2}{100.000-95.000} = \frac{25.000,00}{5.000} = 5,00$$

(2ª SOLUÇÃO – Solução aritmética → mais recomendável, por ser mais simples)

Visto que os custos variáveis totais, em função da variação de 100.000 unidades para 95.000 unidades variaram de R$ 800.000,00 para R$ 775.000,00, significa que as 5.000 unidades de diferença representam custo variável total de R$ 25.000,00. Assim, o custo variável unitário será o quociente entre R$ 25.000,00 e 5.000,00, isto é, R$ 5,00.

(Resposta: opção e)

EXERCÍCIO RESOLVIDO 11: (Cedae – Contador/Ceperj) Uma determinada empresa industrial fabrica e vende mensalmente 5.000 unidades de seu único produto. No processo são apropriados os seguintes custos e despesas:

Fixos .... R$ 50.000

Variáveis .... R$ 25,00 por unidade

Na hipótese de a empresa manter o mesmo volume de produção e venda, bem como manter os gastos atuais de produção, e desejando obter um lucro mensal de R$ 25.000, o preço de venda unitário de seus produtos deveria ser igual a:
a) R$ 40
b) R$ 35
c) R$ 25
d) R$ 30
e) R$ 45

(SOLUÇÃO)

Em primeiro lugar, acharemos o Custo Total (CT – inclui também as despesas) das 5.000 unidades vendidas da seguinte forma:

CT = 5.000 × 25 + 50.000,00 = 175.000,00

Agora iremos montar a seguinte equação: Lucro = Receita de Vendas – CT, onde a Receita de Vendas é igual ao produto do valor unitário de venda (Vu) pela quantidade vendida (5.000 unidades), ou seja:

25.000 = 5.000 × Vu – 175.000

Vu = 200.000 ÷ 5.000 = 40 **(Resposta: opção a)**

EXERCÍCIO RESOLVIDO 12: (Cedae – Contador/Ceperj) Uma empresa industrial fabrica um único produto e, durante o mês de abril, apropriou os seguintes gastos referentes à sua produção:

Matéria-prima consumida .... R$ 6.000

Salário supervisão produção .... R$ 500

Depreciação equipamentos de fábrica .... R$ 150

Mão de obra direta .... R$ 3.000

Outros custos variáveis .... R$ 350

Sabendo-se que o lucro obtido no período foi equivalente a 35% do custo total, e que foram produzidas e vendidas 250 unidades do produto, o volume de vendas no mês foi igual a:

a) R$ 2.750.000
b) R$ 2.925.000
c) R$ 3.155.000
d) R$ 3.250.000
e) R$ 3.375.000

(SOLUÇÃO)

Custo Total = (6.000 + 500 + 150 + 3.000 + 350) × 250 = 2.500.000

Lucro = Receita de Vendas − Custo Total

35% 2.500.000 = Receita de Vendas − 2.500.000

Receita de Vendas = 3.375.000 **(Resposta: opção e)**

8. Método Maior Menor (*High Low*)

No tópico anterior estudamos que, em geral, os custos variáveis totais variam "proporcionalmente" às quantidades produzidas, ao passo que os custos fixos permanecem constantes. Assim, suponhamos, por exemplo, que uma indústria para produzir 10 unidades de um produto "X" no mês de março de determinado ano gaste R$ 50,00 de custos variáveis e R$ 100,00 de custos fixos. Assim, o custo total de fabricação das 10 unidades em março seria de R$ 150,00. Se no mês de abril produzisse, por exemplo, 20 unidades, então "teoricamente" gastaria R$ 100,00 de custos variáveis e R$ 100,00 de custos fixos, incorrendo num custo total de fabricação no valor de R$ 200,00. Se em maio produzisse 30 unidades, então "teoricamente" gastaria R$ 150,00 de custos variáveis e R$ 100,00 de custos fixos, incorrendo num custo total de R$ 250,00. Por fim, se num determinado mês não produzisse NADA, então gastaria R$ 0,00 de custos variáveis e R$ 100,00 de custos fixos. Pondo isso num sistema de eixos ortogonais, teríamos os quatro pontos <u>perfeitamente</u> alinhados:

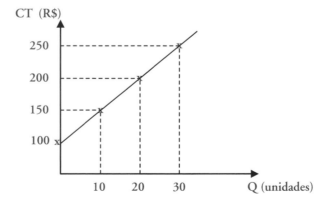

Nesse caso podemos facilmente estabelecer a equação de CT (Custo Total) em função de Q (Quantidade) chegando à seguinte função linear (ou do 1º grau):

> CT = 5Q + 100

Testando a equação:

Q = 0 unidade → CT = 5 × 0 + 100 = 100

Q = 10 unidades → CT = 5 × 10 + 100 = 150

Q = 20 unidades → CT = 5 × 20 + 100 = 200

Q = 30 unidades → CT = 5 × 30 + 100 = 250

No entanto, na prática não é bem assim. Como já comentado em tópicos anteriores, é praticamente inevitável a existência de custos de produção que não tenham um comportamento perfeitamente variável (custos semivariáveis) ou perfeitamente fixos (custos semifixos), fazendo com que, na realidade, os pontos não estejam perfeitamente alinhados, conforme, por exemplo, a figura abaixo:

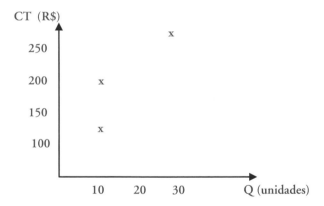

Nesse caso uma forma de determinarmos com "razoável" precisão a equação de CT em função de Q é utilizarmos o chamado método MAIOR MENOR, ou seja, traçamos a reta da função por dois pontos: o 1º ponto é aquele que possui o "maior" valor de CT (suponhamos que para 30 unidades CT fosse, por exemplo, R$ 260,00); o 2º ponto é o que possui "menor" valor para CT (suponhamos que para 10 unidades CT fosse, por exemplo, R$ 140,00).

Desse modo, teríamos os seguintes cálculos para determinar os valores de "a" e "b" na função CT = a × Q + b, através da resolução dos sistema de equações do 1º grau que montamos abaixo:

$$\begin{cases} 30a + b = 260 \\ 10a + b = 140 \end{cases}$$

Subtraindo a segunda equação da primeira, teremos:

20a = 120 → a = 6

Substituindo, por exemplo, na 2ª equação, teremos:

10 × 6 + b = 140 → b = 80

Finalmente, chegamos à seguinte função: CT = 6Q + 80

Assim, por exemplo, se quiséssemos saber o cuto total para a produção de 45 unidades com "razoável" aproximação, teríamos: CT = 6 × 45 + 80 = 350 (ou seja, se fossem produzidas 45 unidades o custo total aproximado pelo método maior-menor seria de R$ 350,00).

Obs.: Na função CT = a × Q + b, o coeficiente "a" representa o Custo Variável Unitário (CVu), o qual, como já visto antes, sabemos ser constante, independentemente do volume de produção e o coeficiente "b" representa o Custo Fixo Total (CF), o qual também sabemos ser constante, independentemente do volume de produção. Assim, podemos reescrever a função da seguinte forma:

$$\boxed{CT = CVu \times Q + CF}$$

Uma forma prática e rápida de determinarmos CVu é dividirmos a diferença entre o maior valor de CT e o menor valor de CT pela variação entre as respectivas quantidades, ou seja:

CVu = $\dfrac{R\$ 260,00 - R\$ 140,00}{30 - 10}$ = R$ 6,00

Para acharmos CF (Custo Fixo Total), basta substituirmos R$ 6,00 em qualquer uma das duas equações abaixo:

260 = 6 × 30 + CF → CF = 80, ou

140 = 6 × 10 + CF → CF = 80

Finalmente, chegaremos à mesma equação já determinada anteriormente (CT = 6Q + 80). No sistema cartesiano ortogonal, teríamos essa reta apresentada da seguinte forma:

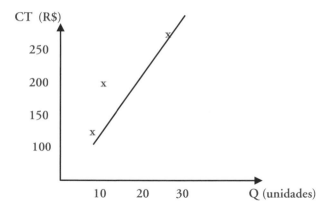

Cabe ressaltar que esta última forma de achar a equação de CT em função de Q é a mais recomendável em questões de concursos públicos, tendo em vista maior rapidez nos cálculos.

Comentário final: O método maior-menor é o mais prático na determinação da equação da reta que melhor se ajusta aos pontos dispersos no sistema cartesiano ortogonal, mas não é o mais preciso, tendo em vista que a forma de determinar a equação da reta que melhor se ajusta ao diagrama de dispersão é chamado de "método dos mínimos quadrados", o qual não estudaremos nesta obra, sendo muito encontrado em livros de estatística.

EXERCÍCIO RESOLVIDO 13: (Fiscal de Rendas – RJ/Fundação Getulio Vargas) Determinada empresa industrial é monoprodutora. Nos três últimos trimestres apurou o seguinte:

Trimestre	*1*	*2*	*3*
produção (em unidades)	5.000	5.200	6.000
Custo total de fabricação (em $)	40.000,00	42.000,00	45.000,00

Sabe-se que:
- a empresa apura o custo total de fabricação pelo custeio por absorção;
- a empresa controla seus estoques permanentemente e os avalia pelo método PEPS;
- não houve variação de preços no período.

Utilize o método maior-menor para classificar os custos entre fixos e variáveis e determine o custo total de fabricação do quarto trimestre para uma produção total de 6.500 unidades:

a) Maior que $ 48.000,00
b) Entre $ 47.000,01 e $ 48.000,00
c) Entre $ 46.000,01 e $ 47.000,00
d) Entre $ 45.000,01 e $ 46.000,00
e) Menor ou igual a $ 45.000,00

(SOLUÇÃO)

O primeiro passo é lembrarmos que a equação de CT (Custo Total) em função de Q (Quantidade produzida) é:

$$CT = CV/u \times Q + CF$$

Onde CV/u é o Custo Variável Unitário e CF é o Custo Fixo total.

O segundo passo é lembrarmos que CV/u é obtido pelo quociente entre a diferença entre o MAIOR valor de CT e o MENOR valor de CT pela diferença das respectivas quantidades, ou seja:

$$CV/u = \frac{\$ 45.000,00 - \$ 40.000,00}{6.000 - 5.000} = \$ 5,00$$

O terceiro passo é montarmos a equação 40.000 = 5 × 5.000 + CF ou 45.000 = 5 × 6.000 + CF e determinarmos o valor de CF, o qual será de $ 15.000 em qualquer uma das equações.

O quarto passo é montarmos a equação completa: CT = 5Q + 15.000

Finalmente, para uma produção de 6.500 unidades, teremos:

CT = 5 × 6.500 + 15.000 = 47.500

(Resposta: opção b)

Exercícios de Fixação

1. (CREA – SP – Analista Contábil Financeiro/Vunesp) _____ é o ramo da contabilidade financeira que acumula, organiza, analisa e interpreta os _____ dos produtos, dos inventários, dos serviços, dos componentes da organização, dos planos operacionais e das atividades de distribuição para determinar o lucro, para controlar as operações e para auxiliar o administrador no processo de tomada de decisão.
   Considerando a afirmação, assinale a alternativa que preenche, correta e respectivamente, as lacunas
   a) O método das partidas dobradas ... resultados
   b) Margem de contribuição ... preços
   c) Contabilidade de custos ... custos
   d) Custo por absorção ... controles
   e) Razão auxiliar ... custos

2. (Controladoria Geral do Município/RJ – TCI/ Fundação João Goulart) São considerados como custos de produção
   a) propaganda de um novo produto e matéria-prima
   b) seguro do automóvel da presidência e propaganda de um novo produto
   c) correio e telefone e manutenção da fábrica
   d) manutenção da fábrica e seguro do automóvel da presidência
   e) matéria-prima e manutenção da fábrica

3. (Controladoria Geral do Município/RJ – TCI/ Fundação João Goulart) Bem ou serviço consumido direta ou indiretamente para a obtenção de receitas é o conceito de
   a) Investimento
   b) Custo
   c) Despesa
   d) Perda
   e) Gasto

4. (Eletrobrás Termonuclear - Economista/FESP RJ) O valor de um insumo adquirido por uma empresa, não utilizado no período, mas que pode ser empregado em período futuro é denominado:
   a) desembolso
   b) despesa
   c) custo
   d) investimento
   e) receita

5. **(SERGIPE GÁS S.A. – Assistente Técnico de Contabilidade/FCC)** Em um processo fabril os custos que dependem de haver produção para ocorrerem são, especificamente, denominados custo
   a) padrão
   b) específico
   c) variável
   d) incremental
   e) fixo

6. **(TERMOBAHIA – Técnico de Contabilidade/Fundação Cesgranrio)** O custo é talvez a maior das preocupações das empresas, qualquer que seja seu ramo de atividade, porte ou forma de constituição, pois a elas é exigido que atuem com alto índice de produtividade em decorrência dos desafios impostos pela exigência do mercado consumidor e competividade do mercado fornecedor, e, mais ainda, nas empresas industriais.
   Nesse contexto, é importante ter uma visão técnico-conceitual do que o custo representa, bem como da validade de o custo industrial ou custo de produção ser definido como
   a) a matéria-prima total adquirida, durante um período produtivo.
   b) os gastos com bens e serviços absorvidos por outros bens e serviços.
   c) os recursos despendidos com a formação e manutenção dos estoques.
   d) todos os gastos realizados pela indústria num período produtivo.
   e) valor que foi rateado para o estoque inicial de produtos em fabricação.

7. **(INFRAERO – Auditor/FCC)** É correto afirmar, em relação à classificação dos custos, que
   a) a aquisição de matéria-prima por uma empresa industrial deve ser contabilizada como custo de produção.
   b) os gastos com a energia elétrica da fábrica, inclusive das máquinas de produção, são classificados como custos fixos.
   c) os gastos com propaganda institucional de uma fábrica de laticínios devem ser classificados como custo de produção variável.
   d) um exemplo de custo variável é a quantidade de mão de obra direta utilizada na produção.
   e) As comissões pagas aos vendedores são classificadas como despesas fixas com vendas.

8. **(Eletronorte – Contador/NCE – UFRJ)** Dentre as alternativas abaixo, assinale a INCORRETA:
   a) Material direto pode ser conceituado como matérias-primas, embalagens e outros materiais que são identificados com a unidade produzida;
   b) Mão de obra direta é aquela paga a empregados que trabalham diretamente na produção, cujo tempo pode ser identificado com a unidade produzida;
   c) Os custos indiretos são aqueles relacionados com a fabricação, mas que não podem ser economicamente identificados com as unidades produzidas.
   d) Como exemplo de custo indireto tem-se o imposto municipal sobre a propriedade predial territorial urbana.
   e) O custo variável por unidade tende a permanecer constante dentro de certo nível de produção e tempo.

9. (TRE – AM – Contador/FCC) A empresa Baratear adquiriu uma máquina para uso, exclusivo, na produção do produto "A". A vida útil estimada da máquina é de 10 anos e a empresa utiliza o método das cotas constantes para depreciá-la. Em relação ao produto "A", a depreciação da máquina é classificada como custo
   a) fixo e primário
   b) fixo e indireto
   c) variável e direto
   d) variável e indireto
   e) fixo e direto

10. (PETROBRAS – Contador(a) Júnior/Fundação Cesgranrio) A preocupação inicial de contadores, auditores e fiscais, em relação à contabilidade de custos, foi utilizá-la como uma forma de resolver seus problemas de
    a) mensuração monetária dos estoques
    b) determinação do custo dos produtos vendidos
    c) separação entre custos e despesas
    d) alocação dos custos variáveis aos produtos
    e) segregação entre custos diretos e indiretos

11. Marque a alternativa que indica afirmação incorreta.
    a) o custo industrial unitário, pela diluição dos custos fixos, tende a aproximar-se do custo variável unitário
    b) o custo variável total é variável em razão direta à quantidade produzida
    c) o custo variável unitário é fixo
    d) o custo fixo total não cresce ou decresce em função da quantidade produzida
    e) o custo fixo unitário decresce na razão direta da quantidade produzida

12. (Controladoria Geral do Município/RJ – TCI/ Fundação João Goulart) Considerando as definições de custos a seguir relacionadas:
    ➤ São aqueles diretamente incluídos no cálculo do produto.
    ➤ São apenas a matéria-prima e a mão de obra.
    ➤ São aqueles que mediante aproximação podem ser atribuídos aos produtos por algum critério de rateio.
    ➤ Seu valor total modifica em proporção direta à quantidade produzida.
    ➤ São aqueles que num certo período de tempo e numa certa capacidade instalada não variam, qualquer que seja o volume da atividade da empresa.

    Elas se referem, respectivamente, a custos
    a) diretos, primários, indiretos, variáveis e fixos
    b) fixos, primários, indiretos, diretos e variáveis
    c) fixos, primários, variáveis, indiretos e diretos
    d) fixos, primários, indiretos, variáveis e diretos
    e) diretos, indiretos, variáveis, fixos e primários

13. **A respeito da classificação dos custos, marque a alternativa correta.**
    a) Os custos diretos ou variáveis são normalmente alocados aos produtos com base em medições objetivas, enquanto os custos indiretos dependem de critérios de rateios, mas nunca sujeitos a críticas e contestações.
    b) Em qualquer situação, os salários e encargos dos operários que trabalham na fabricação de dois ou mais produtos são custos diretos.
    c) A depreciação de máquinas fabris utilizadas para a fabricação de mais de um tipo de produto sempre será custo indireto fixo.
    d) Um produto que receba mais custo de mão de obra direta que outro em um mesmo processo deverá, obrigatoriamente, receber proporção maior de gastos indiretos de fabricação.
    e) Todos os custos diretos são variáveis, mas nem todos os custos variáveis são diretos.

14. **(Controladoria Geral do Município/RJ – TCI/ Fundação João Goulart)** São bases adequadas para o rateio dos custos indiretos:
    a) depreciação, horas-máquina, matéria-prima aplicada e seguros
    b) custo direto total, horas-máquina, despesas gerais de fabricação e mão de obra direta
    c) depreciação, horas-máquina, matéria-prima aplicada e mão de obra direta
    d) custo direto total, horas-máquina, matéria-prima aplicada e mão de obra direta
    e) materiais indiretos, horas-máquina, supervisão e mão de obra direta

15. **(Tribunal de Contas do Município/RJ – Contador/Fundação João Goulart)** Considere os dispêndios ocorridos na Indústria Materiais Diversos, a seguir apresentados:

Descrição	Valor
Comissão de Vendedores	15
Depreciação de Equipamentos da Produção	130
Seguros de Automóveis do Departamento de Vendas	10
Material de Consumo – Escritório	15
Despesas com Treinamento de Pessoal Administrativo	30
Propaganda com divulgação de um novo produto	60
Matéria-Prima Consumida	250
Manutenção da Fábrica	100
Depreciação do Automóvel da Presidência	5
Pagamento de 13º do Pessoal da Produção	95
Correio e Telefone	30
Férias do Pessoal da Contabilidade	30
Total	770

Os Custos de Produção, as Despesas Administrativas e as Despesas com Vendas são, respectivamente,
    a) 475, 80 e 215
    b) 475, 180 e 115
    c) 480, 205 e 85
    d) 575, 80 e 115
    e) 575, 110 e 85

16. (Tribunal de Contas do Município/RJ – Contador/ Fundação João Goulart) Considere as definições a seguir:
    – Gasto relativo a bem ou serviço utilizado na produção de outros bens ou serviços.
    – Bem ou serviço consumido direta ou indiretamente para a obtenção de receitas.
    – Bem ou serviço consumido de forma anormal e involuntária.
    – Gasto ativado em função da vida útil do bem ou de benefícios atribuíveis a futuros períodos.
    – Sacrifício financeiro com que a entidade arca para a obtenção de um produto ou serviço qualquer, sacrifício esse representado por entrega ou promessa de entrega de ativos (normalmente dinheiro).

    Elas se referem, respectivamente, a
    a) despesa, custo, perda, investimento e gasto
    b) custo, despesa, perda, investimento e gasto
    c) custo, gasto, perda, investimento e despesa
    d) gasto, despesa, perda, investimento e custo
    e) despesa, custo, gasto, investimento e perda

17. (ELETRONUCLEAR – Auditor/NCE – UFRJ) Considere os valores abaixo:

DESCRIÇÃO	VALOR
Salários da Administração	10
Correios	5
Comissão de Vendedores	20
Material de Consumo – Escritório	10
Seguros de Fábrica	5
Automóvel da Diretoria	3
Honorários da Diretoria	15
Matéria-prima Consumida	20
Despesa de Entrega dos Produtos Produzidos	10
Energia Elétrica de Fábrica	5

    O total apurado para as despesas de vendas é:
    a) 15
    b) 20
    c) 28
    d) 30
    e) 35

18. (Porto de Santos – Contador/Vunesp) Os gastos com operários de fábrica relativos a SENAI, SESI, Salário-Educação, Incra, Sebrae, Férias, Adicional de Férias e Gratificação Natalina são custos alocáveis como
    a) Materiais Diretos
    b) Mão de Obra Direta
    c) Custos Indiretos de Fabricação Fixos
    d) Serviços de Terceiros
    e) Mão de Obra Indireta

19. (Auditor-Fiscal da Receita Federal/ESAF) Uma empresa restringiu a sua linha de produção a um único tipo de produto. Assim sendo, a energia elétrica gasta na sua fábrica será considerada:
    a) custo indireto variável
    b) custo indireto fixo
    c) custo direto fixo
    d) custo direto variável
    e) despesa operacional

20. (Auditor-Fiscal da Receita Federal/ESAF) Os dados abaixo referem-se à folha de pagamento de uma empresa industrial.
    - Mão de obra direta   R$ 100.000,00
    - Mão de obra indireta   R$ 45.000,00
    - Salários do pessoal de venda   R$ 40.000,00
    - Salários do pessoal de administração   R$ 30.000,00

    Seguro dos trabalhadores na produção:
    - Mão de obra direta   R$ 5.000,00
    - Mão de obra indireta   R$ 2.500,00

    Contribuição prévia a cargo do empregador:
    - Mão de obra direta   R$ 13.000,00
    - Mão de obra indireta   R$ 6.000,00
    - pessoal de vendas   R$ 1.500,00
    - pessoal de administração   R$ 1.000,00
    - Imposto de renda retido na fonte   R$ 35.000,00
    - Contribuição previdenciária dos empregados   R$ 7.500,00

    Os gastos gerais de fabricação (ou custos gerais de produção) da empresa, com base nos valores a que se refere a folha de pagamento reproduzida acima, foram de
    a) R$ 45.000,00
    b) R$ 43.500,00
    c) R$ 39.500,00
    d) R$ 8.500,00
    e) R$ 53.500,00

21. (Auditor-Fiscal da Receita Federal/ESAF) Uma empresa, para fabricar 1.000 unidades mensais de um determinado produto, realiza os seguintes gastos:

    Matéria-prima   R$ 400.000,00
    Mão de obra direta   R$ 300.000,00
    Mão de obra indireta   R$ 100.000,00
    Custos fixos   R$ 200.000,00

    Se a empresa produzir 1.200 unidades, desse produto, por mês, com as mesmas instalações e com a mesma mão de obra, o custo por unidade produzida corresponderá a:
    a) R$ 900,00
    b) R$ 833,33
    c) R$ 1.000,00
    d) R$ 966,66
    e) R$ 950,00

22. A indústria Grécia S/A produz os itens Alfa, Beta e Delta. O custo a ratear entre os três produtos totaliza R$ 36.000,00. O rateio é baseado nas horas-máquina (hm) trabalhadas para cada um deles.

    Com consumo de 120, 240 e 360 hm para cada tipo de produto, respectivamente, foi concluída a produção de 300 unidades, em quantidades rigorosamente iguais de Alfa, Beta e Delta.

    O custo direto unitário também foi o mesmo para cada tipo de produto, ou seja, R$ 250,00.

    Com base nessas informações, pode-se afirmar que
    a) o custo unitário de Delta foi de R$ 250,00
    b) o custo unitário de Alfa foi de R$ 310,00
    c) o custo unitário de cada um dos três produtos foi de R$ 370,00
    d) o custo unitário de Beta foi de R$ 290,00
    e) o custo total do período foi de R$ 36.000,00

23. (Auditor-Fiscal da Receita Federal/ESAF) Uma fábrica de cimento contrata empresa de transporte coletivo para transportar seu pessoal para trabalhar em sua jazida, de onde extrai calcário para a produção de cimento. Os gastos com os serviços contratados serão apropriados, em relação à produção de cimento, como
    a) custo da mão de obra
    b) custo da matéria-prima
    c) custo de serviços de terceiros
    d) despesas gerais de produção
    e) custo de veículos

24. (Auditor-Fiscal da Receita Federal/ESAF) Uma empresa industrial transferiu produtos semielaborados do seu estabelecimento Central para a sua outra cidade. O transporte custou R$ 30.000,00 e os produtos semielaborados foram transferidos ao seu custo total de R$ 270.000,00. O estabelecimento Central cumpre sua etapa de produção com semielaborados e elaborados. A fábrica da outra cidade inicia sua produção com os semielaborados que recebe da Central. Nesse caso, no estabelecimento da outra cidade, recebedor, por quais valores e em que contas se apropriam tais fatos?
    a) Produtos Semielaborados: R$ 270.000,00 e Despesas Gerais de Produção: R$ 30.000,00
    b) Matérias-Primas: R$ 300.000,00
    c) Produtos Semielaborados: R$ 300.000,00
    d) Despesas Gerais de Produção: R$ 300.000,00
    e) Produtos Semielaborados: R$ 270.000,00 e Transportes: R$ 30.000,00

25. (PETROBRAS – Contador(a) Júnior/Fundação Cesgranrio) Em uma aula de contabilidade, na qual o professor discorria corretamente sobre classificação de custos, houve a explicação de que somente representam custos diretos os seguintes itens:
    a) energia elétrica, mão de obra direta e aluguel do prédio
    b) matéria-prima, mão de obra direta e embalagens
    c) mão de obra direta, depreciação de equipamentos e material consumido
    d) manutenção, salários de supervisão e materiais diretos
    e) salários da fábrica, embalagens e seguros da fábrica

26. (Auditor do Tesouro Municipal – Fortaleza – CE/ESAF) A empresa Elétrica de Automóveis Ltda. apurou os seguintes dados no mês:

Itens	Valores em R$
Custo da mão de obra	3.000,00
Custo de baixa de bens	1.000,00
Custo do material aplicado	2.000,00
Depreciação de equipamentos operacionais	200,00
Despesas financeiras	300,00
Imposto sobre serviços	400,00
Vendas de Serviços	10.400,00

Indique a opção que contém o valor do custo dos serviços prestados.
a) R$ 5.000,00
b) R$ 5.200,00
c) R$ 5.600,00
d) R$ 6.200,00
e) R$ 6.600,00

27. (Auditor do Tesouro Municipal – Fortaleza – CE/ESAF) A empresa Reparadora Ltda. apurou os seguintes dados no mês:

Itens	Valores em R$
Custo da mão de obra	5.000,00
Custo de baixa de bens	1.000,00
Custo do material aplicado	4.000,00
Depreciação de equipamentos operacionais	300,00
Despesas financeiras	500,00
Imposto sobre serviços	500,00
Vendas de Serviços	15.500,00

Indique a opção que contém o valor correspondente ao Lucro Bruto.
a) R$ 4.200,00
b) R$ 4.700,00
c) R$ 5.000,00
d) R$ 5.200,00
e) R$ 5.700,00

28. (PETROBRAS/Fundação Cesgranrio) As perdas normais que ocorrem no processo de fabricação
a) devem ser contabilizadas como prejuízo do período.
b) devem ser contabilizadas como despesas operacionais.
c) devem ser ignoradas.
d) fazem parte do custo do produto.
e) só são contabilizadas como prejuízo do período somente se ultrapassarem 50% do custo dos materiais.

29. **(Analista Contábil – Rondônia/Fundação Cesgranrio)** Em relação à classificação dos custos, assinale a afirmativa INCORRETA.
   a) A depreciação dos equipamentos é um custo fixo.
   b) Um aumento na quantidade produzida não altera o custo fixo unitário.
   c) Os custos variáveis totais são aumentados ou diminuídos de acordo com o aumento ou diminuição da quantidade produzida.
   d) Os custos fixos totais mantêm-se estáveis, qualquer que seja o volume de produção.
   e) Os custos indiretos são apropriados aos produtos fabricados por meio de rateios ou estimativas.

30. **(Agência Nacional de Transportes Terrestres – Contador/UFRJ – NCE)** Uma fábrica que produz 3(três) tipos de automóveis apura custos diretos, indiretos, fixos e variáveis. São exemplos desses custos, respectivamente:
   a) pneu do automóvel, aluguel da fábrica, matéria-prima consumida e depreciação das máquinas de produção;
   b) pneu de automóvel, aluguel da fábrica, depreciação das máquinas de produção e matéria-prima consumida;
   c) aluguel da fábrica, pneu do automóvel, depreciação das máquinas da produção e matéria-prima consumida;
   d) aluguel da fábrica, corpo de segurança da produção, depreciação das máquinas da produção e matéria-prima consumida;
   e) corpo de segurança da produção, aluguel da fábrica, depreciação das máquinas da produção e energia elétrica consumida na produção.

31. **(Analista Contábil – Rondônia/Fundação Cesgranrio)** Numa linha de produção, os custos que permanecem constantes, qualquer que seja o volume de produção, são
   a) variáveis unitários.
   b) variáveis totais.
   c) fixos unitários.
   d) diretos por departamentos.
   e) de transformação.

32. **(Cursos de Formação de Oficiais do QC – Contador/Escola de Administração do Exército)** A Cia. "Custo Certo" calcula o custo de produção dos seus produtos A, B e C no final de cada período. Com base na Contabilidade de Custos da empresa, chegou-se ao seguinte Mapa de Custos em um dado período:

Produto	unidades	Matéria-Prima Consumida (R$)	Mão de Obra Direta (R$)	Horas Trabalhadas
A	20.000	1.600.000,00	2.740.000,00	3.000
B	18.000	1.200.000,00	2.860.000,00	2.800
C	22.000	4.000.000,00	1.600.000,00	3.200
Total	60.000	6.800.000,00	7.200.000,00	9.000

Sabe-se ainda, que o Total de Custos Indiretos de Fabricação do período foi de R$ 7.000.000,00 e que a empresa utiliza como critério de rateio o Total dos Custos Diretos. Com base nessas informações, pode-se afirmar que o Custo de Produção dos produtos A, B e C são, respectivamente, de:
a) R$ 6.510.000,00; R$ 6.090.000,00 e R$ 8.400.000,00.
b) R$ 6.800.000,00; R$ 7.200.000,00 e R$ 7.600.000,00.
c) R$ 6.510.000,00; R$ 6.780.000,00 e R$ 8.040.000,00.
d) R$ 4.500.000,00; R$ 5.060.000,00 e R$ 7.600.000,00.
e) R$ 4.500.000,00; R$ 7.200.000,00 e R$ 9.000.000,00.

33. (Técnico de Contabilidade – CEDAE/FESP-RJ) A fábrica de chocolate Bom Bom, em certo período, tem os seguintes custos em sua produção:

| Matéria-prima .... R$ 400.000 |
| Mão de obra direta .... R$ 250.000 |
| Imposto predial .... R$ 15.000 |
| Aluguel da fábrica .... R$ 32.000 |
| Material de embalagem .... R$ 18.000 |
| Salários de vigias da fábrica .... R$ 5.000 |

No período considerado, os custos fixos dessa fábrica compreenderam o valor de:
a) R$ 38.000
b) R$ 52.000
c) R$ 315.000
d) R$ 470.000

34. (Técnico de Contabilidade – CEDAE/FESP-RJ) A matéria-prima, no momento de sua compra pela indústria, representa um investimento. Quando utilizada na produção, passa a ser considerada:
a) despesa
b) custo
c) perda
d) desembolso

35. (Técnico de Contabilidade – CEDAE/FESP-RJ) Determinada indústria possui um único produto em sua linha de produção. Neste caso, os gastos com limpeza da fábrica serão considerados:
a) Custo Indireto Fixo
b) Custo Indireto Variável
c) Custo Direto Variável
d) Despesa Operacional

36. **(Analista de Finanças e Controle/ESAF)** Entre as afirmativas seguintes apenas uma está incorreta, assinale-a.
   a) A contabilidade gerencial tem por objetivo adaptar os procedimentos de apuração do resultado das empresas comerciais para as empresas industriais.
   b) A contabilidade de custos presta duas funções dentro da contabilidade gerencial, fornecendo os dados de custos para auxílio ao controle e para a tomada de decisões.
   c) Os custos de produção reúnem o custo do material direto, o custo da mão de obra e os demais custos indiretos de fabricação.
   d) O objetivo básico da contabilidade gerencial é o de fornecer à administração instrumentos que a auxiliem em suas funções gerenciais.
   e) O custo pode ser entendido como o gasto relativo a bem ou serviço utilizado na produção de outros bens ou serviços.

37. **(PETROBRAS – Contador Pleno/Fundação Cesgranrio)** Os dados abaixo se referem a custos e despesas incorridos numa indústria.
   Em reais

Mão de obra Indireta	70.000,00
Mão de obra Direta	150.000,00
IRRF sobre Salário da Mão de obra Direta	700,00
Salários do Pessoal de Venda	12.000,00
IRRF do Pessoal de Venda	800,00
Contribuição Previdenciária a Cargo do Empregador do Pessoal de Vendas e da Administração	650,00
Contribuição Previdenciária a Cargo do Empregador sobre a Mão de obra Direta	300,00
Comissões sobre Vendas	1.800,00
Encargos com Depreciação de Máquinas da Produção	10.000,00
Contribuição Previdenciária dos Empregados	600,00
ICMS sobre Vendas	2.400,00

   O exame dos dados leva a afirmar corretamente que os totais de Custos Diretos, Custos Indiretos e Despesas nessa indústria somam, respectivamente, em reais, os valores de:
   a) 150.300,00 – 80.000,00 – 16.850,00
   b) 150.700,00 – 70.000,00 – 28.350,00
   c) 151.000,00 – 70.000,00 – 16.850,00
   d) 151.000,00 – 80.000,00 – 26.850,00
   e) 160.300,00 – 70.000,00 – 16.850,00

38. **(PETROBRAS – Técnico de Contabilidade/Fundação Cesgranrio)** Todo o custo variável, necessariamente, é, também:
   a) alocado aos produtos por meio de rateio
   b) considerado um custo de transformação
   c) elemento a ser desprezado na apuração do custo real
   d) um custo indireto
   e) um custo direto

39. **(PETROBRAS – Técnico de Contabilidade/Fundação Cesgranrio)** Em relação a custos diretos e indiretos, assinale a afirmativa correta.
    a) Matéria-prima é custo indireto, porque não se identifica com os produtos.
    b) Depreciação das máquinas é custo direto, porque se relaciona com o equipamento utilizado na produção.
    c) A manutenção das máquinas é custo direto, porque varia proporcionalmente ao aumento das vendas.
    d) Matéria-prima e mão de obra direta são custos diretos, porque podem ser apropriados perfeitamente aos diversos produtos fabricados.
    e) O aluguel de fábrica não é um item apropriável na contabilidade de custos.

40. **(PETROBRAS – Técnico de Contabilidade/Fundação Cesgranrio)** A Neves Ltda. conserta equipamentos de ar condicionado central. Em out. 2005, recebeu, da Empresa Verão Ltda., R$ 50.000,00, por conta de serviços futuros a realizar, nos equipamentos da mesma, nos meses de dezembro a janeiro. Sem considerar data e histórico, qual deve ser o lançamento deste recebimento na Neves Ltda., em out. 2005?
    a) Adiantamento de Clientes
       a Receita de Serviços   50.000,00
    b) Caixa
       a Clientes   50.000,00
    c) Caixa
       a Receita de Serviços   50.000,00
    d) Caixa
       a Adiantamento de Clientes   50.000,00
    e) Serviços Futuros a Realizar
       a Adiantamentos a Pagar   50.000,00

41. **(Analista Previdenciário/Fundação Cesgranrio)** Estando uma empresa operando abaixo do seu limite de capacidade, quanto mais se fabrica um determinado produto, mais o seu custo unitário total diminui. Isto ocorre exclusivamente em relação ao custo:
    a) fixo
    b) variável
    c) direto
    d) primário
    e) de reposição

42. **(Analista de Planejamento e Orçamento/ESAF)** Em uma empresa prestadora de serviços de consultoria e planejamento organizacional, são identificados como custos diretos dos serviços prestados:
    a) o consumo mensal de material de escritório e os salários pagos aos funcionários do escritório central.
    b) as despesas de viagens para atendimento de clientes e os gastos de telefonia do escritório central.
    c) os gastos de deslocamento para atendimento de clientes e o gasto com elaboração e manutenção do "site" da empresa.
    d) o aluguel do prédio do escritório central da empresa e os gastos de deslocamento para atendimento de clientes.
    e) os salários dos consultores envolvidos nos serviços contratados e as despesas de viagens para atendimento de clientes.

43. (Analista de Planejamento e Orçamento/Esaf) Os custos que se tornam progressivamente menores em termos unitários à medida que a quantidade de bens e serviços produzidos aumenta, são denominados de custos
    a) variáveis
    b) diretos
    c) indiretos
    d) fixos
    e) primários

44. (TRANSPETRO – Administrador Júnior/Fundação Cesgranrio) A Indústria Asa Branca fabrica três produtos com os seguintes custos diretos, alocados aos produtos:

Itens	Produto A	Produto B	Produto C	Total (R$)
Matéria-Prima	75.000,00	135.000,00	140.000,00	350.000,00
Mão de Obra Direta	20.000,00	30.000,00	50.000,00	100.000,00
Energia Elétrica	18.000,00	20.000,00	7.000,00	45.000,00
Soma	113.000,00	185.000,00	197.000,00	495.000,00

Tendo custos indiretos de fabricação fixos (CIF Fixos) no montante de R$ 200.000,00 e havendo orientação do diretor da empresa para que o rateio dos custos fixos seja realizado com base no custo da mão de obra direta, o custo total por produto, em reais, montará a:

	Produto A	Produto B	Produto C
a)	163.000,00	215.000,00	247.000,00
b)	153.000,00	245.000,00	297.000,00
c)	115.000,00	165.000,00	240.000,00
d)	40.000,00	60.000,00	100.000,00
e)	20.000,00	30.000,00	50.000,00

45. (LIQUIGÁS – Petrobras – Contador Júnior/Fundação Cesgranrio) Um dos desafios do estudo da contabilidade de custos é o entendimento da terminologia técnica adotada por ela para a adequada classificação e enquadramento dos eventos ocorridos, visando à apuração do custo de produção.
    Os salários dos operários fabris num período de greve devem ser classificados, na contabilidade de custos, como
    a) Custo direto
    b) Custo indireto
    c) Desembolso
    d) Despesa variável
    e) perda

46. (Ministério da Integração Nacional/NCE – UFRJ) A Contabilidade de Custos segrega custos e despesas. A alternativa que apresenta apenas despesas é:
    a) seguro da Fábrica, comissão de vendedores, honorários do presidente;
    b) despesas de entrega, depreciação da fábrica, honorários do presidente;
    c) despesas de entrega, comissão de vendedores, honorários do presidente;
    d) depreciação das máquinas do departamento de vendas, seguros de fábrica, salários da administração;
    e) matéria-prima consumida, seguros da fábrica, salários da administração.

47. (Auditor de Tributos Municipais – CE/ESAF) Uma empresa prestadora de serviços efetuou os seguintes gastos com pessoal:
    - Pessoal técnico   120.000,00
    - Supervisores   30.000,00
    - *Pro labore* dos diretores   40.000,00
    - Pessoal do escritório   25.000,00

    Na Demonstração do Resultado do Exercício figurará como custo dos serviços prestados o valor de
    a) 120.000,00
    b) 150.000,00
    c) 175.000,00
    d) 190.000,00
    e) 215.000,00

48. (Auditor de Tributos Municipais – CE/ESAF) A empresa a que se refere a questão anterior efetuou gastos classificáveis como mão de obra indireta no valor de
    a) 30.000,00
    b) 40.000,00
    c) 55.000,00
    d) 70.000,00
    e) 95.000,00

49. (Agente Fiscal de Rendas – SP/Vunesp) Identifique a alternativa que expressa o conceito de Gasto, segundo a terminologia normalmente utilizada na Contabilidade de Custos.
    a) Bem ou serviço utilizado na produção de outros bens ou serviços.
    b) Sacrifício financeiro para a obtenção de um produto ou serviço.
    c) Saída de recursos com a finalidade de aumentar o ativo.
    d) Bem ou serviço consumido, direta ou indiretamente, para a obtenção de receita.
    e) Pagamento resultante da aquisição de um bem ou serviço.

50. (Agente Fiscal de Rendas – SP/Vunesp) Considere as proposições a seguir.
    I. Custos diretos e indiretos dizem respeito ao relacionamento entre o custo e o produto feito. Custos fixos e variáveis são uma classificação que não leva em consideração o produto, e sim a relação entre os custos e o volume de atividade numa unidade de tempo.
    II. O valor global de consumo dos materiais diretos por mês depende diretamente do volume de produção; quanto maior a quantidade fabricada, maior o seu consumo. Dentro, portanto, de uma unidade de tempo (mês, por exemplo), o valor do custo com tais materiais varia de acordo com o volume da produção; logo, materiais diretos são custos variáveis.
    III. Se a empresa adota um sistema de depreciação com base em quotas decrescentes e com isso atribui para cada ano um valor diferente desse custo, passa a ter, na depreciação, um custo variável.
    IV. O valor total consumido de matéria-prima depende da quantidade de bens fabricados. Contudo, por unidade produzida, a quantidade de matéria-prima é, provavelmente, a mesma. Isto, portanto, lhe tira a característica de custo variável.

Sobre as proposições, pode-se afirmar que são corretas
a) I, II, III e IV
b) apenas I, II e III
c) apenas I e II
d) apenas I, III e IV
e) apenas II, III e IV

51. **(Agente Fiscal de Rendas – SP/Vunesp)** Julgue as afirmações a seguir.
    I. Na sua aquisição, a matéria-prima é um gasto que imediatamente se transforma em investimento; no momento de sua utilização, transforma-se em custo integrante do bem fabricado; quando o produto é vendido, transforma-se em despesa.
    II. Muitos gastos são automaticamente transformados em despesas; outros passam, primeiro, pela fase de custos; outros, ainda, passam pelas fases de investimento, custo, investimento, novamente, e, por fim, despesa.
    III. Cada componente que foi custo no processo de produção torna-se, na baixa, despesa; no Resultado, existem receitas e despesas – às vezes ganhos e perdas, mas não custos.

    Pode-se afirmar que
    a) apenas as afirmações I e II são verdadeiras.
    b) apenas a afirmação I é verdadeira.
    c) apenas a afirmação II é verdadeira.
    d) apenas a afirmação III é verdadeira.
    e) todas as afirmações são verdadeiras.

52. **(Controlador de Arrecadação Municipal – RJ/Fundação João Goulart)** Uma empresa industrial produziu e vendeu, no exercício de X1, 100.000 unidades do seu único produto, ao preço unitário de R$ 25. O custo variável unitário foi de R$ 15 e o lucro operacional obtido no período correspondeu a 15% do volume de vendas.

    De acordo com os dados informados, o valor dos custos fixos dessa empresa industrial, contabilizados no período, foi de:
    a) R$ 1.000.000
    b) R$ 625.000
    c) R$ 375.000
    d) R$ 250.000

53. **(Agente Fiscal de Rendas – SP/Vunesp)** Considere os seguintes gastos relativos a determinado exercício social da Cia. Beta.

Natureza do gasto	R$
Material de consumo, administração geral	2.000
Despesas com entrega de produtos vendidos	22.500
Comissões dos vendedores	40.000
Salários do pessoal da fábrica	70.000
Manutenção da fábrica	25.000
Seguro do prédio da administração	3.000
Matéria-prima consumida	180.000

Salários da administração	45.000
Materiais diversos utilizados na fábrica	8.000
Seguros da fábrica	5.000
Depreciação da fábrica	25.000
Despesas financeiras	25.000
Honorários da diretoria	20.000
Energia elétrica da fábrica, medida globalmente	42.000

Os custos de produção e as despesas administrativas são, respectivamente,
a) R$ 377.000 e R$ 92.500
b) R$ 357.000 e R$ 117.500
c) R$ 355.000 e R$ 70.000
d) R$ 355.000 e R$ 157.500
e) R$ 550.000 e R$ 95.000

54. (Transpetro – Contador(a) Júnior/Fundação Cesgranrio) A classificação dos custos em diretos e indiretos é geralmente feita em relação ao
a) volume de produção
b) produto ou serviços prestados
c) departamento dentro da empresa
d) valor total do custo e volume de atividades
e) total das vendas em um determinado período de tempo

55. (Auditor-Fiscal da Receita Estadual – CE/Esaf) A Cia. Boa Vista fabrica e vende os produtos A e B, durante um determinado mês, o departamento fabril reporta para a contabilidade o seguinte relatório de produção:

CUSTOS	PRODUTO A	PRODUTO B	VALOR TOTAL
Matéria-Prima	1.600.000	2.000.000	3.600.000
Mão de Obra Direta	1.200.000	800.000	2.000.000
Unidades Produzidas no Período	10.000 und.	8.000 und.	18.000 und.
CIF – Custos Indiretos de Produção			5.000.000

Se a empresa distribui os CIF com base nos custos diretos de produção, os custos unitários dos produtos "A" e "B" são respectivamente:
a) R$ 675,25 e R$ 705,00
b) R$ 670,50 e R$ 675,25
c) R$ 662,50 e R$ 570,50
d) R$ 545,25 e R$ 530,00
e) R$ 530,00 e R$ 662,50

56. (Analista de Finanças e Controle/Esaf) A empresa Fabricante S/A produz os itens Alfa, Beta e Delta. O custo a ratear entre os três produtos totaliza R$ 36.000,00. O rateio é baseado nas horas-máquina (hm) trabalhadas para cada um deles.

Com o consumo de 120, 240 e 360 hm para cada tipo de produto, respectivamente, foi concluída a produção de 300 unidades, em quantidades rigorosamente iguais de Alfa, Beta e Delta.

O custo unitário também foi o mesmo para cada tipo de produto, ou seja, R$ 250,00 Com base nessas informações, pode-se afirmar que

a) o custo unitário de Delta foi de R$ 250,00.
b) o custo unitário de Alfa foi de R$ 310,00.
c) o custo unitário de cada um dos três produtos foi de R$ 370,00.
d) o custo unitário de Beta foi de R$ 430,00.
e) o custo total do período foi de R$ 36.000,00

57. (Controladoria Geral do Município – TCI/Fundação João Goulart) O produto XYZ, para ter um volume de vendas de $ 50.000, deverá apresentar custos variáveis que totalizam $ 35.000 e custos fixos com valor de $ 12.000. O volume de vendas que resultará em um lucro de $ 7.500 equivale a:

a) $ 75.000
b) $ 70.000
c) $ 65.000
d) $ 60.000

58. (Controladoria Geral do Município – TCI/Fundação João Goulart) Os apontamentos do Setor de Produção da Indústria Alimentos S.A. assinalavam os seguintes dados, para os dois produtos fabricados:

ITENS CONSUMIDOS	PRODUTO X	PRODUTO Y
Matéria-Prima	5.900	4.000
Mão de Obra Direta	2.000	1.000
Mão de Obra Indireta	1.500	750
Custos Indiretos	1.000	1.350
Horas de Produção	100	150
Quantidade Produzida	600	400

Observou-se que não estavam apropriados nos apontamentos os seguintes custos: depreciação no valor de 2.000, seguro no valor de 500 e energia elétrica no valor de 1.000. Estes custos são rateados da seguinte forma: depreciação e seguro por horas de produção e energia elétrica por quantidade produzida.

Após a apropriação de todos os custos de produção, os custos unitários dos produtos X e Y são, respectivamente

a) 20,00 e 22,50
b) 20,00 e 22,00
c) 22,00 e 22,50
d) 22,00 e 20,00
e) 22,50 e 20,00

59. (PETROBRAS – Contador Junior/Fundação Cesgranrio) A Industrial Monte S/A fabrica três produtos (Alfa, Beta e Gama), tendo custos comuns a eles no valor de R$ 21.000,00. A linha de produção desses produtos fez as seguintes anotações sobre a produção de um determinado período produtivo:

	Alfa	Beta	Gama
Matéria-prima	30.000,00	28.000,00	32.000,00
Mão de obra direta	15.000,00	19.000,00	16.000,00
Quantidade produzida	10.000	12.000	18.000
Hora-máquina consumida	646	836	418

Considerando que a companhia adota como base de rateio as horas gastas pelas máquinas no processo produtivo, o custo total do produto Gama, em reais, é:
a) 48.000,00
b) 52.620,00
c) 54.720,00
d) 55.000,00
e) 57.450,00

60. Determinada empresa industrial é monoprodutora. Nos quatro últimos meses apurou o seguinte:

Trimestre	1	2	3	4
Produção (unidades)	120	100	180	150
Custo total de fabricação (R$)	8.300	7.500	9.800	9.150

Sabe-se que:
- A empresa apura o custo total de fabricação pelo custeio por absorção;
- A empresa controla seus estoques permanentemente e os avalia pelo método PEPS (o Primeiro que Entra é o Primeiro que Sai);
- Não houve variação de preço no período;
- Utilize o método maior-menor para classificar os custos entre fixos e variáveis e determine o custo total de fabricação do quinto mês para uma produção total de 140 unidades.

a) R$ 8.500,00
b) R$ 8.550,00
c) R$ 8.600,00
d) R$ 8.650,00
e) R$ 8.700,00

61. A Fábrica de Doces Melaço, iniciando o período produtivo, adquiriu materiais no valor de R$ 10.000,00, registrou as despesas de mão de obra direta à base de 60% dos materiais consumidos, aplicou custos indiretos estimados em R$ 6.000,00 e realizou despesas de R$ 3.000,00 com vendas.

No período, a Fábrica vendeu 70% da produção, na qual usara 90% dos materiais comprados. Sabendo-se que toda a produção iniciada foi concluída, podemos dizer que

a) o custo de transformação foi de R$ 12.000,00
b) o custo por absorção foi de R$ 14.280,00
c) o custo primário foi de R$ 14.400,00
d) o custo do produto vendido foi de R$ 17.280,00
e) o custo total do período foi de R$ 20.400,00.

62. (Auditor-Fiscal da Receita Estadual – MG/Esaf) A empresa Atualíssima é totalmente automatizada, usando tecnologia de computação de última geração em seu processo produtivo, necessitando por essa razão manter um Departamento de Manutenção de Microcomputação, que apresenta sistematicamente uma ociosidade de utilização de aproximadamente 25% por mês, mas justificada como imprescindível, pela Diretoria de Produção segundo os relatórios apresentados em reunião da diretoria.

    Nessa mesma reunião o Diretor Administrativo informa que a manutenção e conserto dos microcomputadores de seu departamento vêm sendo realizados, até então, por uma empresa terceirizada, o que implica um desembolso médio anual de $ 800.000,00. Tendo em vista a política de contenção de gastos aprovada, solicita que esse serviço seja realizado pelo Departamento de Produção utilizando a ociosidade de tempo relatada, tendo em vista que é plenamente viável a medição de todos os gastos que vierem a ser efetuados. Além disso, poder-se-ia aproveitar pelo menos parte da ociosidade do Departamento de Manutenção de Microcomputação.

    Nesse caso os gastos efetuados com a manutenção solicitada pela diretoria administrativa deveriam ser tratados como:
    a) Custo de Produção
    b) Despesa de Manutenção
    c) Receita Eventual
    d) Recuperação de Custo
    e) Custo Primário

63. (PETROBRAS – Contador(a) Júnior/Fundação Cesgranrio) A Indústria Milpo Ltda. está passando por um período de sazonalidade e, em vista disso, está havendo certa ociosidade no departamento de produção. Devido a esse fato, parte do pessoal da produção foi designada para realizar um trabalho de manutenção e reparos no escritório central da indústria, que fica em outro prédio. Essa tarefa deve durar cerca de 10 dias úteis.

    Na contabilidade da Milpo, os gastos com a mão de obra do pessoal de produção, no período em que estiverem trabalhando na manutenção do escritório central, deverão ser
    a) tratados como apontamento da mão de obra e dos materiais gastos nessa operação, sendo o montante obtido tratado como despesa do período.
    b) tratados como custos de produção, independente de ser ou não período ocioso, pelo fato de ter sido usado pessoal da produção.
    c) alocados aos custos indiretos fixos e rateados a todos os produtos, por se tratar de período ocioso.
    d) alocados aos produtos em que o pessoal deslocado estava trabalhando antes de ser deslocado.
    e) alocados aos produtos através de rateio, visto que custo de mão de obra é sempre custo indireto.

64. (PETROBRAS – Contador(a) Júnior/Fundação Cesgranrio) Dados extraídos da contabilidade de custos da Indústria Plastil Ltda., com valores em reais.

Aluguel de fábrica	23.000,00
Depreciação de máquinas	75.000,00
Mão de obra direta	215.000,00
Mão de obra indireta	389.000,00
Matéria-prima	230.000,00
Materiais de consumo	10.000,00
Salários de supervisão	435.000,00

Com base apenas nos dados acima e considerando a classificação dos custos em diretos e indiretos, o total dos custos diretos, em reais, é
   a) 445.000,00
   b) 455.000,00
   c) 468.000,00
   d) 844.000,00
   e) 890.000,00

(PETROBRAS – Contador(a) Júnior/Fundação Cesgranrio) Dados para as questões 65 e 66 – A Indústria Real tem uma linha de produção de três modelos de um de seus produtos, em que são consumidos R$ 900.000,00 de custos fixos.

A linha de produção apresentou a seguinte informação, do período produtivo:

Modelos do Produto	Produção unidades	Matéria-Prima por unidade	Mão de Obra Direta por unidade
Pequeno	15.000	R$ 25,00	R$ 12,00
Médio	25.000	R$ 27,00	R$ 16,00
Grande	10.000	R$ 28,00	R$ 22,00

65. Sabendo-se que a Indústria Real procede ao rateio dos custos fixos pelo custo total de mão de obra direta, o valor dos custos fixos totais, alocado ao modelo grande, em reais, é
   a) 180.000,00
   b) 247.500,00
   c) 315.000,00
   d) 342.000,00
   e) 396.000,00

66. Admita que a Indústria Real venda o modelo médio do produto por R$ 110,00. Mantendo o mesmo critério de rateio dos custos fixos totais pelo custo total de MOD, o lucro por unidade vendida do modelo médio, em reais, seria
   a) 49,00
   b) 54,85
   c) 55,48
   d) 61,00
   e) 67,00

67. Na fabricação de 800 unidades do produto "X", foram apropriados os seguintes gastos:
    Matérias-primas .... R$ 1.600,00
    Mão de obra direta .... R$ 600,00
    Custos fixos .... R$ 200,00
    Se a produção aumentar para 1.000 unidades, o custo unitário de fabricação passará a ser de
    a) R$ 2,95
    b) R$ 3,00
    c) R$ 2,40
    d) R$ 2,45
    e) R$ 2,50

68. (Ministério do Planejamento, Orçamento e Gestão – Analista de Planejamento e Orçamento/ESAF) No exercício inicial a Indústria Industrial S/A sofreu prejuízo líquido de R$ 8.000,00, decorrente de receita líquida de R$ 80.000,00, despesas fixas de R$ 40.000,00, além de despesas variáveis.

    O gerente de produção acredita que um aumento de R$ 20.000,00 nas despesas de propaganda elevaria as vendas a ponto de se alcançar lucro. O plano foi aprovado pela Direção da empresa e posto em prática.

    Nesta hipótese, para conseguir um lucro líquido de R$ 4.000,00 a empresa deverá alcançar um volume de vendas no valor de
    a) R$ 92.000,00
    b) R$ 100.000,00
    c) R$ 112.000,00
    d) R$ 150.000,00
    e) R$ 160.000,00

69. Os dados seguintes foram obtidos da empresa de manutenção de elevadores Sobe e Desce S/A:

Custo da mão de obra	R$ 38.000,00
Despesas administrativas	R$ 13.000,00
Materias de reparo aplicados	R$ 22.000,00
Receita de serviços	R$ 147.000,00
Despesas financeiras	R$ 5.000,00
ISS	5%
PIS/PASEP	1%
COFINS	3%
Serviços cancelados	R$ 11.000,00
Descontos incondicionais concedidos	R$ 20.000,00

    Desta forma, o lucro bruto da referida empresa foi de:
    a) R$ 42.700,00
    b) R$ 43.760,00
    c) R$ 45.560,00
    d) R$ 44.570,00
    e) R$ 27.560,00

70. (PETROBRAS/Fundação Cesgranrio) Dados extraídos da contabilidade de custos da Indústria África Ltda.:
    - Produtos Fabricados   Alfa e Beta
    - Custos Fixos a Ratear   R$ 780.000,00
    - Critério de Rateio   Horas máquinas
    - Horas Máquinas do Produto Alfa 11.000
    - Horas Máquinas do Produto Beta 15.000

    Considerando apenas as informações acima, caso sejam produzidas 1.000 unidades do produto Alfa e seu custo direto unitário seja de R$ 250,00 por peça, o custo unitário total obtido para Alfa será, em reais, de
    a) 780,00
    b) 700,00
    c) 580,00
    d) 280,00
    e) 250,00

71. (PETROBRAS/Fundação Cesgranrio) A energia elétrica consumida em uma fábrica será classificada como custo direto quando
    a) puder ser identificada como mão de obra direta.
    b) puder ser medida e identificada com cada produto especificamente.
    c) for utilizada na iluminação dos departamentos de produção.
    d) for rateada na proporção da matéria-prima consumida.
    e) ultrapassar o limite de quilowatts determinado no contrato com a concessionária de energia.

72. (PETROBRAS/Fundação Cesgranrio) A Indústria PAPILLON Ltda. fabrica uma caneta especial denominada Super Papillon Ouro com as características abaixo.

    Tempo de fabricação e custos de Mão de Obra Direta (MOD):

Itens	Tempo de MOD	Custo de MOD (R$)
Corpo metálico	80 unidades por hora	8,00 por hora
Carga	125 unidades por hora	4,00 por hora
Enchimento de carga com tinta	200 unidades por hora	6,00 por hora
Montagem das peças	250 unidades por hora	4,00 por hora

    Custo dos materiais diretos:

Materiais	Valores (R$)
Composto Ardox	5,00 por litro
Ácido etílico	2,00 por litro
Massa plástica da carga	0,50 por kg
Tinta	0,30 por litro
Mola	0,01 por unidade
Caixinha plástica	0,05 por unidade

    - A Caneta Super Papillon Ouro é composta de três peças: o corpo metálico dividido em duas partes com rosca; a carga com cor azul púrpura característica da caneta e a embalagem (caixinha plástica).

- O produto é vendido da fábrica aos distribuidores em embalagens de 100 conjuntos.

Com base exclusivamente nos dados acima, o custo da mão de obra direta da caneta Super Papillon Ouro para 100 conjuntos monta, em reais, a

a) 18,10
b) 17,80
c) 16,90
d) 16,50
e) 15,25

73. (Cia. Docas – SP – Contador/FGV) A Cia. Industrial Goiás apresentava os seguintes saldos em seu Balanço Patrimonial em 31/12/2008:

Caixa: R$ 8.000; Estoque de Matéria-Prima: R$ 1.000; Capital Social: R$ 9.000.

Em 2009, a empresa realizou as seguintes operações:
- **Requisição de 80% do Estoque de Matéria-Prima.**
- **Incorrência de R$ 1.200 de custos com mão de obra direta, pagos integralmente.**
- **Incorrência de R$ 3.000 de Custos Indiretos de Fabricação, pagos integralmente.**
- **Despesas de Vendas de R$ 600, pagas integralmente.**
- **Despesas Administrativas de R$ 700, pagas integralmente.**
- **Compra de um terreno a prazo, no valor de R$ 1.500.**

No período, a empresa produziu 100 unidades, sendo que 90% foram vendidas por R$ 6.000,00 à vista.

Pede-se o valor do resultado líquido da Cia. Goiás em 31/12/2009.

a) Prejuízo de R$ 1.300.
b) Prejuízo de R$ 790.
c) Prejuízo de R$ 300.
d) Lucro de R$ 380.
e) Lucro de R$ 200.

74. (PETROBRAS – Contador(a) Júnior/Fundação Cesgranrio) Observe os dados extraídos da contabilidade de custos da Indústria Centauro Ltda.
- **Custos diretos do produto ALFA**   R$ 10,50/U
- **Custos diretos do produto BETA**   R$ 11,20/U
- **Custos diretos do produto GAMA**   R$ 17,50/U
- **Custos fixos a serem rateados**   R$ 120.000,00/mês

Os volumes produzidos, em unidades, são: produto Alfa = 8.000; produto Beta = 5.000; produto Gama = 2.000.

Sabe-se que a empresa rateia os custos fixos pelo total de custos diretos.

Considerando-se exclusivamente os dados acima, o custo total do produto BETA, em reais, é de

a) 59.000,00
b) 94.400,00
c) 120.600,00
d) 135.400,00
e) 141.600,00

75. (PETROBRAS/Fundação Cesgranrio) A Indústria Parnaíba Ltda. levantou os seguintes custos do seu produto.
- Matéria-prima   R$ 0,50
- Mão de obra direta   R$ 0,40
- Custos indiretos de fabricação   R$ 0,10

Sabe-se que
- Cada unidade produzida é vendida por R$ 2,00.
- Em função do dissídio coletivo, a empresa aumentou em 30% o salário dos trabalhadores diretamente ligados à produção.
- Os demais elementos de custos e a quantidade da produção não foram alterados.

Considerando apenas as informações acima, para que a empresa mantenha a mesma margem de lucro que vinha obtendo antes do aumento salarial, ela terá que vender cada unidade, em reais, por

a) 2,12
b) 2,18
c) 2,20
d) 2,24
e) 2,30

76. (Exame de Suficiência – Bacharel em Ciências Contábeis/CFC) Uma empresa produziu, no mesmo período, 100 unidades de um produto A, 200 unidades de um produto B e 300 unidades de um produto C. Considerando R$ 176,25 de custos indiretos e que os custos diretos unitários de matérias-primas foram, respectivamente, R$ 1,50, R$ 0,90 e R$ 0,60 e os custos unitários de mão de obra direta, R$ 0,60, R$ 0,30 e R$ 0,25, o custo final indireto unitário de cada produto, proporcional ao custo direto total de cada produto, será, respectivamente:

a) R$ 52,00; R$ 60,00; R$ 63,75
b) R$ 210,00; R$ 240,00; R$ 255,00
c) R$ 3,86; R$ 2,08; R$ 1,44
d) R$ 0,52; R$ 0,30; R$ 0,21

77. (Transpetro – Contador(a) Júnior/Fundação Cesgranrio) Sob o enfoque da classificação dos custos, no que se refere a um custo fixo, considere as afirmativas a seguir.

I – Tem sempre o mesmo valor em função de suas características.
II – É classificado em repetitivo e não repetitivo.
III – É classificado de acordo com seu relacionamento com a unidade produzida.

Assim, está(ão) correta(s):

a) I
b) II
c) III
d) I e II
e) II e III

78. **(Ministério do Planejamento, Orçamento e Gestão – Contador/Esaf)** Assinale abaixo a opção que contém uma assertiva <u>incorreta</u>.
   a) A matéria-prima classificada como custo direto corresponde aos materiais cujo consumo podemos quantificar no produto. Se não for possível a identificação da quantidade aplicada no produto, passa a ser um elemento de custo indireto.
   b) Custos semivariáveis são aqueles que possuem em seu valor uma parcela fixa e outra variável. Isto é, têm um comportamento de custo fixo até certo momento e depois se comportam como custo variável.
   c) Custos semifixos são aqueles elementos de custos classificados de fixos que se alteram em decorrência de uma mudança na capacidade de produção instalada.
   d) Custo total é a somatória dos custos fixos e variáveis, sendo que os custos semifixos e semivariáveis têm o mesmo significado.
   e) A mão de obra direta compreende os funcionários que atuam diretamente no produto e cujo tempo gasto possa ser identificado, isto é, apontado no produto.

79. **(Ministério do Planejamento, Orçamento e Gestão – Contador/Esaf)** No mês de outubro de 2005, a produção do elemento "def" foi de 800 unidades. Os custos incorridos nesse período foram R$ 120.000,00 fixos e R$ 200.000,00 variáveis. A capacidade instalada da firma permite o aumento da produção em até 50 por cento. Ocorre que, apesar de todo o esforço empreendido, a empresa consegue aumentá-la em apenas 40%. Por isso, o custo unitário da produção estabilizou-se em
   a) R$ 400,00
   b) R$ 357,14
   c) R$ 350,00
   d) R$ 328,57
   e) R$ 285,71

80. **(Ministério do Planejamento, Orçamento e Gestão – Contador/Esaf)** A indústria Kaele Emene S/A, para fabricar 1.000 unidades do produto Kam, teve de realizar os seguintes gastos: matéria-prima: R$ 40.000,00; mão de obra direta: R$ 30.000,00; mão de obra indireta: R$ 10.000,00; e outros custos fixos: R$ 20.000,00.
   Admitindo-se que a matéria-prima e a mão de obra direta são custos variáveis e a mão de obra indireta é fixa, o custo unitário para a empresa produzir 1.200 unidades deverá ser de
   a) R$ 83,33
   b) R$ 90,00
   c) R$ 95,00
   d) R$ 96,66
   e) R$ 100,00

81. **(Auditor de Tributos Municipais – CE/Esaf)** Uma empresa industrial, para fabricar 5.000 unidades do produto A (produção mensal), faz os seguintes gastos:
   - Matérias-primas   4.000,00
   - Mão de obra direta   3.000,00
   - Despesas variáveis   1.000,00
   - Despesas invariáveis   1.800,00

Desejando aumentar em 10% o salário de seus empregados da fábrica (mão de obra direta), sem alterar o custo unitário do produto, a empresa terá que aumentar a produção mensal de unidades para

a) 5.153
b) 5.500
c) 5.882
d) 6.000
e) 6.200

82. (Ministério das Cidades/NCE – UFRJ) Com base nos dados abaixo, apure o Custo dos Produtos Vendidos (CPV) e o Lucro Operacional (LO):

Mão de obra direta	$ 1.000,00
Matéria-prima	$ 2.000,00
Aluguel de fábrica	$ 500,00
Salário do pessoal administrativo	$ 200,00
Comissão dos vendedores	10% da receita de vendas
Receita de vendas	$ 12.000,00
Salário do supervisor	$ 50,00

Suponha que toda a produção foi vendida.
a) CPV = $ 3.550,00; LO = $ 7.050,00
b) CPV = $ 8.450,00; LO = $ 7.250,00
c) CPV = $ 3.050,00; LO = $ 8.250,00
d) CPV = $ 3.000,00; LO = $ 7.050,00
e) CPV = $ 3.050,00; LO = $ 7.050,00

83. A Indústria de Peças S/A, num determinado mês, fabricou 200 unidades do produto X e 300 do produto Y, e incorreu nos seguintes gastos:
   – Materiais diretos (produto X)   R$ 725
   – Materiais diretos (produto Y)   R$ 415
   – Mão de obra direta (produto X)   R$ 900
   – Mão de obra direta (produto Y)   R$ 300
   – Custos indiretos de fabricação   R$ 180
   – Despesas comerciais fixas   R$ 310
   – Despesas comerciais variáveis   R$ 260
   – Despesas administrativas (fixas)   R$ 320

Sabe-se ainda que no referido período:
• Foram vendidas 140 unidades do produto X a R$ 15 cada e 120 unidades do produto Y a R$ 6 cada (desconsidere os impostos);
• Não havia estoques de produtos no início do período;
• Os custos indiretos foram apropriados proporcionalmente à mão de obra direta.

Dessa forma, com base nas informações dadas, pode-se afirmar que o resultado industrial do referido mês foi de

a) R$ 1.146,00
b) R$ 1.315,00
c) R$ 1.450,00
d) R$ 1.284,00

84. Com relação à questão anterior, pode-se afirmar que o lucro operacional do referido mês foi de
    a) R$ 256,00
    b) R$ 425,00
    c) R$ 560,00
    d) R$ 394,00
    e) R$ 610,00

85. (Eletrobrás Termonuclear - Economista/FESP) Uma indústria iniciou suas atividades em 10/04/2007 e no exercício fabricou 50.000 unidades do seu único produto. No período apropriou os seguintes gastos na sua produção:
    Consumo de material direto .... R$ 200.000
    Mão de obra direta aplicada .... R$ 150.000
    Outros custos indiretos .... R$ 150.000
    Sabendo-se que o lucro operacional bruto apurado no exercício foi de R$ 36.000, para um preço de venda unitário de R$ 18, a quantidade de produtos vendidos no período foi de:
    a) 3.200 unidades
    b) 4.500 unidades
    c) 3.500 unidades
    d) 2.000 unidades
    e) 5.000 unidades

(CREA – SP – Analista Contábil Financeiro/Vunesp) Considere o quadro e as informações seguintes para responder às questões de números 86 e 87.

Uma entidade industrial denominada Produz Tudo fabrica os produtos X e Y, apresentando, num determinado mês, os seguintes gastos:

Espécie	$
Depreciação da fábrica	130.000
Salários dos operários da fábrica	220.000
Matéria-prima consumida	1.060.000
Seguro da fábrica	50.000
Seguro do prédio administrativo	30.000
Honorários da diretoria	100.000
Manutenção da fábrica	70.000
Correios e internet	10.000
Comissão sobre as vendas	20.000
Juros sobre empréstimos	30.000
Despesas com veículos dos vendedores	24.000
Energia elétrica da fábrica	80.000
Material de consumo de escritório	50.000
Frete sobre vendas	30.000
Total dos gastos	1.904.000

O consumo de matérias-primas é controlado através de requisição. A matéria-prima foi consumida como segue: $ 605.400 para o produto X e $ 454.600 para o produto Y.

A mão de obra utilizada na fábrica é controlada através dos cartões de apontamento, os quais determinaram os seguintes valores neste mês:

- Mão de obra indireta $ 60.000
- Mão de obra direta $ 160.000, a qual teve a sua alocação de $ 90.000 para o produto X e $ 70.000 para o produto Y

86. **Considerando as informações e classificações demonstradas no quadro, os custos de produção e as despesas do mês representam, respectivamente,**
    a) $ 1.610.000 e $ 294.000
    b) $ 1.660.000 e $ 244.000
    c) $ 1.710.000 e $ 194.000
    d) $ 1.730.000 e $ 174.000
    e) $ 1.784.000 e $ 120.000

87. **Considerando que os custos indiretos foram apropriados pelo critério da proporcionalidade do custo direto, aos produtos X e Y, os custos indiretos apropriados para cada um destes produtos, respectivamente, representam**
    a) $ 222.300,00 e $ 167.700,00
    b) $ 222.741,51 e $ 167.258,49
    c) $ 695.400,00 e $ 524.600,00
    d) $ 696.781,13 e $ 523.218,87

Gabarito

1. c	11. e	21. a	31. a	41. a	51. e	61. c	71. b	81. d
2. e	12. a	22. d	32. a	42. e	52. b	62. b	72. b	82. a
3. c	13. e	23. b	33. b	43. d	53. c	63. a	73. e	83. d
4. d	14. d	24. b	34. b	44. b	54. b	64. a	74. b	84. d
5. c	15. e	25. b	35. a	45. e	55. e	65. b	75. d	85. b
6. b	16. b	26. b	36. a	46. c	56. b	66. a	76. d	86. a
7. d	17. d	27. e	37. a	47. b	57. c	67. a	77. b	87. a
8. d	18. b	28. d	38. e	48. a	58. a	68. e	78. d	
9. e	19. d	29. b	39. d	49. b	59. b	69. c	79. d	
10. a	20. e	30. b	40. d	50. c	60. d	70. c	80. c	

Soluções Comentadas

Exercício 1

A Contabilidade Financeira, também chamada de Contabilidade Geral, tem como uma de suas ramificação a CONTABILIDADE DE CUSTOS, a qual acumula, organiza, analisa e interpreta os CUSTOS dos produtos e dos serviços, de sorte a que uma das especialidades desta última é a chamada Contabilidade Gerencial, a qual auxilia o administrador no processo da tomada de decisões.

Exercício 2

Todos os gastos na fábrica são CUSTOS de produção, tais como as matérias-primas e a manutenção de fábrica. Os gastos "fora" da fábrica são DESPESAS, tais como propaganda de produtos, seguros de automóveis utilizados na administração, correio, telefone etc.

Exercício 3

As DESPESAS são caracterizadas, em geral, pelo consumo de bens ou serviços, visando, direta ou indiretamente, à obtenção de receitas. Assim, por exemplo, o "Custo das Mercadorias Vendidas" é considerado despesa, visto que visa à obtenção DIRETA da receita de vendas. Ao mesmo tempo, a despesa com aluguel do escritório da administração de uma empresa que revende mercadorias visa INDIRETAMENTE à obtenção da receita de vendas.

Exercício 4

Todo gasto na aquisição de bens que serão ativados são considerados INVESTIMENTOS. Assim, por exemplo, a aquisição de matérias-primas por uma indústria, as quais serão estocadas antes de serem levadas à produção, é considerada um investimento enquanto permanecer no estoque.

Exercício 5

Os custos que variam, em geral, proporcionalmente à quantidade produzida são chamados de VARIÁVEIS, tal como as matérias-primas aplicadas, visto que se a produção for "zero" não há que se falar em matérias-primas aplicadas.

Exercício 6

Em geral, os CUSTOS são definidos como gastos no consumo de bens ou serviços, os quais serão utilizados para a produção de outros bens ou serviços. Cabe mencionar, no entanto, que os gastos com a remuneração de capitais de terceiros, tais como os gastos com aluguéis de fábrica, embora não se enquadrem como consumo de bens ou serviços, também são considerados custos.

Exercício 7

Analisando as opções:

a) INCORRETA. A aquisição de matéria-prima é contabilizada como ESTOQUE e não como custo de produção. Somente quando levada à produção recebe a denominação "matéria-prima aplicada" e é considerada custo de produção.

b) INCORRETA. Os gastos com energia elétrica das máquinas de produção são custos variáveis, visto que o aumento da quantidade demanda mais energia e a redução da quantidade fabricada demanda menos energia.

c) INCORRETA. Gastos com propaganda são DESPESAS comerciais e não custos.

d) **CORRETA. A mão de obra direta é sempre custo VARIÁVEL, mesmo que os operários de produção tenham salários fixos nos seus contracheques, tendo em vista que a parte de suas remunerações não identificada em relação aos produtos é considerada mão de obra indireta, integrando os custos indiretos de fabricação.**

e) INCORRETA. As comissões pagas aos vendedores são consideradas despesas VARIÁVEIS.

Exercício 8

Analisando as opções:

a) CORRETA. Material direto pode ser conceituado como matérias-primas, embalagens e outros materiais que são identificados com a unidade produzida;

b) CORRETA. Mão de obra direta é aquela paga a empregados que trabalham diretamente na produção, cujo tempo pode ser identificado com a unidade produzida;

c) CORRETA. Os custos indiretos são aqueles relacionados com a fabricação, mas que não podem ser economicamente identificados com as unidades produzidas.

d) **INCORRETA. Só o IPTU de fábrica é custo indireto, visto que o IPTU da administração é despesa e não custo.**

e) CORRETA. O custo variável por unidade tende a permanecer constante dentro de certo nível de produção e tempo.

Exercício 9

Se determinada máquina é utilizada exclusivamente na fabricação de um único tipo de produto, **todos** os seus custos são considerados DIRETOS, dado que é objetiva a associação direta desses custos em relação a cada unidade fabricada, bastando apenas dividir o custo total pela quantidade produzida. Ao mesmo tempo, no caso do método linear de depreciação, também chamado de cotas constantes, como a própria expressão já sugere "cotas constantes" (cotas "fixas") o valor é apropriado de forma FIXA, independentemente da quantidade produzida.

Exercício 10

Ver tópico 2 do presente capítulo: Breve Histórico da Contabilidade de Custos.

Exercício 11

Ao passo que o custo fixo total não cresce ou decresce em função da quantidade produzida, o custo fixo unitário decresce na razão INVERSA da quantidade produzida, isto é, quanto maior a quantidade produzida, menor será o custo fixo unitário.

Exercício 12

- CUSTO DIRETO = Aquele diretamente apropriado aos produtos fabricados
- CUSTO PRIMÁRIO = Matéria-prima aplicada + Mão de obra direta
- CUSTOS INDIRETOS = São apropriados aos produtos mediante critérios de rateio
- CUSTOS VARIÁVEIS = Modificam proporcionalmente à quantidade produzida
- CUSTOS FIXOS = Não variam em função da quantidade produzida

Exercício 13

Analisando as opções:

a) INCORRETA. Visto que os critérios de rateio são subjetivos, estão sempre sujeitos a críticas e contestações.

b) INCORRETA. Os referidos salários só serão custos diretos se houver apontamento do tempo para cada tipo de produto.

c) INCORRETA. A depreciação pelo método linear é custo fixo. No entanto, a depreciação pelo método das unidades produzidas é VARIÁVEL.

d) INCORRETA. Essa afirmação só é verdade se o critério de rateio dos custos indiretos for a mão de obra direta. Se o critério de rateio for, por exemplo, a matéria-prima aplicada, a quantidade maior de matéria-prima é que irá determinar a maior proporção de custos indiretos.

e) CORRETA. Os materiais INDIRETOS aplicados, por exemplo, são custos VARIÁVEIS.

Exercício 14

Os custos indiretos são apropriados aos produtos fabricados mediante critérios de rateio, como, por exemplo, ratear esses custos proporcionalmente aos custos diretos totais, às horas-máquinas, às matérias-primas aplicadas, à mão de obra direta etc.

Exercício 15

CUSTOS DE PRODUÇÃO	
Matéria-Prima Consumida	250
Manutenção da Fábrica	100
Depreciação de Equipamentos da Produção	130
Pagamento de 13º do Pessoal da Produção	95
	575
DESPESAS ADMINISTRATIVAS	
Material de Consumo – Escritório	15
Despesas com Treinamento de Pessoal Administrativo	30
Depreciação do Automóvel da Presidência	5
Correio e Telefone	30
Férias do Pessoal da Contabilidade	30
	110
DESPESAS COM VENDAS	
Seguros de Automóveis do Departamento de Vendas	10
Propaganda com divulgação de um novo produto	60
Comissão de Vendedores	15
	85

Exercício 16

- Custos = gastos no consumo de bens ou serviços para produção de outros bens ou serviços.
- Despesas = gastos no consumo de bens ou serviços para obtenção de receitas.
- Perdas = gastos involuntários no consumo de bens ou serviços.
- Investimento = gastos com aquisição de bens que integrarão o ativo da empresa.
- Gasto = sacrifício financeiro para obtenção de bens ou serviços representados pela entrega (gastos à vista) ou promessa de entrega (gastos a prazo) de dinheiro ou outros bens.

Exercício 17

DESPESA DE VENDAS:

Comissão de Vendedores 20

Despesa de Entrega dos Produtos Produzidos .... <u>10</u>

30

Exercício 18

Os gastos com operários de fábrica relativos a SENAI, SESI, Salário-Educação, Incra, Sebrae, Férias, Adicional de Férias e Gratificação Natalina são custos alocáveis como MÃO DE OBRA DIRETA, visto que são calculados com base em percentuais sobre a remuneração desses operários.

Exercício 19

Se determinada indústria só produz um único tipo de produto, todos os custos de fabricação são considerados DIRETOS, visto que não há rateio, o qual só existe quando há dois ou mais produtos distintos. Ao mesmo tempo, embora o consumo de energia elétrica não tenha uma variação linear como no caso das matérias-primas aplicadas, em geral, aumenta ou dimunui em função de uma maior ou menor produção, razão pela qual é custo VARIÁVEL.

Exercício 20

Gastos Gerais de Fabricação, que é o mesmo que Custos Indiretos de Fabricação, no que se refere à folha de pagamento é, em outras palavras, o gasto com a Mão de Obra Indireta (MOI). Assim, teremos:

MOI = 45.000,00 + 2.500,00 + 6.000,00 = 53.500,00

Nota: O imposto de renda retido na fonte e a contribuição previdenciária dos empregados não entram no cálculo pois são gastos para os empregados e não para os empregadores.

Exercício 21

Regra geral, a mão de obra direta é custo variável e a mão de obra indireta é custo fixo. No entanto, há possibilidade da mão de obra direta, em alguns casos, também ser tratada como custo fixo. É o caso dessa questão, tendo em vista a expressão "com a mesma mão de obra". Desta forma, no caso, o único custo variável será a matéria-prima. Assim, o Custo Variável Unitário (CV/u), que sabemos ser o mesmo para qualquer quantidade produzida, será:

$$CV/u = \frac{R\$ 400.000,00}{1.000} = R\$ 400$$

Agora, iremos calcular o Custo Fixo Unitário (CF/u) para cada uma das 1.200 unidades, o qual sabemos não ser o mesmo que aquele das 1.000 unidades, lembrando que tal custo varia em razão inversa à quantidade produzida:

$$CF/u = \frac{R\$ 300.000,00 + R\$ 100.000,00 + R\$ 200.000,00}{1.200} = R\$ 500$$

Finalmente, o custo de fabricação de cada uma das 1.200 unidades produzidas será o somatório de CV/u com CF/u, ou seja, R$ 400 + R$ 500 = R$ 900

Exercício 22

Custos Indiretos unitários:

Alfa = [$\dfrac{R\$ \ 36.000,00}{120 + 240 + 360}$ × 120] ÷ 300 = R$ 20,00

Beta = [$\dfrac{R\$ \ 36.000,00}{120 + 240 + 360}$ × 240] ÷ 300 = R$ 40,00

Delta = [$\dfrac{R\$ \ 36.000,00}{120 + 240 + 360}$ × 360] ÷ 300 = R$ 60,00

- -

Custos unitários de cada produto:

Alfa = R$ 20,00 + R$ 250,00 = R$ 270,00

Beta = R$ 40,00 + R$ 250,00 = R$ 290,00

Delta = R$ 60,00 + R$ 250,00 = R$ 310,00

Exercício 23

Todo gasto aplicado direta ou indiretamente na produção de calcário, para uma indústria que o utiliza como matéria-prima na produção de cimento é considerado CUSTO DA MATÉRIA-PRIMA. Se a empresa, por exemplo, além do gasto com transporte do pessoal, gastasse com alimentação desse pessoal, isso também integraria o custo da matéria-prima. No entanto, o gasto com a remuneração do pessoal dentro da fábrica ligado diretamente à produção de cimento seria custo da mão de obra e o gasto, por exemplo, com alimentação desse pessoal seria custo indireto de fabricação e não gasto com mão de obra direta.

Exercício 24

Pelo mesmo raciocínio da questão anterior, TODO gasto "até a porta da fábrica" é considerado CUSTO DA MATÉRIA-PRIMA. Assim, no caso, esse custo será de R$ 270.000,00 + R$ 30.000,00, ou seja, R$ 300.000,00.

Exercício 25

Analisando as opções:

a) INCORRETA. O aluguel é custo INDIRETO.
b) **CORRETA. A matéria-prima, a mão de obra direta e embalagens são custos DIRETOS.**
c) INCORRETA. A depreciação de equipamentos, em geral, é custo INDIRETO.
d) INCORRETA. A manutenção e salários de supervisão são custos INDIRETOS.
e) INCORRETA. Os seguros da fábrica são custos INDIRETOS.

Exercício 26

CSP = 3.000,00 + 2.000,00 + 200,00 = 5.200,00

Exercício 27

CSP (Custos dos Serviços Prestados) = 5.000,00 + 4.000,00 + 300,00 = 9.300,00

- -

LB = Vendas de Serviços – ISS – CSP = 15.500,00 – 500 – 9.300,00 = 5.700,00

Exercício 28

Somente as PERDAS ANORMAIS ocorridas na produção são tratadas como DESPESAS, visto que as PERDAS NORMAIS integrarão o CUSTO de fabricação dos produtos.

Exercício 29

Um aumento na quantidade produzida DIMINUI o custo fixo unitário.

Comentário extra: A depreciação dos equipamentos é um custo fixo, desde que seja feita pelo método linear (método das cotas constantes). Caso, por exemplo, a depreciação seja feita pelo método das unidades produzidas ela será variável. Regra geral, sempre presumimos que a depreciação é feita pelo método linear quando o método não for informado.

Exercício 30

Numa fábrica de automóveis, teremos:

- Pneu de automóvel – custo direto e variável
- Aluguel de fábrica – custo indireto e fixo
- Depreciação das máquinas – custo fixo (só pelo método linear) e indireto
- Matéria-prima consumida – custo variável e direto

Exercício 31

- Custo fixo total = permanece constante com a variação da produção
- Custo fixo unitário = varia em razão inversa à quantidade
- Custo variável total = varia em razão direta à quantidade
- **Custo variável unitário = permanece constante com a variação da produção**

Exercício 32

Custos Diretos:

Produto A = 1.600.000 + 2.740.000 = 4.340.000

Produto B = 1.200.000 + 2.860.000 = 4.060.000

Produto C = 4.000.000 + 1.600.000 = 5.600.000

TOTAL 14.000.000

Rateio dos Custos Indiretos de Fabricação (CIF) no valor total de 7.000.000:

CIF (A) = $\dfrac{7.000.000}{14.000.000}$ × 4.340.000 = 2.170.000

CIF (B) = $\dfrac{7.000.000}{14.000.000}$ × 4.340.000 = 4.060.000 = 2.030.000

CIF (C) = $\dfrac{7.000.000}{14.000.000}$ × 5.600.000 = 2.800.000

Finalmente, determinação dos Custos de Produção (CP) de cada produto, que é a soma das matérias-primas com a mão de obra direta com os custos indiretos de fabricação:

CP (A) = 1.600.000 + 2.740.000 + 2.170.000 = 6.510.000

CP (B) = 1.200.000 + 2.860.000 + 2.030.000 = 6.090.000

CP (C) = 4.000.000 + 1.600.000 + 2.800.000 = 8.400.000

Exercício 33

CUSTOS FIXOS:

Imposto predial .... R$ 15.000

Aluguel da fábrica .... R$ 32.000

Salários de vigias da fábrica .... R$ 5.000

Total .... R$ 52.000

Exercício 34

Matéria-prima comprada = investimento

Matéria-prima aplicada = custo

Exercício 35

Na hipótese de determinada indústria fabricar apenas um único tipo de produto, todos os custos de fabricação são considerados DIRETOS, dado que a apropriação desses custos em relação a cada unidade do produto fabricado é objetiva, bastando apenas dividir os custos totais pela quantidade total produzida, sem necessidade de qualquer critério de rateio. Ao mesmo tempo, no caso específico dos gastos com limpeza da fábrica, esses podem ser FIXOS ou VARIÁVEIS, dependendo da forma como são efetuados, isto é, se variam ou não em função da produção. Visto que nas opções só consta "Custo Direto Variável" **esta é a**

resposta. Caso nas opções também houvesse "Custo Direto Fixo", além de "Custo Direto Variável", a questão poderia ser anulada, tendo em vista que o enunciado da questão não fornece informações sobre a forma de como a limpeza da fábrica é efetuada.

Exercício 36

A contabilidade de CUSTOS (e não a gerencial) tem por objetivo adaptar os procedimentos de apuração do resultado das empresas comerciais para as empresas industriais, tendo em vista que na determinação do custo dos produtos fabricados possibilita a apuração do valor dos estoques, os quais integrarão o ativo circulante, e a determinação do custo dos produtos vendidos, o qual integrará a apuração do resultado industrial.

Exercício 37

CUSTOS DIRETOS	150.300,00
Mão de obra Direta	150.000,00
Contribuição Previdenciária a Cargo do Empregador sobre a MOD	300,00

CUSTOS INDIRETOS	80.000,00
Mão de obra Indireta	70.000,00
Encargos com Depreciação de Máquinas da Produção	10.000,00

DESPESAS	16.850,00
Salários do Pessoal de Venda	12.000,00
Contribuição Previdenciária a Cargo do Empregador do Pessoal de Vendas e da Administração	650,00
Comissões sobre Vendas	1.800,00
ICMS sobre Vendas	2.400,00

Nota: O IRRF e a Contribuição Previdenciária dos empregados não são despesas e nem custos, visto que são por conta dos empregados e não da empresa.

Exercício 38

Em geral, quando se utiliza a expressão "custo VARIÁVEL", normalmente a referência é para os "materiais diretos aplicados" e para a "mão de obra direta", razão pela qual muitos contabilistas consideram que todos os custos variáveis também são custos diretos. No entanto, tal afirmativa é questionável, visto que os "materiais indiretos aplicados" e a "energia elétrica geral de fábrica", por exemplo, tendem a variar em função da quantidade produzida, embora tal variação não seja exatamente linear, e são custos INDIRETOS. Dependendo da bibliografia adotada pela banca elaboradora, essa questão é passível de anulação em função de divergências doutrinárias.

Exercício 39

Analisando as opções:

a) INCORRETA. Matéria-prima é custo DIRETO, porque se identifica objetivamente com os produtos fabricados.

b) INCORRETA. Depreciação das máquinas pode ser custo DIRETO ou INDIRETO, dependendo se a máquina ou equipamento é utilizada para a fabricação de um único produto ou mais de um tipo de produto.

c) INCORRETA. Pela mesma razão anterior, a manutenção das máquinas também poderá ser custo direto ou indireto.

d) **CORRETA. Matéria-prima e mão de obra direta são custos DIRETOS, porque podem ser apropriados perfeitamente aos diversos produtos fabricados, sem necessidade de qualquer critério de rateio.**

e) INCORRETA. O aluguel de fábrica, como qualquer outro gasto de fábrica, é considerado custo de produção.

Exercício 40

Ao receber um adiantamento para prestação futura de serviços, uma empresa prestadora de serviços não contabiliza a receita e sim uma obrigação denominada de "Adiantamentos de Clientes", que é uma conta do passivo exigível.

Exercício 41

Os custos FIXOS UNITÁRIOS variam de forma INVERSA à quantidade produzida. Assim, por exemplo, se o aluguel mensal no valor de R$ 2.000,00 fosse o único custo fixo de determina fábrica e esta só fabricasse um único tipo de produto, caso a produção de certo mês fosse de 100 unidades, o custo fixo unitário seria de R$ 2.000,00 ÷ 100 = R$ 20,00. Se a produção no mês seguinte, por exemplo, dobrasse, o novo custo fixo unitário seria de R$ 2.000,00 ÷ 200 = R$ 10,00. Se a produção no terceiro mês, por exemplo, quadriplicasse, o novo custo fixo unitário seria menor ainda, ou seja, R$ 2.000,00 ÷ 400 = R$ 5,00. E assim por diante.

Exercício 42

Analisando as opções, considerando uma empresa prestadora de serviços de consultoria e planejamento organizacional:

a) o consumo mensal de material de escritório e os salários pagos aos funcionários do escritório central = DESPESAS ADMINISTRATIVAS

b) as despesas de viagens para atendimento de clientes = CUSTO DOS SERVIÇOS PRESTADOS e os gastos de telefonia do escritório central = DESPESAS ADMINISTRATIVAS.

c) os gastos de deslocamento para atendimento de clientes = CUSTO DOS SERVIÇOS PRESTADOS e o gasto com elaboração do "site da empresa" = ATIVO INTANGÍVEL e gasto com manutenção do "site" da empresa = DESPESA GERAL

d) o aluguel do prédio do escritório central da empresa = DESPESA ADMINISTRATIVA e os gastos de deslocamento para atendimento de clientes = CUSTO DOS SERVIÇOS PRESTADOS.

e) **os salários dos consultores envolvidos nos serviços contratados e as despesas de viagens para atendimento de clientes = CUSTO DOS SERVIÇOS PRESTADOS**

Exercício 43

Em consonância com a solução do exercício 41, os CUSTOS FIXOS UNITÁRIOS diminuem à medida que a quantidade de bens ou serviços produzidos aumenta.

Exercício 44

O primeiro passo é rateamos o CIF fixo no total de R$ 200.000,00 de forma proporcional à Mão de Obra Direta (MOD) da seguinte forma:

$$CIF(A) = \frac{200.000}{20.000 + 30.000 + 50.000} \times 20.000 = 40.000$$

$$CIF(B) = \frac{200.000}{20.000 + 30.000 + 50.000} \times 30.000 = 60.000$$

$$CIF(C) = \frac{200.000}{20.000 + 30.000 + 50.000} \times 50.000 = 100.000$$

Por fim, iremos determinar o custo total de cada produto somando todos os respectivos insumos:

Itens	Produto A	Produto B	Produto C
Matéria-Prima	75.000,00	135.000,00	140.000,00
Mão de Obra Direta (MOD)	20.000,00	30.000,00	50.000,00
Energia Elétrica	18.000,00	20.000,00	7.000,00
CIF fixo	40.000,00	60.000,00	100.000,00
Soma	153.000,00	245.000,00	297.000,00

Exercício 45

Qualquer gasto INVOLUNTÁRIO e ANORMAL é sempre uma PERDA, a qual será despesa, independentemente se ocorreu na área administrativa ou na área de produção.

Exercício 46

Analisando as opções:

a) seguro da Fábrica (custo), comissão de vendedores (despesa), honorários do presidente (despesa);

b) despesas de entrega (despesa), depreciação da fábrica (custo), honorários do presidente (despesa);

c) **despesas de entrega (despesa), comissão de vendedores (despesa), honorários do presidente (despesa);**

d) depreciação das máquinas do departamento de vendas (despesa), seguros de fábrica (custo), salários da administração (despesa);

e) matéria-prima consumida (custo), seguros da fábrica (custo), salários da administração (despesa).

Exercício 47

CUSTO DOS SERVIÇOS PRESTADOS:

Pessoal técnico	120.000,00
Supervisores	30.000,00
Total	150.000,00

Nota: Os gastos com *pro labore* dos diretores e do pessoal do escritório são DESPESAS ADMINISTRATIVAS e não custo dos serviços prestados.

Exercício 48

A Mão de Obra Indireta da empresa em questão é formada somente pelos supervisores de produção (30.000,00), dado que a remuneração do pessoal técnico é considerada Mão de Obra Direta.

Exercício 49

GASTO é todo sacrifício financeiro para obtenção de bem ou serviço (inclui também a remuneração de capitais de terceiros, como, por exemplo, o aluguel de fábrica).

Exercício 50

Analisando as afirmações:

I. CORRETA. Custos diretos e indiretos dizem respeito ao relacionamento entre o custo e o produto feito, ou seja, se o custo for DIRETO, o relacionamento é objetivo, se o custo for INDIRETO, o relacionamento é subjetivo, havendo a necessidade de critérios de rateio. Custos fixos e variáveis são uma classificação que não leva em consideração o produto, e sim a relação entre os custos e o volume de atividade numa unidade de tempo.

II. CORRETA. O valor global de consumo dos materiais diretos por mês depende diretamente do volume de produção; quanto maior a quantidade fabricada, maior o seu consumo. Dentro, portanto, de uma unidade de tempo (mês, por exemplo), o valor do custo com tais materiais varia de acordo com o volume da produção; logo, materiais diretos são custos variáveis.

III. INCORRETA. A depreciação só considerada VARIÁVEL se for pelo método da quantidade produzida. Pelo método linear ou qualquer outro método que não seja pela quantidade produzida a depreciação é custo FIXO.

IV. INCORRETA. Embora a matéria-prima aplicada por unidade seja fixa, esse atributo não descaracteriza a matéria-prima como custo variável.

Exercício 51

Analisando as afirmativas:

I. CORRETA. A matéria-prima comprada e estocada é INVESTIMENTO. Quando utilizada na fabricação dos produtos é um CUSTO. Quando o produto é vendido, a matéria-prima integrará o valor das DESPESAS através do custo dos produtos vendidos.

II. CORRETA. Muitos gastos são automaticamente transformados em despesas, como, por exemplo, as comissões pagas as vendedores de produtos; outros passam, primeiro, pela fase de custos, como, por exemplo, os aluguéis de fábrica; outros, ainda, passam pelas fases de investimento, custo, investimento, novamente, e, por fim, despesa, que é o caso das matérias-primas, as quais são investimento quando compradas e estocadas, são custos, quando utilizadas na produção, investimento novamente, quando integrarem os produtos prontos e estocados e, por fim, despesa, quando integrarem o custo dos produtos vendidos.

III. CORRETA. Cada componente que foi custo no processo de produção torna-se, na baixa, despesa através do custo dos produtos vendidos; no Resultado, existem receitas e despesas – às vezes ganhos e perdas, mas não custos, visto que os custos só irão ao resultado através do custo dos produtos vendidos, sendo este despesa e não custo.

Exercício 52

Admitindo que CF é o valor dos custos fixos totais, resolveremos a seguinte equação:

Lucro = Receita de Vendas – (Custos Variáveis + CF)

- -

15% 100.000 × 25 = 100.000 × 25 – (100.000 × 15 + CF)

375.000 = 2.500.000 – 1.500.000 – CF

CF = 1.000.000 – 375.000 = 625.000

Exercício 53

CUSTOS DE PRODUÇÃO	
Salários do pessoal da fábrica	70.000
Manutenção da fábrica	25.000
Matéria-prima consumida	180.000
Materiais diversos utilizados na fábrica	8.000
Seguros da fábrica	5.000
Depreciação da fábrica	25.000
Energia elétrica da fábrica, medida globalmente	42.000
TOTAL	**355.000**

DESPESAS ADMINISTRATIVAS	
Material de consumo, administração geral	2.000
Seguro do prédio da administração	3.000
Salários da administração	45.000
Honorários da diretoria	20.000
TOTAL	**70.000**

Exercício 54

Custos DIRETOS são aqueles de fácil identificação em relação aos produtos (ou serviços) e custos INDIRETOS são aqueles que só serão apropriados aos produtos (ou serviços) mediante critérios de rateio. Desta forma, a classificação dos custos em diretos e indiretos é feita em relação aos produtos ou serviços.

Exercício 55

Sendo "CD" o valor dos Custos Diretos, teremos:

- CD (Produto A) = 1.600.000 + 1.200.000 = 2.800.000
- CD (Produto B) = 2.000.000 + 800.000 = 2.800.000

Visto que os Custos Diretos foram iguais para os dois produtos, o CIF de 5.000.000 será distribuído entre os produtos em partes iguais, ou seja, CIF (A) = CIF (B) = 2.500.000.

Por fim, teremos:

CUSTOS	PRODUTO A	PRODUTO B
Matéria-Prima	1.600.000	2.000.000
Mão de Obra Direta	1.200.000	800.000
CIF	2.500.000	2.500.000
Custo de Produção	5.300.000	5.300.000
Custo Unitário	**5.300.000 ÷ 10.000 = 530**	**5.300.000 ÷ 8.000 = 662,50**

Exercício 56

Alfa (unitário) = $250 + \dfrac{36.000}{120 + 240 + 360} \times 120 \div 100 = 310$

Exercício 57

Sendo "CV" o valor dos Custos Variáveis e "V" a Receita de Vendas, lembrando que "V" é proporcional a "CV", podemos montar a seguinte proporção:

$\dfrac{V}{CV} = \dfrac{50.000}{35.000} \longrightarrow CV = \dfrac{7V}{10} = 0,7V$

Agora, para um lucro de 7.500, podemos estabelecer a seguinte igualdade:

$7.500 = V - CV - 12.000$

Por fim, substituindo na igualdade acima "CV" por "0,7V", teremos:

$7.500 = V - 0,7V - 12.000$

$0,3V = 19.500 \longrightarrow V = 65.000$

Exercício 58

CIF (X) = $\dfrac{2.000 + 500}{100 + 150} \times 100 + \dfrac{1.000}{600 + 400} \times 600 = 1.600$

CIF (Y) = $\dfrac{2.000 + 500}{100 + 150} \times 150 + \dfrac{1.000}{600 + 400} \times 400 = 1.900$

ITENS CONSUMIDOS	PRODUTO X	PRODUTO Y
Matéria-Prima	5.900	4.000
Mão de Obra Direta	2.000	1.000
Mão de Obra Indireta	1.500	750
Custos Indiretos	1.000	1.350
Depreciação, seguro, energia	1.600	1.900
Custo de Produção	12.000	9.000
Custo Unitário	**12.000 ÷ 600 = 20**	**9.000 ÷ 400 = 22,50**

Exercício 59

Custo de Produção (Gama) = $32.000 + 16.000 + \dfrac{21.000}{646 + 836 + 418} \times 418 = 52.620$

Exercício 60

A equação do Custo Total (CT) de produção pelo custeio por absorção (custeio onde são "absorvidos" os custos fixos e os custos variáveis, ou seja, são considerados todos os custos de produção) é a seguinte: CT = CV/u × Q + CF, onde "CV/u" é o Custo Variável Unitário, "Q" é a quantidade produzida e "CF" é o Custo Fixo Total.

- -

Para acharmos o valor de CV/u pelo método maior-menor, precisamos de dois pontos: o 1º ponto é o de maior valor de CT (no caso, é o do 3º trimestre, ou seja, R$ 9.800,00); o 2º ponto é o de menor valor de CT (no caso, é o do 2º trimestre, ou seja, R$ 7.500,00). Assim, teremos:

CV/u = $\dfrac{\text{Maior valor de CT} - \text{Menor valor de CT}}{\text{Variação da Quantidade Produzida}} = \dfrac{9.800 - 7.500}{180 - 100} = 28{,}75$

- -

Agora, iremos determinar o Custo Fixo Total (CF), utilizando a equação CT = CV/u × Q + CF:

9.800 = 28,75 × 180 + CF → CF = 4.625

- -

Assim, conseguimos determinar a equação de CT em função da produção "Q":

CT = 28,75Q + 4.625

Finalmente, para uma produção de 140 unidades, CT = 28,75 × 140 + 4.625 = 8.650

Exercício 61

Materiais (90% 10.000)	9.000
Mão de Obra (60% 9.000)	5.400
Custo Primário	14.400

Exercício 62

Apesar da manutenção ser realizada pelo setor de produção, os gastos com a manutenção dos microcomputadores no Departamento Administrativo devem ser tratados contabilmente como DESPESAS administrativas (Despesa de Manutenção) e não como custos de produção.

Exercício 63

Quaisquer gastos FORA da área de produção de bens ou serviços é considerado DESPESA, mesmo que se refiram ao pagamento de pessoal e ao consumo de materiais que normalmente seriam utilizados na fábrica, mas que de forma "extraordinária" não foram aplicados na produção. Assim, no caso da empresa Milpo, a soma dos gastos com a mão de obra e dos materiais será contabilizada como DESPESA e não como custo, visto que não foram aplicados na produção.

Exercício 64

CUSTOS DIRETOS

Mão de Obra Direta 215.000,00

Matérias-Primas 230.000,00

Total 445.000,00

Exercício 65

Mão de Obra Direta (MOD):
- Modelo "Pequeno" = 15.000 × R$ 12,00 = R$ 180.000,00
- Modelo "Médio"   = 25.000 × R$ 16,00 = R$ 400.000,00
- Modelo "Grande" = 10.000 × R$ 22,00 = R$ 220.000,00
- TOTAL .... R$ 800.000,00

Custo Fixo (Modelo "Grande") = $\frac{R\$ 900.000,00}{800.000}$ × 220.000 = 247.500

Exercício 66

Modelo "Médio" (custos unitários):

MPAu = R$ 27,00

MODu = R$ 16,00

CIFu = $\frac{R\$ 900.000}{800.000}$ × 400.000 ÷ 25.000 = R$ 18,00

Custo de Fabricação Unitário = R$ 27,00 + R$ 16,00 + R$ 18,00 = R$ 61,00

Lucro unitário = R$ 110,00 − R$ 61,00 = R$ 49,00

Exercício 67

O primeiro passo é calcularmos o Custo Variável Unitário (CV/u) das 800 unidades produzidas, o qual será o mesmo das 1.000 unidades, lembrando que CV/u é FIXO:

CV/u = $\frac{(R\$ 1.600,00 + R\$ 600,00)}{800}$ = R$ 2,75

Agora, iremos calcular o Custo Fixo Unitário (CF/u) de cada uma das 1.000 unidades, o qual não é o mesmo das 800, lembrando que, de forma diferente do CV/u, tal custo varia inversamente à quantidade produzida:

CF/u = $\dfrac{R\$ 200{,}00}{1.000}$ = R$ 0,20

Finalmente, teremos:

Custo unitário de fabricação = CV/u + CF/u = R$ 2,75 + R$ 0,20 = R$ 2,95

Exercício 68

Tendo em vista que as despesas variáveis são proporcionais à receita de vendas (80.000), então vamos admitir que o valor dessas despesas sejam de "80.000K", onde "K" é uma constante de proporcionalidade que iremos determinar. Assim, montaremos a seguinte equação: Prejuízo = Despesas Fixas + Despesas Variáveis – Receita Líquida

8.000 = 40.000 + 80.000K – 80.000 (÷ 8.000)

1 = 5 + 10K – 10

K = 0,6

Agora montaremos a <u>segunda</u> equação, onde a empresa terá LUCRO ao invés de prejuízo, e as Despesas Fixas serão aumentadas em 20.000, totalizando 60.000 (= 40.000 + 20.000), a Receita Líquida será "R", de forma que agora as Despesas Variáveis, que são proporcionais a essa receita, valerão "K × R", ou seja, 0,6R:

Lucro = Receita Líquida – Despesas Fixas – Despesas Variáveis

4.000 = R – 60.000 – 0,6R ➝ 0,4R = 64.000 ➝ R = 160.000

Exercício 69

CSP (Custo dos Serviços Prestados) = 38.000,00 + 22.000,00 = 60.00,00

---RL
(Receita Líquida) = (147.000,00 – 11.000,00 – 20.000,00) × 0,91 = 105.560,00

LB = RL – CSP = 105.560,00 – 60.000,00 = 45.560,00

Nota: Ao multiplicarmos a Receita Bruta de vendas de serviços diminuída dos serviços cancelados e dos descontos incondicionais por 0,91 (91%) estamos abatendo os 5% + 1% + 3% = 9% de tributos para chegarmos à Receita Líquida de prestação de serviços.

Exercício 70

Custo Unitário (Alfa) = 250,00 + $\dfrac{780.000,00}{11.000 + 15.000}$ × 11.000 ÷ 1.000 = 580,00

Exercício 71

CUSTOS DIRETOS são aqueles identificados diretamente em relação aos produtos fabricados, sem a necessidade de critérios de rateio. Desta forma, a energia elétrica quando identificada em relação a cada tipo de produto é custo direto.

Exercício 72

Itens	MOD por unidade
Corpo metálico	R$ 8,00 ÷ 80 = R$ 0,10
Carga	R$ 4,00 ÷ 125 = R$ 0,032
Enchimento de carga com tinta	R$ 6,00 ÷ 200 = R$ 0,03
Montagem das peças	R$ 4,00 ÷ 250 = R$ 0,016
TOTAL MOD 1 unidade	R$ 0,178
TOTAL MOD 100 unidades	**R$ 17,80**

Exercício 73

Receita de Vendas 6.000

(–) CPV [= 90% (80% 1.000 + 1.200 + 3.000)] .... (4.500)

(–) Despesas de Vendas .... (600)

(–) Despesas Administrativas .... (700)

(=) Lucro Líquido **200**

Exercício 74

CUSTOS DIRETOS TOTAIS:

Alfa = R$ 10,50 × 8.000 = R$ 84.000,00

Beta = R$ 11,20 × 5.000 = R$ 56.000,00

Gama = R$ 17,50 × 2.000 = R$ 35.000,00

Total .... R$ 175.000,00

Custo Total (Beta) = R$ 56.000,00 + $\dfrac{R\$\ 120.000,00}{175.000}$ × 56.000 = R$ 94.400,00

Exercício 75

Antes do aumento:

Lucro = 2,00 – (0,50 + 0,40 + 0,10) = 1,00

Margem de Lucro = $\dfrac{\text{Lucro}}{\text{Receita de Venda}}$ = $\dfrac{1,00}{2,00}$ = 50%

Após o aumento de 30% da MOD, admitindo que "V" é o valor da nova receita de vendas para que se tenha uma margem de lucro de 50%, ou seja, Lucro = 0,5V, resolveremos a seguinte equação:

0,5V = V – (0,50 + 0,40 + 30% 0,40 + 0,10)

V – 0,5V = 1,12 ⟶ 0,5V = 1,12 ⟶ V = 1,12 ÷ 0,50 = 2,24

Exercício 76

CUSTOS DIRETOS TOTAIS:

Produto A = 100 × (R$ 1,50 + R$ 0,60) = R$ 210,00

Produto B = 200 × (R$ 0,90 + R$ 0,30) = R$ 240,00

Produto C = 300 × (R$ 0,60 + R$ 0,25) = R$ 255,00

Total .... R$ 705,00

CUSTO INDIRETO UNITÁRIO:

Produto A = $\dfrac{R\$\ 176,25}{705} \times 210 \div 100 = R\$\ 0,52$

Produto B = $\dfrac{R\$\ 176,25}{705} \times 240 \div 200 = R\$\ 0,30$

Produto C = $\dfrac{R\$\ 176,25}{705} \times 255 \div 300 = R\$\ 0,21$

Exercício 77

Analisando as afirmativas:

I. INCORRETA. O custo é dito FIXO em relação à <u>quantidade</u> produzida, podendo não ter sempre o mesmo valor em função de outros fatores, tais como variação de preços, expansão da fábrica, mudança de tecnologia etc.

II. CORRETA. O salário dos supervisores de fábrica (mão de obra indireta), por exemplo, é custo fixo repetitivo, visto que tende a ser o mesmo ao longo dos períodos, desconsiderando quaisquer reajustes salariais ou aumento do número de supervisores. Já a limpeza e manutenção de equipamentos fabris são custos fixos não repetitivos, visto que dificilmente se repetem ao longo de vários períodos.

III. INCORRETA. Em relação ao relacionamento com os produtos fabricados os custos são classificados em diretos e indiretos, e não em fixos e variáveis.

Exercício 78

Analisando as opções:

a) CORRETA. A matéria-prima classificada como custo direto corresponde aos materiais cujo consumo podemos quantificar no produto. Se não for possível a identificação da quantidade aplicada no produto, passa a ser um elemento de custo indireto, sendo designada não por matéria-prima mas por materiais indiretos.

b) CORRETA. Custos semivariáveis são aqueles que possuem em seu valor uma parcela fixa e outra variável. Isto é, têm um comportamento de custo fixo até certo momento e depois se comportam como custo variável. É o caso, por exemplo, do consumo de energia e água dentro da fábrica, o qual tende a ter um valor "mais ou menos" fixo, mesmo com produção zero. À medida que a produção aumentar, o comportamento variável será agregado à parte fixa do consumo.

c) CORRETA. Custos semifixos são aqueles elementos de custos classificados de fixos que se alteram em decorrência de uma mudança na capacidade de produção instalada, ou seja, têm um comportamento escalonado.

d) **INCORRETA. Custo total é a somatória dos custos fixos (incluindo os custos "semifixos") e variáveis (incluindo os custos "semivariáveis"), sendo que os custos semifixos e semivariáveis NÃO têm o mesmo significado.**

e) CORRETA. A mão de obra direta compreende os funcionários que atuam diretamente no produto e cujo tempo gasto possa ser identificado, isto é, apontado no produto, razão pela qual é considerada um custo direto.

Exercício 79

Um aumento de 40% na produção implicará que o novo volume de produção será de 800 unidades × 1,40 = 1.120 unidades.

Lembrando que o Custo Variável Unitário (CV/u) é fixo, o seu valor para 1.120 unidades será o mesmo para 800 unidades, ou seja:

CV/u = R$ 120.000,00 ÷ 800 = R$ 150,00

Já o novo Custo Fixo Unitário (CF/u) será outro para o novo volume de produção, ou seja:

CF/u = R$ 200.000,00 ÷ 1.120 = R$ 178,57

Por fim, o novo custo unitário da produção será de R$ 150,00 + R$ 178,57 = R$ 328,57

Exercício 80

Lembrando que o Custo Variável Unitário (CV/u) é FIXO, então seu valor para 1.000 unidades será o mesmo para 1.200 unidades, ou seja:

CV/u = (R$ 40.000,00 + R$ 30.000,00) ÷ 1.000 = R$ 70,00

Por outro lado, o Custo Fixo Unitário (CF/u) é VARIÁVEL em razão INVERSA à quantidade produzida. Assim, para 1.200 unidades, teremos:

CF/u = (R$ 10.000,00 + R$ 20.000,00) ÷ 1.200 = R$ 25,00

Finalmente, o custo unitário de cada uma das 1.200 unidades será de R$ 70,00 + R$ 25,00 = R$ 95,00

Exercício 81

Custos Unitários (antes do aumento de 10% da Mão de Obra unitária):

MPA/u = 4.000,00 ÷ 5.000 = 0,80

MOD/u = 3.000,00 ÷ 5.000 = 0,60

DV/u   = 1.000,00 ÷ 5.000 = 0,20

DI/u   = 1.800,00 ÷ 5.000 = 0,36

TOTAL 1,96

Lembrando que os **custos variáveis unitários** são fixos e os **custos fixos unitários** são variáveis na razão inversa da quantidade produzida, teremos os seguintes Custos Unitários (após o aumento):

MPA/u = 0,80 (fixo)

MOD/u = 0,60 × 1,1 = 0,66 (aumento de 10% nos salários dos funcionários)

DV/u = 0,20 (fixo)

DI/u =   ?

TOTAL .... 1,96 (o mesmo custo unitário da situação anterior)

Assim, podemos montar a seguinte equação:

0,80 + 0,66 + 0,20 + ? = 1,96 → ? = 0,30

Logo, a nova quantidade do produto será de 1.800 ÷ 0,30 = 6.000 unidades

Exercício 82

Custos Indiretos de Fabricação (CIF):

Aluguel de fábrica .... $ 500,00

Salário do supervisor .... $ 50,00

$ 550,00

Visto que toda a produção foi vendida, o CPV será exatamente o somatório dos três componentes dos custos, ou seja, MPA + MOD + CIF. Assim, teremos:

MPA .... $ 2.000,00

MOD .... $ 1.000,00

CIF .... $ 550,00

CPV .... $ 3.550,00

LOP = Receita de Vendas − CPV − Despesas

LOP = $ 12.000,00 − $ 3.550,00 − $ 200,00 − $ 12.000 × 10% = 7.050,00

Exercício 83

$$CPV(X) = \left[\left(725 + 900 + \frac{180}{900 + 300} \times 900\right) \times \frac{140}{200}\right] = 1.232$$

- -

$$CPV(Y) = \left[\left(415 + 300 + \frac{180}{900 + 300} \times 300\right) \times \frac{120}{300}\right] = 304$$

- -

CPV (X e Y) = 1.232 + 304 = 1.536

- -

LB = (140 × 15 + 120 × 6) − 1.536 = 1.284

Exercício 84

LOP = LB − Despesas Operacionais

LOP = 1.284 − 310 − 260 − 320 = 394

Exercício 85

$$\text{Custo de produção unitário} = \frac{R\$ \ 200.000 + R\$ \ 150.000 + R\$ \ 150.000}{50.000} = R\$ \ 10$$

- -

Admitindo que a quantidade vendida é "Q", teremos:

Custo dos Produtos Vendidos (CPV) = 10Q

Receita de Vendas (V) = 18Q

- -

LB = V − CPV

36.000 = 18Q − 10Q ➞ Q = 36.000 ÷ 8 = 4.500 unidades

Exercício 86

CUSTOS INDIRETOS DE FABRICAÇÃO (CIF):

Depreciação da fábrica	130.000
Seguros de fábrica	50.000
Manutenção de fábrica	70.000
Mão de obra indireta	60.000

Energia elétrica de fábrica 80.000

390.000

Custos de Produção = MPA + MOD + CIF = 1.060.000 + 160.000 + 390.000 = 1.610.000

DESPESAS:

Seguros do prédio administrativo 30.000
Honorários da diretoria 100.000
Correios e internet 10.000
Comissão sobre vendas 20.000
Juros sobre empréstimos 30.000
Despesas com veículos de vendedores 24.000
Material de consumo de escritório 50.000
Fretes sobre vendas 30.000

294.000

Exercício 87

Custos Diretos (X) = MPA + MOD = 605.400 + 90.000 = 695.400
Custos Diretos (Y) = MPA + MOD = 454.600 + 70.000 = 524.600

$$CIF\ (X) = \frac{390.000}{695.400 + 524.600} \times 695.400 = 222.300$$

$$CIF\ (Y) = \frac{390.000}{695.400 + 524.600} \times 524.600 = 167.700$$

CAPÍTULO 2

APURAÇÃO DE CUSTOS

1. APURAÇÃO MATEMÁTICA DE CUSTOS

1.1. Matéria-Prima Aplicada (MPA)

Corresponde à matéria-prima retirada do estoque e aplicada na fabricação dos produtos, independentemente se esses produtos ficarão prontos ou não no período de aplicação dessas matérias-primas.

Suponhamos, por exemplo, que no início de um determinado período o estoque de matérias-primas da Industrial ABC S/A seja de R$ 12.000,00 (EIMP = R$ 12.000,00) e ao longo desse período houvesse um total de compras de matérias-primas de R$ 18.000,00 (CMP = R$ 18.000,00). Assim, as <u>matérias-primas disponíveis para a produção</u> (EIMP + CMP) no referido período importariam em R$ 30.000,00. Admitindo que ao final do referido período o estoque de matérias-primas importasse, por exemplo, em R$ 13.000,00 (EFMP = R$ 13.000,00), as Matérias-Primas Aplicadas na produção do período teriam o valor de R$ 30.000,00 – R$ 13.000,00, ou seja, R$ 17.000,00. Dessa forma, podemos estabelecer a seguinte fórmula para o cálculo da MPA:

MPA = EIMP + CMP – EFMP

EIMP = Estoque Inicial de Matérias-Primas
CMP = Compras de Matérias-Primas
EFMP = Estoque Final de Matérias-Primas

Obs. 1: A fórmula acima (Estoque Inicial + Compras − Estoque Final) é genérica. Dessa forma, se quisermos, por exemplo, apurar o custo dos Materiais Indiretos Aplicados (MIA), usamos o mesmo raciocínio, ou seja, MIA = Estoque Inicial de Materiais Indiretos + Compras de Materiais Indiretos − Estoque Final de Materiais Indiretos.

Obs. 2: Lembrando, conforme mencionado no Capítulo 1, que, opcionalmente, matérias-primas podem ser tratadas em muitos casos como praticamente sinônimo de materiais diretos, também podemos dizer que Materiais Diretos Aplicados (MDA) é igual a Estoque Inicial de Materiais Diretos (EIMD) + Compras de Materiais Diretos (CMD) − Estoque Final de Materiais Diretos (EFMD).

1.2. Custo Primário (CPr)

É o somatório da Matéria-Prima Aplicada (MPA) com a Mão de Obra Direta (MOD). Assim:

$$CPr = MPA + MOD$$

Exemplo: A Indústria "X" apresentou os seguintes Estoques em 1º de março de determinado ano:

Matérias-Primas	R$ 13.000,00
Produtos em Elaboração	R$ 19.000,00
Produtos Prontos	R$ 31.000,00

Ao final do referido mês (31 de março), a empresa apresentou os seguintes estoques:

Matérias-Primas	R$ 15.000,00
Produtos em Elaboração	R$ 23.000,00
Produtos Prontos	R$ 29.000,00

Além disso, a Indústria "X" realizou no referido mês os seguintes gastos:

Compras de Matérias-Primas	R$ 28.000,00
Custo da Mão de Obra Direta	R$ 16.000,00
Custos Indiretos de Fabricação	R$ 11.000,00

Cálculo do Custo Primário (CPr):

EIMP	R$ 13.000,00
(+) CMP	R$ 28.000,00
(−) EFMP	(R$ 15.000,00)
(=) MPA	R$ 26.000,00
(+) MOD	R$ 16.000,00
(=) CPr	R$ 42.000,00

Obs.: Embora no exemplo acima o custo primário seja referente ao período de 1 mês, o período poderia ser qualquer outro, como, por exemplo, anual. Neste caso, os estoques iniciais de matérias-primas, produtos em elaboração e produtos prontos seriam referentes ao dia 1º de janeiro (ou 31 de dezembro do ano anterior) e os estoques finais seriam referentes ao dia 31 de dezembro do ano atual. As compras de matérias-primas, nesse caso, seriam aquelas realizadas de janeiro a dezembro.

1.3. Custo de Transformação (CTr)

Também chamado de Custo de Conversão, esse custo tem por objetivo avaliar quanto foi gasto para transformar as matérias-primas em produtos, independentemente se tais produtos ficarão prontos ou não até o final do período ao qual se refere. Consequentemente, seu cálculo se dará pelo somatório de todos os componentes dos custos, exceto as matérias-primas aplicadas. Em outras palavras, o Custo de Transformação será igual à soma da Mão de Obra Direta (MOD) com os Custos Indiretos de Fabricação (CIF), ou seja:

$$CTr = MOD + CIF$$

No exemplo do item 1.2, teríamos:

MOD	R$ 16.000,00
(+) CIF	R$ 11.000,00
(=) CTr	R$ 27.000,00

1.4. Custo de Produção (CP)

Também chamado de Custo de Produção do Período (CPP), o CP leva em consideração todos os componentes dos custos, isto é, representa o somatório da Matéria-Prima Aplicada (MPA) com a Mão de Obra Direta (MOD) com os Custos Indiretos de Fabricação (CIF). Assim:

$$CP = MPA + MOD + CIF$$

No exemplo do item 1.2, teríamos:

MPA	R$ 26.000,00
(+) MOD	R$ 16.000,00
(+) CIF	R$ 11.000,00
(=) CP	R$ 53.000,00

1.5. Custo da Produção Acabada (CPA)

Também chamado de Custo dos Produtos Fabricados (CPF), Custo de Fabricação (CFb) ou Produção do Período (PP), o CPA representa o custo total de fabricação de todos os produtos que ficaram prontos no período ao qual se refere, independentemente de o início da fabricação desses produtos ter-se dado no período atual ou em períodos anteriores. Em outras palavras, o CPA expressa a soma do custo de fabricação dos produtos que iniciaram sua fabricação em outros períodos e foram concluídos no período atual com os produtos que tiveram sua produção iniciada e terminada no período atual.

Suponhamos, por exemplo, que uma indústria fabricasse ventiladores de teto e apurasse seus custos mensalmente. Admitindo que no mês de abril tenha sido iniciada a produção de 100 ventiladores, não havendo ventiladores prontos ou em fabricação no mês de março, e, ao fim de abril, dos 100 ventiladores, 70 ficaram prontos e 30 em elaboração, no dia 30 de abril o custo dos 70 ventiladores prontos, supondo que não houvesse vendas em abril, equivaleria ao valor do Estoque Final de Produtos Prontos (EFPP) do mês de abril, também chamado de Estoque Final de Produtos Acabados (EFPA), e o custo dos 30 não prontos equivaleria ao valor do Estoque Final de Produtos em Elaboração (EFPE) do referido mês, também chamado de Estoque Final de Produtos em Fabricação (EFPF) ou Estoque Final de Produtos em Processo. Nesse caso, no dia 1º de maio o custo dos 70 ventiladores prontos em abril equivaleria ao valor do Estoque Inicial dos Produtos Prontos (EIPP) de maio e o custo dos 30 não prontos em abril equivaleria ao valor do Estoque Inicial de Produtos em Elaboração (EIPE) em maio. Supondo que em maio fossem terminados os 30 de abril e iniciada a produção de mais 100 ventiladores, dos quais 80 ficassem prontos em maio e 20 só ficassem prontos em junho, ao fim de maio o custo dos 20 ventiladores equivaleria ao valor do Estoque Final de Produtos em Elaboração de maio. Nesse caso, ao calcularmos o CPA de maio, estaríamos determinando o custo de todos os ventiladores que ficassem prontos nesse mês, isto é, o custo total dos 30 terminados e dos 80 feitos integralmente no mês de maio. Em outras palavras, o CPA de maio seria equivalente ao custo que já haveria sido gasto nos 30 ventiladores em abril (EIPE) mais o que se gastaria para terminá-los e fazer integralmente os 80 do mês de maio (Custo de Produção) menos o gasto efetuado nos 20 ventiladores que não ficassem prontos em maio (EFPE), ou seja:

$$\boxed{CPA = EIPE + CP - EFPE}$$

Nota: CP (Custo de Produção) = MPA + MOD + CIF

No exemplo do item 1.2, teríamos:

EIPE	R$ 19.000,00
(+) CP	R$ 53.000,00
(–) EFPE	(R$ 23.000,00)
(=) CPA	R$ 49.000,00

Ressaltando que R$ 49.000,00 corresponderiam ao custo dos 30 ventiladores que fossem terminados em maio mais o custo dos 80 que fossem feitos integralmente no mesmo mês.

1.6. Custo dos Produtos Disponíveis para Venda (CPDV)

Corresponde à soma dos produtos que foram terminados em períodos anteriores, o qual sabemos equivaler ao Estoque Inicial dos Produtos Prontos (EIPP), com os produtos que foram acabados no período atual, o qual sabemos que equivale ao Custo da Produção Acabada (CPA) no referido período. Assim, considerando ainda o exemplo do item 1.5, o que a empresa teria disponível para venda no mês de maio seriam os 70 ventiladores que ficaram prontos em abril (EIPP) mais os que ficaram prontos em maio, isto é, os 30 que foram terminados neste mês mais os 80 que foram integralmente feitos no próprio mês (CPA), totalizando ao todo 180 ventiladores que poderiam ser vendidos. Logo, podemos calcular o CPDV da seguinte forma:

$$CPDV = EIPP + CPA$$

1.7. Custo dos Produtos Vendidos (CPV)

Corresponde à diferença entre o Custo dos Produtos Disponíveis para Venda (CPDV = EIPP + CPA) e o Estoque Final de Produtos Prontos (EFPP).

Considerando ainda o exemplo do item 1.5 e supondo que ao fim de maio restassem no estoque de ventiladores prontos apenas 10, lembrando que estavam disponíveis 180 ventiladores, concluímos que teriam sido vendidos 180 menos 10, ou seja, 170 ventiladores prontos, sendo o custo desses 170 ventiladores o valor do CPV, o qual pode ser calculado da seguinte forma:

$$CPV = EIPP + CPA - EFPP$$

No exemplo do item 1.2, teríamos:

EIPP	R$ 31.000,00
(+) CPA	R$ 49.000,00
(−) EFPP	(R$ 29.000,00)
(=) CPV	R$ 51.000,00

Nota: Podemos também estabelecer a seguinte fórmula para o cálculo do CPV, substituindo as fórmulas anteriores:

$$CPV = EIPP + EIPE + MPA + MOD + CIF - EFPE - EFPP$$

96 ■ Contabilidade de Custos — Ed Luiz Ferrari

EXERCÍCIO RESOLVIDO 1: (CEDAE – Contador/CEPERJ) No final do exercício social de 2008, estavam disponíveis as seguintes informações referentes ao processo de produção de uma determinada empresa industrial:

Custos Gerais de Fabricação .... R$ 510

Matéria-prima consumida .... R$ 750

Mão de obra direta da produção .... R$ 540

Sabe-se que:
I.   O custo dos produtos vendidos foi de R$ 2.700;
II. Os estoques iniciais de produtos em processos e produtos acabados eram, respectivamente, R$ 450 e R$ 1.200; e
III. O estoque final de produtos em processos era igual a R$ 300.

Deste modo, pode-se afirmar que, em 31/12/2008, o valor do estoque de produtos acabados era igual a:
a) R$ 450
b) R$ 1.800
c) R$ 2.250
d) R$ 1.950
e) R$ 2.100

(SOLUÇÃO)

CPV = EIPP + EIPE + MPA + MOD + CIF – EFPE – EFPP

2.700 = 1.200 + 450 + 750 + 540 + 510 – 300 – EFPP

2.700 = 3.150 – EFPP → EFPP = 450 **(Resposta: opção a)**

EXERCÍCIO RESOLVIDO 2: (Auditor-Fiscal da Receita Estadual – MG/Esaf – Adaptada e Corrigida) Enunciado para a resolução das questões 1 e 2.

A Cia. Pesos & Pesados, fabricante do produto "X", tem um processo de fabricação relativamente simples. Em 20x4 os relatórios da engenharia de produção apontam os seguintes dados:

I – Dados financeiros (R$)

Itens requisitados	
Matéria-Prima	3.800.000
Mão de Obra Direta	4.000.000
Custo Indireto de Fabricação	2.200.000

Estoques existentes no início de 20x4	
Produtos não Acabados (equivalem a 5% do custo de produção em 20x3)	50.000
Produtos Acabados	400.000
Matéria-Prima	200.000
Estoques identificados ao final de 20x4	
Produtos Acabados	199.000
Matéria-Prima	0

II – Dados físicos (Quantidade)

Estoques existentes no início do período	
Produtos Acabados	1.000 unidades
Matéria-Prima	2.000 toneladas

III – Outras informações:

Durante o ano de 20x4, após implantação de um rígido controle de qualidade, o índice de produtos em elaboração ao final do período foi reduzido em 80% em relação ao verificado no período anterior; foram acabadas 25.000 unidades no ano com uma redução de custo de R$ 2,00 em cada uma das unidades acabadas.

1. Qual o valor da produção acabada em 20x4?
a) R$ 9.000.000,00
b) R$ 9.925.000,00
c) R$ 9.950.000,00
d) R$ 9.990.000,00
e) R$ 10.000.000,00

(SOLUÇÃO)

Lembrando que o período anterior a 20x4 é 20x3, o EFPE (Estoque Final de Produtos em Elaboração) de 20x3 equivale ao EIPE (Estoque Inicial de Produtos em Elaboração) de 20x4, ou seja, R$ 50.000.

Visto que o "índice de produtos em elaboração" (= % sobre o Custo de Produção, que, em 20x3 era de 5%) sofreu uma redução de 80% em 20x4 em relação a 20x3, então o índice de produtos em elaboração em 20x4 será de 20% de 5%, ou seja, 1%.

Desta forma, o EFPE em 20x4 será de 1% do Custo de Produção de 20x4, ou seja, 1% × (3.800.000 + 4.000.000 + 2.200.000) = 100.000.

Finalmente, considerando a fórmula CPA (Custo da Produção Acabada) = EIPE + MPA + MOD + CIF – EFPE, teremos:

CPA = 50.000 + 3.800.000 + 4.000.000 + 2.200.000 – 100.000 = 9.950.000

(Resposta: opção c)

2. O total de unidades vendidas em 20x4 foi de:
a) 24.000
b) 24.290
c) 24.800
d) 25.500
e) 25.000

(SOLUÇÃO)

Considerando a fórmula CPV = EIPP + CPA – EFPP, teremos:

CPV = 400.000 + 9.950.000 – 199.000 = 10.151.000

Por outro lado, o EIPP no valor de R$ 400.000 equivaleu às 1.000 unidades. Logo, cada uma dessas 1.000 unidades de produtos prontos no início de 20x4 custou R$ 400.

Posteriormente, as 25.000 unidades que ficaram prontas em 20x4 custaram R$ 9.950.000. Desta forma, cada uma dessas 25.000 acabadas custou, em média, R$ 9.950.000 ÷ 25.000, ou seja, R$ 398, valor este que, de fato, é inferior em R$ 2,00 aos R$ 400, conforme informado "desnecessariamente" no enunciado da questão (informação redundante).

Concluímos assim que o CPV de R$ 10.151.000 equivalem à venda de 1.000 unidades a R$ 400 cada e de "Q – 1.000" unidades a R$ 398 cada, onde "Q" é a quantidade total vendida em 20x4.

Finalmente, podemos montar a seguinte equação:

400 × 1.000 + 398(Q – 1.000) = 10.151.000

Q = $\dfrac{10.151.000 - 400.000}{398}$ + 1.000 = 25.500 unidades **(Opção d)**

2. APURAÇÃO CONTÁBIL DE CUSTOS

Considerando o exemplo do item 1.2, montaremos os seguintes razonetes:

Matérias-Primas	MOD	CIF
13.000 | 26.000 (1)	16.000 | 16.000 (1)	11.000 | 11.000 (1)
28.000		
15.000		

Produtos em Elaboração		Produtos Prontos		CPV	
19.000	*49.000 (2)*	31.000	*51.000 (3)*	*(3) 51.000*	
(1) 26.000		*(2) 49.000*			
(1) 16.000		29.000			
(1) 11.000					
23.000					

- Matérias-Primas: conta do ativo circulante (saldo devedor)
- MOD (Mão de Obra Direta): conta de custo (saldo devedor)
- CIF (Custos Indiretos de Fabricação): conta de custo (saldo devedor)
- Produtos em Elaboração: conta do ativo circulante (saldo devedor)
- Produtos Prontos: conta do ativo circulante (saldo devedor)
- CPV (Custo dos Produtos Vendidos): conta de despesa (saldo devedor)

1º Passo: Lançar os saldos iniciais nas respectivas contas (Matérias-Primas – devedor de 13.000; MOD – devedor de 16.000; CIF – devedor de 11.000; Produtos em Elaboração – devedor de 19.000 e Produtos Prontos – devedor de 31.000).

2º Passo: Partindo da conta Matérias-Primas, a qual já está com saldo devedor de 13.000, lançar o valor das compras de matérias-primas (28.000), a débito e creditar o valor das matérias-primas aplicadas (26.000) em contrapartida com a conta Produtos em Elaboração, a qual já está com saldo inicial de 19.000. Desta forma, a conta Matérias-Primas ficará com saldo devedor correspondente ao estoque final (15.000). Ao mesmo tempo, transferir os saldos da MOD e dos CIF a crédito dessas contas e débito em Produtos em Elaboração.

D – Produtos em Elaboração	53.000
C – Matérias-Primas	26.000
C – MOD	16.000
C – CIF	11.000

3º Passo: Partindo da conta Produtos em Elaboração, a qual já está na coluna de débitos com total de 72.000, creditar o valor do custo da produção acabada (49.000) em contrapartida com a conta Produtos Prontos, que já está com saldo devedor de 31.000, ficando aquela conta com saldo devedor correspondente ao estoque final (23.000).

D – Produtos Prontos	49.000
C – Produtos em Elaboração	49.000

4º. Passo: Partindo da conta Produtos Prontos, a qual possui no total da coluna de débitos 80.000, creditar o valor do CPV (51.000) em contrapartida com esta conta, ficando a conta Produtos Prontos com saldo devedor correspondente ao estoque final (29.000).

D – CPV   51.000
C – Produtos Prontos   51.000

Exercícios de Fixação

1. (Agência Nacional de Petróleo/Fundação Cesgranrio) A Indústria Nove Ltda. apresentou as seguintes informações relativas a um determinado período produtivo:
   a) Matéria-prima: estoque inicial R$ 5.000,00; Compras do período R$ 45.000,00; Estoque Final R$ 7.500,00;
   b) Mão de obra: na fábrica R$ 22.000,00; no escritório R$ 5.500,00;
   c) Gastos Gerais de fabricação: R$ 1.200,00;
   d) Produtos em elaboração: Estoque inicial R$ 1.200,00 e Estoque final R$ 850,00;
   e) Produtos acabados: Estoque inicial R$ 925,00 e Estoque final R$ 625,00.

   O custo da produção acabada, no aludido período produtivo, foi, em reais, de:
   a) 71.550,00
   b) 71.200,00
   c) 66.350,00
   d) 66.050,00
   e) 65.700,00

2. (TRT – 2ª Região – Contador/FCC) O valor do estoque final de produtos acabados e não vendidos no levantamento do balanço de uma empresa industrial é obtido, pelo departamento de custos, por meio da fórmula:
   a) custo da produção do período (+) estoque inicial de produtos acabados (–) estoque final de produtos em elaboração
   b) custo dos produtos vendidos (–) estoque inicial de produtos acabados (+) custo da produção acabada no período
   c) custo dos produtos vendidos (+) estoque inicial de produtos em elaboração (–) estoque final de produtos em elaboração
   d) custo da produção acabada no período (+) estoque inicial de produtos acabados (–) estoque final de produtos em elaboração
   e) custo da produção acabado no período (+) estoque inicial de produtos acabados (–) custo dos produtos vendidos

3. As seguintes informações se referem a um período de produção numa determinada indústria (valores em $):

   Custo dos Produtos Fabricados 12.800
   Custo de Transformação 4.100
   Lucro Operacional Bruto 2.900
   Compras de Matérias-Primas 400

Estoque	Inicial	Final
Matérias-Primas	1.200	800
Produtos em Fabricação	8.500	?
Produtos Acabados	8.400	9.600

A Receita de Vendas foi de
a) 15.700
b) 14.500
c) 13.250
d) 12.000
e) 15.000

4. Tendo em vista a questão anterior, o valor do Estoque Final de Produtos em Fabricação foi de
   a) 500
   b) 600
   c) 700
   d) 800
   e) 900

5. Numa indústria, se o <u>Custo dos Produtos Vendidos</u> (CPV) é maior que o <u>Custo dos Produtos Fabricados</u> (CPF), então
   a) EFPP > EIPP
   b) EFPE > EIPE
   c) EFPE < EIPE
   d) EFPP = EIPP
   e) EFPP < EIPP

   <u>LEGENDA</u>:
   EFPP: Estoque Final de Produtos Prontos
   EIPP: Estoque Inicial de Produtos Prontos
   EFPE: Estoque Final de Produtos em Elaboração
   EIPE: Estoque Inicial de Produtos em Elaboração

6. (Ministério do Planejamento, Orçamento e Gestão – Analista de Planejamento e Orçamento/Esaf) Abaixo são apresentados os dados do processo fabril de Colchas e de Edredons da Fábrica Edreds Ltda., no exercício de 2003.

Despesas indiretas de fabricação rateadas	R$ 1.800,00
Custo dos produtos vendidos	R$ 4.000,00
Despesas indiretas de fábrica efetivas	R$ 2.000,00
Estoque de materiais diretos	R$ 400,00
Estoque de produtos acabados	R$ 1.400,00
Estoque de produtos em elaboração	R$ 800,00
Custo dos produtos acabados	R$ 3.800,00
Materiais diretos requisitados para produção	R$ 1.700,00
Materiais diretos comprados no período	R$ 1.900,00

   Observações:
   1) Despesas indiretas de fábrica foram rateadas e alocadas à produção pela taxa de 180% do custo da mão de obra direta.
   2) As vendas brutas alcançaram R$ 7.000,00, com incidência de 20% de ICMS;
   3) As compras estão isentas de tributação.

Se o método de alocação de custos ao produto for o "custeamento normal", pode-se afirmar que a única opção que responde corretamente à questão é a seguinte
a) o valor do estoque final de produtos acabados é R$ 1.000,00.
b) o valor do estoque final de produtos acabados é R$ 1.244,78.
c) o valor do estoque final de produtos em processo é R$ 1.700,00.
d) o valor do lucro bruto do período é R$ 1.400,00.
e) o valor do custo fabril do período é R$ 5.200,00.

7. (PETROBRAS – Técnico de Contabilidade/Fundação Cesgranrio) O lançamento que registra a requisição de matérias-primas feita pela fábrica ao almoxarifado é:
    a) Estoques de Matérias-primas
       a Produtos em Elaboração
    b) Produtos em Elaboração
       a Estoques de Matérias-Primas
    c) Produtos em Elaboração
       a Fornecedores a Pagar
    d) Produtos em Elaboração
       a Produtos Acabados
    e) Fornecedores
       a Produtos em Elaboração

8. (PETROBRAS – Técnico de Contabilidade/Fundação Cesgranrio) Foram extraídos da Cia. PERNAMBUCANA os seguintes dados, em reais, referentes ao mês de setembro de 2005:

Vendas Líquidas	200.000,00
Mão de obra Direta (MOD)	24.000,00
Mão de obra Indireta (MOI)	25.000,00
Luz e força da Fábrica	8.500,00
Materiais Diversos da Fábrica	1.500,00
Outros Custos de Fábrica	10.500,00
Salários de Vendedores	10.500,00
Despesas de Viagens	10.000,00
Publicidade e Propaganda	8.500,00
Salários do Escritório	15.000,00
Despesas Diversas do Escritório	2.400,00
Lucro Bruto do Exercício	64.400,00
Compras Líquidas	63.100,00

Inventários	Inicial	Final
Matéria-prima	8.000,00	7.000,00
Produtos em Processo	6.000,00	5.000,00
Produtos Acabados	5.000,00	4.000,00

Com base nos dados acima, o custo dos produtos vendidos, em reais, montou a:
a) 144.600,00
b) 135.600,00
c) 134.600,00
d) 88.100,00
e) 64.100,00

9. (Agente Fiscal de Rendas – SP/Fundação Carlos Chagas) Na terminologia de custos, são custos de conversão ou de transformação:
a) mão de obra direta e indireta
b) mão de obra direta e materiais diretos
c) mão de obra direta e custos indiretos de fabricação
d) matéria-prima, mão de obra direta e custos indiretos de fabricação
e) custos primários e custos de fabricação fixos

10. (Agente Fiscal de Rendas – SP/Fundação Carlos Chagas) A Cia. Capricórnio tem planejado para o exercício 2007 os seguintes dados na área de produção: Horas Máquinas projetadas anual 240.000, mão de obra direta unitária R$ 22,00, Gastos indiretos de fabricação anual projetado R$ 3.600.000,00, Gastos indiretos de fabricação unitário projetado de R$ 10,00. A empresa aplica Gastos indiretos de fabricação baseados nas horas máquinas. A Taxa de aplicação de gastos indiretos de fabricação para o exercício 2007 será, em R$,
a) 15,00
b) 17,00
c) 19,00
d) 21,50
e) 22,00

(Agente Fiscal de Rendas – SP/Fundação Carlos Chagas) **Instruções**: Considere as informações abaixo para responder às questões de números 11 e 12.

A Cia. Atenas utiliza duas unidades de matéria-prima para cada unidade acabada. Ao fazer seu planejamento, para o ano fiscal de 2006, estabelece como meta os seguintes saldos:

Itens	Saldo Inicial em unidades	Saldo Final em unidades
Matéria-prima	30.000	40.000
Produtos em processo	10.000	10.000
Produtos acabados	70.000	40.000

11. Se a empresa planeja produzir 400.000 unidades, no período, o número de unidades de matéria-prima que deverá adquirir será:
a) 1.020.000
b) 1.010.000
c) 1.000.000
d) 990.000
e) 810.000

12. Para que a empresa venda 480.000 unidades durante o ano fiscal de 2006, a quantidade de unidades que deverá produzir no decorrer desse período é:
    a) 440.000
    b) 450.000
    c) 460.000
    d) 480.000
    e) 520.000

    (Agente Fiscal de Rendas – SP/FCC) Instruções: Considere as informações abaixo para responder às questões de números 13 a 15.
    No mês de janeiro de 2006, dos relatórios de produção da Cia. Albion foram extraídas as seguintes informações:

    I. Valor dos inventários de início e final do mês (valores em R$):

Itens	Saldo inicial	Saldo final
Unidades acabadas	125.000	117.000
Unidades em processo	235.000	251.000
Matéria-prima	134.000	124.000

    II. Movimentos ocorridos no período (valores em R$):

Itens	valor
Compra de matéria-prima	191.000
Mão de obra direta utilizada	300.000
Custos indiretos de fabricação ocorridos	175.000

    III. Informações adicionais: A empresa aplica custos indiretos de fabricação a uma taxa de 60% da mão de obra direta. Os excessos ou subaplicação dos CIF serão apropriados no final do exercício.

13. Custos primários no mês:
    a) 501.000
    b) 499.000
    c) 489.000
    d) 201.000
    e) 199.000

14. Total dos custos de produção no mês de janeiro:
    a) 501.000
    b) 665.000
    c) 673.000
    d) 681.000
    e) 743.000

15. Custo das unidades vendidas em janeiro:
   a) 697.000
   b) 681.000
   c) 673.000
   d) 657.000
   e) 665.000

16. (Agente Fiscal de Rendas – SP/Vunesp) Dados extraídos da Contabilidade da Cia. Iota:
   - matéria-prima comprada no mês: R$ 400;
   - devolução de parte da matéria-prima comprada no mês: R$ 50;
   - mão de obra direta do mês: R$ 800;
   - custos indiretos de fabricação incorridos no mês: R$ 300;
   - estoque final de produtos em elaboração: R$ 200;
   - estoque final de matéria-prima: R$ 100;
   - estoque inicial de produtos acabados: R$ 150;
   - estoque inicial de produtos em elaboração: R$ 200;
   - não havia outros estoques iniciais ou finais.

   Os valores dos custos de produção do mês, do custo da produção acabada no mês e o custo da produção vendida no mês são, respectivamente,
   a) R$ 1.500, R$ 1.350 e R$ 1.350.
   b) R$ 1.450, R$ 1.350 e R$ 1.600.
   c) R$ 1.400, R$ 1.300 e R$ 1.450.
   d) R$ 1.350, R$ 1.350 e R$ 1.500.
   e) R$ 1.350, R$ 1.550 e R$ 1.500.

(Agente Fiscal de Rendas – SP/Vunesp) Para responder às questões de números 17 e 18, considere as informações a seguir.

A Cia. Sigma iniciou o exercício social de 2001 sem estoque. Durante o ano de 2001 produziu 250 unidades do produto Y, 30 das quais ficaram estocadas para serem vendidas em 2002. As outras 220 unidades foram vendidas, parte à vista e parte a prazo, sempre pelo valor unitário de R$ 500.

Os custos de produção e as despesas, no ano de 2001, foram:
- **matéria-prima: R$ 11.300;**
- **mão de obra direta: R$ 26.000;**
- **custos indiretos de fabricação: R$ 15.200;**
- **despesas gerais e administrativas: R$ 16.800;**
- **comissões sobre vendas, por unidade: 10% do valor da venda.**

17. O total das despesas operacionais e o lucro bruto do exercício de 2001 são, respectivamente, de
   a) R$ 74.000 e R$ 36.000
   b) R$ 29.300 e R$ 63.800
   c) R$ 29.300 e R$ 57.500
   d) R$ 27.800 e R$ 57.500
   e) R$ 27.800 e R$ 63.800

18. O valor do estoque, no final do exercício de 2001, e o custo de cada unidade produzida no período, de acordo com os princípios contábeis aceitos no Brasil, são, respectivamente, de
    a) R$ 3.600 e R$ 220
    b) R$ 5.520 e R$ 184
    c) R$ 6.300 e R$ 210
    d) R$ 6.300 e R$ 250
    e) R$ 9.639 e R$ 321

19. (Auditor-Fiscal Tributário Municipal – SP/FCC) Considere os dados a seguir:
    Estoque inicial de materiais diretos 60.000,00
    Estoque final de produtos em elaboração 68.000,00
    Compras de materiais diretos 160.000,00
    Estoque inicial de produtos acabados 20.000,00
    Mão de obra direta 15.000,00
    Estoque final de produtos acabados 16.000,00
    Custos indiretos de fabricação 53.000,00
    Estoque final de materiais diretos 77.000,00
    Estoque inicial de produtos em elaboração 42.000,00
    Despesas administrativas 22.000,00
    Despesas com vendas 18.000,00
    Despesas financeiras líquidas 4.000,00
    Considerando apenas essas informações, extraídas da contabilidade da Cia. Rio Negro, o Custo dos Produtos Vendidos, no período, correspondeu a, em R$:
    a) 145.000,00
    b) 167.000,00
    c) 185.000,00
    d) 189.000,00
    e) 211.000,00

(CEDAE – Contador/CEPERJ) Considere as informações a seguir e responda às questões de numero 20 a 22.
Durante o exercício social de 2008, a Companhia Industrial Progresso realizou os seguintes gastos relativos a seu processo de produção:

	R$
• Aquisição de matéria-prima (valores líquidos)	6.000
• Salários da produção	2.800
• Salário do supervisor da produção	3.570
• Energia elétrica da fábrica	1.960
• Manutenção das máquinas da fábrica	1.190
• Impostos da fábrica	840
• Material de consumo industrial	560
• Depreciação dos equipamentos da fábrica	1.400
• Embalagens dos produtos fabricados	1.000

Informações complementares:

Inventários	31/12/2007	31/12/2008
Matéria-prima	1.050	1.260
Produtos em Processo	1.750	2.240
Produtos Acabados	2.450	1.400

20. O Custo da Produção do exercício correspondeu ao montante de:
    a) R$ 20.020
    b) R$ 19.110
    c) R$ 18.270
    d) R$ 17.850
    e) R$ 16.450

21. O Custo dos Produtos Vendidos no período foi igual a:
    a) R$ 17.010
    b) R$ 18.430
    c) R$ 18.830
    d) R$ 19.670
    e) R$ 20.580

22. No período, o Custo Primário correspondeu ao seguinte valor:
    a) R$ 5.790
    b) R$ 8.590
    c) R$ 9.590
    d) R$ 12.320
    e) R$ 19.110

23. (CEDAE – Contador/CEPERJ) Dentro do processo de fabricação de bens e prestação de serviços, conceitualmente, o Custo de Transformação ou de Conversão compreende os seguintes elementos básicos de custos:
    a) Matérias-primas consumidas mais mão de obra direta
    b) Mão de obra direta e os custos indiretos de fabricação
    c) Mão de obra direta, mão de obra indireta e a matéria-prima consumida
    d) Mão de obra direta, mão de obra indireta e os custos variáveis
    e) Mão de obra direta, matéria-prima consumida e os gastos indiretos de fabricação.

24. (Fiscal de Rendas – RJ/FGV) A Cia. Magé apresentava os seguintes saldos no Balanço Patrimonial de 31.12.2008:

Inventário de matérias-primas	R$ 10.000,00
Inventário de produtos em elaboração	R$ 4.000,00
Inventário de produtos acabados	R$ 20.000,00

Em 2009, verificou-se que a empresa realizou as seguintes transações econômicas:

Compras de matérias-primas	R$ 50.000,00
Custo de mão de obra direta	R$ 30.000,00
Mão de obra indireta da fábrica	R$ 6.000,00
Materiais indiretos de fabricação	R$ 11.000,00
Depreciação dos equipamentos de fábrica	R$ 2.000,00
Depreciação dos veículos das lojas	R$ 3.000,00
Despesa com créditos de liquidação duvidosa	R$ 1.000,00

No final de 2009, a empresa efetuou a avaliação dos saldos existentes nos estoques, obtendo a seguinte informação:

Inventário de matérias-primas	R$ 7.000,00
Inventário de produtos em elaboração	zero
Inventário de produtos acabados	R$ 6.000,00

Assinale a alternativa que indique o valor do Custo dos Produtos Vendidos a ser apresentado na Demonstração do Resultado de 2009.
a) R$ 126.000,00
b) R$ 71.000,00
c) R$ 123.000,00
d) R$ 120.000,00
e) R$ 101.000,00

(Auditor-Fiscal da Receita Estadual – CE/Esaf) Enunciado para a resolução das questões 25 e 26.

A Cia. Jurema fabrica e vende os produtos "A" e "B". No mês de junho do corrente ano, o departamento fabril da empresa reporta internamente para a contabilidade um relatório de produção contendo os seguintes dados:

I. Posição dos estoques iniciais, em 01.06.2006:

Estoques Iniciais:	Valores em R$
Matéria-Prima	50.000
Produtos em Elaboração A	150.000
Produtos em Elaboração B	80.000
100 unidades acabadas do Produto A	20.000
40 unidades acabadas do Produto B	5.000

II. Itens inventariados ao final do mês:

EstoquesFinais:	Totais
Matéria-Prima	R$ 150.000
Produtos em Elaboração A	R$ 100.000
Produtos em Elaboração B	R$ 50.000
Unidades Acabadas do Produto A	200 unidades
Unidades Acabadas do Produto B	100 unidades

III. Itens requisitados, consumidos, gastos ou desembolsados no mês:

Gastos e desembolsos no mês:	Valores em R$
Compras efetivas de Matéria-Prima	900.000
Compra de Insumos Fabris	200.000
Mão de Obra	720.000
Custos Indiretos de Fabricação	1.800.000

IV. Demais dados de produção:

Outros Dados Fabris (Atribuição dos custos)	Produto A	Produto B
Materiais diretos	60%	40%
Mão de Obra	50%	50%
+CIF	80%	20%
Quantidades Produzidas	10.000 unidades	8.000 unidades

Levando em conta os dados anteriormente fornecidos, responda os questionamentos relativos aos produtos no mês de junho de 2006.

25. O custo unitário de produção dos produtos "A" e "B" é, respectivamente:
    a) R$ 245,00 e R$ 143,75
    b) R$ 240,75 e R$ 143,00
    c) R$ 220,05 e R$ 135,00
    d) R$ 200,00 e R$ 125,00
    e) R$ 143,75 e R$ 115,25

26. No período, o total custo dos produtos vendidos pelo critério PEPS – Primeiro que entra primeiro que sai é:
    a) R$ 3.265.565
    b) R$ 3.600.025
    c) R$ 3.625.105
    d) R$ 3.561.625
    e) R$ 3.651.000

27. (Analista de Finanças e Controle/Esaf) A Fábrica de Sorvetes Spuma, iniciando o período produtivo, adquiriu materiais no valor de R$ 10.000,00, registrou as despesas de mão de obra direta à base de 60% dos materiais consumidos, aplicou custos indiretos estimados em R$ 6.000,00 e realizou despesas de R$ 3.000,00 com vendas.

    No período, a Fábrica vendeu 70% da produção, na qual usara 90% dos materiais comprados.

    Sabendo-se que toda a produção iniciada foi concluída, podemos dizer que

a) o custo de transformação foi de R$ 12.000,00.
b) o custo por absorção foi de R$ 14.280,00.
c) o custo primário foi de R$ 14.400,00.
d) o custo do produto vendido foi de R$ 17.280,00.
e) o custo total do período foi de R$ 20.400,00.

28. (Analista de Finanças e Controle/Esaf) A Industriazinha Ltda. adquiriu matérias-primas para serem utilizadas na fabricação de seus produtos no mês de agosto, exigindo entrega em domicílio, mesmo que onerosa. A nota fiscal espelha os seguintes dados:

Quantidade	500 unidades
Preço unitário	R$ 8,00
IPI	10%
ICMS	17%
Despesas acessórias/fretes	R$ 240,00

No mês de agosto a empresa utilizou 60% desse material na produção. Os fretes não sofreram tributação.

Com base nas informações fornecidas e sabendo-se que a empresa é contribuinte tanto do IPI como do ICMS, assinale o lançamento correto para contabilizar a apropriação de matéria-prima ao produto (desconsiderar históricos).

a) Produtos em Processo
   a Matéria-Prima   R$ 1.896,00
b) Produtos Acabados
   a Matéria-Prima   R$ 1.896,00
c) Produtos em Processo
   a Matéria-Prima   R$ 2.376,00
d) Produtos em Processo
   a Matéria-Prima   R$ 2.136,00
e) Produtos Acabados
   a Matéria-Prima   R$ 2.136,00

29. (Analista de Finanças e Controle/Esaf) Na relação de custos abaixo estão incluídos todos os gastos gerais de fabricação do segundo trimestre de 2002, ocorridos na empresa Comércio & Indústria Ltda.

Seguro contra incêndio incorrido	R$ 2.100,00
Imposto predial	R$ 2.400,00
Iluminação do prédio	R$ 2.100,00
Depreciação do edifício	R$ 2.400,00
Mão de obra direta	R$ 2.400,00
Mão de obra indireta	R$ 2.100,00
Encargos sociais do período	0,00

Com base nas informações acima, pode-se dizer que o valor dos gastos gerais de fabricação debitado na conta Produtos em Processo foi de

a) R$ 9.000,00
b) R$ 9.900,00
c) R$ 11.100,00
d) R$ 12.000,00
e) R$ 13.500,00

30. **(PETROBRAS/ Fundação Cesgranrio)** A soma de matéria-prima com mão de obra direta constitui o custo
    a) Primário
    b) Indireto
    c) Semivariável
    d) De fabricação
    e) De transformação

31. **(PETROBRAS – Contador(a) Júnior/Fundação Cesgranrio)** Dados extraídos da contabilidade de custos da Indústria Metalúrgica Metalzinho Ltda.:

Vendas	250.000,00	Salários do escritório	35.000,00
Mão de obra direta	30.500,00	Despesas diversas de escritório	7.450,00
Mão de obra indireta	45.000,00	Lucro operacional do exercício	25.000,00
Luz e força da fábrica	12.450,00	Estoque inicial de matéria-prima	12.000,00
Materiais diversos da fábrica	3.650,00	Estoque inic. de prod. em processo	9.000,00
Depreciação de máquinas da fábrica	14.150,00	Estoque inicial de produtos acabados	7.500,00
Salários de vendedores	15.600,00	Estoque final de matéria-prima	8.000,00
Despesas de viagens	28.360,00	Estoque final de prod. em processo	10.000,00
Publicidade e propaganda	17.500,00	Estoque final de produtos acabados	6.000,00
Seguros de fábrica	2.370,00		

Com base apenas nos dados acima, o valor da matéria-prima consumida no período, em reais, é
    a) 4.000,00
    b) 6.000,00
    c) 8.580,00
    d) 10.760,00
    e) 12.470,00

32. **(Fiscal de Rendas – RJ/ FGV)**
    - Estoque Inicial de Matéria-Prima – EIMP: $ 1.000 (100 unidades)
    - Estoque Final de Matéria-Prima – EFMP: $ 800 (80 unidades)
    - Não foram feitas compras no período
    - Estoque Inicial de Produtos em Elaboração – EIPE: $ 0
    - Mão de Obra Direta – MOD do período: $ 550
    - Custos Indiretos de Fabricação – CIF (GGF): $ 750
    - Sabe-se que, das unidades iniciadas no período, metade foi concluída. A outra metade está 50% acabada.
    - Estoque Inicial de Produtos Acabados – EIPA: $ 0
    - Foram vendidas 8 unidades no período.

    Assinale a alternativa que apresente, respectivamente, o Custo de Produção do Período – CPP, o Custo da Produção Acabada – CPA e o Custo dos Produtos Vendidos – CPV com base nas informações acima e empregando o "Equivalente de Produção".
    a) $ 1.500, $ 1.000 e $ 800
    b) $ 1.500, $ 750 e $ 600
    c) $ 1.300. $ 1.000 e $ 800
    d) $ 1.300, $ 750 e $ 600
    e) $ 1.500, $ 600 e $ 750

33. (PETROBRAS/Fundação Cesgranrio) A gerência de produção da Indústria Multijeans Ltda. informa ao setor de contabilidade que os produtos ficaram prontos e estão em condições de serem vendidos. Na contabilidade, o lançamento que caracteriza essa etapa do processo produtivo é:

DÉBITO	CRÉDITO
a) Estoque de Produtos Acabados	Estoque de Produtos em Elaboração
b) Estoque de Produtos Acabados	Custo dos Produtos Vendidos
c) Custos Diversos	Estoque de Produtos em Elaboração
d) Estoque de Produtos em Elaboração	Estoque de Produtos Acabados
e) Almoxarifado	Custo dos Produtos Vendidos

34. (PETROBRAS/Fundação Cesgranrio) A Indústria Salgueiro Ltda., em um determinado mês, aplicou no processo produtivo R$ 50.000,00 de materiais diretos, R$ 50.000,00 de mão de obra direta e R$ 50.000,00 de custos indiretos de fabricação. O saldo inicial da conta produtos em processo também foi de R$ 50.000,00, enquanto o seu saldo final foi nulo.
Sabe-se que
- O saldo inicial do Estoque de Produtos Acabados foi nulo.
- O saldo final de Produtos Acabados foi de R$ 20.000,00

Considerando apenas as informações acima, o custo dos produtos vendidos foi, em reais, de
a) 220.000,00
b) 200.000,00
c) 180.000,00
d) 160.000,00
e) 150.000,00

35. (Cia. Docas – BA – Contador/FGV) A Cia. Gama apresentou os seguintes saldos em 31/12/2007: Consumo de matéria-prima no período: R$ 77.000; Despesas de publicidade: R$ 63.000; custos indiretos de fabricação: R$ 44.900; saldo inicial do inventário de produtos acabados: R$ 16.000; saldo final do inventário de produtos em processo R$ 13.800; saldo inicial do inventário de produtos em processo: R$ 18.000; saldo final do inventário de produtos acabados: R$ 10.000; mão de obra direta consumida no período: R$ 74.400.
Qual é o valor dos Custos dos Produtos Vendidos que deverá ser apresentado na Demonstração do Resultado do Exercício da Cia. Gama em 31/12/2007?
a) R$ 206.500
b) R$ 200.500
c) R$ 196.300
d) R$ 186.300
e) R$ 202.300

36. (Ministério do Planejamento, Orçamento e Gestão – Contador/Esaf) Na Contabilidade da empresa Pequeerre Ltda., encontramos planilhas evidenciando os seguintes elementos de custos:
    (1) A quantidade produzida no período foi de 160 unidades;
    (2) O estoque inicial de produtos acabados foi de R$ 18.000,00;
    (3) O estoque final de matéria-prima foi de R$ 15.000,00;
    (4) O estoque inicial de matéria-prima foi de R$ 18.000,00;
    (5) O custo da mão de obra direta foi de R$ 20.000,00;
    (6) O estoque final de produtos acabados foi de R$ 35.000,00;
    (7) O custo dos produtos vendidos foi de R$ 51.000,00;
    (8) Os custos indiretos de fabricação foram aplicados à taxa de 90% da mão de obra direta;
    (9) As matérias-primas são tributadas com ICMS de 17%.

    Promovendo-se os cálculos a partir dos dados acima informados, pode-se dizer que o
    a) preço da matéria-prima comprada foi R$ 27.000,00
    b) custo da matéria-prima comprada foi R$ 32.530,00
    c) custo unitário do produto fabricado foi R$ 425,00
    d) custo unitário do produto fabricado foi R$ 318,75
    e) custo unitário do produto fabricado foi R$ 218,75

37. (Ministério do Planejamento, Orçamento e Gestão – Contador/Esaf) A empresa Efegeagá Ltda. apresenta os seguintes dados em relação à sua produção do período em observação, a qual transcorreu sem nenhuma espécie de tributação:
    Estoque final de produtos acabados   R$ 11.000,00
    Matéria-prima utilizada no período   R$ 17.000,00
    Custo de transformação do período   R$ 21.000,00
    Custo primário do período   R$ 26.000,00

    Com esses dados processados na produção e venda do período, podemos dizer que a empresa apresenta
    a) custo de produção do período R$ 46.000,00
    b) custo do produto vendido R$ 38.000,00
    c) custo da mão de obra direta R$ 12.000,00
    d) custo das despesas indiretas R$ 9.000,00
    e) mão de obra direta correspondente a 75% das despesas indiretas aplicadas

38. (Ministério do Planejamento, Orçamento e Gestão – Contador/Esaf) A empresa Emerge iniciou o ano sem estoque de nenhuma espécie. Ao fim do período tinha R$ 9.000,00 de materiais e R$ 21.000,00 de produtos fabricados. Nada continuava em processamento. No exercício houve compras de materiais a prazo por R$ 27.000,00 e pagamento de salários diretos no valor de R$ 12.000,00.
    As despesas indiretas de fabricação são apropriadas à taxa de 70% da mão de obra direta e a produção está isenta de tributos.
    Feitas as apurações contábeis cabíveis, pode-se dizer que nesse período houve

a) R$ 17.400,00 de custo fabril
b) R$ 20.400,00 de custo de transformação
c) R$ 30.000,00 de custo de produção
d) R$ 36.000,00 de custo de matérias-primas
e) R$ 38.400,00 de custo de vendas

39. (Eletronorte – Contador/NCE – UFRJ) Observe os dados de uma indústria relativos a um período de produção:

Estoque inicial de produtos em processo	R$ 15.200,00
Estoque inicial de produtos prontos	R$ 14.500,00
Produção Acabada no Período	R$ 40.100,00
Custo dos Produtos Vendidos	R$ 38.900,00
Custo de Fabricação do Período	R$ 37.000,00

Os estoques finais de produtos em processo e de produtos prontos apontaram os seguintes valores, respectivamente:
a) R$ 12.100,00 e R$ 15.700,00;
b) R$ 15.700,00 e R$ 12.100,00;
c) R$ 30.000,00 e R$ 11.100,00;
d) R$ 12.200,00 e R$ 15.700,00;
e) R$ 14.100,00 e R$ 16.800,00.

(SERGIPE GÁS S.A. – Assistente Técnico de Contabilidade/FCC) <u>Atenção</u>: Para responder às questões de números 40 a 43, considere as informações abaixo.
Os dados da produção de uma empresa, em um determinado mês, são os seguintes:

Itens	R$
Custos Indiretos do período	3.500.000
Estoque Final de Produtos Acabados	400.000
Estoque Final de Produtos em Elaboração	600.000
Estoque Inicial de Produtos Acabados	900.000
Estoque Inicial de Produtos em Elaboração	800.000
Matéria-Prima consumida no período	2.000.000
Outros Custos Diretos no período	2.500.000

40. O Custo total de Produção do mês é
a) R$ 7.000.000
b) R$ 8.000.000
c) R$ 8.200.000
d) R$ 8.300.000
e) R$ 8.800.000

41. O Custo da Produção Acabada é
a) R$ 8.000.000
b) R$ 8.200.000
c) R$ 8.300.000
d) R$ 8.700.000
e) R$ 8.800.000

42. O Custo da Produção Vendida é
    a) R$ 9.000.000
    b) R$ 8.800.000
    c) R$ 8.700.000
    d) R$ 8.500.000
    e) R$ 8.300.000

43. O total dos Produtos Acabados Disponíveis para a Venda é
    a) R$ 8.700.000
    b) R$ 8.800.000
    c) R$ 9.000.000
    d) R$ 9.100.000
    e) R$ 9.400.000

44. (SERGIPE GÁS S.A. – Assistente Técnico de Contabilidade/FCC) São denominados custos primários,
    a) a depreciação da máquinas fabris e o consumo de energia elétrica.
    b) os gastos com a mão de obra indireta e o salário de supervisão.
    c) os materiais componentes adquiridos de terceiros.
    d) o consumo de energia elétrica e os materiais de embalagem.
    e) o consumo de matérias-primas e a mão de obra direta.

45. (INFRAERO – Auditor/FCC) Dados extraídos da escrituração contábil da Cia. Delta, em R$:
    – Estoque inicial de Produtos em Elaboração 160.000,00
    – Estoque final de Produtos Acabados 100.000,00
    – Custo dos Produtos Vendidos 700.000,00
    – Estoque Final de Produtos em Elaboração 130.000,00
    – Estoque Inicial de Produtos Acabados 40.000,00
    – Mão de Obra Direta 150.000,00
    – Custos Indiretos de Fabricação 380.000,00

    O consumo de material direto da companhia nesse exercício foi, em R$,
    a) 180.000,00
    b) 190.000,00
    c) 200.000,00
    d) 220.000,00
    e) 230.000,00

46. (TRE – RN – Analista Judiciário – Contador/FCC) A Cia. Campos Verdes apresentou os seguintes dados no mês de setembro de 2010, em R$:
    Consumo de Materiais Diretos 100.000,00
    Mão de Obra Direta 80.000,00
    Estoque Inicial de Produtos em Elaboração 60.000,00
    Custo dos Produtos Vendidos 470.000,00
    Custos Indiretos de Fabricação 240.000,00
    Estoque Inicial de Produtos Acabados 110.000,00
    Estoque Final de Produtos em Elaboração 70.000,00

O Custo da Produção Acabada e o Estoque Final de Produtos Acabados, neste mês, equivaleram, respectivamente, a, em R$,
a) 410.000,00 e 50.000,00
b) 420.000,00 e 40.000,00
c) 480.000,00 e 50.000,00
d) 410.000,00 e 40.000,00
e) 420.000,00 e 60.000,00

47. (TRE – AM – Contador/FCC) A empresa Y incorreu nos seguintes gastos durante o mês de novembro de X9:
Mão de obra direta .... R$ 10.000,00
Energia elétrica (fábrica) .... R$ 3.000,00
Aluguel (setor administrativo) .... R$ 2.000,00
Salário da supervisão da fábrica .... R$ 5.000,00
Compra de matéria-prima .... R$ 5.000,00
Comissões de vendedores .... R$ 3.000,00
Depreciação das máquinas da fábrica .... R$ 4.000,00

Sabendo que a empresa produz um único produto, que o estoque inicial de produtos em processo era R$ 15.000,00, o estoque final de produtos em processo era R$ 4.000,00, o estoque inicial de matéria-prima era R$ 7.000,00 e o estoque final de matéria-prima era R$ 3.000,00. O custo da produção acabada no período utilizando o custeio por absorção foi, em reais,
a) 46.000,00
b) 42.000,00
c) 32.000,00
d) 31.000,00
e) 27.000,00

48. (Auditor Fiscal da Receita Estadual – RJ/FCC) A Cia. Construtora é uma empresa industrial e produz um único produto. Durante o mês de setembro de 2013 incorreu nos seguintes gastos: mão de obra direta R$ 32.000,00; energia elétrica (consumida na fábrica) R$ 5.000,00; aluguel (da área onde funciona a administração geral da empresa) R$ 16.000,00; salário da supervisão da fábrica R$ 14.000,00; compra de matéria-prima R$ 65.000,00; comissões de vendedores R$ 9.000,00 e depreciação das máquinas e equipamentos utilizados no processo fabril R$ 15.000,00.
Sabendo-se que o estoque inicial de produtos em processo era R$ 23.000,00, que o estoque final de produtos em processo era R$ 11.000,00, que o estoque inicial de matéria-prima era de R$ 12.000,00 e que o estoque final de matéria-prima era R$ 7.000,00, o custo da produção acabada em setembro de 2013 utilizando o custeio por absorção foi
a) R$ 156.000,00
b) R$ 148.000,00
c) R$ 131.000,00
d) R$ 78.000,00
e) R$ 143.000,00

Gabarito

1. d	11. e	21. d	31. e	41. b
2. e	12. b	22. b	32. a	42. c
3. b	13. a	23. b	33. a	43. d
4. b	14. d	24. d	34. c	44. e
5. c	15. c	25. a	35. a	45. c
6. c	16. d	26. d	36. c	46. a
7. b	17. e	27. c	37. e	47. b
8. b	18. c	28. d	38. b	48. b
9. c	19. d	29. c	39. a	
10. a	20. b	30. a	40. b	

Soluções Comentadas

Exercício 1

O primeiro passo é calcularmos o valor da Matéria-Prima Aplicada (MPA) da seguinte forma:

MPA = EIMP + CMP − EFMP = 5.000,00 + 45.000,00 − 7.500,00 = 42.500,00

Agora calcularemos o Custo de Produção (CP):

CP = MPA + MOD + GGF = 42.500,00 + 22.000,00 + 1.200,00 = 65.700,00

Nota: Gastos Gerais de Fabricação (GGF) é o mesmo que Custos Indiretos de Fabricação (CIF).

Por fim, iremos calcular o Custo da Produção Acabada (CPA):

CPA = EIPE + CP − EFPE = 1.200,00 + 65.700,00 − 850,00 = 66.050,00

Exercício 2

CPV = EIPA + CPA − EFPA → EFPA = CPA + EIPA − CPV

EFPA: Estoque Final de Produtos Acabados (ou Prontos)

CPA: Custo da Produção Acabada

EIPA: Estoque Inicial de Produtos Acabados

CPV: Custo dos Produtos Vendidos

Exercício 3

CPV = EIPA + CPF (ou CPA) − EFPA = 8.400 + 12.800 − 9.600 = 11.600

Nota: CPA (Custo da Produção Acabada) é o mesmo que CPF (Custo dos Produtos Fabricados).

LB = Receita de Vendas − CPV

2.900 = Receita de Vendas − 11.600 ➞ Receita de Vendas = 14.500

Exercício 4

MPA (Matéria-Prima Aplicada) = EIMP + CMP − EFMP = 1.200 + 400 − 800 = 800

CP (Custo de Produção) = MPA + MOD + CIF = MPA + Custo de Transformação

CP = 800 + 4.100 = 4.900

CPF (ou CPA) = EIPF (ou EIPE) + CP − EFPF (ou EFPE)

12.800 = 8.500 + 4.900 − EFPF ➞ EFPF = 600

Nota: EIPF (Estoque Inicial de Produtos em Fabricação) é o mesmo que EIPE (Estoque Inicial de Produtos em Elaboração)

Exercício 5

CPV = EIPE + CPF − EFPE

CPV − CPF = EIPE − EFPE

Visto que o CPV é maior que o CPF, então CPV − CPF > 0, ou seja:

EIPE − EFPE > 0 ➞ EIPE > EFPE ou EFPE < EIPE

Exercício 6

MPA (Matéria-Prima Aplicada = Materiais diretos requisitados) 1.700,00

(+) MOD (Mão de Obra Direta = 1.800 ÷ 180%) 1.000,00

(+) CIF (Custos Indiretos de Fabricação = Desp. ind. de fáb. Efetivas) 2.000,00

(=) Custo de Produção − CP (ou Custo Fabril) 4.700,00

CPA = EIPE + CP − EFPE

3.800 = 800 + 4.700 − EFPE

EFPE (Estoque Final de Produtos em Elaboração ou Produtos em Processo) = 1.700

Exercício 7
Ao requisitar matérias-primas para a produção, deve-se debitar a conta "Produtos em Elaboração" e creditar a conta "Estoque de Matérias-Primas".

Exercício 8
Lucro Bruto = Vendas Líquidas – CPV

- -

64.400 = 200.000 – CPV $\rightarrow$ CPV = 200.000 – 64.400 = 135.600

Exercício 9
O CUSTO DE TRANSFORMAÇÃO, como o nome já sugere, é aquele necessário para "transformar" a matéria-prima em produto. Daí, concluímos que esse custo inclui todos os componentes dos custos, exceto a matéria-prima, ou seja:

Custo de Transformação = Mão de Obra Direta + Custos Indiretos de Fabricação

Exercício 10
Taxa de aplicação = $\dfrac{R\$ \ 3.600.000,00}{2.400.000}$ = R$ 15,00

Exercício 11
Se para cada unidade do produto são demandadas duas unidades de matéria-prima, então 400.000 unidades do produto demandarão 800.000 unidades de matérias-primas, ou seja, a Matéria-Prima Aplicada (em unidades) = 800.000.

Considerando a fórmula: MPA = EIMP + CMP – EFMP, onde:

MPA: Matéria-Prima Aplicada (em "R$" ou em "unidades")

EIMP: Estoque Inicial de Matéria-Prima (em "R$" ou em "unidades")

CMP: Compras de Matérias-Primas (em "R$" ou em "unidades")

EFMP: Estoque Final de Matérias-Primas (em "R$" ou em "unidades")

Assim:

800.000 = 30.000 + CMP – 40.000 $\rightarrow$ CMP = 810.000 unidades

Exercício 12
CPV = EIPA + CPA – EFPA

- -

Legenda:

CPV: Custo dos Produtos Vendidos (em unidades)

EIPA: Estoque Inicial de Produtos Acabados (em unidades)

CPA: Custo da Produção Acabada (irá representar a quantidade que a empresa irá produzir no período)

EFPA: Estoque Final de Produtos Acabados (em unidades)

480.000 = 70.000 + CPA – 40.000 → CPA = 450.000 unidades

Exercício 13
MPA = 134.000 + 191.000 – 124.000 = 201.000

Custo Primário = MPA + MOD = 201.000 + 300.000 = 501.000

Exercício 14
Custo de Produção = MPA + MOD + CIF

Custo de Produção = 201.000 + 300.000 + 60% 300.000 = 681.000

Exercício 15
CPV = EIPA + EIPP + CP – EFPP – EFPA

CPV = 125.000 + 235.000 + 681.000 – 251.000 – 117.000 = 673.000

Execício 16
Matéria-Prima Aplicada (MPA) = 0 + 400 – 50 – 100 = 250

Custo de Produção (CP) = MPA + MOD + CIF = 250 + 800 + 300 = 1.350

Custo da Produção Acabada (CPA) = EIPE + CP – EFPE = 200 + 1.350 – 200 = 1.350

Custo da Produção Vendida (CPV) = EIPA + CPA – EFPA = 150 + 1.350 – 0 = 1.500

Exercício 17
DESPESAS OPERACIONAIS:
Despesas gerais e administrativas .... R$ 16.800
Comissões sobre vendas (10% × R$ 500 × 220) .... R$ 11.000
R$ 27.800

Visto que não havia estoques no início do período, ou seja, EIPE (Estoque Inicial de Produtos em Elaboração) = 0, e que todas as unidades ficaram prontas no período, ou seja, não havia estoque final de produtos em elaboração (EFPE = 0), o Custo da Produção Acabada (CPA) coincidiu com o Custo de Produção (CP), assim:

CPA = CP = MPA + MOD + CIF = R$ 11.300 + R$ 26.000 + R$ 15.200 = R$ 52.500

Visto que foram fabricadas 250 unidades e vendidas 220, o CPV (Custo dos Produtos Vendidos) será de R$ 52.500 ÷ 250 × 220 = R$ 46.200

Lucro Bruto = Vendas – CPV = R$ 500 × 220 – R$ 46.200 = 63.800

Exercício 18

Estoque Final de Produtos Acabados = R$ 52.500 ÷ 250 × 30 = R$ 6.300

Custo unitário da unidade pronta = R$ 52.500 ÷ 250 = R$ 210

Exercício 19

Materiais Diretos Aplicados (MDA) = 60.000 + 160.000 – 77.000 = 143.000

CPV = EIPA + EIPE + MDA + MOD + CIF – EFPE – EFPA
CPV = 20.000 + 42.000 + 143.000 + 15.000 + 53.000 – 68.000 – 16.000 = 189.000

Exercício 20

MPA = 1.050 + 6.000 – 1.260 = 5.790

CIF = 3.570 + 1.960 + 1.190 + 840 + 560 + 1.400 + 1.000 = 10.520

CP = 5.790 + 2.800 + 10.520 = 19.110

Exercício 21

CPV = EIPA + EIPP + CP – EFPP – EFPA
CPV = 2.450 + 1.750 + 19.110 – 2.240 – 1.400 = 19.670

Exercício 22

Custo Primário = MPA + MOD = 5.790 + 2.800 = 8.590

Exercício 23

Vide comentário do exercício 9

Exercício 24

MPA = 10.000,00 + 50.000,00 − 7.000,00 = 53.000,00

CIF = 6.000,00 + 11.000,00 + 2.000,00 = 19.000,00

CPV = 20.000,00 + 4.000,00 + 53.000,00 + 30.000,00 + 19.000,00 − 0 − 6.000,00
CPV = 120.000,00

Exercício 25

O primeiro passo é apurarmos o valor dos Materiais Diretos Aplicados (MDA), o qual será a soma da Matéria-Prima Aplicada (MPA) com a Compra de Insumos Fabris, tendo em vista que nesse exercício houve sim a distinção entre MPA e MDA:

Estoque Inicial de Matéria-Prima .... R$ 50.000
(+) Compra de Matéria-Prima .... R$ 900.000
(−) Estoque Final de Matéria-Prima .... (R$ 150.000)
(=) Matéria-Prima Aplicada .... R$ 800.000
(+) Compra de Insumos Fabris .... R$ 200.000
(=) Materiais Diretos Aplicados .... R$ 1.000.000

Agora, iremos ratear os Custos de Produção (CP) entre os produtos "A" e "B" utilizando os percentuais dados, lembrando que CP = MDA + MOD + CIF:

CP (A) = (R$ 1.000.000 × 60%) + (R$ 720.000 × 50%) + (R$ 1.800.000 × 80%) = R$ 2.400.000

CP (B) = (R$ 1.000.000 × 40%) + (R$ 720.000 × 50%) + (R$ 1.800.000 × 20%) = R$ 1.120.000

Por fim, iremos determinar o Custo da Produção Acabada (CPA) de cada produto, lembrando que CPA = EIPE + CP − EFPE, e, logo em seguida, determinar o CPAu (Custo da Produção Acabada unitário) de cada produto, dividindo por sua respectiva quantidade produzida (10.000 unidades de "A" e 8.000 unidades de "B"):

CPA (A) = R$ 150.000 + R$ 2.400.000 − R$ 100.000 = R$ 2.450.000

CPA (B) = R$ 80.0000 + R$ 1.120.000 − R$ 50.000 = R$ 1.150.000

CPAu(A) = R$ 2.450.000 ÷ 10.000 = R$ 245,00

CPAu(B) = R$ 1.150.000 ÷ 8.000 = R$ 143,75

Exercício 26

O primeiro passo é determinarmos a quantidade vendida de cada produto, utilizando a relação Qv = Qi + Qp – Qf, onde:

Qv – Quantidade vendida

Qi – Quantidade inicial no estoque (100 u para "A" e 40 u para "B")

Qp – Quantidade produzida (10.000 u para "A" e 8.000 u para "B")

Qf – Quantidade final no estoque (200 u para "A" e 100 u para "B")

Assim, teremos:

Qv (A) = 100 u + 10.000 u – 200 u = 9.900 u

Qv (B) = 40 u + 8.000 u – 100 u = 7.940 u

Agora, iremos determinar o CPV (Custo dos Produtos Vendidos) de cada produto pelo método PEPS da seguinte forma:

Produto "A": A venda de 9.900 unidades pelo método PEPS implica a venda das 100 unidades que estavam no estoque inicial no total de R$ 20.000 e 9.800 unidades que foram posteriormente produzidas a R$ 245 cada, ou seja, CPV (A) = R$ 20.000 + 9.800 × R$ 245 = R$ 2.421.000.

Produto "B": A venda de 7.940 unidades pelo método PEPS implica a venda das 40 unidades que estavam no estoque inicial no total de R$ 5.000 e 7.900 unidades que foram posteriormente produzidas a R$ 143,75 cada, ou seja, CPV (B) = R$ 5.000 + 7.900 × R$ 143,75 = R$ 1.140.625.

Por fim, o Custo dos Produtos Vendidos (CPV) será a soma dos dois CPV acima encontrados, ou seja, CPV = CPV (A) + CPV (B) = 3.561.625

Exercício 27

- Materiais Aplicados = 90% 10.000,00 = 9.000,00
- Mão de Obra Direta = 60% 9.000,00 = 5.400,00
- CIF = 6.000,00

Custo de Transformação = 5.400,00 + 6.000,00 = 11.400,00

Custo Primário = 9.000,00 + 5.400,00 = 14.400,00

Exercício 28

Matéria-Prima Aplicada = 60% (500 × R$ 8,00 × 0,83 + R$ 240,00) = R$ 2.136,00

Nota: Visto que o IPI é um imposto "por fora" (está fora dos R$ 8,00) e será recuperado, no cálculo acima não somamos esse imposto ao custo da matéria-prima. Ao mesmo tempo, como o ICMS é um imposto "por dentro" (está dentro dos R$ 8,00) e será também recuperado, no cálculo acima excluímos 17% dos R$ 8,00 ao multiplicarmos esse valor por 83% (0,83).

Por fim, debitamos a conta "Produtos em Processo" em R$ 2.136,00 e creditamos a conta "Matéria-Prima" no mesmo valor.

Exercício 29

GASTOS GERAIS DE FABRICAÇÃO (ou Custos Indiretos de Fabricação):

Seguro contra incêndio incorrido	R$ 2.100,00
Imposto predial	R$ 2.400,00
Iluminação do prédio	R$ 2.100,00
Depreciação do edifício	R$ 2.400,00
Mão de obra indireta	R$ 2.100,00
TOTAL	R$ 11.100,00

Exercício 30

Custo Primário = MPA + MOD

Exercício 31

CIF = 45.000,00 + 12.450,00 + 3.650,00 + 14.150,00 + 2.370,00 = 77.620,00

CPV = EIPA + EIPP + MPA + MOD + CIF − EFPP − EFPA
CPV = 7.500,00 + 9.000,00 + MPA + 30.500,00 + 77.620,00 − 10.000,00 − 6.000,00
CPV = 108.620,00 + MPA

Despesas Operacionais = 15.600,00 + 28.360,00 + 17.500,00 + 35.000,00 + 7.450,00 = 103.910,00

Lucro Operacional = Vendas − CPV − Despesas Operacionais
25.000,00 = 250.000,00 − 108.620,00 − MPA − 103.910,00
MPA = 250.000,00 − 108.620,00 − 103.910,00 − 25.000,00 = 12.470,00

Exercício 32

MPA = $ 1.000 + $ 0 – $ 800 = $ 200

CPP = MPA + MOD + CIF = $ 200 + $ 550 + $ 750 = **$ 1.500**

Supondo que tenham sido iniciadas "Q" unidades no período, metade ficou pronta (Q/2) e outra metade ficou em elaboração (Q/2). Visto que as unidades em elaboração ficaram 50% acabadas, isso significa que cada unidade em elaboração custou exatamente 50% da unidade acabada. Assim, admitindo que o custo de Q/2 unidades acabadas no período vale "X", ou seja, CPA = X, então o custo das Q/2 unidades em elaboração vale "50% de X", ou seja, EFPE = X/2. Daí, lembrando que CPA = EIPE + CPP – EFPE, podemos montar a seguinte equação:

$$X = \$\,0 + \$\,1.500 - \frac{X}{2} \longrightarrow \frac{3X}{2} = \$\,1.500 \longrightarrow X = \$\,1.000 = \text{CPA}$$

Admitindo que cada unidade acabada e em elaboração recebe exatamente 1 unidade de matéria-prima e que foram aplicadas na produção 100 unidades – 80 unidades, ou seja, 20 unidades de matéria-prima, e lembrando que das unidades iniciadas no período metade foi concluída, então ficaram 10 unidades em elaboração e 10 unidades acabadas. Visto que o custo total dessas 10 unidades acabadas foi de $ 1.000, então o custo de uma unidade acabada foi de $ 100.

Como foram vendidas 8 unidades no período, então o CPV será de $ 100 × 8, isto é, **$ 800**

Exercício 33

Os custos de produção (MPA, MOD e CIF) integrarão o custo dos produtos em elaboração mediante o seguinte lançamento:

D – Produtos em Elaboração

C – Matérias-Primas

C – MOD

C – CIF

D – Produtos Acabados

C – Produtos em Elaboração

Exercício 34

CPV = 0 + 50.000,00 + 50.000,00 + 50.000,00 + 50.000,00 – 0,00 – 20.000,00 = 180.000,00

Exercício 35

Estoque inicial de produtos acabados	16.000
(+) Estoque inicial de produtos em processo	18.000
(+) MPA	77.000
(+) MOD	74.400
(+) CIF	44.900
(–) Estoque final de produtos em processo	(13.800)
(–) Estoque final de produtos acabados	(10.000)
(=) Custo dos Produtos Vendidos	**206.500**

Exercício 36

O 1º passo é equacionarmos a MPA (Matéria-Prima Aplicada), onde "C" é o preço da matéria-prima comprada e "C – 17%C = 0,83C" é o custo da matéria prima comprada, valor este que coincidirá com o valor das "Compras Líquidas" de matérias-primas, dado que o ICMS pago na matéria-prima é recuperável. Assim, teremos:

MPA = Estoque Inicial + Compras Líquidas – Estoque Final

MPA = 18.000 + 0,83C – 15.000 = 3.000 + 0,83C

Tendo em vista que não foi mencionado o valor dos estoques inicial e final de produtos em elaboração, partiremos do princípio de que seus valores são ZERO. Assim, teremos:

CPV = EIPA + MPA + MOD + CIF – EFPA

51.000 = 18.000 + 3.000 + 0,83C + 20.000 + 90% 20.000 – 35.000

51.000 = 24.000 + 0,83C

C = 27.000 ÷ 0,83 = 32.530,12 (aproximadamente, 32.530,00) = preço da matéria-prima comprada

----

Dado que os estoques inicial e final dos produtos em elaboração valem ZERO, o Custo dos Produtos Fabricados (CPF) (ou Custo da Produção Acabada) será a soma da MPA com a MOD com os CIF. Assim, utilizando a equação para o cálculo do CPV, teremos:

CPV = EIPA + MPA + MOD + CIF – EFPA

ou seja, CPV = EIPA + CPF – EFPA

ou ainda, CPF = CPV + EFPA – EIPA = 51.000 + 35.000 – 18.000 = 68.000

Por fim, CPF unitário = 68.000 ÷ 160 unidades = 425

Exercício 37

Verificando as opções:

a) Lembrando que CP (Custo de Produção) = MPA + MOD + CIF, o enunciado nos fornece a MPA no valor de 17.000, mas não fornece isoladamente a MOD e nem o CIF, mas fornece o Custo de Transformação, o qual é o somatório da MOD com o CIF, no valor de 21.000. Assim, CP = 17.000 + 21.000 = 38.000.

----

b) O enunciado da questão não fornece dados suficientes para o cálculo do CPV

----

c) Para o cálculo da MOD, utilizaremos a fórmula do Custo Primário, o qual é a soma da MPA com a MOD. Assim, teremos:

Custo Primário = MPA + MOD

26.000 = 17.000 + MOD → MOD = 9.000

----

d) Para o cálculo do CIF (Custos Indiretos de Fabricação), que é o mesmo que Despesas Indiretas Aplicadas, utilizaremos a fórmula Custo de Transformação = MOD + CIF. Assim, teremos:

21.000 = 9.000 + CIF → CIF = 12.000

----

e) MOD ÷ CIF = 9.000 ÷ 12.000 = 0,75 = 75%

Exercício 38

Verificando as opções até chegar à opção correta:

a) Antes de calcularmos o Custo Fabril (ou Custo de Produção) = MPA + MOD + CIF, o primeiro passo é calcularmos a MPA = EI + Compras − EF, ou seja, MPA = 0 + 27.000 − 9.000 = 18.000. Assim, teremos:

Custo Fabril = 18.000 + 12.000 + 70% 12.000 = 38.400

----

b) Custo de Transformação = MOD + CIF = 12.000 + 70% 12.000 = 20.400

Exercício 39

Sendo EIPE (Estoque Inicial de Produtos em Elaboração ou Estoque Inicial de Produtos em Processo), EFPE (Estoque Final de Produtos em Elaboração ou Estoque Final de Produtos em Processo) e CF (Custo de Fabricação ou Custo de Produção), temos:

Custo da Produção Acabada = EIPE + Custo de Fabricação − EFPE

40.100 = 15.200 + 37.000 − EFPE → EFPE = 12.100

Sendo EIPP (Estoque Inicial de Produtos Prontos) e EFPP (Estoque Final de Produtos Prontos) e CPA (Custo da Produção Acabada), temos:

Custo dos Produtos Vendidos = EIPP + CPA − EFPP

38.900 = 14.500 + 40.100 − EFPP → EFPP = 15.700

Exercício 40

CP (Custo de Produção) = MPA + MOD + CIF = 2.000.000 + 2.500.000 + 3.500.000 = 8.000.000

Exercício 41

CPA (Custo da Produção Acabada) = EIPE + CP − EFPE = 800.000 + 8.000.000 − 600.000 = 8.200.000

Exercício 42

CPV = EIPA + CPA − EFPA = 900.000 + 8.200.000 − 400.000 = 8.700.000

Exercício 43

Custo dos Produtos Disponíveis para Venda = EIPA + CPA = 900.000 + 8.200.000 = 9.100.000

Exercício 44

Custo Primário = MPA + MOD

Exercício 45

Sendo MDA (Material Direto Aplicado), que é o mesmo que consumo de material direto, teremos:

CPV = EIPA + EIPE + MDA + MOD + CIF − EFPE − EFPA

700.000 = 40.000 + 160.000 + MDA + 150.000 + 380.000 − 130.000 − 100.000

700.000 = 500.000 + MDA → MDA = 200.000 (consumo de material direto)

Exercício 46

CPA = EIPE + MDA + MOD + CIF − EFPE

CPA = 60.000 + 100.000 + 80.000 + 240.000 − 70.000 = 410.000

CPV = EIPA + CPA − EFPA

470.000 = 110.000 + 410.000 − EFPA → EFPA = 50.000

Exercício 47

MPA = EI + Compras − EF = 7.000 + 5.000 − 3.000 = 9.000

CIF

Energia elétrica (fábrica)	3.000
Salário da supervisão da fábrica	5.000
Depreciação das máquinas da fábrica	4.000
Total	12.000

Sendo EIPE e EFPE, respectivamente, o estoque inicial e final de produtos em elaboração (ou em processo), temos:

CPA = EIPE + MPA + MOD + CIF − EFPE
CPA = 15.000 + 9.000 + 10.000 + 12.000 − 4.000 = 42.000

Exercício 48

Cálculo da Matéria-Prima Aplicada (MPA):

MPA = 12.000 + 65.000 − 7.000 = 70.000

Cálculo dos Custos Indiretos de Fabricação (CIF):

Energia elétrica (fábrica)	5.000
Salário da supervisão de fábrica	14.000
Depreciação de máquinas fabris	15.000
Total	34.000

Cálculo do Custo da Produção Acabada (CPA):

Estoque inicial de produtos em processo	23.000
(+) MPA	70.000
(+) MOD	32.000
(+) CIF	34.000
(−) Estoque final de produtos em processo	(11.000)
(=) CPA	148.000

Capítulo 3

Estoques

1. Tipos de Estoques numa Indústria

A primeira espécie de estoques numa indústria são as MATÉRIAS-PRIMAS, muitas vezes tratadas como MATERIAIS DIRETOS, embora não sejam exatamente sinônimos, visto que esses incluem não só as matérias-primas, mas também os materiais secundários e os materiais de embalagem. Nada impede, no entanto, que por praticidade e opção de contabilização os materiais secundários e os materiais de embalagem também sejam considerados matérias-primas, razão pela qual, na resolução de diversos problemas de custos, ora se trabalha com o conceito de matéria-prima aplicada, ora se trabalha com o conceito de materiais diretos aplicados.

Os estoques de matérias-primas (ou materiais diretos) são formados, em geral, a partir de suas compras, as quais, quando tributadas pelo ICMS e IPI, não terão esses tributos como integrantes de seus custos, visto que ambos são recuperáveis para indústrias, bem como o Pis e a Cofins com incidência não cumulativa. Assim, por exemplo, se uma indústria adquirisse à vista matérias-primas no total de R$ 10.000,00, com incidência de ICMS a 17% e IPI a 5%, teríamos os seguintes valores:

— Total da nota fiscal de compra = 10.000,00 + 5% 10.000,00 = 10.500
— Custo dos estoques de matérias-primas = 10.000,00 − 17% 10.000,00 = 8.300,00

Contabilização:
D – Matérias-Primas 8.300,00
D – ICMS a Recuperar 1.700,00
D – IPI a Recuperar 500,00
C – Caixa 10.500,00

Observemos que o total da nota fiscal é superior ao valor das compras, dado que o IPI é um imposto "por fora", tendo em vista que não está embutido no valor da compra. Observemos também que no cálculo do custo dos estoques foram abatidos do valor da compra o ICMS, dado que esse imposto é considerado "por dentro", isto é, está embutido no valor da compra.

A segunda espécie de estoques numa indústria são os PRODUTOS EM ELABORAÇÃO, também chamados de PRODUTOS EM PROCESSO ou PRODUTOS EM FABRICAÇÃO. Esses têm seus custos formados a partir da soma da Matéria-Prima Aplicada (MPA) com a Mão de Obra Direta (MOD) com os Custos Indiretos de Fabricação (CIF).

A terceira espécie de estoques numa indústria são os PRODUTOS PRONTOS, também chamados de PRODUTOS ACABADOS. Sua formação se dá a partir dos produtos em elaboração, visto que quando esses ficam prontos transformam-se naqueles.

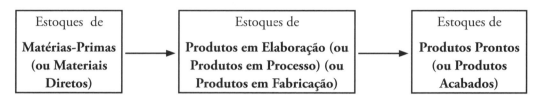

Nota: Além dos estoques acima mencionados, ainda existem numa indústria os estoques de MATERIAIS INDIRETOS, os quais, em geral, têm custos de aquisição bem menores do que os estoques de matérias-primas (ou materiais diretos), razão pela qual normalmente não há a preocupação de adoção de algum critério específico de controle da aplicação desses materiais, de modo diferente dos materiais diretos, onde é necessário um controle objetivo de sua aplicação na fabricação de cada produto.

Por fim, corroborando tudo o que visto até aqui, abaixo reproduzimos parte do item 6 e o item 8 do Pronunciamento Técnico CPC 16 (R1) – Estoques – (grifos nossos):

Item 6. ESTOQUES são ativos:

(a) mantidos para venda no curso normal dos negócios;

(b) em processo de produção para venda; ou

(c) na forma de materiais ou suprimentos a serem consumidos ou transformados no processo de produção ou na prestação de serviços.

---

*Item 8. Os estoques compreendem bens adquiridos e destinados à venda, incluindo, por exemplo, mercadorias compradas por um varejista para revenda ou terrenos e outros imóveis para revenda. Os estoques também compreendem **produtos acabados** e **produtos em processo** de produção pela entidade e incluem **matérias-primas** e materiais aguardando utilização no processo de produção, tais como: componentes, embalagens e material de consumo. No caso de prestador de serviços, os estoques devem incluir os custos do serviço, tal como descrito no item 19, para o qual a entidade ainda não tenha reconhecido a respectiva receita (ver o Pronunciamento Técnico CPC 30 - Receita).*

2. CRITÉRIOS DE CONTROLE DE ESTOQUES

Para o controle contínuo ao longo do período de produção dos estoques de matérias-primas, produtos em fabricação e produtos prontos, os critérios de controle de estoques mais conhecidos são:

- PEPS (a/o Primeira(o) que Entra no estoque é a/o Primeira(o) que Sai), também chamado FIFO (*First In First Out*)
- UEPS (a/o Última(o) que Entra no estoque é a/o Primeira(o) que Sai), também chamado LIFO (*Last In First Out*)
- Custo Médio (ou Média Ponderada Móvel)

Nota: O critério UEPS não é permitido pela legislação do Imposto de Renda e também pelo Pronunciamento Técnico CPC 16 (R1) – Estoques.

Assim, suponhamos, por exemplo, que uma indústria que possuísse no início de um determinado mês um estoque da matéria-prima "M" composto por 30 unidades a R$ 10,00 cada, realizasse as seguintes operações ao longo do mês:

- Dia 09: Compra de 70 unidades a R$ 12,00 cada.
- Dia 17: Compra de 60 unidades a R$ 14,00 cada.
- Dia 29: Utilizadas na produção 95 unidades.
- Dia 30: Compra de 40 unidades a R$ 15,00 cada

Assim, teríamos:

MÉTODO PEPS

Se a empresa controlasse seus estoques permanentemente por esse método, na utilização das 95 unidades sairiam primeiro para a produção as 30 unidades do estoque inicial a R$ 10,00 cada e depois as 65 unidades adquiridas no dia 09 a R$ 12,00 cada, de sorte que a MPA (Matéria-Prima Aplicada) seria de R$ 10 × 30 + R$ 12 × 65 = R$ 1.080 e o estoque final do mês seria de 5 unidades a R$ 12,00 (= R$ 60,00) cada mais as 60 unidades adquiridas no dia 17 a R$ 14,00 cada (= R$ 840,00) e mais as 40 unidades a R$ 15,00 cada (= R$ 600,00), totalizando R$ 1.500,00.

MÉTODO UEPS

Se a empresa controlasse seus estoques permanentemente por esse método, na aplicação das 95 unidades à produção sairiam primeiro as 60 unidades adquiridas no dia 17 a R$ 14,00 cada (= R$ 840,00) e depois 35 unidades adquiridas no dia 9 a R$ 12,00 cada (= R$ 420,00), de sorte que a MPA seria de R$ 840,00 + R$ 420 = R$ 1.260,00 e o estoque final do mês seria composto pelas 40 unidades do dia 30 a R$ 15,00 cada (= R$ 600,00) mais 35 unidades que sobraram do dia 9 a R$ 12,00 cada (= R$ 420,00) mais as 30 unidades do estoque inicial a R$ 10,00 cada (= R$ 300,00), totalizando R$ 1.320,00.

CUSTO MÉDIO (ou MÉDIA PONDERADA MÓVEL)

Se a empresa controlasse seus estoques permanentemente por esse método, teríamos três médias ponderadas: dia 09, dia 17 e dia 30. Daí, ela ser chamada de "móvel", visto que a cada nova entrada há alteração do custo médio unitário dos estoques, o qual é obtido por meio do cálculo de uma nova média aritmética dos custos unitários ponderada pelas suas respectivas quantidades. Assim, teríamos:

1ª média (dia 09) – Será a média aritmética ponderada entre as 30 unidades (peso 30) a R$ 10,00 cada e as 70 unidades (peso 70) a R$ 12,00 cada:

$$\text{Custo unitário do estoque} = \frac{(30 \times R\$\ 10) + (70 \times R\$\ 12)}{30 + 70} = 11,40$$

2ª média (dia 17) – Será a média aritmética ponderada entre as 30 unidades (peso 30) a R$ 10,00 cada, 70 unidades (peso 70) a R$ 12,00 cada e 60 (peso 60) unidades a R$ 14,00 cada:

$$\text{Custo unitário do estoque} = \frac{(30 \times R\$\ 10) + (70 \times R\$\ 12) + (60 \times R\$\ 14)}{30 + 70 + 60} = R\$\ 12,375$$

3ª média (dia 30) – Será a média aritmética ponderada entre as 65 unidades (peso 65) que sobraram após a venda do dia 29 a R$ 12,375 cada e as 40 unidades (peso 40) adquiridas no dia 30 a R$ 15,00 cada:

$$\text{Custo unitário do estoque} = \frac{(65 \times R\$\ 12,375) + (40 \times R\$\ 15)}{65 + 40} = R\$\ 13,375$$

Desse modo, ao final do mês, a MPA seria de 95 unidades a R$ 12,375 cada (visto que a utilização na produção ocorreu antes das compras do dia 30), ou seja, MPA = R$ 1.175,625 e o estoque final seria composto pelas 105 unidades a R$ 13,375 = R$ 1.404,375.

Obs.: Além dos critérios mencionados acima (PEPS, UEPS e CUSTO MÉDIO), existe um quarto critério de controle de estoques, o qual é conhecido como PREÇO ESPECÍFICO, critério esse que deve ser utilizado para produtos que não se repetem, visto que são específicos, isto é, têm características próprias personalizadas, que é o caso, por exemplo, de produtos fabricados por encomendas específicas de clientes. Abaixo, reproduzimos os itens 23 e 24 do CPC 16 (R1), os quais mencionam esse critério:

Item 23. *O custo dos estoques de itens que não são normalmente intercambiáveis e de bens ou serviços produzidos e segregados para projetos específicos deve ser atribuído pelo uso da identificação ESPECÍFICA dos seus custos individuais.*

> ***Item 24.*** *A identificação específica do custo significa que são atribuídos CUSTOS ESPECÍFICOS a itens identificados do estoque. Este é o tratamento apropriado para itens que sejam segregados para um projeto específico, independentemente de eles terem sido comprados ou produzidos. Porém, quando há grandes quantidades de itens de estoque que sejam geralmente intercambiáveis, a identificação específica de custos não é apropriada. Em tais circunstâncias, um critério de valoração dos itens que permanecem nos estoques deve ser usado.*

Complementando e corroborando tudo isso, abaixo reproduzimos os itens 25 a 27 do CPC 16 (R1) – Estoques, os quais tratam dos critérios de VALORAÇÃO dos estoques pelo método PEPS e CUSTO MÉDIO, de modo que a não referência no item 25 do método UEPS nos leva a concluir que esse método não é permitido pelo CPC 16 (R1), possivelmente em função de não ser permitido pela legislação fiscal:

> ***Item 25.*** *O custo dos estoques, que não sejam os tratados nos itens 23 e 24, deve ser atribuído pelo uso do critério Primeiro a Entrar, Primeiro a Sair (PEPS) ou pelo critério do custo médio ponderado. A entidade deve usar o mesmo critério de custeio para todos os estoques que tenham natureza e uso semelhantes para a entidade. Para os estoques que tenham outra natureza ou uso, podem justificar-se diferentes critérios de valoração.*

> ***Item 26.*** *Por exemplo, os estoques usados em um segmento de negócio podem ter um uso para a entidade diferente do mesmo tipo de estoques usado em outro segmento de negócio. Porém, uma diferença na localização geográfica dos estoques (ou nas respectivas normas fiscais), por si só, não é suficiente para justificar o uso de diferentes critérios de valoração do estoque.*

> ***Item 27.*** *O critério PEPS (Primeiro a Entrar, Primeiro a Sair) pressupõe que os itens de estoque que foram comprados ou produzidos primeiro sejam vendidos em primeiro lugar e, consequentemente, os itens que permanecerem em estoque no fim do período sejam os mais recentemente comprados ou produzidos. Pelo critério do custo médio ponderado, o custo de cada item é determinado a partir da média ponderada do custo de itens semelhantes no começo de um período e do custo dos mesmos itens comprados ou produzidos durante o período. A média pode ser determinada em base periódica ou à medida que cada lote seja recebido, dependendo das circunstâncias da entidade.*

Obs. 1: No sistema de controle contínuo dos estoques é comum o uso de FICHAS DE CONTROLE de estoques para os métodos PEPS, UEPS e Custo Médio Móvel. Abaixo, apresentamos um modelo genérico para essas fichas, onde a coluna "ENTRADAS", que é utilizada para registrar os estoques que estão entrando, em geral, no caso específico das matérias-primas, por compras efetuadas, ressaltando que no caso de haver devoluções de compras essas afetariam as entradas "negativamente", tanto em quantidade, quanto em valor e, no caso específico de abatimentos sobre compras, essas também afetariam "negativamente" as entradas, porém só em valor (a quantidade não se altera), a coluna de SAÍDAS é utilizada, no caso específico das matérias-primas, pelas matérias-primas aplicadas na produção, podendo também ser afetada "negativamente" pelas devoluções da produção para o estoque. A coluna "ESTOQUE" indica o valor do estoque existente em cada data. Abaixo, indicamos um exemplo de ficha de controle de estoques pelo método do Custo Médio Móvel, onde cada uma das colunas principais (Entradas, Saídas e Estoque) é dividida em três subcolunas ("Q" = Quantidade; "U" = valor da Unidade; e "T" = Total, onde T = Q × U).

	ENTRADAS			SAÍDAS			ESTOQUE		
DIA	Q	U	T	Q	U	T	Q	U	T
01/05							32	10,00	320,00
04/05	18	10,00	180,00				50	10,00	500,00
06/05	(8)	10,00	(80,00)				42	10,00	420,00
07/05	-	-	(21,00)				42	9,50	399,00
11/05				20	9,50	190,00	22	9,50	209,00
12/05				(8)	9,50	(76,00)	30	9,50	285,00

Dessa ficha interpretamos o seguinte:

- Havia no dia 1º de maio 32 unidades de uma determinada matéria-prima a R$ 10,00 cada, totalizando R$ 320,00.
- No dia 04 de maio houve compra de 18 unidades a R$ 10,00 cada, totalizando R$ 180,00. Assim, o estoque passou de 32 para 50 unidades a R$ 10,00 cada, totalizando R$ 500,00.
- No dia 06 de maio houve devolução de 8 unidades compradas a R$ 10,00 cada, totalizando R$ 80,00. Assim, o estoque reduziu de 50 unidades para 42 unidades a R$ 10,00 cada, totalizando R$ 420,00.
- No dia 07 de maio a empresa recebeu um abatimento sobre compras no valor de R$ 21,00. Embora o quantitativo do estoque não tenha sofrido alteração, seu valor total reduziu de R$ 400,00 para R$ 399,00 e, consequentemente, seu valor unitário passou a ser de R$ 399,00 ÷ 42 unidades = R$ 9,50.
- No dia 11 de maio houve aplicação na produção de 20 unidades ao "custo" de R$ 9,50 cada, totalizando o valor aplicado de R$ 190,00. Assim, o estoque reduziu de 42 unidades para 22 unidades a R$ 9,50 cada, totalizando R$ 209,00.
- No dia 12 houve devolução de 8 unidades levadas à produção ao "custo" de R$ 9,50, totalizando R$ 76,00. Consequentemente, o estoque subiu de 22 unidades para 30 unidades a R$ 9,50 cada, totalizando R$ 285,00.

Cabe deixar claro que a MPA (Matéria-Prima Aplicada) é a soma algébrica do total da coluna de saídas, ou seja, MPA = + R$ 190,00 – R$ 76,00 = R$ 114,00.

Obs. 2: No caso da utilização das FICHAS DE ESTOQUES para o controle contínuo dos estoques de PRODUTOS PRONTOS, todo o raciocínio utilizado no controle dos estoques de matérias-primas é análogo, com a diferença que a coluna de entradas é utilizada, não para as compras, mas para os produtos que ficaram prontos em determinada data, e a coluna de saídas é utilizada para as vendas de produtos prontos.

EXERCÍCIO RESOLVIDO: Em 1º de janeiro de 20X1, o estoque do produto acabado "P" na indústria "I" era composto por 20 unidades a R$ 8,00. Ao longo do 1º trimestre de 20X1, ocorreram os seguintes fatos relacionados ao produto "P":

Janeiro de 20X1 – Fabricadas 80 unidades do produto "P" a R$ 9,00 cada;

Fevereiro de 20X1 – Vendas à vista de 50 unidades a R$ 20,00 cada;

Março de 20X1 – Fabricadas 150 unidades do produto "P" a R$ 10,00 cada;

31 de março – Vendas à vista de 170 unidades a R$ 20,00 cada;

Assim, supondo que a indústria só fabricasse o referido produto, com relação ao 1º trimestre de 20X1, apure o Estoque Final dos Produtos Acabados, o CPV (Custo dos Produtos Vendidos), as Vendas Líquidas e o Resultado Industrial da indústria "I", considerando:
A) Método PEPS
B) Método UEPS
C) Método da Média Ponderada Móvel

A) **Ficha de controle de estoques - Método PEPS, onde "Q" é a quantidade, "U" é o valor de cada unidade e "T" é o total:**

DIA	ENTRADAS			SAÍDAS			ESTOQUE		
	Q	U	T	Q	U	T	Q	U	T
01/03							20	8	160
04/03	80	9	720				20	8	160
							80	9	720
11/03				20	8	160			
				30	9	270	50	9	450
19/03	150	10	1.500				50	9	450
							150	10	1.500
26/03				50	9	450			
				120	10	1.500	30	10	300

- *Estoque Final (é o estoque no dia 26) = R$ 300,00*
- *CPV (é a soma da coluna de saídas) = R$ 160,00 + R$ 270,00 + R$ 450,00 + R$ 1.500,00 = R$ 2.380,00*

- *Vendas Líquidas (não aparece da ficha de estoques) = [R$ 20,00 × 50] + [R$ 20,00 × 170] = R$ 20,00 × 220 = R$ 4.400,00*
- *Resultado Industrial (Lucro Bruto) = Vendas Líquidas – CPV = R$ 4.400,00 – R$ 2.380,00 = R$ 2.020,00.*

Nota 1: *O estoque no dia 04 é composto de 100 unidades, sendo 20 a R$ 8,00 cada e 80 a R$ 9,00 cada, totalizando R$ 880,00. Só daria para juntar as 20 unidades com as 80 se todas tivessem o mesmo custo ou fosse pelo método do custo médio móvel, razão pela qual se mantiveram separadas no estoque, embora fosse o mesmo produto "P".*

Nota 2: *Nas vendas de 50 unidades no dia 11 saíram do estoque primeiro as 20 unidades de R$ 8,00 cada e depois as 30 unidades de R$ 9,00 cada, ficando no estoque apenas 50 unidades de R$ 9,00 cada, totalizando R$ 450,00, dado que no método PEPS a primeira mercadoria que entrou no estoque é a primeira que sai do estoque.*

Nota 3: *O estoque no dia 19 é composto de 200 unidades, sendo 50 a R$ 9,00 cada e 150 a R$ 10,00 cada, totalizando R$ 1.950,00. Só daria para juntar as 50 unidades com as 150 se todas tivessem o mesmo custo ou fosse pelo método do custo médio móvel, razão pela qual se mantiveram separadas no estoque, embora fosse o mesmo produto "P".*

Nota 4: *Nas vendas de 170 unidades no dia 16 saíram do estoque primeiro as 50 unidades de R$ 9,00 cada e depois as 120 unidades de R$ 10,00 cada, ficando no estoque apenas 30 unidades de R$ 10,00 cada, totalizando R$ 300,00, dado que no método PEPS a primeira mercadoria que entra no estoque é a primeira que sai do estoque.*

B) Ficha de controle de estoques - Método UEPS

DIA	ENTRADAS Q	U	T	SAÍDAS Q	U	T	ESTOQUE Q	U	T
01/03							20	8	160
04/03	80	9	720				20	8	160
							80	9	720
11/03							20	8	160
				50	9	450	30	9	270
19/03	150	10	1.500				20	8	160
							30	9	270
							150	10	1.500
26/03				150	10	1.500	20	8	160
				20	9	180	10	9	90

- *Estoque Final (dia 26) = R$ 160,00 + R$ 90,00 = R$ 250,00*
- *CPV = R$ 450,00 + R$ 1.500,00 + R$ 180,00 = R$ 2.130,00*

- *Vendas Líquidas (o mesmo valor anterior, pois não depende do método de controle de estoques) = R$ 4.400,00*
- *Resultado Industrial = Vendas Líquidas − CPV = R$ 4.400,00 − R$ 2.380,00 = R$ 2.270,00.*

Nota 1: *Nas vendas de 50 unidades no dia 11, saíram 50 unidades das 80 que entraram por último a R$ 9,00 cada, restando no estoque as 20 de R$ 8,00 cada e 30 de R$ 9,00 cada, lembrando que no método UEPS a última que entra é a primeira que sai.*

Nota 2: *O estoque no dia 19 é composto de 200 unidades, sendo 20 de R$ 8,00, 30 de R$ 9,00 e 150 de R$ 10,00. Só daria para juntar as 200 unidades se as mesmas tivessem o mesmo custo ou se o estivéssemos trabalhando com o método do Custo Médio Móvel.*

Nota 3: *Nas vendas das 170 unidades no dia 26, saíram primeiro as 150 de R$ 10,00 e depois as 20 de R$ 9,00, restando no estoque 30 unidades, sendo 20 de R$ 8,00 e 10 de R$ 9,00.*

C) **Ficha de controle de estoques - Método do Custo Médio Móvel (Média Ponderada Móvel)**

	ENTRADAS			SAÍDAS			ESTOQUE		
DIA	Q	U	T	Q	U	T	Q	U	T
01/03							20	8	160
04/03	80	9	720				100	8,80	880
11/03				50	8,80	440	50	8,80	440
19/03	150	10	1.500				200	9,70	1.940
26/03				170	9,70	1.649	30	9,70	291

- *Estoque Final (dia 26) = R$ 291,00*
- *CPV (= soma dos totais das saídas) = R$ 440,00 + R$ 1.649,00 = R$ 2.089*
- *Vendas Líquidas (o mesmo valor anterior, pois não depende do método de controle de estoques) = R$ 4.400,00*
- *Resultado Industrial = Vendas Líquidas − CPV = R$ 4.400,00 − R$ 2.089,00 = R$ 2.311,00.*

Nota: *O custo médio unitário do dia 04 (R$ 8,80) foi achado da seguinte forma: (R$ 160 + R$ 720) ÷ (20 + 80). Do mesmo modo, o do dia 19 (R$ 9,70), foi achado da seguinte forma: (R$ 440,00 + R$ 1.500,00) ÷ (50 + 150).*

3. Custo dos Estoques

Antes de mais nada, não se há de confundir custo dos estoques com mensuração dos estoques:
- CUSTO dos estoques é o valor pelo qual esses devem ser reconhecidos (contabilizados) ao serem formados, seja por compra ou por produção;

- MENSURAÇÃO dos estoques é o valor pelo qual o valor contábil desses deve ser indicado no balanço patrimonial.

O Pronunciamento Técnico CPC 16 (R1) – Estoques – determina em seu item 9 que os estoques devem ser MENSURADOS pelo valor de **custo** ou pelo **valor realizável líquido**, dos dois o menor, não devendo esses valores serem confundidos com o conceito de **valor justo** dos estoques, conceito este que não deve, em geral, ser utilizado nas indústrias para custear ou mensurar seus estoques.

Como exceção à regra acima, há possibilidade de os estoques terem que ser avaliados pelo valor JUSTO deduzidos de alguns gastos específicos. Esse é o caso, por exemplo, de empresas de produtos agrícolas, tema esse regulado pelo CPC 29 – Ativo Biológico e Produto Agrícola. Segundo esse pronunciamento, os ESTOQUES que compreendam o produto agrícola que a entidade tenha colhido, proveniente dos seus ativos biológicos, devem ser mensurados no reconhecimento inicial pelo seu valor JUSTO deduzido dos gastos estimados no ponto de venda no momento da colheita.

Assim, a fim de melhor esclarecer o que foi visto até aqui, abaixo reproduzimos parte do item 6 e o item 7 do Pronunciamento Técnico CPC 16 (R1) – Estoques – (grifos nossos):

Item 6.

VALOR REALIZÁVEL LÍQUIDO é o preço de venda estimado no curso normal dos negócios deduzido dos custos estimados para sua conclusão e dos gastos estimados necessários para se concretizar a venda.

VALOR JUSTO é aquele pelo qual um ativo pode ser trocado ou um passivo liquidado entre partes interessadas, conhecedoras do negócio e independentes entre si, com ausência de fatores que pressionem para a liquidação da transação ou que caracterizem uma transação compulsória.

Item 7. O VALOR REALIZÁVEL LÍQUIDO refere-se à quantia líquida que a entidade espera realizar com a venda do estoque no curso normal dos negócios. O VALOR JUSTO reflete a quantia pela qual o mesmo estoque pode ser trocado entre compradores e vendedores conhecedores e dispostos a isso. O primeiro é um valor específico para a entidade, ao passo que o segundo já não é. Por isso, o valor realizável líquido dos estoques pode não ser equivalente ao valor justo deduzido dos gastos necessários para a respectiva venda.

Com relação ao CUSTO DOS ESTOQUES numa indústria, esses podem estar se referindo ao custo dos estoques **adquiridos**, que é o caso, por exemplo, das matérias-primas, ou ao custo dos estoques **transformados**, que é o caso dos produtos em elaboração e dos produtos acabados, visto que esses dois últimos são formados a partir da transformação das matérias-primas em produtos em elaboração ou acabados, a partir da aplicação da mão de obra direta e dos custos indiretos de fabricação. Isso também pode ser visto no item 10 do CPC 16 (R1), o qual determina que o valor de CUSTO do estoque deve incluir todos os custos de aquisição e de transformação, bem como outros custos incorridos para trazer os estoques à sua condição e localização atuais.

Com relação ao custo de AQUISIÇÃO dos estoques, abaixo reproduzimos o item 11 do CPC 16 (R1):

> *Item 11.* O custo de AQUISIÇÃO dos estoques compreende o preço de compra, os impostos de importação e outros tributos (exceto os recuperáveis junto ao fisco), bem como os custos de transporte, seguro, manuseio e outros diretamente atribuíveis à aquisição de produtos acabados, materiais e serviços. Descontos comerciais, abatimentos e outros itens semelhantes devem ser deduzidos na determinação do custo de aquisição.

Já, a respeito do custo de TRANSFORMAÇÃO dos estoques, abaixo reproduzimos os itens 12 a 14 do CPC 16 (R1):

> *Item 12.* Os custos de TRANSFORMAÇÃO de estoques incluem os custos diretamente relacionados com as unidades produzidas ou com as linhas de produção, como pode ser o caso da mão de obra direta. Também incluem a alocação sistemática de custos indiretos de produção, fixos e variáveis, que sejam incorridos para transformar os materiais em produtos acabados. Os custos indiretos de produção fixos são aqueles que permanecem relativamente constantes independentemente do volume de produção, tais como a depreciação e a manutenção de edifícios e instalações fabris, máquinas e equipamentos e os custos de administração da fábrica. Os custos indiretos de produção variáveis são aqueles que variam diretamente, ou quase diretamente, com o volume de produção, tais como materiais indiretos e "certos tipos" de mão de obra indireta.

> *Item 13.* A alocação de custos fixos indiretos de fabricação às unidades produzidas deve ser baseada na capacidade normal de produção. A capacidade normal é a produção média que se espera atingir ao longo de vários períodos em circunstâncias normais; com isso, leva-se em consideração, para a determinação dessa capacidade normal, a parcela da capacidade total não utilizada por causa de manutenção preventiva, de férias coletivas e de outros eventos semelhantes considerados normais para a entidade. O nível real de produção pode ser usado se aproximar-se da capacidade normal. Como consequência, o valor do custo fixo alocado a cada unidade produzida não pode ser aumentado por causa de um baixo volume de produção ou ociosidade. Os custos fixos não alocados aos produtos devem ser reconhecidos diretamente como despesa no período em que são incorridos. Em períodos de anormal alto volume de produção, o montante de custo fixo alocado a cada unidade produzida deve ser diminuído, de maneira que os estoques não sejam mensurados acima do custo. Os custos indiretos de produção variáveis devem ser alocados a cada unidade produzida com base no uso real dos insumos variáveis de produção, ou seja, na capacidade real utilizada.

> ***Item 14.*** *Um processo de produção pode resultar em mais de um produto fabricado simultaneamente. Este é, por exemplo, o caso quando se fabricam produtos em conjunto ou quando há um produto principal e um ou mais subprodutos. Quando os custos de transformação de cada produto não são separadamente identificáveis, eles devem ser atribuídos aos produtos em base racional e consistente. Essa alocação pode ser baseada, por exemplo, no valor relativo da receita de venda de cada produto, seja na fase do processo de produção em que os produtos se tornam separadamente identificáveis, seja no final da produção, conforme o caso. A maior parte dos subprodutos, em razão de sua natureza, geralmente é imaterial. Quando for esse o caso, eles são muitas vezes mensurados pelo valor realizável líquido e este valor é deduzido do custo do produto principal. Como resultado, o valor contábil do produto principal não deve ser materialmente diferente do seu custo.*

Além dos custos de AQUISIÇÃO e TRANSFORMAÇÃO dos estoques, **outros custos** também devem ser incluídos no custo desses ativos. Abaixo, reproduzimos o item 15 do CPC 16 (R1), o qual trata desse tema:

> ***Item 15.*** *Outros custos que não de aquisição nem de transformação devem ser incluídos nos custos dos estoques somente na medida em que sejam incorridos para colocar os estoques no seu local e na sua condição atuais. Por exemplo, pode ser apropriado incluir no custo dos estoques gastos gerais que não sejam de produção ou os custos de desenho de produtos para clientes específicos.*

De forma diferente do exposto acima, há itens que NÃO devem ser incluídos no custo dos estoques, de modo que serão tratados como DESPESAS do período ao qual se referem. Abaixo, reproduzimos o item 16 do CPC 16 (R1), o qual regula esse ponto:

> ***Item 16.*** *Exemplos de itens NÃO incluídos no custo dos estoques e reconhecidos como despesa do período em que são incorridos:*
> *(a) valor anormal de desperdício de materiais, mão de obra ou outros insumos de produção;*
> *(b) gastos com armazenamento, a menos que sejam necessários ao processo produtivo entre uma e outra fase de produção;*
> *(c) despesas administrativas que não contribuem para trazer o estoque ao seu local e condição atuais; e*
> *(d) despesas de comercialização, incluindo a venda e a entrega dos bens e serviços aos clientes.*

No caso específico de ENCARGOS FINANCEIROS (juros, variações monetárias, variações cambiais etc.) referentes ao pagamento de estoques adquiridos a prazo, há casos que tais encargos devem ser incluídos como custo dos estoques e há casos que não. A seguir, reproduzimos os itens 17 e 18 do CPC 16 (R1), os quais fazem menção a esse fato:

Item 17. *O Pronunciamento Técnico CPC 20 – Custos de Empréstimos identifica as circunstâncias específicas em que os encargos financeiros de empréstimos obtidos são incluídos no custo do estoque.*

Item 18. *A entidade geralmente compra estoques com condição para pagamento a prazo. A negociação pode efetivamente conter um elemento de financiamento, como, por exemplo, uma diferença entre o preço de aquisição em condição normal de pagamento e o valor pago; essa diferença deve ser reconhecida como despesa de juros durante o período do financiamento.*

Embora a presente obra não vise primordialmente as empresas prestadoras de serviços e sim as indústrias, abaixo reproduzimos o item 19 do CPC 16 (R1), o qual se refere ao custo de estoque de prestador de serviços, lembrando que tais atividades também são objeto da contabilidade de custos:

Item 19. *Na medida em que os prestadores de serviços tenham estoques de serviços em andamento, devem mensurá-los pelos custos da sua produção. Esses custos consistem principalmente em mão de obra e outros custos com o pessoal diretamente envolvido na prestação dos serviços, incluindo o pessoal de supervisão, o material utilizado e os custos indiretos atribuíveis. Os salários e os outros gastos relacionados com as vendas e com o pessoal geral administrativo não devem ser incluídos no custo, mas reconhecidos como despesa do período em que são incorridos. O custo dos estoques de prestador de serviços não inclui as margens de lucro nem os gastos gerais não atribuíveis que são frequentemente incluídos nos preços cobrados pelos prestadores de serviços.*

Por fim, com relação a OUTRAS formas para MENSURAR o custo dos estoques, abaixo reproduzimos os itens 21 e 22 do CPC 16 (R1):

Item 21. *Outras formas para mensuração do custo de estoque, tais como o custo padrão ou o método de varejo, podem ser usadas por conveniência se os resultados se aproximarem do custo. O custo-padrão leva em consideração os níveis normais de utilização dos materiais e bens de consumo, da mão de obra e da eficiência na utilização da capacidade produtiva. Ele deve ser regularmente revisto à luz das condições correntes. As variações relevantes do custo-padrão em relação ao custo devem ser alocadas nas contas e nos períodos adequados de forma a se ter os estoques de volta a seu custo.*

Item 22. *O método de varejo é muitas vezes usado no setor de varejo para mensurar estoques de grande quantidade de itens que mudam rapidamente, itens que têm margens semelhantes e para os quais não é praticável usar outros métodos de custeio. O custo do estoque deve ser determinado pela redução do seu preço de venda na percentagem apropriada da margem bruta. A percentagem usada deve levar em consideração o estoque que tenha tido seu preço de venda reduzido abaixo do preço de venda original. É usada muitas vezes uma percentagem média para cada departamento de varejo.*

4. Valor Realizável Líquido dos Estoques

Com base no item 28 do CPC 16 (R1), o custo dos estoques pode não ser recuperável nas seguintes hipóteses:

- Estoques danificados;
- Estoques total ou parcialmente obsoletos;
- Estoques com seus preços de venda diminuídos; e
- Os custos estimados de acabamento ou os custos estimados a serem incorridos para realizar a venda tiverem aumentado.

A prática de reduzir o valor de custo dos estoques (*write down*) para o valor realizável líquido é consistente com o ponto de vista de que os ativos não devem ser escriturados por quantias superiores àquelas que se espera que sejam realizadas com a sua venda ou uso.

De acordo com o item 29 do CPC 16 (R1), os estoques devem ser geralmente reduzidos para o seu valor realizável líquido item a item. Em algumas circunstâncias, porém, pode ser apropriado agrupar unidades semelhantes ou relacionadas. Pode ser o caso dos itens de estoque relacionados com a mesma linha de produtos que tenham finalidades ou usos finais semelhantes, que sejam produzidos e comercializados na mesma área geográfica e não possam ser avaliados separadamente de outros itens dessa linha de produtos. Não é apropriado reduzir o valor do estoque com base em uma classificação de estoque, como, por exemplo, bens acabados, ou em todo estoque de determinado setor ou segmento operacional. Os prestadores de serviços normalmente acumulam custos relacionados a cada serviço para o qual será cobrado um preço de venda específico. Portanto, cada um desses serviços deve ser tratado como um item em separado.

5. Quando os Estoques Geram Despesas

Em geral, são três as situações em que os estoques geram despesas:

- Quando os estoques são VENDIDOS, o custo das vendas são considerados despesas, as quais serão confrontadas com as respectivas receitas de vendas.
- Quando os estoques são reduzidos ao seu valor realizável líquido.
- Quando os estoques são utilizados para compor outros ativos, como, por exemplo, aqueles utilizados como componentes de imobilizados de construção própria. Nesse caso, os estoques gerarão despesas quando da realização dos respectivos ativos aos quais integraram o custo.

6. Avaliação dos Estoques Quando não há Contabilidade de Custos Integrada e Coordenada com o Restante da Escrituração

Com base no artigo 294 do RIR/99, considera-se sistema de contabilidade de custo integrado e coordenado com o restante da escrituração aquele:

I – apoiado em valores originados da escrituração contábil (matéria-prima, mão de obra direta, custos gerais de fabricação);

II – que permite determinação contábil, ao fim de cada mês, do valor dos estoques de matérias-primas e outros materiais, produtos em elaboração e produtos acabados;

III – apoiado em livros auxiliares, fichas, folhas contínuas, ou mapas de apropriação ou rateio, tidos em boa guarda e de registros coincidentes com aqueles constantes da escrituração principal;

IV – que permite avaliar os estoques existentes na data de encerramento do período de apropriação de resultados segundo os custos efetivamente incorridos.

Ainda com base no RIR, as empresas que tenham sistemas de custos integrados e coordenados com o restante da escrituração.

O regulamento do imposto de renda estabelece que, para as empresas que tenham sistemas de custos integrados e coordenados com o restante da escrituração, o valor dos bens existentes no encerramento do período base poderá ser o custo médio ou dos bens adquiridos ou produzidos nas datas mais recentes.

Há, no entanto, a possibilidade de uma empresa industrial não possuir contabilidade de custos integrada e coordenada com o restante da escrituração, mesmo que provisoriamente, por diversas razões, tais como a falta de tempo hábil para implantação dessa contabilidade, desconhecimento do contador, relação custo-benefício não compensadora etc. Se esse for o caso, o problema principal se resume nos critérios de avaliação dos estoques de produtos em elaboração e produtos acabados, visto que a avaliação dos estoques de matérias-primas não exige que a empresa tenha contabilidade de custos, bastando apenas a existência da contabilidade financeira (contabilidade geral), a qual se encarregará de registrar as compras desses ativos e seu controle de saída para aplicação na produção, pelos critérios PEPS ou Custo Médio, dado que o critério UEPS não é permitido pela legislação brasileira.

Os critérios "subjetivos" de avaliação dos estoques de produtos em processamento e produtos acabados são estabelecidos pelo RIR/1999, onde são impostas as seguintes regras:

(1) Os materiais em processamento, por **uma vez e meia** o maior custo das matérias-primas adquiridas no período-base, ou em **80%** do valor dos produtos acabados.

(2) Os produtos acabados, em **70%** do maior preço de venda do período-base (sem abater o ICMS).

Assim, por exemplo, suponhamos que uma indústria que foi constituída no dia 1º de dezembro de 2013 iniciou suas atividades com um estoque de matérias-primas no total de R$ 50.000,00 com ICMS de 12% e no referido ano tenha utilizado 2/5 desse estoque na fabricação de 10.000 unidades de seu único produto "X", onde 8.000 unidades ficaram prontas no mesmo ano e 2.000 ainda estavam em elaboração em 31/12/20X1, onde cada unidade em elaboração recebeu 100% da matéria-prima logo no início do processo, recebendo também até o final do exercício de 2013 cada unidade em processamento 60% da mão de obra direta de cada unidade acabada, sendo os custos indiretos de fabricação apropriados na mesma proporção da mão de obra direta. Adicionalmente, vamos admitir as seguintes informações:

- Em dezembro de 2013 foram vendidas à vista 6.500 unidades a R$ 20,00 cada com ICMS de 12%.
- Os gastos com a Mão de Obra Direta (MOD) em dezembro de 2013 totalizaram R$ 27.600,00
- Os Custos Indiretos de Fabricação (CIF) em dezembro de 2013 foram de R$ 14.720,00.

Dessa forma, iremos calcular o valor dos estoques dos Produtos Acabados e dos Produtos em Elaboração no balanço de 31/12/2013, considerando duas hipóteses:

1ª Hipótese – A empresa possui contabilidade de custos integrada com a contabilidade geral:

Agora iremos calcular a MPA/u (Matéria-Prima Aplicada por unidade acabada), MOD/u (Mão de Obra Direta por unidade acabada). CIF/u (Custos Indiretos de Fabricação por unidade acabada):

$$MPA/u = \frac{R\$\ 44.000}{8.000\ unidades + 2.000\ unidades} = R\$\ 4,40$$

$$MOD/u = \frac{R\$\ 27.600}{8.000\ unidades + 60\%\ 2.000\ unidades} = R\$\ 3,00$$

$$CIF/u = \frac{R\$\ 14.720}{8.000\ unidades + 60\%\ 2.000\ unidades} = R\$\ 1,60$$

Obs. 1: Visto que as unidades acabadas receberam a mesma quantidade de matéria-prima que as unidades em processamento, então para acharmos a MPA/u dividimos o valor total da MPA (R$ 44.000 = R$ 50.000 – 12% R$ 50.000) pelo total das unidades (10.000 unidades = 8.000 unidades acabadas + 2.000 unidades em processamento, essas equivalentes também a 2.000 unidades acabadas).

Obs. 2: Visto que cada uma das 2.000 unidades em processamento recebeu 60% da mão de obra direta de cada unidade acabada, as 8.000 unidades acabadas e as 2.000 unidades em processamento são equivalentes a 8.000 unidades acabadas mais 60% 2.000 unidades acabadas, ou seja, 9.200 unidades acabadas, de sorte que o custo unitário da Mão de Obra Direta por cada unidade acabada foi de R$ 27.600 dividido por 9.200 unidades, ou seja, R$ 3,00. O CIFu seguiu a mesma proporção da MODu.

- Custo de 1 unidade acabada = R$ 4,40+ R$ 3,00 + R$ 1,60 = R$ 9,00
- Custo de 1 unidade em elaboração = R$ 4,40 + 60% R$ 3,00 + 60% R$ 1,60 = R$ 7,16

Assim, no balanço de 31/12/2013 teríamos os seguintes saldos:

- Produtos Acabados (1.500 unidades a R$ 9 cada) = R$ 13.500
- Produtos em Elaboração (2.000 unidades a R$ 7,16 cada) = R$ 14.320

Principais lançamentos contábeis para se chegar ao valor dos estoques de produtos em elaboração e produtos acabados:

(1) D – Produtos em Elaboração (44.000 + 27.600 + 14.720) 86.320
    C – Custos de Produção 86.320

----

(2) D – Produtos Acabados (8.000 unidades a R$ 9 cada) 72.000
    C – Produtos em Elaboração 72.000

----

(3) D – Caixa (6.500 unidades a R$ 20 cada) 130.000
    C – Receita de Vendas 130.000

    D – ICMS sobre Vendas (12% 130.000) 15.600
    C – ICMS a Recolher 15.600

    D – Custo dos Produtos Vendidos (6.500 unidades a R$ 9 cada) 58.500
    C – Produtos Acabados 58.500

2ª Hipótese – A empresa NÃO possui contabilidade de custos integrada com a contabilidade geral:

No balanço de 31/12/2013 teríamos os seguintes saldos:

- Produtos Acabados (70% do preço de venda = 1.500 unidades a 70% R$ 20 = 1.500 unidades a R$ 14) = R$ 21.000

- Produtos em Elaboração = 1,5 × R$ 4,40 × 2.000 unidades = R$ 13.200
    ou
- Produtos em Elaboração = 80% R$ 14,00 × 2.000 unidades = R$ 22.400

Observemos que o critério estabelecido pela legislação é tão subjetivo que temos valores completamente diferentes para a o saldo de Produtos em Elaboração, razão pela qual não deveria nem existir, embora seja estabelecido por lei, de modo que não há sentido em fazermos lançamentos contábeis, mesmo porque o balancete e o balanço da empresa nem fechariam. Em outras palavras, não só a empresa não teria contabilidade de custos, como também não teria contabilidade geral.

Por fim, complementando tudo o que foi visto, o Parecer Normativo nº 06 de 1979 emitido pela Receita Federal definiu como SISTEMA DE CONTABILIDADE DE CUSTOS INTEGRADO E COORDENADO COM O RESTANTE DA ESCRITURAÇÃO aquele que cumulativamente:

I. Seja apoiado em valores originados da escrituração contábil (Matéria-Prima, Mão de Obra Direta e Custos Gerais de Fabricação).
II. Permita a determinação contábil, ao fim de cada mês, do valor dos Estoques de matérias-primas e outros materiais, Produtos em Elaboração e Produtos Acabados.
III. Seja apoiado em livros auxiliares, ou fichas, ou formulários contínuos, ou mapas e apropriação ou rateio, tidos em boa guarda e de registros coincidentes com aqueles constantes da escrituração principal.
IV. Permita avaliar os estoques existentes na data de encerramento do período-base de apropriação de resultados segundo os custos efetivamente incorridos.

Exercícios de Fixação

1. (SMF – Analista de Planejamento e Orçamento/Fundação João Goulart) Uma empresa industrial adquiriu matéria-prima em maio de 2005, para pagamento em 90 dias. Armazenou-a em seu almoxarifado. Em junho de 2005, foi requisitada e imediatamente utilizada metade dessa matéria-prima. O mesmo se deu com a metade restante, no mês seguinte. Esta matéria-prima deverá ser assim computada no custo de produção:
   a) em maio de 2005, pelo seu valor total
   b) em julho de 2005, pelo seu valor total
   c) em agosto de 2005, pelo seu valor total
   d) metade em junho e metade em julho de 2005

2. (TRANSPETRO – Administrador Pleno/Fundação Cesgranrio) Uma indústria recebeu uma encomenda de 20.000 unidades de seu produto, pelo valor total de R$ 3.500.000,00. Seu estoque inicial de materiais era de 250.000 kg de ferro, tendo adquirido mais 50.000 kg, logo após a encomenda.
   Completada a produção, verificou-se que:
   - o estoque inicial montava a R$ 1.000.000,00;
   - o custo unitário da nova compra de materiais foi de R$ 5,20;
   - cada tubo produzido utiliza 10 kg de material;
   - o custo da mão de obra direta empregada foi de R$ 1.200.000,00;
   - os Custos Indiretos de Fabricação montaram a R$ 160.000,00;
   - a empresa trabalha, exclusivamente, sob encomenda;
   - foi desconsiderada a ocorrência de ICMS e de IPI.

   Com base nos dados acima e considerando-se o custo médio como critério de avaliação do estoque de matéria-prima, o custos unitário da encomenda, em reais, é:
   a) 155,50
   b) 125,00
   c) 112,50
   d) 110,50
   e) 110,00

3. (PETROBRAS – Contador Júnior/Fundação Cesgranrio) Uma indústria de confecção de roupas recebeu uma encomenda de 150.000 peças de seu produto, pelo valor total de R$ 3.600.000,00.
   Sendo seu estoque inicial de 120.000 metros de tecido, adquiriu, antes de iniciar a produção do período, mais 60.000 metros.

   <u>Informações adicionais:</u>
   - O estoque inicial era de R$ 1.500.000,00.

- O custo unitário da nova compra de tecido foi de R$ 14,00.
- Cada peça produzida utiliza um metro de tecido.
- O custo da mão de obra direta empregada foi de R$ 900.000.
- O valor contábil dos Custos Indiretos de Fabricação foi de R$ 150.000,00.
- Toda a produção do período foi vendida.
- A empresa trabalha exclusivamente sob encomenda.
- Desconsiderar, na resposta, a incidência de ICMS, IPI e Encargos Sociais.

Com base nos dados apresentados, o custo de produção unitário, pelo critério de custo médio móvel, em reais, foi de:
a) 20,00
b) 21,00
c) 22,40
d) 22,87
e) 28,02

4. (CEDAE – Contador/CEPERJ) Uma empresa industrial iniciou suas atividades em 03/03/2008 e, durante o referido mês, registrou as seguintes movimentações no estoque de matéria-prima:
Dia 5 – aquisição de 100 kg a R$ 50 o quilo
Dia 10 – aquisição de 300 kg a R$ 66 o quilo
Dia 15 – requisição e transferência para a produção: 150 kg
Dia 20 – aquisição de 400 kg a R$ 75 o quilo
Dia 25 – aquisição de 350 kg a R$ 80 o quilo
Dia 30 – requisição e transferência para a produção: 300 kg

Sabendo-se que a indústria adota o método da média ponderada móvel para avaliação do estoque, o montante do saldo de matéria-prima no final do mês foi de:
a) R$ 43.400
b) R$ 50.400
c) R$ 51.450
d) R$ 52.000
e) R$ 52.325

5. (Ministério do Planejamento, Orçamento e Gestão – Contador/Esaf) É conveniente e adequado que as empresas mantenham um sistema de custos, integrado e coordenado com o restante da escrituração, que permita a apuração de todos os custos e despesas relacionadas com o processo de fabricação para, com base neles, apurar o custo dos materiais em processamento, dos produtos acabados e dos produtos vendidos.

A empresa que não mantenha esse sistema de custos deverá avaliar seus estoques ao custo das últimas entradas, no caso de mercadoria para revenda. Todavia, quando se tratar de estoques vinculados à sua própria fabricação, a empresa deverá avaliar os estoques de
a) produtos em processo, por 70% do maior preço de venda.
b) produtos acabados, por 80% do maior preço de venda.
c) produtos acabados, por uma vez e meia o custo da matéria-prima.
d) produtos em processo, por 80% do custo do produto acabado.
e) produtos acabados, por 56% do maior preço de venda.

6. (Agente Fiscal de Rendas – SP/Fundação Carlos Chagas) Uma empresa, inserida em um contexto de economia inflacionária em que os preços são sempre crescentes ao longo dos períodos, tem o movimento de seus estoques conforme os dados abaixo.

Datas	Operação	Quantidade	Saldo	Valor unitário da compra
01.xx.06	Entrada	2.000	2.000	R$ 10,00
05.xx.06	Entrada	2.500	4.500	R$ 12,00
07.xx.06	Saída	(3.000)	1.500	
10.xx.06	Entrada	500	2.000	R$ 13,00
12.xx.06	Entrada	1.200	3.200	R$ 15,00
20.xx.06	Saída	(1.800)	1.400	
23.xx.06	Entrada	1.000	2.400	R$ 15,00
25.xx.06	Saída	(1.200)	1.200	
26.xx.06	Entrada	700	1.900	R$ 25,00
30.xx.06	Saída	(1.300)	600	

Com base nessas informações, em qual dos critérios de avaliação dos estoques o Resultado Bruto Operacional será maior?

a) média ponderada móvel
b) último que entra primeiro que sai
c) primeiro que entra primeiro que sai
d) média ponderada fixa
e) método de preço específico

Gabarito

1. d
2. e
3. a
4. c
5. d
6. c

Soluções Comentadas

Exercício 1

Visto que toda contabilidade deve ser baseada em regime de competência, a matéria-prima integrará o custo de produção nos meses em que foi aplicada, metade em junho e metade em julho, independentemente do mês do pagamento.

Exercício 2

O primeiro passo é determinarmos na tabela abaixo o valor da Matéria-Prima Aplicada (MPA) pelo critério do custo médio:

Matéria-Prima	kg	R$/kg	R$
Estoque Inicial (EI)	250.000 kg	R$ 4,00	R$ 1.000.000,00
Compras	50.000 kg	R$ 5,20	R$ 260.000,00
EI + Compras	300.000 kg	R$ 1.260.000 ÷ 300.000 = R$ 4,20	R$ 1.260.000,00
MPA	20.000 u × 10 kg = 200.000 kg	R$ 4,20	**R$ 840.000,00**

Custo de Produção (20.000 u) = MPA + MOD + CIF = R$ 840.000,00 + R$ 1.200.000,00 + R$ 160.000,00 = R$ 2.200.000,00

Custo de Produção (1 unidade) = R$ 2.200.000,00 ÷ 20.000 = R$ 110,00

Exercício 3

O primeiro passo é determinarmos na tabela abaixo o valor da Matéria-Prima Aplicada (MPA) pelo critério do custo médio:

Matéria-Prima	m	R$/m	R$
Estoque Inicial (EI)	120.000 m	R$ 12,50	R$ 1.500.000,00
Compras	60.000 m	R$ 14,00	R$ 840.000,00
EI + Compras	180.000 m	R$ 2.340.000,00 ÷ 180.000 = R$ 13,00	R$ 2.340.000,00
MPA	150.000 m	R$ 13,00	**R$ 1.950.000,00**

Custo de Produção (150.000 u) = MPA + MOD + CIF = R$ 1.950.000,00 + R$ 900.000,00 + R$ 150.000,00 = R$ 3.000.000,00

Custo de Produção (1 unidade) = R$ 3.000.000,00 ÷ 150.000 = R$20,00

Exercício 4

	ENTRADAS			SAÍDAS			ESTOQUE		
DIA	Q	U	T	Q	U	T	Q	U	T
05/03	100	50	5.000				100	50	5.000
10/03	300	66	19.800				400	62	24.800
15/03				150	62	9.300	250	62	15.500
20/03	400	75	30.000				650	70	45.500
25/03	350	80	28.000				1.000	73,50	73.500
30/03				300	73,50	22.050	700	73,50	**51.450**

Exercício 5

As regras impostas pela legislação do imposto de renda são as seguintes:

➢ Os materiais em processamento, por **uma vez e meia** o maior custo das matérias-primas adquiridas no período-base, ou em **80%** do valor dos produtos acabados.

➢ Os produtos acabados, em **70%** do maior preço de venda do período-base (sem abater o ICMS).

Exercício 6

Na tabela podemos verificar que os preços de compra estão aumentando com o tempo, caracterizando um sistema inflacionário. Neste caso, pelo critério PEPS, saem primeiro as mais baratas, acarretando que o Custo dos Produtos (ou Mercadorias) Vendidos seja MENOR e, consequentemente, o Lucro Bruto seja MAIOR.

CAPÍTULO 4

SISTEMAS DE CUSTEAMENTO

1. CLASSIFICAÇÃO

1.1. **Quanto à forma de apropriação dos custos**
- Custeio Variável
- Custeio por Absorção

1.2. **Quanto à forma de acumulação dos custos**
- Custeio por Ordem
- Custeio por Processo

2. CUSTEIO POR ABSORÇÃO

Também chamado de Custeio Pleno, como o nome já sugere, na apuração dos custos de fabricação por esse sistema são "absorvidos" todos os custos de produção, sejam fixos ou variáveis.

O sistema de custeio por absorção é aquele utilizado para fins de escrituração contábil, elaboração das demonstrações contábeis das empresas e apuração de tributos sobre os lucros, visto que está em consonância com todas as normas contábeis vigentes.

Assim, por exemplo, se para fabricar 200 unidades de determinado produto "X" foram apurados custos variáveis no total de R$ 5.000,00 e custos fixos no total de R$ 1.000,00, o custo de fabricação dessas unidades será de R$ 6.000,00 pelo sistema de custeio por absorção (absorve todos os custos, sejam fixos ou variáveis) e o custo de cada unidade seria de R$ 300,00. Se, por hipótese, até o final do período 120 das unidades produzidas fossem vendidas, teríamos no balanço patrimonial o saldo de Estoque de Produtos Prontos de 80 × R$ 300,00 = R$ 2.400,00 e na demonstração do resultado o Custo dos Produtos Vendidos de 120 × R$ 300,00 = R$ 3.600.

3. Custeio Variável

Sob a ótica desse sistema, só os custos variáveis integram os custos dos produtos fabricados. Os custos fixos, juntamente com as despesas fixas, são todos tratados como despesas operacionais e apropriados ao resultado, independentemente da venda dos produtos.

Visto que a maioria dos custos variáveis também são custos diretos, alguns autores também denominam o custeio variável de CUSTEIO DIRETO, apesar de o ideal ser usar a 1ª expressão, pois há custos variáveis que também são custos indiretos, tais como os materiais indiretos aplicados na produção.

Cabe ressaltar que todos os custos diretos são custos variáveis, porém, a recíproca não é verdadeira, ou seja, nem todos os custos variáveis são custos diretos.

O sistema de custeio variável não é permitido pela legislação brasileira às empresas para efeitos de escrituração contábil e apuração de resultados, pois, entre outras razões, contraria o princípio da competência, isto é, não há a aplicação da confrontação no resultado das despesas com as receitas referentes a dado período, pois os custos fixos são apropriados ao resultado como despesas, mesmo que os produtos fabricados não sejam vendidos, lembrando que o ato da venda é fator determinante da ocorrência do fato gerador de os custos fixos irem para o resultado juntamente com as demais despesas (confrontação das receitas com as despesas).

O sistema de custeio variável é o ideal para a aplicação da Contabilidade Gerencial, isto é, a contabilidade utilizada principalmente pelos administradores na tomada de decisões, visto que os custos fixos, em regra, não dependem muito das decisões dos administradores. Por outro lado, os custos variáveis, na maioria dos casos, podem ser alterados em busca dos melhores resultados para a empresa.

Dessa forma, se o aluguel de fábrica de uma determinada indústria, que é um custo fixo, fosse, por exemplo, de R$ 700,00, nenhuma decisão simples por parte da administração poderia alterar tal fato, pois o referido valor depende do proprietário do imóvel e não de simples decisão da administração da indústria. Todavia, se a matéria-prima aplicada na fabricação de 600 unidades do produto X importasse, por exemplo, num gasto de R$ 2.800,00, por decisão da administração, poderiam apenas ser produzidas 300 unidades do referido produto, gastando, no caso, R$ 1.400,00, e os outros R$ 1.400,00 poderiam ser empregados na fabricação de produtos mais rentáveis para a empresa, ou, até mesmo, abandonar o produto X e empregar toda a matéria-prima na fabricação de outros produtos mais demandados pelo mercado, ou ainda, utilizar um outro tipo de matéria-prima mais barata.

Considerando ainda o exemplo do item 2, o custo de fabricação das 200 unidades seria apenas de R$ 5.000,00, sendo o custo unitário de R$ 250,00. Os R$ 1.000,00 de custos fixos, juntamente com as despesas fixas na área de administração da empresa, seriam todos tratados como despesas e levados ao resultado, mesmo que as referidas unidades não fossem vendidas. Considerando CPV (Custo dos Produtos Vendidos) e EFPP (Estoque Final de Produtos Prontos), caso, das 200 unidades produzidas, fossem vendidas 120 unidades por R$ 100,00 cada com IPI de 10%, ICMS de 12%, PIS de 1% e COFINS de 3%, sendo ainda pagos aos vendedores 8% de comissão sobre as vendas, e supondo as despesas fixas da administração no total de R$ 3.100,00, teríamos os seguintes valores:

PELO CUSTEIO POR ABSORÇÃO

CPV = $\dfrac{R\$ 6.000,00}{200} \times 120$ = R$ 3.600,00

EFPP = $\dfrac{R\$ 6.000,00}{200} \times 80$ = R$ 2.400,00

Receita Bruta (RB) = 120 × R$ 100,00 = R$ 12.000,00

Receita Líquida (RL) = RB – Tributos s/ Vendas (exceto o IPI, pois é um imposto "por fora", ou seja, não está dentro do valor da Receita Bruta) = R$ 12.000,00 – (12% + 1% + 3%) de R$ 12.000,00 = R$ 10.080,00

Despesas Fixas (DF) = R$ 3.100,00

Despesas Variáveis (DV // Comissões sobre Vendas) = 120 × 8% de R$ 100,00 = R$ 960,00

Despesas Operacionais (DOP) = DF + DV = R$ 3100,00 + R$ 960,00 = R$ 4.060,00

Lucro Bruto (LB) = RL – CPV = R$ 10.080,00 – R$ 3.600,00 = R$ 6.480,00

Lucro Operacional (LOP) = LB – DOP = R$ 6.480,00 – R$ 4.060,00 = R$ 2.420,00

PELO CUSTEIO VARIÁVEL

CPV = $\dfrac{R\$ 5.000,00}{200} \times 120$ = R$ 3.000,00

EFPP = $\dfrac{R\$ 5.000,00}{200} \times 80$ = R$ 2.000,00

Preço de Venda (V) = 120 × R$ 100,00 + IPI (10%) = R$ 13.200,00

Obs. 1: O conceito de Receita Bruta e Receita Líquida deixam de ser usados no sistema de custeio variável, pois são denominações específicas para o sistema de custeio por absorção. Nesse caso, o ideal é trabalharmos com o conceito de Preço de Venda (ou Preço de Tabela), o qual coincidiria com o conceito de Faturamento Bruto, que no sistema de custeio por absorção é o somatório da Receita Bruta com o IPI.

Custos e Despesas Fixos (CDF) = R$ 1.000,00 + R$ 3.100,00 = R$ 4.100,00

Despesas Variáveis (DV // Comissões sobre Vendas + Tributos s/ Vendas, incluindo dessa vez o IPI, pois será subtraído não da receita bruta mais do preço de venda) = 120 × (8% + 10% + 12% + 1% + 3%) de R$ 100,00 = R$ 4.080,00

Obs. 2: No sistema de custeio por absorção, as despesas variáveis só incluíram as comissões dos vendedores, ao passo que no custeio variável, não só as comissões, como também todos os tributos sobre vendas, incluindo o IPI, são todos tratados como despesas variáveis, pois, como já comentado na observação anterior, nesse sistema não trabalhamos com os conceitos de receita bruta e receita líquida e sim com o conceito de preço de venda, o qual depende diretamente de decisão da administração, embora também se possa fazer todos os cálculos no custeio variável utilizando o conceito de receita líquida, de modo que nessa hipótese não trataríamos os tributos sobre vendas, bem como o IPI, como despesas variáveis, visto que já teriam sido abatidos no cálculo da receita líquida.

Margem de Contribuição (MC) = Preço de Venda − CPV − Despesas Variáveis

MC = R$ 13.200,00 − R$ 3.000,00 − R$ 4.080,00 = R$ 6.120,00

Obs. 3: No sistema de custeio variável não trabalhamos com o conceito de Lucro Bruto, atributo este exclusivo do custeio por absorção. O conceito utilizado é o de Margem de Contribuição, ou, no máximo, chamada também de Lucro Bruto Marginal, conceito este exclusivo do custeio variável, que é a diferença entre o preço de venda e os custos e despesas variáveis, não incluindo no seu cálculo os custos e despesas fixos, pois a Margem de Contribuição é justamente o lucro que a empresa possui "contribuindo" para eliminar esses custos e despesas. Dessa forma, para sabermos o lucro operacional, subtraímos da Margem de Contribuição os Custos e Despesas Fixos (CDF). No exemplo, temos um lucro de R$ 6.120,00 contribuindo para "confrontar" com os CDF (Custos e Despesas Fixos) de R$ 4.100,00. Assim:

Lucro Operacional = MC − CDF = R$ 6.120,00 − R$ 4.100,00 = R$ 2.020,00

Observemos que esse último valor (R$ 2.020,00) é menor que aquele encontrado no custeio por absorção em R$ 400,00, visto que nesse último sistema o EFPP (Estoque Final de Produtos Prontos) foi de R$ 2.400,00, tendo em vista que esta parte dos custos fixos (R$ 400,00) foi incorporada ao estoque e R$ 600,00 incorporada ao CPV, ao passo que no custeio variável o EFPP foi de apenas R$ 2.000,00, dado que os R$ 400,00 de custos fixos, juntamente com os R$ 600,00, foram todos levados ao resultado como despesas operacionais.

Obs. 4: Uma outra forma de apresentar a fórmula para o cálculo da Margem de Contribuição (MC) é a seguinte:

MC = Preço de Venda – Custos e Despesas Variáveis (CDV), onde:

CDV = CPV + Despesas Variáveis = R$ 3.000,00 + R$ 4.080,00 = R$ 7.080,00

Obs. 5: Um outro conceito utilizado em Contabilidade Gerencial, ou seja, no sistema de custeio variável, é o de Margem de Contribuição Unitária (MC/u), que é o lucro com que cada unidade vendida "contribui" para eliminar os custos e despesas fixos. Assim, podemos estabelecer as seguintes relações:

$$MC/u = \frac{\text{Margem de Contribuição (total)}}{\text{Quantidade Vendida}} = \frac{R\$ \ 6.120,00}{120} = R\$ \ 51,00$$

ou

MC/u = Vu – CDV/u, onde Vu é o preço unitário de venda (R$ 110,00) e CDV/u são os Custos e Despesas Variáveis por unidade (R$ 7.080,00 ÷ 120 = R$ 59,00).

Assim: MC/u = R$ 110,00 – R$ 59,00 = R$ 51,00.

4. CUSTEIO POR ORDEM

Esse é o sistema no qual os custos de fabricação são acumulados por <u>ORDENS DE PRODUÇÃO</u>, as quais representam <u>ENCOMENDAS</u> específicas de clientes.

Nesse caso, dado que a produção depende da existência de pedidos de clientes, tendo em vista que cada ordem possui características específicas para cada cliente, caso não haja pedido algum, a produção é interrompida, razão pela qual no custeamento por ordem a produção é considerada DESCONTÍNUA. É o caso, por exemplo, de indústrias que fabricam janelas, piscinas, móveis planejados etc., onde cada item é dotado de características e medidas próprias para atender de forma personalizada a cada tipo de cliente.

Todos os custos (matérias-primas, mão de obra direta e custos indiretos) acumulados nas ordens não concluídas integrarão o estoque dos produtos em elaboração. Concluídas as ordens, se as mesmas forem de imediato entregues aos clientes, todos os custos acumulados nessas integrarão o custo dos produtos vendidos. No entanto, se, por alguma razão especial, as ordens concluídas não forem entregues de imediato, todos os custo acumulados nessas integrarão o estoque final de produtos prontos.

4.1. Exemplo de Cálculo e Contabilização

Suponhamos as seguintes informações de uma indústria que trabalha mediante encomendas específicas de clientes, onde cada encomenda é uma ordem de produção:

- Ordens de produção existentes em 01/02/X1 (valores em R$):

Ordem nº	MPA	MOD	CIF	Total
122	14.000	9.000	3.000	26.000
126	18.500	12.000	4.000	34.500
127	15.300	18.000	6.000	39.300

- Os gastos de fevereiro de X1 foram (valores em R$):

Ordem nº	MPA	MOD
122	11.700	4.000
126	8.900	5.000
127	10.400	3.000
128	4.300	2.000
129	2.800	1.000

- Os gastos gerais de produção, no mês, foram de R$ 18.000 e foram apropriados proporcionalmente aos gastos com a mão de obra direta.
- As ordens de produção 122, 126 e 128 foram completadas e entregues durante o mês, enquanto as demais ordens permaneceram inacabadas.

Assim, teremos:

MOD (fevereiro) = 4.000 + 5.000 + 3.000 + 2.000 + 1.000 = 15.000

Constante de proporcionalidade = 18.000/15.000 = 1,2

CIF (OP-122) = 4.000 × 1,2 = 4.800

CIF (OP-126) = 5.000 × 1,2 = 6.000

CIF (OP-127) = 3.000 × 1,2 = 3.600

CIF (OP-128) = 2.000 × 1,2 = 2.400

CIF (OP-129) = 1.000 × 1,2 = 1.200

OP 1 – 122		OP – 126		OP – 127		OP – 128	
26.000		34.500		39.300		4.300	
11.700		8.900		10.400		2.000	
4.000		5.000		3.000		2.400	
4.800		6.000		3.600		8.700	**8.700 (1)**
46.500	**46.500 (1)**	54.400	**54.400 (1)**	56.300	**56.300 (2)**		

OP – 129		CPV		Prod. em Fabricação	
2.800		(1) 46.500		(2) 56.300	
1.000		(1) 54.400		(2) 5.000	
1.200		(1) 8.700		61.300	
5.000	**5.000 (2)**	109.600			

4.2. Ordens de Longo Prazo para Execução

Em obediência ao princípio da competência, onde uma das características é a <u>confrontação</u> das despesas com as receitas referentes ao mesmo período, independentemente do prazo de execução de uma determinada encomenda, a REGRA GERAL é o reconhecimento no resultado dos custos de produção acumulados nas ordens encomendadas por ocasião da ENTREGA das mesmas aos clientes, juntamente com as respectivas receitas de vendas.

No entanto, existem SITUAÇÕES ESPECIAIS em que determinados tipos de encomendas demandam longos prazos para fabricação (mais de um ano para execução). É o caso, por exemplo, de estaleiros, de empreiteiras responsáveis por obras com mais de um ano de duração, de empresas de construção civil etc. Nesses tipos de empresas, se fosse aplicada na contabilização de seus operações a regra geral, os resultados dos exercícios sociais em que as encomendas ainda não tivessem sido entregues seriam totalmente distorcidos, visto que seriam contabilizadas apenas as despesas financeiras, administrativas e comerciais, sem a existência de receitas.

Assim, por exemplo, se na construção de um porta-aviões a entrega do mesmo ao cliente só se desse no terceiro ano após o início da fabricação, nos dois primeiros anos a empresa apresentaria prejuízo elevado e no terceiro ano lucro repentino, podendo confundir, por exemplo, os investidores em ações ou em outros títulos dessa empresa que apresentaria resultados anuais que não representariam a realidade econômica da empresa.

Diante dessa hipótese, para que as informações contábeis sejam úteis e confiáveis a seus usuários, deve-se abandonar as regras gerais impostas pelo princípio da competência e partir para regras mais apropriadas.

Em geral, no caso de encomendas que demandem mais de um ano para execução e entrega, deve-se APROPRIAR O RESULTADO DE FORMA PARCELADA, ao longo do período de fabricação da encomenda, isto é, reconhece-se uma parte da receita total da encomenda em cada ano, confrontando-a com os respectivos custos de produção no mesmo período.

Quando a empresa apura as receitas e seus respectivos custos por etapas de execução, a apuração do resultado anual (ou em períodos menores) poderá ser feita com base nas parcelas apropriadas.

No caso de a empresa não estabelecer as receitas por etapas, tendo apenas um valor global até a entrega da encomenda, a contabilização parcelada não é tão simples. Nessa última hipótese, entre os diversos critérios para a apropriação parcelada do resultado global da encomenda, um dos critérios mais utilizados é o da PROPORCIONALIDADE DO CUSTO TOTAL. Por esse critério, a empresa apura e apropria em cada período a parcela do custo total da encomenda que foi incorrida, apropriando com a mesma percentagem a parcela da receita total prevista no contrato.

Assim, por exemplo, suponhamos que a Cia. Estrela em 20X1 receba o pedido de uma encomenda com custo total estimado em R$ 160.000,00 e receita total R$ 240.000,00 com prazo total de 3 anos, recebida da seguinte forma: R$ 64.000,00 na assinatura do contrato em 20/03/20X1; R$ 80.000,00 em 20/03/20X2; e R$ 96.000,00 na entrega da encomenda prevista para 30/07/20X3.

Nesse caso, podemos observar que a receita total importaria em 150% do custo total. Supondo que em 20X1 o custo incorrido fosse de R$ 64.000,00, então a receita apropriada nesse seria de R$ 64.000,00 × 150% = R$ 96.000,00, acarretando que o resultado do 1º ano seria de R$ 32.000,00.

Obs.: No exemplo acima, caso a empresa recebesse em 20X1 de seu cliente, por exemplo, R$ 99.000,00, esse excedente de R$ 3.000,00 seria contabilizado no Passivo Circulante como Adiantamentos de Clientes. Ao contrário, caso recebesse menos que R$ 96.000,00, como, por exemplo, R$ 94.000,00, a diferença de R$ 2.000,00 seria contabilizada no Ativo Circulante como Contas a Receber.

Em 20X2, supondo que o custo total previsto mudasse de R$ 160.000,00 para R$ 171.200,00, o novo percentual para apropriação da receita de cada período em relação mudaria para R$ 240.000,00 ÷ R$ 171.200,00 = 140,1869% (aproximadamente 140%). Admitindo também que nesse 2º ano o custo real incorrido fosse, por exemplo, de R$ 57.600,00, então a receita a ser apropriada, em princípio, seria de R$ 57.600,00 × 140% = R$ 80.640,00. No entanto esse valor deverá ser ajustado, visto que no 1º ano a receita deveria ser R$ 64.000,00 × 140% (e não mais R$ 64.000,00 × 150%), importando em R$ 89.600,00 (e não R$ 96.000,00), importando numa diferença de R$ 6.400,00, diferença essa que não pode mais ajustar o valor da receita do 1º ano, de sorte que o ajuste seria feito na receita do 2º ano, a qual cairia de R$ 80.640,00 para R$ 74.240,00, acarretando num resultado de R$ 16.640,00.

Por fim, supondo que no ano de 20X3 os custos reais incorridos fossem, por exemplo, de R$ 54.400,00, esse último valor acarretaria num custo total incorrido de R$ 64.000,00 + R$ 57.600,00 + 54.400,00 = R$ 176.000,00 (superior R$ 16.000,00 ao custo total previsto). Nesse último ano, o valor da receita a ser apropriado seria obtido pela diferença R$ 240.000,00 – R$ 96.000,00 – R$ 74.240,00 = R$ 69.760,00.

Resumindo tudo, temos o seguinte quadro:

	20X1	20X2	20X3	TOTAL
Receitas	R$ 96.000	R$ 74.240	R$ 69.760	R$ 240.000
Custos	(R$ 64.000)	(R$ 57.600)	(R$ 54.400)	(R$ 176.000)
Resultado	R$ 32.000	R$ 16.640	R$ 15.360	R$ 64.000

Visto que o resultado TOTAL real só foi conhecido no 3º ano, o qual corresponde a 36,3636% do custo total (64.000 ÷ 176.000 = 36,3636%), os "verdadeiros" resultados seriam os seguintes: 20X1 = R$ 64.000 × 36,3636% = R$ 23.273; 20X2 = 57.600 × 36,3636% = 20.945,00; e 20X3 = R$ 54.400 × 36,3636% = R$ 19.782.

No entanto, os resultados anuais efetivamente apresentados pela empresa em suas demonstrações contábeis seriam os indicados na tabela acima, os quais, embora não sejam esses últimos que deveriam ser, não seriam tão distorcidos quanto aqueles apurados se a empresa não utilizasse o método de apropriação da receita proporcionalmente ao custo total.

Caso estivesse previsto no contrato que a RECEITA TOTAL da encomenda também pudesse variar em função de índices de inflação, de acréscimos necessários ou quaisquer outros motivos inicialmente não previstos, os cálculos no exemplo acima seriam alterados. Assim, por exemplo, se no ano de 20X2 fosse constatada uma inflação que provocasse uma taxa de correção de 5% e no ano de 20X3 uma taxa de correção de 6%, seriam feitos os seguintes cálculos:

Em 20X1 (nada mudaria):
- Receita total = R$ 240.000
- Custo total previsto = R$ 160.000
- % da receita total sobre o custo total = R$ 240.000 ÷ R$ 160.000 = 150%
- Custos incorridos em 20X1 = R$ 64.000
- Receita apropriada em 20X1 = R$ 64.000 × 150% = R$ 96.000
- Resultado de 20X1 = R$ 32.000

Em 20X2:
- Receita total (= Receita total original + 5% das parcelas recebidas em 20X2 e 20X3) = R$ 240.000 + (R$ 80.000 + R$ 96.000) × 5% = R$ 248.800.
- Custo total previsto (nova previsão) = R$ 171.200
- % da receita total sobre o custo total = R$ 248.800 ÷ R$ 171.200 = 145,3%
- Custos incorridos em 20X2 = R$ 57.600
- Receita apropriada em 20X2 = Custos incorrido em 20X2 × 145,3% – Ajuste do ano de 20X1 = R$ 57.600 × 145,3% – (150% – 145,3%) × R$ 64.000 = R$ 80.685
- Resultado de 20X2 = R$ 23.085

Em 20X3:
- Receita total (= Receita total original + 5% das parcelas recebidas em 20X2 e 20X3 + 6% da parcela recebida em 20X3) = R$ 240.000 + (R$ 80.000 + R$ 96.000) × 5% + R$ 96.000 × 6% = R$ 254.560
- Receita apropriada em 20X3 = R$ 254.560 – R$ 96.000 – R$ 80.685 = R$ 77.875
- Custos incorridos em 20X3 = R$ 54.400
- Resultado em 20X3 = R$ 23.475

5. CUSTEIO POR PROCESSO

De forma diferente do custeio por ordem, onde os custos de fabricação são acumulados pelas diversas ordens de produção, no custeio por processo os custos de produção são acumulados pelas <u>fases de fabricação</u>, caracterizando assim a produção contínua.

É o caso da maioria das indústrias, as quais fabricam seus produtos, independentemente de pedidos específicos de clientes.

Para a determinação do valor dos estoques de produtos em fabricação e produtos acabados, o método utilizado é o da PRODUÇÃO EQUIVALENTE, o qual consiste, basicamente, na atribuição de percentuais de custos de fabricação aos produtos em fabricação em relação aos produtos prontos.

5.1. Produção Equivalente com o Mesmo Grau de Acabamento dos Componentes do Custo

Suponhamos, por exemplo, que uma indústria de fabricação de móveis de escritório comece o mês de março com estoques de produtos em fabricação e produtos prontos igual a zero. Suponhamos que ao longo desse mês fosse iniciada a produção de 100 mesas de um mesmo modelo e, ao fim do mês, 60 ficassem totalmente prontas e 40 em elaboração, essas com custos de produção equivalentes a 70% da mesa pronta, isto é, cada mesa em elaboração custasse exatamente 70% de uma mesa pronta. Para isso, vamos admitir que fossem apropriados os seguintes custos de produção:

Matérias-primas aplicadas .... R$ 11.000
Mão de obra direta .... R$ 4.620
Custos indiretos de fabricação .... R$ 1.980
R$ 17.600

Assim, teremos:
- Produção equivalente = 60 + 40 × 70% = 88 (significa que para fabricar 60 mesas prontas e 40 mesas 70% prontas haveria o mesmo gasto que 88 mesas totalmente prontas)

- 1 mesa pronta = R$ 17.600 ÷ 88 = R$ 200
- 1 mesa em elaboração = 70% R$ 200 = R$ 140

- Estoque de produtos prontos = 60 × R$ 200 = R$ 12.000
- Estoque de produtos em elaboração = 40 × R$ 140 = 5.600

Supondo agora que no mês de abril a empresa terminasse as 40 do mês de março e iniciasse a produção de mais 100 mesas, de forma que ao fim desse mês terminasse 75 dessas 100 e 25 estivessem em fase de elaboração equivalente a 80% da mesa pronta, sendo apropriados os seguintes gastos de fabricação:

Matérias-primas aplicadas .... R$ 14.145
Mão de obra direta .... R$ 5.300
Custos indiretos de fabricação .... R$ 2.490
R$ 21.935

Visto que em abril existe **ESTOQUE INICIAL DE PRODUTOS EM ELABORAÇÃO**, que são as 40 unidades que já estavam 70% prontas no valor de R$ 5.600, temos dois métodos distintos de apuração:

5.1.1. Método do Custo Médio

Nesse caso, soma-se o custo acumulado nos estoques não acabados advindos do período anterior (R$ 5.600) com o custo de produção do período atual (R$ 21.935) e divide-se essa soma pela PRODUÇÃO EQUIVALENTE do período atual, a fim de se determinar o custo médio unitário do período. Assim, teremos:

CÁLCULO DO CUSTO TOTAL DE ABRIL:
Custo das 40 unidades não acabadas em março .... R$ 5.600
Custo de produção de abril .... R$ 21.935
Custo total a ser considerado em abril .... R$ 27.535

CÁLCULO DA PRODUÇÃO EQUIVALENTE (pelo Custo Médio):
Unidades advindas de março .... 40 unidades
Unidades iniciadas e acabadas em abril .... 75 unidades
Unidades inacabadas em abril (25 un. 80% acabadas = 25 × 80%) .... 20 unidades
Total .... 135 unidades

Nota 1: No cálculo da produção equivalente, as 40 unidades advindas de março foram consideradas integralmente, tendo em vista que seu custo remanescente do mês anterior (R$ 5.600) foi somado ao custo de produção de abril (R$ 21.935).

Nota 2: Fabricar em abril 40 unidades que já haviam sido iniciadas em março, fabricar integralmente em abril 75 unidades e iniciar em abril 25 unidades em fase de acabamento de 80% é EQUIVALENTE a fazer integralmente 135 unidades em abril, razão pela qual chamamos este último valor de <u>produção equivalente</u>.

Custo Médio Unitário (1 mesa pronta) = $\frac{R\$\ 27.535}{135}$ = R$ 203,96296

Custo Médio Unitário (1 mesa em elaboração) = 80% R$ 203,96296 = R$ 163,17036

Por fim, teremos ao final de abril:
<u>Estoque de Produtos Prontos</u> (60 já prontas em março ao custo unitário de R$ 200, 40 iniciadas em março e acabadas em abril ao custo médio de R$ 203,96296 e 75 prontas integralmente em abril ao custo médio de R$ 203,96296):

= [60 × **R$ 200**] + [(40 + 75) × **R$ 203,96296**] = R$ 23.455,74

Estoque de Produtos em Elaboração (25 iniciadas em abril e não terminadas ao custo médio unitário de R$ 163,17036):

= 25 × R$ 163,17036 = R$ 4.079,26

5.1.2. Método PEPS (Primeiro que Entra Primeiro que Sai)

De forma diferente do método anterior, não somaremos o custo remanescente do período anterior (R$ 5.600) com o custo de produção do período atual (R$ 21.935), visto que o custo médio a ser obtido é apenas o do período (abril) e o dos dois períodos (março e abril). Assim, para terminar as 40 de março, que já estavam com 70% dos custos das mesas prontas, foram necessários incorporar mais 30% dos custos das mesas prontas. Dessa forma, supondo que nos meses de março e abril não houvesse vendas de mesas prontas, teríamos:

CÁLCULO DA PRODUÇÃO EQUIVALENTE (pelo Custo Médio):

Unidades advindas de março (40 un. 70% prontas = 40 × 30%) .... 12 unidades
Unidades iniciadas e acabadas em abril .... 75 unidades
Unidades inacabadas em abril (25 un. 80% acabadas = 25 × 80%) .... 20 unidades
Total .... 107 unidades

Nota 1: Observemos que para "terminar" as 40 mesas que já estavam 70% prontas (e não "iniciar", como é o caso das 25 ao fim de abril) faltavam 30% dos custos de uma mesa pronta, razão pela qual multiplicamos 40 por 30%, que é o <u>complemento</u> para 100%.

Nota 2: Dizer que a produção equivalente é 107 unidades significa que o gasto para fazer 107 unidades prontas seria o mesmo para terminar 40 mesas que já estavam 70% prontas, fazer integralmente 75 mesas prontas e iniciar 25 mesas 80% prontas.

- 1 mesa pronta = R$ 21.935 ÷ 107 = R$ 205
- 1 mesa em elaboração = 80% R$ 205 = R$ 164

Admitindo que no mês anterior (março) não houvesse vendas de mesas prontas, então ao final de abril teríamos:

Estoque de Produtos Prontos (60 já prontas em março ao custo unitário de R$ 200, 40 iniciadas em março e acabadas em abril ao custo unitário de 70% do custo de uma pronta em março mais 30% do custo de uma pronta em abril, ou seja, R$ 200 × 70% + R$ 205 × 30% = R$ 201,50 e 75 prontas integralmente em abril ao custo unitário de R$ 205):

= 60 × R$ 200 + 40 × (R$ 140 + 30% R$ 205) + 75 × R$ 205 = R$ 35.435

Estoque de Produtos em Elaboração (25 iniciadas em abril e não terminadas ao custo médio unitário de 80% de 1 mesa pronta em abril = 80% × R$ 205 = R$ 164):

= 25 × R$ 164 = R$ 4.100

5.2. Produção Equivalente com Diferentes Graus de Acabamento dos Componentes do Custo

No exemplo acima admitimos que os componentes dos custos (matéria-prima, mão de obra direta e custos indiretos de fabricação) foram apropriados na **mesma proporção**. No entanto, na prática, isso dificilmente ocorrerá. Regra geral, a matéria-prima é totalmente apropriada aos produtos em fabricação e aos produtos prontos na mesma proporção, logo no início do processo de fabricação. Em outras palavras, independentemente dos produtos estarem prontos ou em elaboração, a quantidade de matéria-prima em ambos é a mesma, isto é, os produtos em fabricação recebem 100% das matérias-primas logo no início da produção. Nesse caso, a diferença estaria somente na aplicação da mão de obra direta e dos custos indiretos de fabricação.

Assim, considerando o mesmo exemplo anterior, suponhamos que em março as 100 mesas recebessem 100% da matéria-prima. Admitindo que as 40 mesas não acabadas em março recebessem 3/5 da mão de obra direta e 3/4 dos custos indiretos de fabricação, teremos:

- MPAu = R$ 11.000 ÷ (60 + 40) = R$ 110
- MODu = R$ 4.620 ÷ (60 + 40 × 3/5) = R$ 55
- CIFu = R$ 1.980 ÷ (60 + 40 × 3/4) = R$ 22

Nota: MPAu, MODu e CIFu são, respectivamente, a matéria-prima por unidade, a mão de obra direta por unidade e os custos indiretos de fabricação por unidade.

- 1 mesa pronta = R$ 110 + R$ 55 + R$ 22 = R$ 187
- 1 mesa em elaboração = R$ 110 + (R$ 55 × 3/5) + (R$ 22 × 3/4) = R$ 159,50

- Estoque de produtos prontos = 60 × R$ 187 = R$ 11.220
- Estoque de produtos em elaboração = 40 × R$ 159,50 = R$ 6.380

Admitindo que não houve vendas de mesas em março e abril e que as 25 em fabricação em abril recebessem cada uma as mesmas proporções do mês de março, teríamos:
- MPAu = R$ 14.145 ÷ 100 = R$ 141,45
- MODu = R$ 5.300 ÷ (40 × 2/5 + 75 + 25 × 3/5) = R$ 50
- CIF u = R$ 2.490 ÷ (40 × 1/4 + 75 + 25 × 3/4) = R$ 24

Nota: Dado que as 40 mesas não prontas em março receberam 3/5 da mão de obra direta, para termina-las em abril serão necessários 2/5 da mão de obra direta, razão da multiplicação 40 × 2/5 no cálculo da MODu de abril. Analogamente, dado que as 40 mesas não prontas em março receberam nesse mês 3/4 dos custos indiretos, em abril será necessário 1/4 para terminá-la, razão da multiplicação 40 × 1/4 no cálculo do CIFu de abril.

- 1 mesa pronta = R$ 141,45 + R$ 50 + R$ 24 = R$ 215,45
- 1 mesa em elaboração = R$ 141,45 + R$ 50 × 3/5 + R$ 24 × 3/4 = R$ 189,45

- Estoque de produtos prontos = R$ 11.220 + 40 × (R$ 159,50 + R$ 50 × 2/5 + R$ 24 × 1/4) + 75 × 215,45 = R$ 34.798,75
- Estoque de produtos em elaboração = 25 × 189,45 = 4.736,25

EXERCÍCIO RESOLVIDO 1: (Auditor-Fiscal da Previdência Social/ESAF) No segundo trimestre de 2002, a Indústria Esse de Produtos Fabris concluiu a produção de 600 unidades do item X2, tendo logrado vender 400 dessas unidades, ao preço unitário de R$ 120,00.

No mesmo período foram coletadas as informações abaixo:

- Custo variável unitário R$ 20,00
- Total de Custos Fixos R$ 18.000,00
- Despesas variáveis de vendas de R$ 2,00 por unidade
- Inexistência de Estoque Inicial de Produtos no período

Com base nas informações acima, feitas as devidas apurações, pode-se dizer que:

O Custo dos Produtos Vendidos;

O Estoque Final de Produtos e

O Lucro Líquido do Período, calculados, respectivamente, por meio do Custeio por Absorção e do Custeio Variável, alcançaram os seguintes valores:

a) R$ 18.000,00; R$ 6.000,00; R$ 8.000,00; R$ 6.000,00; R$ 27.000,00; R$ 21.000,00.
b) R$ 16.000,00; R$ 4.000,00; R$ 12.000,00; R$ 3.000,00; R$ 26.500,00; R$ 20.500,00.
c) R$ 20.000,00; R$ 8.000,00; R$ 10.000,00; R$ 4.000,00; R$ 27.200,00; R$ 21.200,00.
d) R$ 15.000,00; R$ 5.000,00; R$ 14.000,00; R$ 8.000,00; R$ 25.400,00; R$ 23.200,00.
e) R$ 12.000,00; R$ 10.000,00; R$ 16.000,00; R$ 6.000,00; R$ 22.200,00; R$ 20.200,00.

(SOLUÇÃO)

CPV (Custo dos Produtos Vendidos):

- *Pelo <u>custeio por absorção</u>: Neste caso, o CPV será a soma dos custos variáveis das unidades vendidas (R$ 20,00 × 400 = R$ 8.000,00) com os custos fixos das unidades vendidas*

($R\$\ 18.000,00 \div 600 \times 400 = R\$\ 12.000,00$), isto é, CPV = R$ 20.000,00 (já sabemos que a resposta é a opção "c", visto que é a única opção que contém este valor como primeira resposta, mas calcularemos os outros itens logo abaixo).

- Pelo <u>custeio variável</u>: Neste caso, o CPV será apenas os custos variáveis das quantidades vendidas, ou seja, CPV = R$ 20,00 × 400 = R$ 8.000,00.

EFPP (Estoque Final de Produtos Prontos):

- Pelo <u>custeio por absorção</u>: Neste caso, o EFPP será a soma dos custos variáveis das unidades NÃO vendidas (R$ 20,00 × 200 = R$ 4.000,00) com os custos fixos das unidades NÃO vendidas ($R\$\ 18.000,00 \div 600 \times 200 = R\$\ 6.000,00$), isto é, EFPP = R$ 10.000,00.
- Pelo <u>custeio variável</u>: Neste caso, o EFPP será apenas os custos variáveis das quantidades NÃO vendidas, ou seja, EFPP = R$ 20,00 × 200 = R$ 4.000,00.

LL (Lucro Líquido):

- Pelo <u>custeio por absorção</u>:

LL = Receita de Vendas − CPV − Despesas variáveis de vendas

LL = R$ 120,00 × 400 − R$ 20.000,00 − R$ 2,00 × 400 = R$ 27.200,00

- Pelo <u>custeio variável</u>:

LL = Receita de Vendas − CPV − Desp. variáveis de vendas − Desp. Fixas Totais

LL = R$ 120,00 × 400 − R$ 8.000,00 − R$ 2,00 × 400 − R$ 18.000,00 = R$ 21.200,00

Obs.: Observemos que no custeio por absorção os R$ 18.000,00 foram divididos entre o CPV (R$ 12.000,00) e o EFPP (R$ 6.000,00). No caso do custeio variável, os R$ 18.000,00 foram integralmente considerados como despesas e apropriados ao resultado, tendo em vista que no custeio variável só os custos variáveis são considerados custos de produção, de sorte que os custos fixos, juntamente com as despesas operacionais fixas, são todos tratados como despesas operacionais.

(Resposta: opção c)

EXERCÍCIO RESOLVIDO 2: (Fiscal de Rendas − RJ/FESP) A Cia. "BARRETOS" produziu 8.000 unidades de seu produto durante o período. Nesse período foram vendidas 6.000 dessas unidades, ao preço unitário de R$ 10.

As informações relativas às operações do período são as seguintes:

Materiais Diretos	R$ 2 por unidade
Mão de Obra Direta	R$ 1 por unidade

170 ■ Contabilidade de Custos — Ed Luiz Ferrari

Os Custos Indiretos de Fabricação Fixos correspondem a 60% do total dos Custos Indiretos de Fabricação.

Os Custos e Despesas Fixos para o período foram os seguintes:
- Aquecimento   R$ 1.000
- Força   R$ 3.000
- Manutenção   R$ 3.500
- Depreciação dos equipamentos   R$ 2.500
- Aluguel da Fábrica   R$ 6.000
- Seguro da Fábrica   R$ 1.500
- Mão de Obra Indireta   R$ 4.000
- Reparos   R$ 2.500
- Despesas com Vendas e Administrativas   R$ 10.000

A empresa não possuía Estoque Inicial de Produtos.

Com base nos elementos acima, responda às questões de números 1 a 8.

1. Utilizando o Custeio por Absorção, o valor do Custo dos Produtos Vendidos apurado no período é de:
    a) R$ 30.000
    b) R$ 18.000
    c) R$ 12.000
    d) R$ 48.000

(SOLUÇÃO)

Em primeiro lugar, calcularemos o Custo Fixo Indireto (CFI) somando todos os itens desde "Aquecimento" até "Reparos":

CFI = 1.000,00 + 3.000,00 + 3.500,00 + 2.500,00 + 6.000,00 + 1.500,00 + 4.000,00 + 2.500,00 = 24.000,00

Agora, lembrando que os 24.000,00 representam 60% dos Custos Indiretos de Fabricação Totais (CIF), então o valor destes será de 24.000,00 ÷ 0,6 = 40.000,00.

Por fim, o Custo dos Produtos Vendidos (CPV) pelo custeio por absorção será obtido mediante a multiplicação da soma dos MD/u (Materiais Diretos por Unidade) com a MOD/u (Mão de Obra Direta por Unidade) com o CIFu (Custos Indiretos de Fabricação por Unidade) pela quantidade vendida (6.000 unidades):

$CPV = (2,00 + 1,00 + \underline{40.000,00}) \times 6.000 = 48.000,00$ **(Resposta: opção d)**
8.000

---

2. Utilizando o Custeio por Absorção, o valor do Lucro Bruto apurado no período é de:
    a) R$ 42.000
    b) R$ 30.000
    c) R$ 12.000
    d) R$ 48.000

(SOLUÇÃO)

O Lucro Bruto (LB) será a diferença entre a Receita de Vendas (6.000 × 10,00 = 60.000,00) e o CPV, ou seja:

LB = 60.000,00 – 48.000,00 = 12.000,00 **(Resposta: opção c)**

---

3. Utilizando o Custeio por Absorção, o Resultado Líquido apurado no período foi:
    a) Prejuízo de R$ 22.000
    b) Lucro Líquido de R$ 2.000
    c) Lucro Líquido de R$ 20.000
    d) Prejuízo de R$ 4.000

(SOLUÇÃO)

O Resultado Líquido será obtido pela diferença entre o LB (R$ 12.000,00) e as Despesas com Vendas e Administrativas (R$ 10.000,00), ou seja:

Resultado = 12.000,00 – 10.000,00 = 2.000,00 **(Resposta: opção b)**

---

4. Utilizando o Custeio por Absorção, o valor do Estoque Final de Produtos apurado no período é de:
    a) R$ 10.000
    b) R$ 4.000
    c) R$ 16.000
    d) R$ 6.000

(SOLUÇÃO)

O Estoque Final de Produtos Acabados (EFPA) pelo custeio por absorção será obtido pelo mesmo raciocínio do CPV, mas agora multiplicando por 2.000 unidades, visto que foram fabricadas 8.000 e vendidas 6.000, ou seja:

$$EFPA = (2,00 + 1,00 + \underline{40.000,00}) \times 2.000 = 16.000,00 \textbf{ (Resposta: opção c)}$$
$$8.000$$

---

5. Utilizando o Custeio Direto, o valor do Custo dos Produtos Vendidos apurado no período é de:
    a) R$ 30.000
    b) R$ 12.000
    c) R$ 18.000
    d) R$ 48.000

(SOLUÇÃO)

Pelo Custeio Direto, que é o CUSTEIO VARIÁVEL, só os custos variáveis integram o custo de fabricação dos produtos, de sorte que os custos fixos, juntamente com as despesas fixas, são integralmente apropriados ao resultado, independentemente da venda dos produtos.

Assim, o primeiro passo é calcularmos o CV/u (Custo Variável Unitário) da seguinte forma:

$$CV/u = 2,00 + 1,00 + \underline{40.000,00 - 24.000,00} = 5,00$$
$$8.000$$

Nota: *Lembremos que 40.000,00 são os custos indiretos totais, onde 24.000 são os custos indiretos fixos. Logo, os custos indiretos variáveis são 40.000,00 – 24.000,00, ou seja, 16.000,00, os quais divididos por 8.000 unidades produzidas nos fornecem o valor unitário do custo variável indireto (2,00).*

Por fim, o CPV pelo custeio variável será obtido pela multiplicação do CVu pela quantidade vendida, ou seja:

CPV = 5,00 × 6.000,00 = 30.000,00

(Resposta: opção a)

---

6. Utilizando o Custeio Direto, o valor do Lucro Bruto Marginal apurado no período é de:
    a) R$ 54.000
    b) R$ 12.000
    c) R$ 42.000
    d) R$ 30.000

(SOLUÇÃO)

O Lucro Bruto Marginal é o que nós conhecemos por MARGEM DE CONTRIBUIÇÃO (MC), a qual é obtida subtraindo-se do preço total de venda o CPV calculado pelo custeio variável (30.000,00) e as Despesas Variáveis, as quais admitimos ter valor ZERO na Cia. Barretos, pelo simples fato de não terem sido informadas no enunciado da questão, ou seja:

MC = Preço de Venda – CPV – Despesas Variáveis

MC = 10,00 × 6.000,00 – 30.000,00 – 0,00 = 30.000,00 **(Resposta: opção d)**

7. Utilizando o Custeio Direto, o Resultado Líquido apurado no período foi:
   a) Lucro Líquido de R$ 44.000
   b) Prejuízo de R$ 22.000
   c) Lucro Líquido de R$ 38.000
   d) Prejuízo de R$ 4.000

(SOLUÇÃO)

O Resultado pelo custeio variável será obtido pela diferença entre a Margem de Contribuição (MC = 30.000,00) e os Custos e Despesas Fixos Totais (CDF = 24.000,00 + 10.000,00 = 34.000,00), ou seja:

Resultado = 30.000,00 – 34.000,00 = – 4.000,00 (prejuízo) **(Resposta: opção d)**

---

8. Utilizando o Custeio Direto, o valor do Estoque Final de Produtos apurado no período é de:
   a) R$ 16.000
   b) R$ 10.000
   c) R$ 4.000
   d) R$ 2.000

(SOLUÇÃO)

O EFPA pelo custeio variável (custeio direto) será igual ao CVu (R$ 5,00) multiplicado pela quantidade remanescente após às vendas (2.000 unidades), ou seja:

EFPA = 5,00 × 2.000,00 = 10.000,00 **(Resposta: opção b)**

EXERCÍCIO RESOLVIDO 3: (TCM – PA/Fundação Getúlio Vargas) Determinada empresa industrial é monoprodutora. Nos meses de outubro e novembro passados, apurou o seguinte:

	outubro	novembro
Produção (em unidades)	3.000	3.500
Custo total de fabricação (em $)	21.000,00	24.000,00

Sabe-se que:

I. a empresa apura o custo total de fabricação pelo custeio por absorção;

II. a empresa controla seus estoques permanentemente e os avalia pelo método PEPS;

III. não houve variação de preços no período.

O custo total (CT) é:

a) CT = $ 21.000,00 ou $ 24.000,00
b) CT = $ 3.000,00 + $ 6,00/unidade
c) CT = $ 7,00/unidade
d) CT = $ 6,86/unidade
e) CT = $ 18.000,00 + $ 1,00/unidade

(SOLUÇÃO)

Custo Variável Unitário (CV/u) = ($ 24.000,00 – $ 21.000,00) ÷ (3.500 – 3.000) = $ 6,00

Custo Fixo Total (CF) = $ 21.000,00 – $ 6,00 × 3.000 = $ 3.000,00

CT = CF + CV/u × Quantidade = $ 3.000,00 + $6,00 × Q **(Resposta: opção b)**

EXERCÍCIO RESOLVIDO 4: (PETROBRAS/Fundação Cesgranrio) Considere os dados a seguir para responder às questões de números 1 e 2.

A Indústria Gama Ltda. tem a seguinte projeção de movimento, em unidades:

Período	Produção	Venda	Estoque Final
Janeiro	30.000	20.000	10.000
Fevereiro	40.000	20.000	30.000
Março	50.000	60.000	20.000
abril	30.000	50.000	0

Informações adicionais

- O método de avaliação de estoques é PEPS.
- Os custos variáveis montam a R$ 50,00 por unidade.
- As despesas de vendas representam R$ 10,00 por unidade.
- O preço de venda é de R$ 200,00 por unidade.

- Os custos fixos somam a R$ 2.400.000,00 por mês.
- As despesas fixas totalizam R$ 500.000,00 por mês.

1. O lucro operacional do mês de janeiro, pelo critério de custeio por absorção, em reais, será
   a) 383.400,00
   b) 700.000,00
   c) 900.000,00
   d) 966.600,00
   e) 1.400.000,00

(SOLUÇÃO)

Em primeiro lugar, iremos calcular o CPV (Custo dos Produtos Vendidos) de janeiro da seguinte forma:

$$CPV = 20.000 \times \left(50,00 + \frac{2.400.000,00}{30.000}\right) = 2.600.000,00$$

Agora iremos calcular o total das Despesas Operacionais (DOP), somando as Despesas Variáveis totais (20.000 × R$ 10,00 = R$ 200.000,00) com as Despesas Fixas totais (R$ 500.000,00):

DOP = 200.000,00 + 500.000,00 = 700.000,00

Finalmente, subtrairemos da Receita total de Vendas de janeiro (20.000 × 200,00 = 4.000.000,00) o CPV e as DOP, a fim de encontrarmos o Lucro Operacional (LOP) de janeiro:

LOP = 4.000.000,00 − 2.600.000,00 − 700.000,00 = 700.000,00 **(Resposta: opção b)**

2. O total dos estoques, pelo critério do custeio por absorção, em fevereiro, em reais, montou a
   a) 1.300.000,00
   b) 1.960.000,00
   c) 3.140.000,00
   d) 3.300.000,00
   e) 4.660.000,00

(SOLUÇÃO)

Em fevereiro, foram vendidas 20.000 unidades, ou seja, as 10.000 que sobraram de janeiro e 10.000 produzidas em fevereiro, de forma que sobraram no estoque de fevereiro 30.000 unidades produzidas neste mês. Assim, o custo desse estoque será obtido da seguinte forma:

$$30.000 \times (50,00 + \underline{2.400.000,00}) = 3.300.000,00 \text{ (\textbf{Resposta: opção d})}$$
$$40.000$$

EXERCÍCIO RESOLVIDO 5: (Tribunal de Contas do Município – RJ/ FGV) Determinada empresa industrial é monoprodutora. Nos meses de março e abril passados, apurou o seguinte:

	março	abril
Estoque inicial (em unidades)	-	-
Produção (em unidades)	1.000	1.200
Vendas (em unidades)	1.000	1.000
Custo total de fabricação (em $)	15.000,00	17.000,00
Receita bruta de vendas (em $)	25.000,00	25.000,00

Sabe-se que:
- a empresa controla seus estoques permanentemente e os avalia pelo método PEPS;
- a empresa incorre, ainda, em despesas fixas de $ 3.000,00 por mês e em despesas variáveis equivalentes a 10% da receita bruta mensal.
- a empresa não pretende acabar o mês de maio com produtos acabados em estoque;
- a empresa é contribuinte do imposto de renda sobre o lucro à alíquota de 20%; e
- não houve variação de preços no período.

Assinale a alternativa que indique quantas unidades a empresa precisa produzir em maio para que o lucro líquido de maio, pelo custeio por absorção, seja $ 5.000,00.

a) Mais de 1.150 unidades
b) Entre 1.101 unidades e 1.150 unidades
c) Entre 801 unidades e 950 unidades
d) Entre 951 unidades e 1.100 unidades
e) Menos de 800 unidades

(SOLUÇÃO)

O primeiro passo é calcularmos o Custo Variável Unitário (CV/u), o qual sabemos ser o mesmo para qualquer mês, dividindo a variação do custo total de fabricação pela variação do volume de produção entre março e abril:

$$CV/u = \underline{17.000,00 - 15.000,00} = 10,00$$
$$1.200 - 1.000$$

O próximo passo é sabermos o Custo Fixo TOTAL (CF) de abril, que é o mesmo para qualquer mês, lembrando que CT = CV/u × Q + CF, ou seja, 17.000,00 = 10,00 × 1.200 + CF, implicando que CF = 5.000,00.

Agora, devemos observar que nem tudo o que será vendido em maio será fabricado nesse mês, visto que em abril sobraram no estoque final 200 unidades (foram produzidas 1.200 e vendidas 1.000 unidades).

Assim, iremos partir do princípio de que deverão ser fabricadas "Q" unidades em maio e vendidas "Q + 200" unidades.

O próximo passo é determinarmos, separadamente, o Lucro Bruto pela venda das 200 unidades e o Lucro Bruto pela venda das "Q" unidades, lembrando que para acharmos o preço unitário de venda de cada unidade (Vu), que é o mesmo para qualquer mês, basta dividirmos a receita bruta de venda de qualquer mês pela sua respectiva quantidade vendida.

Assim, escolhendo o mês de abril, por exemplo, apuramos Vu = R$ 25.000,00 ÷ 1.000 = R$ 25,00. Dessa forma, teremos:

$$LB\ (200\ unidades) = (200 \times 25) - 200 \times \left(10 + \frac{5.000}{1.200}\right) = \frac{6.500}{3}$$

Nota 1: *O CPV das 200 unidades foi obtido multiplicando-se a soma do custo variável unitário (R$ 10,00) com o custo fixo unitário do mês de abril (R$ 5.000,00/1.200) por 200 unidades, ou seja, CPV (200) = 200 × (10 + 5.000/1.200) = 8.500/3.*

Utilizando o mesmo raciocínio das 200 unidades, teremos o seguinte cálculo para o Lucro Bruto da venda das "Q" unidades:

$$LB\ ("Q"\ unidades) = (Q \times 25) - Q \times \left(10 + \frac{5.000}{Q}\right)$$

$$LB\ ("Q"\ unidades) = 25Q - 10Q - 5.000 = 15Q - 5.000$$

Nota 2: *Visto que a empresa não pretende acabar o mês de maio com produtos acabados em estoque, toda quantidade produzida em maio ("Q" unidades) será vendida, além das 200 que sobraram do mês anterior. Daí, a razão de multiplicarmos a soma do custo variável unitário (10,00) com o custo fixo unitário (5.000/Q) por "Q" unidades, para determinarmos o CPV das "Q" unidades, isto é, Q × (10 + 5.000/Q) = 10Q + 5.000.*

Desse modo, o Lucro Bruto das "Q + 400" unidades será 6.500/3 + 15Q − 5.000, ou seja, Lucro Bruto (maio) = 15Q − 8.500/3.

Assim, o Lucro Operacional de junho, que é o mesmo que Lucro antes do IR (LAIR), será igual a esse último Lucro Bruto subtraído das Despesas Operacionais (Despesas Variáveis + Despesas Fixas), de forma que as Despesas Variáveis corresponderão a 10% da receita bruta de vendas de junho, ou seja, 10% 25 × (Q + 200)= 2,5Q + 500, e as Despesas Fixas não mudam (3.000,00), importando num total de despesas operacionais de 2,5Q + 500 + 3.000, isto é, Despesas Operacionais (maio) = 2,5Q + 3.500. Consequentemente, teremos:

LAIR = 15Q – 8.500/3 – 2,5Q – 3.500 = 12,5Q – 19.000/3

O Lucro Líquido (LL) de maio, que o enunciado informa ser de R$ 5.000,00, será obtido subtraindo-se do LAIR os 20% de IR, ou seja:

LL = LAIR – IR = LAIR – 20% LAIR = 80% LAIR

Por fim, podemos montar a seguinte equação: 0,80× (12,5Q – 19.000/3) = 5.000

10Q – $\underline{15.200}$ = 5.000
         3

30Q – 15.200 = 15.000

Q = 1.006,67 unidades (ou 1.007 unidades)

(Resposta: opção d)

EXERCÍCIO RESOLVIDO 6: (LIQUIGÁS – Petrobras – Contador Júnior/Fundação Cesgranrio) Uma indústria apresentou as seguintes informações referentes à produção de um determinado período produtivo:

- Custo unitário de produção, em reais
  Custeio por absorção   25,50
  Custeio variável   19,50

- Produção (em quantidades de unidades)
  Da capacidade instalada: 62.500
  Do período produtivo das informações: 50.000

- Estimativas da empresa para o próximo período produtivo
  Aumento da produção: 20% aplicados sobre a produção atual (período das informações).
  Manutenção da estrutura atual de todos os custos da indústria.

Considerando exclusivamente as informações recebidas, o custo unitário de produção para o novo período produtivo, calculado pelo custeio por absorção, em reais, é

a) 19,50
b) 21,25
c) 24,50
d) 25,50
e) 25,75

(SOLUÇÃO)

Sendo CV e CF, respectivamente, o custo variável total e o custo fixo total, então CV/50.000 e CF/50.000 serão, respectivamente, o custo variável unitário e o custo fixo unitário. Assim, teremos:

No CUSTEIO VARIÁVEL (só os custos variáveis integrarão o custo do produto fabricado):

$$\frac{CV}{50.000} = 19,50$$

No CUSTEIO POR ABSORÇÃO (os custos fixos e os custos variáveis integrarão o custo do produto fabricado):

$$\frac{CV}{50.000} + \frac{CF}{50.000} = 25,50$$

$$19,50 + \frac{CF}{50.000} = 25,50$$

$$\frac{CF}{50.000} = 25,50 - 19,50 = 6,00 \text{ (custo fixo unitário)}$$

CF = 300.000,00 *(custo fixo total)*

Lembrando que o custo variável unitário é <u>fixo</u>, então, para um novo nível de produção, o valor desse custo será o mesmo, ou seja, 19,50. Por outro lado, o custo fixo unitário é <u>variável</u> em razão inversa à quantidade produzida. Dessa forma, para um nível de produção de 60.000 unidades (50.000 unidades + 20%), seu novo valor será de 300.000,00/60.000, ou seja, 5,00.

Finalmente, o custo unitário de produção para o novo período produtivo, calculado pelo custeio por absorção, será de 19,50 + 5,00 = 24,50.

(Resposta: opção c)

EXERCÍCIO RESOLVIDO 7: (Simulado Academia do Concurso Público/Prof. Ed Luiz) A Cia. X-TAL incorreu nos seguintes custos de produção em fevereiro de X1:

Matérias-Primas .... R$ 180.000,00

Mão de Obra Direta .... R$ 87.980,00

Custos Indiretos de Fabricação .... R$ 6.000,00

Sabe-se que a matéria-prima é aplicada no início da produção e os custos indiretos de fabricação são apropriados na mesma proporção da matéria-prima aplicada na produção.

Em março de X1, os custos incorridos foram os seguintes:

Matérias-Primas .... R$ 96.000,00

Mão de Obra Direta .... R$ 45.600,00

Custos Indiretos de Fabricação .... R$ 36.000,00

A produção dos meses de fevereiro e março foi a seguinte:

Fevereiro:

Produtos em elaboração (inicial)	0 unidade
Produtos acabados (inicial)	0 unidade
Produção iniciada no mês	12.000 unidades
Produção acabada e vendida no mês	10.000 unidades
Produção em elaboração em 28/02/X1	2.000 unidades que receberam 30% da MOD e 100% da MP e do CIF

Março:

Produtos em elaboração (inicial)	2.000 unidades
Produtos acabados (inicial)	0 unidade
Produção iniciada no mês	8.000 unidades
Produção acabada e vendida no mês	7.000 u
Produção em elaboração em 31/03/X1	3.000 unidades que receberam 40% da MOD e 100% da MP e do CIF

Assim, considerando as informações acima, pode-se afirmar que o Custo dos Produtos Vendidos em março pelo método PEPS foi de:

a) R$ 136.848,00
b) R$ 156.880,00
c) R$ 116.500,00
d) R$ 166.848,00
e) R$ 175.000,00

(SOLUÇÃO)

O primeiro passo é acharmos os valores por unidade da Matéria-Prima Aplicada (MPA/u), da Mão de Obra Direta (MOD/u) e dos Custos Indiretos de Fabricação (CIF/u), de FEVEREIRO da seguinte forma:

- MPA/u = R$ 180.000,00 ÷ (10.000 + 100% 2.000) = R$ 15,00
- MOD/u = R$ 87.980,00 ÷ (10.000 + 30% 2.000) = R$ 8,30
- CIF/u = R$ 6.000,00 ÷ (10.000 + 100% 2.000) = R$ 0,50

O próximo passo é acharmos os mesmos itens unitários referentes a março:

- MPA/u = R$ 96.000,00 ÷ 8.000 = R$ 12,00
- MOD/u = R$ 45.600,00 ÷ (70% 2.000 + 5.000 + 40% 3.000) = R$ 6,00
- CIF/u = R$ 36.000,00 ÷ 8.000 = R$ 4,50

Finalmente, o CPV das 7.000 unidades acabadas e vendidas, das quais 2.000 foram iniciadas em fevereiro e 5.000 foram feitas integralmente em março será obtido da seguinte forma:

CPV = 2.000 × (R$ 15,00 + 30% R$ 8,30 + R$ 0,50 + 70% R$ 6,00) + 5.000 × (R$ 12,00 + R$ 6,00 + R$ 4,50) = R$ 156.880,00 **(Resposta: opção b)**

EXERCÍCIO RESOLVIDO 8: Considere os dados a seguir:

- Estoques, em 01.03.X1:

Produtos Prontos (6 unidades)	$ 300
Produtos em Elaboração	nihil
Matérias-Primas	$ 200

- Compras de Matérias-Primas $ 900

- Custos incorridos em março de X1:

Mão de Obra Direta	$ 400
Gastos Gerais de Produção	$ 100
Matéria-Prima Aplicada	$ 700

- Estoques de produtos em 31.03.X1:

Produtos em Elaboração	10 unidades
Produtos Prontos	19 unidades

- A cada produto em elaboração foram agregados custos equivalentes a 30% dos custos de cada produto acabado no mês de março.
- Vendas no período: 4 unidades a $ 77 cada.
- Os estoques são avaliados pelo método PEPS.

Nota: Desconsidere a incidência de IPI e de ICMS e, nos cálculos e nas respostas, despreze os centavos.

Com base nas informações acima, responda as questões 1 e 2.

1. Os estoques, em 31.03.X1, de Matérias-Primas, Produtos em Elaboração e Produtos Prontos, são, respectivamente, de
   a) $ 400; $ 180; $ 1.120
   b) $ 400; $ 180; $ 1.140
   c) $ 400; $ 150; $ 1.120
   d) $ 500; $ 180; $ 1.140
   e) $ 400; $ 150; $ 1.140

(SOLUÇÃO)

MPA = EIMP + CMP – EFMP

$ 700 = $ 200 + $ 900 – EFMP → EFMP = $ 400

Com relação aos produtos prontos, sejam:

Qv = quantidade vendida

Qi = quantidade inicial

Qp = quantidade produzida

Qf = quantidade final

Assim:

Qv = Qi + Qp – Qf

4 u = 6 u + Qp – 19 u → Qp = 17 unidades

Produção equivalente (março) = 17 u + 30% 10 u = 20 u

----

1 unidade pronta (março) = $\dfrac{MPA + MOD + GGP}{produção\ equivalente} = \dfrac{\$\ 700 + \$\ 400 + \$\ 100}{20} = \$\ 60$

----

1 unidade em elaboração (março) = 30% de $ 60 = $ 18

Visto que no início de março havia 6 unidades a $ 50 cada (total $ 300) e nesse mês foram produzidas mais 17 unidades a $ 60 cada e que foram vendidas 4 pelo método PEPS, então o estoque final de produtos prontos foi $50 vezes 2 unidades mais $ 60 vezes 17 unidades, ou seja, $ 50 × 2 + $ 60 × 17 = $ 1.120.

Já o estoque final de produtos em elaboração é igual a 10 unidades a $ 18 cada, dando um total de $ 180.

(Resposta: opção a)

2. Com relação à questão anterior, supondo que no período seguinte (mês de abril) foram concluídas 35 unidades, sendo 10 do estoque inicial, foram iniciadas 20 unidades, que estavam, ao fim de abril no estágio de elaboração equivalente a 40% do produto pronto e foram vendidas 37 unidades a $ 80 cada, qual foi o Lucro Bruto em abril ?

    Custos de produção incorridos em abril:

Matéria-Prima	$ 1.700
Mão de Obra Direta	$ 950
Gastos Gerais de Produção	$ 150

a) $ 600
b) $ 610
c) $ 620
d) $ 630
e) $ 640

(SOLUÇÃO)

Produção equivalente (abril) = 70% × 10 u + 25 u + 40% × 20 u = 40 u

----

1 pronta (abril) = $\frac{\$\ 1700 + \$\ 950 + \$\ 150}{40}$ = $ 70

----

*Assim, para vender em abril 37 unidades pelo método PEPS, primeiro serão vendidas as **2** unidades de março ao custo de $ 50 cada, depois, as **17** unidades ao custo de $ 60 cada, depois, as **10** que estavam em elaboração 30% em março e 70% em abril, dando um custo unitário de 30% × $ 60 + 70% × $ 70 = $ 67, e, por último, **8** unidades a $ 70 cada. Assim:*

CPV (37 un.) = ($ 50 × 2) + ($ 60 × 17) + ($ 67 × 10) + ($ 70 × 8) = $ 2.350

Finalmente:

LB = V – CPV = ($ 80 × 37) – $ 2.350 = $ 610

(Resposta: opção b)

EXERCÍCIO RESOLVIDO 9: Considere os seguintes dados, referentes à Industrial JMV S/A, a qual só fabrica um único tipo de produto:

Vendas, em março de X1: 44 unidades, por $ 2.920

Matéria-Prima (Estoque):
- em 01.03.X1: $ 210
- em 31.03.X1: $ 340

Produto Pronto (Estoque)
- em 01.03.X1: $ 225 (9 unidades)
- em 31.03.X1: 5 unidades

Produtos em Elaboração (Estoque)
- em 01.03.X1: 4 unidades
- em 31.03.X1: 8 unidades

Outras informações:
– No início de março, a cada unidade em elaboração foram agregados custos equivalentes a 60% dos custos de cada produto acabado no período anterior.
– No decorrer de março, foram concluídas as 4 unidades em elaboração.
– Às 8 unidades não concluídas no fim de março foram agregados custos equivalentes a 30% dos custos de cada produto acabado em março.
– A empresa trabalha com o método PEPS.
– Gastos incorridos em março de X1:
  Compra de matéria-prima .... $ 540
  Mão de Obra Direta .... $ 670
  Gastos Gerais de Produção .... $ 120
  Despesas Comerciais .... $ 300
  Despesas Administrativas .... $ 450
  Despesas Financeiras .... $ 50
  Perda de Capital .... $ 120

Nota: Desconsidere a existência de impostos

Assim, relativamente a março de X1, o valor do Resultado Operacional Líquido importou em
a) $ 857
b) $ 678
c) $ 558
d) $ 490
e) $ 900

(SOLUÇÃO)

MPA = EIMP + CMP − EFMP = $ 210 + $ 540 − $ 340 = $ 410

Custos de Produção → CP = MPA + MOD + GGP = 410 + 670 + 120 = 1.200

Qp: Quantidade produzida
Qi: Quantidade inicial   →   Qv = Qi + Qp − Qf
Qf: Quantidade final
Qv: Quantidade vendida

Logo: 44 = 9 + Qp − 5   →   Qp = 40 unidades (= 4 terminadas + 36 integrais)

Em março, a empresa realizou o seguinte:
Terminou 4 unidades 60% prontas   *é equivalente*   a 40% × 4 = 1,6 prontas

Fez integralmente 36 prontas
Iniciou 8 unidades 30% prontas   *é equivalente*   a 30% × 8 = 2,4 prontas

---

Produção Equivalente = 1,6 + 36 + 2,4 = 40 prontas

---

1 unidade pronta (em março) = $ 1.200 ÷ 40 = $ 30

Unidades Prontas:

Quantidade	Unidade ($)	Total ($)
9	25	225
4	27*	108
36	30	1.080

- *custo de 1 pronta em fevereiro* = $ 25
- *custo de 1 pronta em março* = $ 30
- *custo de 1 terminada em março* = ($ 25 × 0,6) + ($ 30 × 0,4) = 27*

Vendas de 44 pelo método PEPS:

CPV = ($ 25 × 9) + ($ 27 × 4) + ($ 30 × 3) = $ 1.263

*ROL = $ 2.920 – $ 1.263 – $ 800 = **$ 857***
(Resposta: opção a)

Exercícios de Fixação

1. (Agência Nacional de Transportes Terrestres – Contador – Prova discursiva adaptada para múltipla escolha/UFRJ – NCE) O contador de custos da Companhia Estradas e Ferrovias observou as seguintes receitas, despesas, custos, investimentos e perdas:

DESCRIÇÃO	$
Despesa de aluguel de carro da presidência	6
Aquisição de maquinário	250
Receita de equivalência patrimonial	12
Perda apurada em incêndio de matéria-prima	20
Receitas de vendas de serviços prestados	550
Despesa de vendas	50
Mão de obra direta fixa	40
Mão de obra direta variável	60
Mão de obra indireta variável	10
Matéria-prima fixa	100
Matéria-prima variável	80

Com base nessas informações, marque a opção que indica, respectivamente, a margem de contribuição apurada e o resultado do exercício.
a) $ 260 e $ 196
b) $ 400 e $ 196
c) $ 400 e $ 174
d) $ 260 e $ 174
e) $ 380 e $ 196

2. (Cursos de Formação de Oficiais do QC – Contador/Escola de Administração do Exército) Na apuração de custos por processo, quando uma empresa deseja controlar o Custo Médio por Unidade e existem produtos em elaboração no final do período, deverá utilizar o(a)(s):
a) Taxa Média do CIF
b) Equivalente de Produção.
c) Equivalência de Ordem Contínua.
d) Direcionadores de Custos.
e) Média dos Custos Diretos da Produção.

3. (Cursos de Formação de Oficiais do QC – Contador/Escola de Administração do Exército) A Empresa Golf, que apura os seus custos por processo, apresentou os seguintes dados na sua contabilidade de custos no mês de janeiro:
Inventário de produtos em processo em 31/12: zero

Custos debitados ao centro de custo em janeiro:
- Materiais Diretos   R$ 256.080,00
- MOD   R$ 134.520,00

Inventário de produtos acabados e de produtos em processo, em 31/01:
➤ Produtos acabados: 22.000 unidades.
➤ Produtos em processo: 1.600 unidades, parcialmente prontas, no seguinte estágio de fabricação:
   Materiais Diretos   80%
   MOD   50%

As Despesas Indiretas de Fabricação (DIF) são apropriadas a uma taxa de 150% da MOD.

Com base nos dados acima, pode-se afirmar que o custo unitário dos produtos acabados corresponde a:
a) R$ 25,00.
b) R$ 25,10.
c) R$ 25,75.
d) R$ 26,00.
e) R$ 26,90.

4. (Cursos de Formação de Oficiais do QC – Contador/Escola de Administração do Exército) Com relação à questão anterior, pode-se afirmar que o valor do estoque dos produtos em processo corresponde a:
a) R$ 25.880,00.
b) R$ 36.260,00.
c) R$ 38.750,00.
d) R$ 40.000,00.
e) R$ 41.600,00.

5. (Comissão de Valores Mobiliários/Fundação Carlos Chagas) A Cia. Omega produziu 30.000 unidades do produto X no ano-calendário em que iniciou suas atividades. Durante o período, foram vendidas 24.000 unidades ao preço de R$ 45,00 cada uma. Os custos e despesas da companhia, no referido exercício, foram:

Custos e despesas variáveis, por unidade de X:	
– Matéria-prima	R$ 6,00
– Materiais indiretos	R$ 10,00
– CIF variáveis	R$ 8,00
– Despesas variáveis 20% do preço de venda	

Custos e despesas fixos totais do mês:	
– Mão de Obra da fábrica	R$ 80.000,00
– Depreciação dos equipamentos industriais	R$ 36.000,00
– Outros gastos de fabricação	R$ 100.000,00
– Salários do pessoal da administração	R$ 60.000,00
– Demais Despesas da Administração	R$ 40.000,00

O resultado do exercício, utilizando-se o custeio por absorção, é
a) superior em R$ 43.200,00 ao obtido, utilizando-se o custeio variável.
b) negativo.
c) de igual valor ao obtido, utilizando-se o custeio variável.
d) igual a R$ 68.000,00
e) inferior em R$ 17.800,00 ao obtido, utilizando-se o custeio variável.

(Agente Fiscal de Rendas – SP/Fundação Carlos Chagas) **Instruções**: Considere as informações abaixo para responder às questões de números 6 e 7.

Uma empresa inicia suas operações no mês de março de 2006. No final do mês produziu 12.100 unidades, sendo que 8.500 foram acabadas e 3.600 não foram acabadas.
Os custos de matéria-prima foram R$ 3.200.450,00. Os custos de mão de obra direta foram R$ 749.920,00 e os custos indiretos de fabricação foram R$ 624.960,00. A produção não acabada recebeu os seguintes custos: 100% da matéria-prima, 2/3 da mão de obra e 3/4 dos custos indiretos de fabricação.

6. Aplicando-se a técnica do equivalente de produção, o custo médio unitário do mês é:
   a) R$ 544,80
   b) R$ 455,20
   c) R$ 410,25
   d) R$ 389,10
   e) R$ 355,20

7. O valor total da produção em processo no final do mês será:
   a) R$ 1.125.432,00
   b) R$ 1.267.980,00
   c) R$ 1.380.444,00
   d) R$ 1.400.760,00
   e) R$ 1.525.740,00

8. (Agente Fiscal de Rendas – SP/Vunesp) Identifique a alternativa que descreve o que, em custeio, se convencionou chamar de Equivalente de Produção.
   a) Os custos são acumulados em contas representativas das diversas linhas de produção; estas contas não são encerradas à medida que os produtos são elaborados e estocados, mas apenas quando do fim do período contábil.
   b) Custo planejado para determinado período, analisando cada fator de produção em condições normais de fabricação.
   c) Número de unidades iniciadas e acabadas a que corresponde, em custos, o quanto se gastou para chegar até certo ponto de outro número de unidades não acabadas.
   d) Alocam-se os custos indiretos com base nos recursos consumidos em cada atividade envolvida no desenho, produção e distribuição de um produto qualquer.
   e) Os custos são acumulados numa conta específica; a conta não é encerrada quando do fim do período contábil, mas quando o produto estiver concluído, transferindo-se os custos para estoque ou para custo dos produtos vendidos, conforme a situação.

9. **(Fiscal de Rendas – RJ/FGV)** Assinale a alternativa que apresente a circunstância em que o Sistema de Custeio por Ordem de Produção é indicado.
   a) O montante dos custos fixos é superior ao valor dos custos variáveis.
   b) A empresa é monoprodutora.
   c) O montante dos custos indiretos de fabricação é maior que os custos de mão de obra direta.
   d) A empresa adota o Custo-Padrão para controle dos custos indiretos de fabricação.
   e) Os produtos são industrializados de acordo com as especificações dos clientes.

10. **(Agente Fiscal de Rendas – SP/Fundação Carlos Chagas)** Uma empresa calcula os custos de seus produtos utilizando dois métodos: o método do custeio por absorção e o método do custeio variável. Os Estoques iniciais eram "zero", a produção do mês foi de 8.000 unidades totalmente acabadas, foram vendidas no mês 6.000 unidades. No fechamento do mês foram apurados os seguintes resultados líquidos finais: Lucro de R$ 348.750,00 no custeio por absorção, e lucro de R$ 345.000,00 no custeio variável. Para atingir esses valores de resultado, a empresa manteve os custos variáveis correspondentes a 40% do preço de venda praticado. Desse modo, os valores correspondentes ao preço de venda unitário, aos custos variáveis unitários e aos custos fixos totais foram, respectivamente, em R$,
    a) 100,00; 40,00; 15.000,00
    b) 120,00; 48,00; 14.000,00
    c) 130,00; 52,00; 12.000,00
    d) 125,00; 50,00; 14.000,00
    e) 150,00; 52,00; 17.000,00

(Agente Fiscal de Rendas – SP/Vunesp) Para responder às questões de números 11 a 14, utilize as informações a seguir, correspondentes ao primeiro exercício social da Cia. Alfa, fabricante de bicicletas ergométricas.

Custos e despesas operacionais	R$
Matéria-prima e outros materiais diretos	20.000
Mão de obra direta	22.000
Custos indiretos variáveis	6.000
Custos indiretos fixos	12.000
Despesas fixas de vendas	5.000
Despesas variáveis de vendas, por unidade	20

Informações adicionais: A Cia. Alfa fabricou, no exercício, 300 unidades, das quais vendeu, nesse mesmo período, 250 unidades, ao preço unitário de R$ 300.

11. O custo de produção de cada unidade, pelo custeio por absorção, é de
    a) R$ 220
    b) R$ 200
    c) R$ 160
    d) R$ 140
    e) R$ 113

12. O custo de produção de cada unidade, pelo custeio variável, é de
    a) R$ 140
    b) R$ 160
    c) R$ 176
    d) R$ 216
    e) R$ 220

13. A margem de contribuição total das unidades vendidas é de
    a) R$ 13.000
    b) R$ 15.000
    c) R$ 27.000
    d) R$ 30.000
    e) R$ 35.000

14. Consideradas unicamente as informações fornecidas, o lucro bruto, de acordo com os princípios de contabilidade aceitos no Brasil, é de
    a) R$ 75.000
    b) R$ 35.000
    c) R$ 30.000
    d) R$ 25.000
    e) R$ 15.000

15. (Agente Fiscal de Rendas – SP/Vunesp) Examine as afirmações a seguir.
    I. No custeio por absorção apropriam-se aos produtos elaborados todos os custos de produção, quer fixos, quer variáveis, quer diretos ou indiretos, e tão somente os custos de produção.
    II. Os custos fixos tendem a ser muito mais um encargo para que a empresa possa ter condições de produção do que sacrifício para a fabricação específica desta ou daquela unidade. Assim sendo, não há, normalmente, grande utilidade para fins gerenciais no uso de um valor onde existem custos fixos apropriados.
    III. Quando se apropriam custos fixos aos produtos, o custo de determinado produto pode variar em função não só de seu volume, mas também em função da quantidade dos outros bens fabricados.
    IV. No custeio variável ou custeio direto, só são alocados aos produtos os custos diretos, ficando os fixos e os indiretos variáveis separados e considerados como despesas do exercício, indo diretamente para o Resultado.
    Estão corretas somente as afirmações
    a) I e II
    b) I e III
    c) I, II e III
    d) II, III e IV
    e) III e IV

16. (Fiscal de Tributos Municipais/Prefeitura de Niterói) A Cia. Industrial ABC fabrica produtos sob encomenda, custeando-os pelo sistema de Ordem de Produção (OP). No início do mês, seus estoques apresentavam os seguintes saldos:
    Matérias-primas – R$ 14.000
    Produtos em Processo:
        OP nº 001 – R$ 2.500 (500 unidades do produto ALFA)
        OP nº 002 – R$ 12.000 (600 unidades do produto BETA)
    Produto Acabado – 500 unidades do produto ALFA, a R$ 10 cada

    Durante o mês, foram realizadas as seguintes operações e apropriação de custos:
    • Aquisição de matérias-primas – R$ 7.000;

- Requisição de matérias-primas:
  OP nº 001 – R$ 2.000
  OP nº 002 – R$ 6.000
- Mão de obra direta:
  OP nº 001 – 100 horas a R$ 5/hora
  OP nº 002 – 200 horas a R$ 6/hora
- CIF rateados aos produtos – 200% da MOD;
- OP nº 001encerrada e transferida para Produtos Acabados;
- Foram vendidas 800 unidades do Produto ALFA, por R$ 20 cada uma;
- O estoque de Produtos Acabados é custeado pelo critério PEPS.

Com os dados acima, os valores do Custo dos Produtos Vendidos e do estoque de Produtos em Processo, no final do período, foram, respectivamente, de:
a) R$ 7.500 e R$ 24.100
b) R$ 8.600 e R$ 21.600
c) R$ 8.900 e R$ 22.800
d) R$ 9.000 e R$ 27.600

17. (Analista de Finanças e Controle/ESAF) A firma Indústria & Comércio de Coisas forneceu ao Contador as seguintes informações sobre um de seus processos de fabricação:

Estoque inicial de materiais	R$ 2.000,00
Estoque inicial de produtos em processo	R$ 0,00
Estoque inicial de produtos acabados	R$ 4.500,00
Compras de materiais	R$ 2.000,00
Mão de obra direta	R$ 5.000,00
Custos indiretos de fabricação 70% da mão de obra direta	
ICMS sobre compras e vendas	15%
IPI sobre a produção	alíquota zero
Preço unitário de venda	R$ 80,00
Estoque final de materiais	R$ 1.400,00
Estoque inicial de produtos acabados	75 unidades
Produção completada	150 unidades
Produção iniciada	200 unidades
Fase atual de produção	60%
Produção vendida	100 unidades

Fazendo-se os cálculos corretos atinentes à produção acima exemplificada podemos dizer que
a) a margem de lucro sobre o preço líquido foi de 10%
b) o lucro bruto alcançado sobre as vendas foi de R$ 1.400,00
c) o lucro bruto alcançado sobre as vendas foi de R$ 8.000,00
d) o custo dos produtos vendidos foi de R$ 6.000,00
e) o custo dos produtos vendidos foi de R$ 7.200,00

(INFRAERO – Contador/Fundação Carlos Chagas) **Instruções**: Para responder às questões de número 18 e 19, utilize os dados a seguir.
A Cia. ABC registra para o ano fiscal terminado em 30.11.X8 os seguintes dados:

Materiais diretos utilizados	R$ 300.000,00
Mão de obra direta	R$ 100.000,00
Custo variável de fabricação	R$ 50.000,00
Custo fixo de fabricação	R$ 80.000,00
Despesas de vendas e administração	R$ 40.000,00
Despesas de propaganda	R$ 20.000,00

18. Se a Cia. ABC usa custeio variável, o custo dos produtos produzidos para o ano de X8 é
    a) R$ 400.000,00
    b) R$ 430.000,00
    c) R$ 450.000,00
    d) R$ 490.000,00
    e) R$ 530.000,00

19. O custo dos inventários para o ano de X8 utilizando o custeio por absorção é
    a) R$ 400.000,00
    b) R$ 450.000,00
    c) R$ 530.000,00
    d) R$ 550.000,00
    e) R$ 590.000,00

20. (PETROBRAS/Fundação Cesgranrio) A Indústria SIGMA apresentou a seguinte movimentação no primeiro trimestre de 2009:

PERÍODO	PRODUÇÃO EM UNIDADES	VENDAS EM UNIDADES	ESTOQUE FINAL (UNIDADES)
Janeiro	40.000	30.000	10.000
Fevereiro	50.000	40.000	20.000
Março	60.000	70.000	10.000

Informações complementares:
Preço de Venda Unitário   R$ 20,00
Custo Variável Unitário   R$ 10,00
Despesa Variável Unitária   R$ 2,00
Custo Fixo   R$ 100.000,00/mês
Despesa Fixa   R$ 120.000,00/mês
Método de Estoque   PEPS

Considerando exclusivamente as informações acima, o lucro operacional obtido pela empresa em março de 2009, pelo critério do custeio variável, monta, em reais, a
a) 460.000,00
b) 340.000,00
c) 320.000,00
d) 100.000,00
e) 20.000,00

21. (Cia. Docas – BA – Contador/FGV) A Cia. Industrial Q incorreu nos seguintes custos durante o mês de janeiro de 2010: Matéria-prima consumida: R$ 1.000; mão de obra direta: R$ 3.000; custos indiretos de fabricação variáveis: R$ 800; custos indiretos fixos de fabricação: R$ 1.200.
Nesse mês, a empresa produziu 100 unidades e vendeu 70% delas por R$ 5.500.
Quais são os custos dos produtos vendidos de acordo com o custeio por absorção e com o custeio variável, respectivamente?
a) R$ 1.300 e R$ 2.140
b) R$ 2.140 e R$ 1.300
c) R$ 4.200 e R$ 3.360
d) R$ 3.360 e R$ 4.200
e) R$ 6.000 e R$ 4.800

22. (Transpetro – Contador(a) Júnior/Fundação Cesgranrio) Num determinado período de produção dos modelos de um de seus produtos, uma indústria apurou e apresentou as informações a seguir.

Elementos	Modelo Leve	Modelo Médio
Produção em unidades	50.000	40.000
Matéria-prima R$/unidade	20,00	25,00
Mão de obra direta R$/unidade	2,00	3,00
Custos indiretos R$/unidade atual	1,40	1,95

Informações adicionais da indústria:
• Estimativa de aumento da produção: 40% do Modelo Leve e 30% do Modelo Médio.
• Expectativa de unidades vendidas: 90% do Modelo Leve e 85% do Modelo Médio.
• A indústria adota o método de custeio por absorção em toda a linha.
• O estoque inicial de produtos acabados inexiste.

Considerando-se exclusivamente as informações recebidas, o custo do estoque de cada modelo, após o aumento da produção, é, em reais, respectivamente,
a) 163.800,00 e 233.610,00
b) 163.800,00 e 230.100,00
c) 161.000,00 e 233.610,00
d) 161.000,00 e 230.100,00
e) 154.000,00 e 218.400,00

23. (Auditor Fiscal de Tributos Estaduais – Rondônia/FCC) Para que se possa determinar os custos de produtos, serviços, atividades e outros objetos de custeio é imprescindível que se conheça conceitos, nomenclaturas, terminologias e classificações aplicadas à Contabilidade de Custos. Em relação a este assunto, considere:

   I. A aquisição de matéria-prima, a prazo, para ser utilizada posteriormente no processo produtivo de uma empresa é um investimento.
   II. O custo variável unitário de um produto não tem seu valor alterado por variações no volume de produção e o custo fixo total pode sofrer variações de valor.
   III. A produção por ordem reside na elaboração de produtos padronizados ou na prestação dos mesmos serviços de forma ininterrupta por um longo período de tempo.
   IV. A segregação entre custos diretos e indiretos baseia-se na relação entre montante total do custo e oscilações no volume de produção.

   Está correto o que se afirma APENAS em
   a) I e II
   b) I e IV
   c) II e III
   d) II e IV
   e) III e IV

24. (Auditor Fiscal de Tributos Estaduais – Rondônia/FCC) A empresa CHEIRO BOM fabrica sabonete líquido de uma única fragrância (erva doce) que é comercializado em embalagem de 300 ml pelo preço líquido de vendas de R$ 13,00. No mês de janeiro, produziu integralmente 20.000 unidades e vendeu 15.000 unidades de seu produto, cujos custos e despesas unitários foram os seguintes:

Custos Diretos Variáveis	R$ 4,00
Custos Indiretos Fixos	R$ 3,00
Despesas Variáveis	R$ 2,00
Despesas Fixas	R$ 1,00
TOTAL	R$ 10,00

   No mês de fevereiro, produziu integralmente 20.000 unidades e vendeu 18.000 unidades de sabonete líquido. Todavia, o preço da matéria-prima aumentou e os custos variáveis diretos passaram a ser R$ 5,00. Considerando que: não havia estoques iniciais no mês de janeiro; a empresa adota o custeio por absorção para fins fiscais e o custeio variável para fins gerenciais; utiliza a média ponderada móvel como critério de avaliação de estoques, é correto afirmar que

   a) O lucro bruto apurado foi de R$ 120.000,00 e a margem de contribuição unitária foi de R$ 7,00, ambos referentes ao mês de janeiro.
   b) A margem de contribuição total apurada no mês de janeiro foi igual àquela apurada no mês de fevereiro.
   c) A diferença no resultado operacional pelo método de custeio variável e por absorção, no mês de fevereiro, foi de R$ 6.000,00.
   d) O lucro bruto apurado assim como a margem de contribuição foram R$ 108.000,00 no mês de fevereiro.
   e) A diferença no valor do estoque final do mês de janeiro pelo custeio variável e por absorção foi de R$ 5.000,00.

25. (Auditor Fiscal de Tributos Estaduais – Rondônia/FCC) A Indústria Barros produz tijolos de um único modelo. No dia 01/01/X1, não existia estoque inicial de produtos acabados e havia estoque de produtos em elaboração no valor de R$ 2.400,00, referente a 1.000 unidades, 60% acabadas. O custo de produção do mês de janeiro foi R$ 93.280,00 e os dados sobre a quantidade produzida foram os seguintes:
    – Unidades iniciadas no período anterior e finalizadas em janeiro: 1.000
    – Unidades iniciadas e finalizadas em janeiro: 20.000
    – Unidades iniciadas e em elaboração no final de janeiro: 2.000, sendo 40% acabadas
    Sabendo-se que a empresa utiliza o PEPS (primeiro que entra, primeiro que sai) como critério de avaliação de estoques e que todos os elementos de custos são incorridos proporcionalmente ao grau de acabamento, o custo da produção acabada em janeiro foi, em reais,
    a) 88.000,00
    b) 89.760,00
    c) 91.520,00
    d) 92.160,00
    e) 95.680,00

26. (Eletronorte/NCE – UFRJ) É o método de custeio exigido pelo fisco para empresas que optam pelo cálculo do Imposto de Renda com base no lucro real:
    a) Custeio Padrão
    b) Custeio por Absorção
    c) Custeio Fixo
    d) Custeio Semifixo
    e) Custeio ABC

27. (Arquivo Nacional/NCE – UFRJ) Considere os dados a seguir, relativos à produção de determinado produto:

DESCRIÇÃO	VALOR (R$)
Materiais Diretos	20.000,00
Mão de Obra Direta	10.000,00
Salários da Administração	1.000,00
Comissão a Vendedores	100,00
Mão de Obra Indireta	5.000,00
Energia Elétrica Fábrica	50,00
Materiais Indiretos	5.000,00
Seguro de Fábrica	300,00
Depreciação Máquinas	2.000,00

Sabe-se que foram produzidos no período 20 unidades, não havendo saldo de produtos em elaboração. Considerando que venderam-se 15 unidades, com receita total de R$ 37.500,00, indique o valor do custo unitário dos produtos vendidos, utilizando o método de custeio por absorção:
    a) R$ 2.117,50
    b) R$ 2.157,50
    c) R$ 2.172,50
    d) R$ 2.500,00
    e) R$ 2.823,30

28. (INPI – Ciências Contábeis/NCE – UFRJ) Observe os dados da produção realizada no mês de Agosto de 20X7:

Custos adicionados
- Materiais Diretos   36.000
- Mão de Obra Direta   54.200
- Custos Indiretos   20.000

Unidades iniciadas   12.000
Unidades transferidas e acabadas 10.000

Estoque final da produção em processo:
- % pronta de Materiais   100%
- % pronta de Mão de Obra Direta   30%
- % pronta de Custos Indiretos   30%

O processo acima retrata a seguinte situação:
a) Produção equivalente a 10.000 unidades de Materiais Diretos, Mão de Obra Direta e Custos Indiretos processadas durante o mês.
b) Estoque final avaliado em R$ 10.000 que será terminado no próximo mês.
c) Produção equivalente a 12.000 unidades de Materiais Diretos e de 10.600 unidades de Mão de Obra Direta e Custos Indiretos.
d) Estoque final avaliado em R$ 2.600 que será terminado no próximo mês.
e) Custo unitário, com base na produção equivalente, avaliado em R$ 3,00.

(METRÔ – SP – Analista Trainee – Ciências Contábeis/FCC) Instruções: Para responder às questões de números 29 e 30, considere os dados abaixo.

A Cia. Papel e Papelão, fabricante de caixas, produziu 40.000 unidades no mês de exercício de início de suas atividades. Durante o período, foram vendidas 32.000 unidades ao preço de R$ 60,00 cada uma. Os custos e despesas da companhia, no referido mês, foram:

Custos e despesas variáveis, por unidade:
- Matéria-prima .... R$ 16,00
- Materiais indiretos .... R$ 10,00
- CIF variáveis .... R$ 8,00
- Despesas variáveis .... 10% do preço de venda

Custos e despesas fixos totais do mês:
- Mão de obra da fábrica .... R$ 80.000,00
- Depreciação dos equipamentos industriais .... R$ 36.000,00
- Outros gastos de fabricação .... R$ 98.000,00
- Salários do pessoal da administração .... R$ 62.000,00
- Demais despesas administrativas .... R$ 40.000,00

29. O lucro líquido do exercício pelo sistema de custeio por absorção é, em R$, igual a
   a) 364.400,00
   b) 324.000,00
   c) 316.000,00
   d) 314.800,00
   e) 366.800,00

30. O estoque final da companhia, se utilizado o sistema de custeio variável, equivalerá, em R$, a
   a) 314.800,00
   b) 272.000,00
   c) 324.000,00
   d) 294.000,00
   e) 316.800,00

31. (METRÔ – SP – Analista Trainee – Ciências Contábeis/FCC) Os seguintes dados foram extraídos da contabilidade da Cia. Industrial Mirante, relativos ao exercício de 2007, ano em que iniciou suas atividades:
   Quantidade produzida do bem X .... 10.000 unidades
   Quantidade vendida do bem X .... 8.000 unidades
   Receita líquida de vendas .... R$ 320.000,00
   Custos fixos de produção .... R$ 100.000,00
   Custos variáveis de produção .... R$ 12,00 por unidade
   Despesas fixas .... R$ 40.000,00
   Despesas variáveis com venda .... R$ 3,00 por unidade vendida
   Estoque final de produtos acabados .... 2.000 unidades

   A diferença positiva entre o lucro antes dos impostos e das participações no custeio por absorção em comparação com o custeio variável equivaleu, em R$, a
   a) 10.000,00
   b) 12.000,00
   c) 15.000,00
   d) 18.000,00
   e) 20.000,00

(INFRAERO – Contador/FCC) Instrução: Utilize as informações a seguir para responder às questões 32 e 33.

A Cia. Delta fabricou 40.000 unidades de seu único produto no mês de início de suas atividades. Durante o período, foram vendidas 36.000 unidades ao preço de R$ 70,00 cada uma. Os custos e despesas da companhia, no referido mês, foram:
Custos e despesas variáveis, por unidade:
– Materiais diretos .... R$ 12,00
– Mão de obra direta .... R$ 8,00
– CIF variáveis .... R$ 20,00
– Despesas variáveis .... 5% do preço de venda

Custos e despesas fixos totais do mês:
- Mão de obra da fábrica .... R$ 80.000,00
- Depreciação dos equipamentos industriais .... R$ 20.000,00
- Outros gastos de fabricação .... R$ 60.000,00
- Salários do pessoal da administração .... R$ 50.000,00
- Demais despesas administrativas .... R$ 40.000,00

32. O custo unitário de produção das 40.000 unidades fabricadas, utilizando o custeio por absorção, equivaleu a, em R$,
   a) 44,00
   b) 40,00
   c) 43,50
   d) 47,50
   e) 46,25

33. Se a companhia utilizar o método do custeio variável, a margem de contribuição unitária é igual a, em R$,
   a) 22,50
   b) 26,00
   c) 30,00
   d) 26,50
   e) 23,25

34. (TRE – RN – Analista Judiciário – Contador/FCC) A Cia. Várzea Paulista fabricou 20.000 unidades de seu produto no mês de início de suas atividades, outubro de 2010. Setenta por cento dessa produção foi vendida no período ao preço unitário de R$ 180,00. As seguintes informações adicionais foram obtidas do setor de contabilidade da Cia. para o período em tela:
   - Custos e Despesas Fixos .... R$ 750.000,00
   - Materiais Diretos .... R$ 25,00 por unidade do produto
   - Mão de Obra Direta .... R$ 20,00 por unidade do produto
   - Despesas variáveis de venda .... R$ 10,00 por unidade do produto
   - Custos indiretos variáveis .... R$ 30,00 por unidade do produto

   Se a Companhia adotou o custeio variável como forma de custeamento de seus produtos, o seu lucro líquido no período, antes de computar o imposto de renda e a contribuição social sobre o lucro foi, em R$,
   a) 440.000,00
   b) 730.000,00
   c) 620.000,00
   d) 430.000,00
   e) 580.000,00

(TRE – AM – Contador/FCC) Atenção: Considere os dados abaixo para responder as questões de números 35 e 36.

A empresa Bela produz um único produto, e para produzir 800 unidades desse produto incorreu nos seguintes gastos durante o mês de outubro:
- **Custo fixo: R$ 12.000,00**

- Custos variáveis: Matéria-prima: R$ 8,00/unidade; Mão de obra direta: R$ 3,00/unidade
- Despesas fixas: R$ 4.000,00
- Despesas variáveis: R$ 3,00/unidade
- Comissões sobre vendas: 10% do preço de venda
- Preço de venda: R$ 80,00/unidade
- Quantidade vendida: 600 unidades

35. Pelo Custeio por Absorção, o custo unitário da produção do período foi, em reais,
    a) 11
    b) 14
    c) 26
    d) 29
    e) 34

36. Pelo Custeio Variável, o custo unitário da produção do período foi, em reais,
    a) 8
    b) 11
    c) 14
    d) 22
    e) 29

37. (TCE – RJ – Analista de Controle Externo/Femperj) A Cia. Indústria e Comércio Caçamba fabrica o cigarro Entulho, cujo preço de venda é de $ 100,00 por unidade; a empresa paga comissão de 20% sobre preço de venda e ainda é tributada em 50% do preço de venda, tendo em vista as iniciativas do governo para desestimular o consumo de produtos como o cigarro Entulho. Além desses desembolsos, os gastos para a produção são significativos:
    - custo variável (material) = $ 20,00 por unidade;
    - custos fixos são de $ 50.000,00 por período;
    - despesas fixas totalizam a $ 20.000,00 por período;

    A empresa havia liquidado seus estoques em maio e concedeu férias aos funcionários em junho. No mês de julho, a empresa produziu 20 mil unidades do produto e vendeu 10 mil unidades. A taxa de absorção de custos fixos foi de $ 50.000/20.000 unidades = $ 2,50 por unidade produzida.
    No mês de agosto, a empresa produziu 25 mil unidades e vendeu 15 mil unidades.

    De maneira uniforme, a Cia. Indústria e Comércio Caçamba utiliza o Custeio por Absorção para fins de mensuração de seus estoques e adota o método PEPS. Sendo assim, o valor do lucro líquido do mês de agosto foi de:
    a) R$ 92.500,00
    b) R$ 95.000,00
    c) R$ 100.000,00
    d) R$ 110.000,00
    e) R$ 115.000,00

38. **(PETROBRAS – Administrador(a) Júnior/Fundação Cesgranrio)** Uma indústria produz um único produto, de forma contínua, com a apuração dos custos por processo, acumulando os gastos por período produtivo para a devida apropriação às unidades produzidas, nesse mesmo período, conforme anotações a seguir:
    – Matéria-prima consumida   R$ 108.000,00
    – Mão de obra aplicada na produção   R$ 81.000,00
    – Custos indiretos do período   R$ 27.000,00
    – Bens iniciados no período   6.000
    – Bens concluídos no período   4.500
    – Estoques iniciais de produtos acabados e em elaboração   0
    – Estágio estimado da produção semiacabada   60%

    Considerando-se exclusivamente as informações recebidas, o valor do estoque final dos produtos em elaboração (produção em andamento), ao final do período produtivo, em reais, é
    a) 36.000,00
    b) 43.200,00
    c) 47.250,00
    d) 54.000,00
    e) 60.000,00

39. **(LIQUIGÁS – Petrobras – Contador Júnior/Fundação Cesgranrio)** Uma indústria de produção contínua começou janeiro de 2011, após as férias coletivas dos empregados e com todos os estoques zerados, iniciando a produção de 25.000 unidades e concluindo, ao final do mês, 20.000 unidades da produção iniciada.
    As unidades em processo estão em estágios diferentes de estimativa de produção, como segue:
    – Matéria-prima = toda a necessidade já foi consumida no processo.
    – Mão de obra direta = consumidos 80% da necessidade prevista.
    – Custos indiretos de fabricação = consumidos 60% das necessidades.

    Gastos incorridos no processo produtivo de janeiro de 2011
    – Matéria-prima   250.000,00
    – Mão de obra direta   198.000,00
    – Custos indiretos de fabricação 138.000,00

    Considerando exclusivamente as informações recebidas, o custo da produção acabada no mês de janeiro de 2011, em reais, é
    a) 468.800,00
    b) 485.000,00
    c) 539.120,00
    d) 562.560,00
    e) 586.000,00

40. **(Eletronorte – Contador/NCE – UFRJ)** Os custos dos produtos elaborados em março/2006 pela Cia. Industrial JOTA, apurados pelo Custeio por Absorção foram:
    Produto X .... R$ 795,00/unid.
    Produto Y .... R$ 810,00/unid.
    Produto Z .... R$ 940,00/unid.

Considerando que os custos indiretos de fabricação representam 20% do custo direto, e que 50% desses custos indiretos se referem a custos fixos, o custo variável contido em cada unidade do produto X é de:
a) R$ 742,50;
b) R$ 728,75;
c) R$ 662,50;
d) R$ 701,35;
e) R$ 689,40.

(Fiscal de Rendas – SP/FCC) Para responder às questões de números 41 e 42, considere os dados, a seguir, referentes aos exercícios financeiros de 2011 e 2012, sobre uma indústria que produz e vende um único produto:

Dados	2011	2012
Quantidade produzida	500.000	625.000
Quantidade vendida	500.000	500.000
Preço líquido de venda por unidade	R$ 42,00	R$ 42,00
Custos variáveis por unidade	R$ 30,00	R$ 30,00
Despesas variáveis por unidade	R$ 5,00	R$ 5,00
Custos fixos por ano	R$ 3.000.000,00	R$ 3.000.000,00
Despesas fixas por ano	R$ 400.000,00	R$ 400.000,00

Obs.: Considere ainda que não existiam estoques iniciais de produtos em elaboração e de produtos acabados em cada um dos exercícios financeiros.

41. Os valores da margem de contribuição unitária do produto nos exercícios financeiros de 2011 e 2012 foram, respectivamente, em R$,
    a) 5,20 e 5,20
    b) 6,00 e 6,00
    c) 6,00 e 7,20
    d) 7,00 e 7,00
    e) 12,00 e 12,00

42. Referente ao exercício financeiro de 2012, a diferença entre os valores dos estoques finais de produtos acabados apurados pelos métodos de custeio por absorção e variável é, em R$,
    a) 80.000.
    b) 600.000.
    c) 625.000.
    d) 680.000.
    e) 750.000.

43. (METRÔ – SP – Ciências Contábeis/FCC) É correto afirmar:
   a) O custeio por absorção é a forma de apropriação dos custos aos produtos que considera apenas os custos variáveis, de modo que a demonstração ou aluguel do prédio da fábrica deve ser registrado diretamente como despesa.
   b) Uma matéria-prima que tenha apresentado uma variação favorável de 15% em relação ao preço padrão, e de 15% desfavorável em relação à quantidade padrão, apresentou uma variação nula, comparando-se o custo efetivo com o custo padrão.
   c) As matérias-primas devem ser registradas na contabilidade pelo seu custo de aquisição, incluindo neste o valor dos impostos, sejam eles recuperáveis ou não.
   d) O conceito de equivalente de produção é utilizado para apuração dos custos unitários da produção por ordem.
   e) A classificação de um item de custos, em fixo ou variável, leva em conta a relação entre o valor total do item em um período e o volume de produto fabricado no mesmo período.

44. (PETROBRAS – Contador(a) Júnior/Fundação Cesgranrio) A Indústria Alimentícia Bom Ltda., no primeiro mês de suas atividades, recebeu três encomendas para produzir os biscoitos A, B e C.
As operações realizadas pela Indústria para atender a essas encomendas foram:
   - Compras de matérias-primas a crédito   R$ 46.000,00
   - Matérias-primas requisitadas
     – OP nº 1 (Biscoito A)   R$ 16.000,00
     – OP nº 2 (Biscoito B)   R$ 13.000,00
     – OP nº 3 (Biscoito C)   R$ 11.000,00   R$ 40.000,00
   - Apontamento da mão de obra direta aplicada às Ordens de Pagamento (OP)
     – OP nº 1   R$ 30.000,00
     – OP nº 2   R$ 15.000,00
     – OP nº 3   R$ 5.000,00   R$ 50.000,00
   - Os Custos Indiretos de Fabricação (CIF) apurados, nesse período produtivo, de R$ 60.000,00, são rateados para os produtos pelo valor da mão de obra direta.
   - As OP 1 e 2 foram completadas e os produtos foram enviados para o depósito de produtos acabados.

Considerando exclusivamente as informações acima e desprezando a incidência de qualquer imposto, o total da conta estoque de produtos acabados, no final do processo produtivo, foi, em reais, de
   a) 22.000,00
   b) 46.000,00
   c) 128.000,00
   d) 132.000,00
   e) 160.000,00

45. (PETROBRAS – Contador(a) Júnior/Fundação Cesgranrio) Considere as informações da Cia. Industrial Mediterrânea Ltda. a seguir.
   - Ordens de produção (OP) existentes em 1º de março de 2009:

Ordem nº	Matéria-Prima	Mão de obra direta	Custos Indiretos de Fabricação (CIF)
21.144	20.000,00	15.000,00	4.500,00
21.145	9.000,00	14.000,00	4.200,00
21.146	2.000,00	1.000,00	300,00

- Os gastos em Março de 2009:

Ordem nº	Matéria-Prima	Mão de obra direta
21.144	6.000,00	3.000,00
21.145	5.000,00	7.000,00
21.146	3.000,00	2.000,00
21.147	10.000,00	2.000,00
21.148	8.000,00	6.000,00

- Os custos indiretos de fabricação no mês foram de R$ 6.000,00 e foram apropriados às OP proporcionalmente aos gastos com mão de obra direta ocorridos durante o mês de março de 2009.
- As ordens de produção 21.145, 21.146 e 21.148 foram completadas durante o mês, entregues e faturadas aos clientes.

Considerando apenas as informações acima, na apuração de resultados, em 31 de março de 2009, foi levado ao Custo dos Produtos Vendidos (CPV) o valor, em reais, de

a) 52.000,00
b) 66.000,00
c) 58.000,00
d) 70.800,00
e) 74.700,00

Gabarito

1. b	8. c	15. c	22. a	29. e	36. b	43. e
2. b	9. e	16. b	23. a	30. b	37. b	44. c
3. c	10. a	17. d	24. c	31. e	38. a	45. b
4. a	11. b	18. c	25. d	32. a	39. b	
5. a	12. b	19. c	26. b	33. d	40. b	
6. d	13. d	20. b	27. a	34. e	41. d	
7. b	14. d	21. c	28. c	35. c	42. b	

Soluções Comentadas

Exercício 1

Receitas de serviços 550

(–) Custos variáveis

    Mão de obra direta variável .... (60)

    Mão de obra indireta variável .... (10)

    Matéria-prima variável .... (80) ....(150)

(–) Despesas variáveis (comissões, ISS, PIS, COFINS, etc.)................................ 0

(=) **Margem de contribuição** 400

(–) Custos fixos

    Mão de obra direta fixa .... (40)

    Matéria-prima fixa .... (100)..(140)

(–) Despesa de vendas .... (50)

(–) Despesa de aluguel de carro .... (6)

(–) Perdas em estoques .... (20)

(+) Receita de equivalência patrimonial 12

(=) **Resultado do exercício** 196

Exercício 2

Quando num processo de produção contínua há ao final do período estoques de produtos em elaboração e de produtos acabados, deve-se estimar que fração (ou percentual) cada unidade em elaboração corresponde ao custo de uma unidade pronta, a fim de que se possa determinar os valores dos estoques desses produtos. Tal técnica é chamada de EQUIVALENTE DE PRODUÇÃO (ou Produção Equivalente).

Exercício 3

O primeiro passo é calcularmos os custos unitários dos Materiais Diretos (MD/u), da Mão de Obra Direta (MOD/u) e das Despesas Indiretas de Fabricação (DIF/u):

$$MD/u = \frac{R\$ \ 256.080,00}{22.000 + 80\% \ 1.600} = R\$ \ 11,00$$

$$MOD/u = \frac{R\$ \ 134.520,00}{22.000 + 50\% \ 1.600} = R\$ \ 5,90$$

DIF/u = 150% MOD/u = R$ 8,85

1 unidade pronta = R$ 11,00 + R$ 5,90 + R$ 8,85 = R$ 25,75

Exercício 4

1 unidade processo = 80% R$ 11,00 + 50% R$ 5,90 + 150% 50% R$ 5,90 = R$ 16,175

Estoque de produtos em processo = R$ 16,175 × 1.600 = R$ 25.880,00

Exercício 5

Quando toda a produção for vendida, os resultados apurados pelo custeio por absorção e pelo custeio variável sempre serão iguais.

No entanto, a empresa produziu 30.000 unidades e só vendeu 24.000. Nesse caso, o resultado apurado pelo custeio por absorção será superior ao apurado pelo custeio variável dos custos fixos referentes às 6.000 unidades que não foram vendidas, ou seja:

$$\text{Custos Fixos (6.000 un.)} = \frac{R\$ \ 80.000 + R\$ \ 36.000 + 100.000}{30.000} \times 6.000 = R\$ \ 43.200$$

Exercício 6

$$1 \text{ un. pronta} = \frac{R\$ \ 3.200.450}{8.500 + 3.600} + \frac{R\$ \ 749.920}{8.500 + 3.600 \times 2/3} + \frac{R\$ \ 624.960}{8.500 + 3.600 \times 3/4} =$$

R$ 264,50 + R$ 68,80 + R$ 55,80 = R$ 389,10

Exercício 7

1 un. em processo = R$ 264,50 + (R$ 68,80 × 2/3) + (R$ 55,80 × 3/4) = R$ 352,21667

Produção em processo (estoque) = R$ 352,21667 × 3.600 = R$ 1.267.980

Exercício 8

Se, por exemplo, na fabricação de 1.000 unidades do produto X, ao final do período 700 ficaram totalmente prontas e 300 em processo, onde cada unidade em processo recebeu 60% dos custos de cada unidade pronta, a PRODUÇÃO EQUIVALENTE seria de 700 + 60% 300 = 880. Isso significa que o gasto efetuado para as 700 unidades prontas e 300 não prontas seria o mesmo para fabricar 880 totalmente prontas.

Exercício 9

Na produção por ORDEM, cada ordem de produção corresponde a uma encomenda específica de cada cliente.

Exercício 10

A diferença do resultado entre o custeio por absorção e pelo custeio variável será de R$ 348.750 – R$ 345.000 = R$ 3.750. Essa diferença corresponde aos custos fixos das 2.000 unidades remanescentes no estoque.

Admitindo que o custo fixo das 8.000 unidades fabricadas seja "F", o custo fixo das 2.000 unidades remanescentes no estoque seria de 2.000F/8.000 = 0,25F. Assim, teremos:

0,25F = 3.750 ⟶ F = 3.750 ÷ 0,25 = 15.000 (custo fixo total)

Custeio por Absorção:

- Preço unitário de venda = V
- Receita de Venda = 6.000V
- Custo Variável = 40% 6.000V = 2.400V
- Custo Fixo dos produtos vendidos = R$ 15.000 × 6.000/8.000 = R$ 11.250

Lucro = Receita de Venda – Custo Variável – Custo Fixo dos produtos vendidos
348.750 = 6.000V – 2.400V – 11.250 ⟶ V = 100 (preço unitário de venda)

Custo variável unitário = 100 × 40% = 40

Exercício 11

Custo unitário = $\dfrac{R\$\ 20.000 + R\$\ 22.000 + R\$\ 6.000 + R\$\ 12.000}{300}$ = R$ 200

Exercício 12

Custo unitário = $\dfrac{R\$\ 20.000 + R\$\ 22.000 + R\$\ 6.000}{300}$ = R$ 160

Exercício 13

Margem de Contribuição unitária = Venda – Custos e Despesas Variáveis unitário

---

Margem de Contribuição unitária = R$ 300 – (R$ 160 + R$ 20) = R$ 120

Margem de Contribuição total = R$ 120 × 250 = R$ 30.000

Exercício 14

CUSTEIO POR ABSORÇÃO:

- Custo dos Produtos Vendidos (CPV) = R$ 200 × 250 = R$ 50.000
- Lucro Bruto = Vendas – CPV = R$ 300 × 250 – R$ 50.000 = R$ 25.000

Exercício 15

I. (CERTO). No custeio por absorção, cada unidade fabricada "absorve" todos os custos, sejam fixos ou variáveis.

II. (CERTO). Tendo em vista que os custos fixos não podem ser alterados por decisões simples da gerência, esses não são úteis para a contabilidade gerencial, que é aquela utilizada para a tomada de decisões. Assim, por exemplo, as matérias-primas, que são custos variáveis podem ser trocadas por outras mais baratas, a fim de reduzir o custo de produção. No entanto, o alguel de fábrica, que é um custo fixo, não pode ser reduzido com facilidade, pois, em geral, não depende muito da vontade dos gerentes de produção.

III. (CERTO). Lembrando que os custos fixos unitários variam de forma inversa à quantidade produzida, o custo unitário de um produto também irá ser afetado pela mudança da quantidade produzida.

IV. (ERRADO) No custeio variável, todos os custos variáveis são apropriados aos produtos fabricados, independentemente de serem diretos ou indiretos.

Exercício 16

Produtos em Processo – 001		Produtos em Processo – 002		Produtos Acabados – 001	
2.500		12.000		5.000	**8.600 (2)**
(MPA) 2.000		(MPA) 6.000		(1) 6.000	
(MOD) 500		(MOD) 1.200		2.400	
(CIF) 1.000		(CIF) 2.400			
6.000	6.000 (1)	**21.600**	→ ESTOQUE		
CPV					
(2) 8.600					

Produto ALFA:

	Quantidade	Unidade	Total
Estoque	500	10	5.000
	500	12	6.000
Saída (PEPS)	500	10	5.000
	300	12	3.600

CPV = 8.600

Exercício 17

MA = EIM + CM − EFM = 2.000 + (2.000 − 15% 2.000) − 1.400 = 2.300

Legenda:

MA = Materiais Aplicados

EIM = Estoque Inicial de Materiais

CM = Compras de Materiais (já excluídos o ICMS de 15%)

EFM = Estoque Final de Materiais

Custo de Produção = MA + MOD + CIF = R$ 2.300 + R$ 5.000 + 70% 5.000 = R$ 10.800

Da produção total de 200 unidades, 150 foram completadas. Logo, 50 unidades ficaram em processo, com um custo equivalente a 60%. Assim, teremos:

Produção Equivalente = 150 + 60% 50 = 180 acabadas

1 unidade acabada = R$ 10.800 ÷ 180 = R$ 60

Visto que no estoque inicial de produtos acabados já existiam 75 unidades e foram vendidas 100 unidades e admitindo o método PEPS, primeiro serão vendidas as 75 unidades ao custo total de R$ 4.500 e depois 25 unidades ao custo unitário de R$ R$ 60. Por fim, teremos:

CPV (Custo dos Produtos Vendidos) = R$ 4.500 + R$ 60 × 25 = R$ 6.000

Exercício 18

Custo de Produção = R$ 300.000 + R$ 100.000 + R$ 50.000 = R$ 450.000

Exercício 19

Custo de Produção = R$ 300.000 + R$ 100.000 + R$ 50.000 + R$ 80.000 = R$ 530.000

Exercício 20

- Receita de Vendas = R$ 20 × 70.000 = R$ 1.400.000
- Custos e Despesas Variáveis = (R$ 10 + R$ 2) × 70.000 = R$ 840.000
- Custos e Despesas Fixos = R$ 100.000 + R$ 120.000 = R$ 220.000

Lucro Operacional = R$ 1.400.000 − R$ 840.000 − R$ 220.000 = R$ 340.000

Exercício 21

CPV (absorção) = (R$ 1.000 + R$ 3.000 + R$ 800 + R$ 1.200) × 70% = R$ 4.200

CPV (variável) = (R$ 1.000 + R$ 3.000 + R$ 800) × 70% = R$ 3.360

Exercício 22

Estoque (leve) = 50.000 × 1,4 × 10% × (20,00 + 2,00 + 1,40) = 163.800,00

Estoque (médio) = 40.000 × 1,3 × 15% × (25,00 + 3,00 + 1,95) = 233.610,00

Nota 1: Ao multiplicarmos a produção de 50.000 do estoque do modelo leve por 1,4 e do modelo médio por 1,3, estamos, respectivamente, aumentando a produção dos estoques em 40% e 30%.

Nota 2: Visto que foram vendidos 90% da produção do produto leve e 85% do produto médio, sobraram nos estoques, respectivamente, 10% e 15%, razão pela qual no cálculo acima multiplicamos por esses percentuais.

Exercício 23

I. CERTO. A aquisição de matéria-prima, a prazo, para ser utilizada posteriormente no processo produtivo de uma empresa é um ATIVO. Logo, é um investimento.

II. CERTO. O custo variável unitário de um produto não tem seu valor alterado por variações no volume de produção e o custo fixo total pode sofrer variações de valor.

III. ERRADO. A produção por PROCESSO (e não por ordem) reside na elaboração de produtos padronizados ou na prestação dos mesmos serviços de forma ininterrupta por um longo período de tempo.

IV. ERRADO. A segregação entre custos FIXOS e VARIÁVEIS (e não diretos e indiretos) baseia-se na relação entre montante total do custo e oscilações no volume de produção.

Exercício 24

JANEIRO

CV = R$ 4 × 20.000 = R$ 80.000

CF = R$ 3 × 20.000 = R$ 60.000

DV = R$ 2 × 20.000 = R$ 40.000

DF = R$ 1 × 20.000 = R$ 20.000

CUSTEIO POR ABSORÇÃO:

LB = R$ 13 × 15.000 − $\dfrac{(R\$\ 80.000 + R\$\ 60.000)}{20.000}$ × 15.000 = R$ 90.000

Resultado Operacional = LB − $\dfrac{DV}{20.000}$ × 15.000 − DF

= R$ 90.000 − $\dfrac{R\$\ 40.000}{20.000}$ × 15.000 − R$ 20.000 = R$ 40.000

CUSTEIO VARIÁVEL:

MC/u = Vu − CDV/u = R$ 13 − (R$ 4 + R$ 2) = R$ 7,00

MC (total) = MC/u × 15.000 = R$ 7,00 × 15.000 = R$ 105.000,00

Resultado Oper. = MC − CDF = R$ 105.000 − (R$ 60.000 + R$ 20.000) = R$ 25.000

FEVEREIRO

CV = R$ 5 × 20.000 = R$ 100.000

CF = R$ 3 × 20.000 = R$ 60.000

DV = R$ 2 × 20.000 = R$ 40.000

DF = R$ 1 × 20.000 = R$ 20.000

CUSTEIO POR ABSORÇÃO:

LB = R$ 13 × 18.000 − $\dfrac{(R\$\ 100.000 + R\$\ 60.000)}{20.000}$ × 18.000 = R$ 90.000

Resultado Operacional = LB − $\dfrac{DV}{20.000}$ × 18.000 − DF

= R$ 90.000 − $\dfrac{R\$\ 40.000}{20.000}$ × 18.000 − R$ 20.000 = R$ 34.000

CUSTEIO VARIÁVEL:

MC/u = Vu − CDV/u = R$ 13 − (R$ 5 + R$ 2) = R$ 6,00

MC (total) = MC/u × 18.000 = R$ 6,00 × 18.000 = R$ 108.000,00

Resultado Oper. = MC − CDF = R$ 108.000 − (R$ 60.000 + R$ 20.000) = R$ 28.000

Diferença entre o Resultado Operacional pelos dois métodos em fevereiro = R$ 34.000 − R$ 28.000 = R$ 6.000

Exercício 25

Produção equivalente = 1.000 × (100% − 60%) + 20.000 + 2.000 × 40% = 21.200

---

1 unidade pronta = R$ 93.280 ÷ 21.200 = R$ 4,40

O Custo da Produção Acabada (CPA) corresponde ao custo das 1.000 unidades que já estavam 60% prontas mais o custo das 20.000 unidades totalmente prontas. Assim, teremos:

Custo das 1.000 unidades (R$ 2.400 + 1.000 × 40% × R$ 4,40) .... R$ 4.160,00
(+) Custo das 20.000 unidades (20.000 × R$ 4,40) .... R$ 88.000,00
(=) Custo da Produção Acabada .... R$ 92.160,00

Exercício 26

No custeio por absorção, os custos fixos só irão para o resultado quando da venda dos produtos, implicando na confrontação das despesas correspondentes a tais custos com as receitas de vendas, traduzindo-se isso no princípio da competência, o qual deve ser observado pelas empresas que declaram o IR com base no lucro real.

Exercício 27

$$\text{Custo un.} = \frac{R\$ 20.000 + R\$ 10.000 + R\$ 5.000 + R\$ 50 + R\$ 5.000 + R\$ 300 + R\$ 2.000}{20}$$

= R$ 2.117,50

Exercício 28

Visto que os Materiais foram 100% aplicados nos produtos em processo, a produção equivalente referente a esses materiais é de 12.000 unidades.

No caso da Mão de Obra Direta e dos Custos Indiretos, visto que só foram aplicados aos produtos em processo 30% desses custos, a produção equivalente referente a esses custos será de 10.000 unidades + 30% 2.000 unidades, ou seja, 10.600 unidades.

Exercício 29

CPV = (16 + 10 + 8) × 32.000 + $\dfrac{(80.000 + 36.000 + 98.000)}{40.000}$ × 32.000 = 1.259.200

Receita de Vendas (60 × 32.000) 1.920.000
(–) CPV .... (1.259.200)
(–) Despesas variáveis (10% 1.920.000) .... (192.000)
(–) Salários do pessoal da administração .... (62.000)
(–) Demais despesas administrativas .... (40.000)
(=) Lucro líquido 366.800

Exercício 30

Estoque (8.000 unidades) = (16 + 10 + 8) × 8.000 = 272.000

Exercício 31

Conforme já comentado, na hipótese em que nem toda a produção é vendida, o resultado apurado pelo custeio por absorção excede aquele apurado pelo custeio variável exatamente no valor dos custos fixos apropriados aos estoques remanescentes, no caso, 2.000 unidades (= 10.000 un. – 8.000 un.). Assim, teremos:

Custo fixo no estoque (2.000 un.) = $\dfrac{R\$ 100.000,00}{10.000 \text{ un.}}$ × 2.000 un. = R$ 20.000,00

Exercício 32

Custo unitário = 12,00 + 8,00 + 20,00 + $\dfrac{80.00,000 + 20.000,00 + 60.000,00}{40.000}$ = 44,00

Exercício 33

Margem Cont. Unit. (MC/u) = Preço de Venda – Custos e Despesas Variáveis por unidade

---

MC/u = 70,00 – (12,00 + 8,00 + 20,00 + 5% 70,00) = 26,50

Exercício 34

Receita de Vendas (70% 20.000 × 180) 2.520.000
(–) Custos de Despesas Variáveis [70% 20.000 × (25 + 20 + 10 + 30)] .... (1.190.000)
(–) Custos e Despesas Fixos .... (750.000)
(=) Lucro (custeio variável) 580.000

Exercício 35
Custo unitário (absorção) = 8 + 3 + 12.000 ÷ 800 = 26

Exercício 36
Custo unitário (variável) = 8 + 3 = 11

Exercício 37
- Custo unitário julho (10.000 un.) = R$ 20 + R$ 50.000/20.000 = R$ 22,50
- Custo unitário agosto (25.000 un.) = R$ 20 + R$ 50.000/25.000 = R$ 22,00

Pelo método PEPS, a venda de 15.000 unidades em agosto se traduz na venda das 10.000 unidades remanescentes no estoque em julho e 5.000 unidades de agosto. Assim, o Custo dos Produtos Vendidos (CPV) em agosto será de 10.000 × R$ 22,50 + 5.000 × R$ 22,00, ou seja, R$ 335.000,00.

Por fim, em agosto teremos:
Receita de Vendas (15.000 × R$ 100,00) .... R$ 1.500.000,00
(–) Tributos sobre Vendas (50%) .... (R$ 750.000,00)
(–) CPV .... (R$ 335.000,00)
(–) Comissões sobre Vendas (20%) .... (R$ 300.000,00)
(–) Despesas Fixas .... (R$ 20.000,00)
(=) Lucro Líquido .... R$ 95.000,00

Exercício 38
Custo de Produção = R$ 108.000,00 + R$ 81.000,00 + R$ 27.000,00 = R$ 216.000,00

Produção equivalente = 1.500 × 60% + 4.500 = 5.400 unidades

----

1 unidade pronta = R$ 216.000,00 ÷ 5.400 = R$ 40,00

1 unidade em elaboração = 60% R$ 40,00 = R$ 24,00

Estoque de Produtos em Elaboração (1.500 un.) = R$ 24,00 × 1.500 = R$ 36.000,00

Exercício 39

$$1 \text{ un. pronta} = \frac{R\$ 250.000,00}{25.000} + \frac{R\$ 198.000,00}{20.000 + 80\% \cdot 5.000} + \frac{R\$ 138.000,00}{20.000 + 60\% \cdot 5.000} =$$

1 un. pronta = R$ 10,00 + R$ 8,25 + R$ 6,00 = R$ 24,25

Produção acabada = R$ 24,25 × 20.000 = R$ 485.000,00

Exercício 40

Admitindo que o custo direto unitário vale "D", teremos que o custo indireto vale 0,2D. Assim, podemos montar a seguinte equação em relação ao produto X:

Custo direto + Custo indireto = R$ 795

D + 0,2D = R$ 795 ⟶ D = R$ 795/1,2 = R$ 662,50

Consequentemente, o custo INDIRETO será R$ 662,50 × 0,2 = R$ 132,50

Visto que o custo fixo é de 50% do custo indireto, o valor daquele será de 50% R$ 132,50, isto é, R$ 66,25.

Por fim, o custo variável contido em cada unidade do produto X será o custo unitário total menos o custo fixo contido no mesmo produto, ou seja, R$ 795,00 – R$ 66,26 = R$ 728,75

Exercício 41

- MC/u (2011) = 42,00 – (30,00 + 5,00) = 7,00
- MC/u (2012) = 42,00 – (30,00 + 5,00) = 7,00

Exercício 42

O estoque apurado pelo custeio por absorção excede aquele apurado pelo custeio variável exatamente na proporção dos custos fixos apropriados aos estoques. No caso de 2012, o estoque será de 625.000 unidades – 500.000 unidades = 125.000 unidades. Assim, o custo fixo apropriado à essas unidades remanescentes será calculado da seguinte forma:

Custo fixo no estoque = $\dfrac{3.000.000,00}{625.000}$ × 125.000 = 600.000

Exercício 43

a) ERRADO. O custeio VARIÁVEL (e não por absorção) é a forma de apropriação dos custos aos produtos que considera apenas os custos variáveis, de modo que a demonstração ou aluguel do prédio da fábrica deve ser registrado diretamente como despesa.

b) ERRADO. Uma matéria-prima que tenha apresentado uma variação favorável de 15% em relação ao preço padrão, tem um preço real de 85%. Ao mesmo tempo, com uma variação 15% desfavorável em relação à quantidade padrão, apresentou uma quantidade real de 115%. Nesse caso, o custo real total, que é o preço multiplicado pela quantidade será de 115% × 85% = 97,75%, valor esse representando uma variação total favorável em 2,25% e não nula (isso será melhor visto no capítulo 9).

c) ERRADO. As matérias-primas devem ser registradas na contabilidade pelo seu custo de aquisição, incluindo neste somente o valor dos impostos NÃO recuperáveis.

d) ERRADO. O conceito de equivalente de produção é utilizado para apuração dos custos unitários da produção por PROCESSO (e não por ordem).

e) <u>CERTO</u>. A classificação de um item de custos, em fixo ou variável, leva em conta a relação entre o valor total do item em um período e o volume de produto fabricado no mesmo período.

Exercício 44

O primeiro passo é acharmos as parcelas do CIF rateadas às ordens acabadas (OP 1 e OP 2):

CIF (OP 1) = $\dfrac{R\$ \ 60.000,00}{R\$ \ 50.000,00}$ × R$ 30.0000,00 = R$ 36.000,00

CIF (OP 2) = $\dfrac{R\$ \ 60.000,00}{R\$ \ 50.000,00}$ × R$ 15.0000,00 = R$ 18.000,00

Por fim, o saldo do Estoque dos Produtos Acabados será o somatório de todos os custos apropriados às ordens prontas (MPA + MOD + CIF):

  OP 1 (= R$ 16.000,00 + R$ 30.000,00 + R$ 36.000,00) .... R$ 82.000,00
(+) OP 2 (= R$ 13.000,00 + R$ 15.000,00 + R$ 18.000,00) .... R$ 46.000,00
(=) Estoque de Produtos Acabados .... R$ 128.000,00

Exercício 45

O primeiro passo é calcularmos os CIF apropriados em março às ordens que foram completadas e entregues (OP 145, OP 146 e OP 148), com base na mão de obra direta, cujo total apropriado "em março" foi de R$ 20.000,00, somando também os CIF das ordens que já existiam antes de março (145 e 146):

CIF (OP 145) = $\dfrac{R\$ \ 6.000,00}{R\$ \ 20.000,00}$ × R$ 7.000,00 + R$ 4.200,00 = R$ 6.300,00

CIF (OP 146) = $\dfrac{R\$ \ 6.000,00}{R\$ \ 20.000,00}$ × R$ 2.000,00 + R$ 300,00 = R$ 900,00

CIF (OP 148) = $\dfrac{R\$ \ 6.000,00}{R\$ \ 20.000,00}$ × R$ 6.000,00 = R$ 1.800,00

Por fim, iremos somar todos os custos acumulados nas ordens concluídas e prontas (MPA + MOD + CIF):

OP 145 = [R$ 9.000 + R$ 5.000] + [R$ 14.000 + R$ 7.000] + R$ 6.300 = R$ 41.300
OP 146 = [R$ 2.000 + R$ 3.000] + [R$ 1.000 + R$ 2.000] + R$ 900 = R$ 8.900
OP 148 = R$ 8.000 + R$ 6.000 + R$ 1.800 = R$ 15.800

CPV = R$ 41.300 + R$ 8.900 + R$ 15.800 = R$ 66.000

Capítulo 5

Produção Conjunta

1. Introdução

Em alguns processos de fabricação de determinados produtos, de um mesmo fluxo comum do processo industrial, é inevitável que venham a surgir mais de um tipo de produto. É o caso, por exemplo, de um matadouro de gado bovino, onde a matéria-prima, que é o próprio boi, mediante o seu abate, gera diversos tipos de produtos (picanha, filé mignon, alcatra, couro etc.).

Outro exemplo é a produção de derivados do petróleo, onde a matéria-prima é o próprio, o qual, mediante processos de separação química gera diversos tipos de produtos (gasolina, querosene, óleo diesel etc.).

A esse processo de fabricação, o qual é caracterizado por um fluxo comum de processos de fabricação até determinado ponto (ponto de cisão ou ruptura), chamamos de PRODUÇÃO CONJUNTA.

2. Coprodutos

Também chamados de **produtos principais** ou **produtos conjuntos**, os coprodutos são originários de um mesmo processo de PRODUÇÃO CONJUNTA. São de relevante importância para o faturamento global da empresa, tendo em vista que, em geral, estão diretamente ligados à sua atividade fim.

Assim, os diferentes tipos de carnes produzidas num matadouro são coprodutos. Os diferentes tipos de derivados de petróleo numa refinaria são coprodutos.

Com relação à atribuição dos custos comuns (custos conjuntos) aos coprodutos, os processos existentes são altamente arbitrários. Nesse caso, não só os custos indiretos de fabricação serão atribuídos aos diversos coprodutos por critérios subjetivos de rateio, como também a matéria-prima e a mão de obra direta, tendo em vista que não há nenhum meio objetivo de atribuí-los separadamente.

No entanto, cabe ressaltar que, após o **ponto de ruptura**, os demais custos diretos e indiretos atribuíveis a cada coproduto já separado segue normalmente as mesmas regras de um processo normal de produção não conjunta.

2.1. Atribuição de Custos aos Coprodutos

Os CUSTOS CONJUNTOS, que são aqueles atribuídos aos coprodutos até o ponto de ruptura (ponto de cisão), são rateados a cada coproduto por critérios ainda mais subjetivos do que aqueles utilizados para atribuir os custos indiretos de fabricação aos diversos produtos numa produção não conjunta, isto é, numa produção onde os produtos são fabricados por processos "separados" de fabricação.

Isso se justifica, principalmente pelo fato de que numa produção não conjunta é possível escolher um critério de rateio que ao menos reflita o grau de absorção dos diversos produtos fabricados separadamente.

Assim, por exemplo, no caso de uma empresa que fabricasse numa produção não conjunta diversos tipos de doces (bananada, paçoca, maria-mole, jujuba etc.), os quais não são coprodutos, o aluguel de fábrica, que é um custo indireto de fabricação, poderia, por exemplo, ser rateado a cada tipo de doce com base no tempo total de fabricação, o que não aconteceria no caso de uma produção conjunta, isto é, numa produção onde os diversos produtos fossem obtidos de um mesmo processo de fabricação, que seria o caso, por exemplo, dos diversos tipos de carnes obtidas no abate de um boi.

Nessa última hipótese, **não** seria possível, por exemplo, ratear os custos conjuntos da matéria-prima, da mão de obra direta e dos custos indiretos de fabricação aos diversos tipos de carnes com base no tempo de execução, visto que esses produtos (coprodutos) seriam extraídos ao mesmo tempo, isto é, num mesmo fluxo de produção.

Nesse caso, seria possível, por exemplo, ratear os custos conjuntos aos diversos tipos de carnes com base no valor de venda de cada tipo de carne no mercado, critério esse bem mais arbitrário do que ratear os custos indiretos aos diversos tipos de doces fabricados com base no tempo de execução.

Cabe ressaltar que, após o ponto de ruptura (ponto de cisão), os custos indiretos de fabricação serão rateados NORMALMENTE como em qualquer tipo de produção que não seja conjunta.

Assim, por exemplo, após a separação da gasolina dos demais derivados do petróleo num processo de produção conjunta, todos os custos indiretos POSTERIORES (após o ponto de ruptura) para melhorar a gasolina seriam rateados como em qualquer outro processo de fabricação não conjunta.

Os métodos mais conhecidos para atribuição dos custos conjuntos aos produtos fabricados (coprodutos) são os seguintes:

➢ Método do Valor de Mercado (ou Valor da Venda)
➢ Método do Volume Produzido
➢ Método das Ponderações (ou Método do Volume Produzido Ponderado)
➢ Método da Igualdade do Lucro Bruto

2.1.1. Método do Valor de Mercado

Esse método é baseado na regra geral de que o produto que possui maior valor de venda no mercado é também aquele que possui maior custo, embora isso nem sempre na prática corresponda à verdade.

Tendo em vista que o Método do Valor de Mercado se baseia em atribuir ao coproduto que tem maior receita de venda no mercado o maior custo e ao coproduto que possui menor receita de venda no mercado o menor custo, a característica principal desse método está no fato da distribuição homogênea do resultado a cada coproduto.

Exemplo: A Cia. Pérola fabrica três tipos de produtos no mesmo processo produtivo (Produto A, Produto B e Produto C), a respeito do qual apresentou as informações a seguir:

- Em abril de 20X8, consumiu 5.000.000 litros da matéria-prima "M" na produção dos coprodutos.
- No processo produtivo, normalmente, há uma perda de 20% do total da matéria-prima M.
- O preço pago aos fornecedores da matéria-prima "M" foi, em média, R$ 1,80 por litro.
- O total da produção do mês foi de 3.100.000 kg do Produto A, 1.500.000 kg do Produto B e 1.000.000 kg do Produto C.
- Além da referida matéria-prima, os demais custos conjuntos do período foram de R$ 6.000.000,00.
- Os três produtos são vendidos por R$ 10,00/kg, R$ 12,00/kg e R$ 11,00/kg, respectivamente.

Assim, teremos:

Custos Conjuntos = 5.000.0000 × R$ 1,80 + R$ 6.000.000,00 = R$ 15.000.000

Produto	Quantidade	Valor unitário de venda	Valor de mercado
A	3.100.00 kg	R$ 10/kg	R$ 31.000.000
B	1.500.00 kg	R$ 12/kg	R$ 18.000.000
C	1.000.000 kg	R$ 11/kg	R$ 11.000.000
TOTAL	-	-	R$ 60.000.000

Custo de Fabricação (A) = $\dfrac{R\$\ 15.000.000}{60.000.000} \times 31.000.000 = R\$\ 7.750.000$

Custo de Fabricação (B) = $\dfrac{R\$\ 15.000.000}{60.000.000} \times 18.000.000 = R\$\ 4.500.000$

Custo de Fabricação (C) = $\dfrac{R\$\ 15.000.000}{60.000.000} \times 11.000.000 = R\$\ 2.750.000$

CUSTOS POR QUILOGRAMA
Custo de Fabricação/kg (A) = $\dfrac{\text{R\$ 7.750.000}}{3.100.000 \text{ kg}}$ = R$ 2,50/kg
Custo de Fabricação/kg (B) = $\dfrac{\text{R\$ 4.500.000}}{1.500.000 \text{ kg}}$ = R$ 3,00/kg
Custo de Fabricação/kg (C) = $\dfrac{\text{R\$ 2.750.000}}{1.000.000 \text{ kg}}$ = R$ 2,75/kg

CONTABILIZAÇÃO:

CUSTOS DE PRODUÇÃO

9.000.000	7.750.000 (1)
6.000.000	4.500.000 (2)
	2.750.000 (3)

Produtos Prontos – A	Produtos Prontos – B	Produtos Prontos – C
(1) 7.750.000	(2) 4.500.000	(3) 2.750.000

Obs.: Opcionalmente, no lugar da conta "Custos de Produção", poderia-se usar a conta "Produtos em Elaboração" (ou Produtos em Processo ou Produtos em Fabricação).

Caso, no entanto, após o ponto de ruptura (ponto de cisão) existissem CUSTOS ADICIONAIS identificados **separadamente** para cada tipo de coproduto, e, portanto, não integrantes dos custos conjuntos, como, por exemplo R$ 1.800.000 para o Produto A, R$ 900.000 para o Produto B e R$ 300.000 para o Produto C, seriam obtidos os valores LÍQUIDOS de mercado após a dedução dos custos adicionais de cada valor bruto, de modo que haveria uma NOVA divisão proporcional, agora baseada nesses valores líquidos da seguinte forma:

Produto	Valor de mercado	Custos adicionais	Valor de mercado – Custos adicionais
A	R$ 31.000.000	R$ 1.800.000	R$ 29.200.000
B	R$ 18.000.000	R$ 900.000	R$ 17.100.000
C	R$ 11.000.000	R$ 300.000	R$ 10.700.000
TOTAL	R$ 60.000.000	R$ 3.000.000	R$ 57.000.000

Custo Conjunto (A) = $\dfrac{\text{R\$ 15.000.000}}{57.000.000}$ × 29.200.000 = R$ 7.684.211

Custo Conjunto (B) = $\underline{\text{R\$ 15.000.000}}$ × 17.100.000 = R$ 4.500.000
  57.000.000

Custo Conjunto (C) = $\underline{\text{R\$ 15.000.000}}$ × 10.700.000 = R$ 2.815.789
  57.000.000

Custo de Fabricação (A) = R$ 7.684.211 + R$ 1.800.000 = R$ 9.484.211
Custo de Fabricação (B) = R$ 4.500.000 + R$ 900.000 = R$ 5.400.000
Custo de Fabricação (C) = R$ 2.815.789 + R$ 300.000 = R$ 3.115.789

CUSTOS POR QUILOGRAMA
Custo de Fabricação/kg (A) = $\underline{\text{R\$ 9.484.211}}$ = R$ 3,06/kg   3.100.000 kg
Custo de Fabricação/kg (B) = $\underline{\text{R\$ 5.400.000}}$ = R$ 3,60/kg   1.500.000 kg
Custo de Fabricação/kg (C) = $\underline{\text{R\$ 3.115.789}}$ = R$ 3,12/kg   1.000.000 kg

Obs.: Nos cálculos acima, subtraímos os custos adicionais dos valores de venda, a fim de acharmos os valores de venda LÍQUIDOS desses custos, os quais foram utilizados para rateio dos custos conjuntos. No entanto, em muitas questões de concursos observa-se que, mesmo havendo custos adicionais, o rateio é feito com base nos valores BRUTOS de vendas, ou seja, sem subtrair os custos adicionais.

CONTABILIZAÇÃO:

CUSTOS DE PRODUÇÃO

9.000.000	7.684.211 (1)
6.000.000	4.500.000 (2)
1.800.000	2.815.789 (3)
900.000	1.800.000 (4)
300.000	900.000 (5)
	300.000 (6)

Produtos Prontos – A	Produtos Prontos – B	Produtos Prontos – C
(1) 7.684.211	(2) 4.500.000	(3) 2.815.789
(4) 1.800.000	(5) 900.000	(6) 300.000
9.484.211	5.400.000	3.115.789

2.1.2. Método do Volume Produzido

Nesse método os custos conjuntos são rateados aos produtos na proporção do volume total (em unidades, em kg, em litros, em m^3, em m^2, em metro linear etc.) de cada coproduto. Consequentemente, os custos unitários de cada coproduto serão iguais.

No exemplo da Cia. de Alimentos Pérola, onde os custos conjuntos totalizaram R$ 15.000.000,00, e admitindo que 1 litro de iogurte pesasse exatamente 1 kg, teríamos:

Produto	Quantidade (Kg)	% (valores aproximados)
QUEIJO	3.100.00	3.100.000/5.600.000 = 55%
MANTEIGA	1.500.000	1.500.000/5.600.000 = 27%
IOGURTE	1.000.000	1.000.000/5.600.000 = 18%
TOTAL	5.600.000	100%

Custo de Fabricação (queijo) = R$ 15.000.000,00 × 55% = R$ 8.250.000

Custo de Fabricação (manteiga) = R$ 15.000.000,00 × 27% = R$ 4.050.000

Custo de Fabricação (iogurte) = R$ 15.000.000,00 × 18% = R$ 2.700.000

CUSTOS POR QUILOGRAMA
Custo de Fabricação/kg (A) = $\dfrac{R\$\ 8.250.000}{3.100.000\ kg}$ = R$ 2,7/kg
Custo de Fabricação/kg (B) = $\dfrac{R\$\ 4.050.000}{1.500.000\ kg}$ = R$ 2,7/kg
Custo de Fabricação/kg (C) = $\dfrac{R\$\ 2.750.000}{1.000.000\ kg}$ = R$ 2,7/kg

Obs.: As aproximações nos cálculos dos valores unitários acima se deram em função das aproximações nos cálculos da percentagem de cada coproduto, visto que se não houvesse aproximações numéricas nos cálculos das percentagens dos coprodutos, os valores dos custos unitários seriam EXATAMENTE iguais, sem precisar de aproximações.

2.1.3. Método das Ponderações

Método semelhante ao anterior, diferenciando-se em função da atribuição de diferentes pesos aos diversos coprodutos, os quais podem ter por base fatores tais como dificuldade de produção de cada coproduto, facilidade de comercialização de cada coproduto, tamanho do coproduto, tempo consumido para extração de cada coproduto, diferença de mão de obra especializada para cada coproduto etc.

Assim, no exemplo da Cia. de Alimentos Pérola, supondo que fossem atribuídos ao queijo, à manteiga e ao iogurte, respectivamente, os seguintes pesos 1, 2 e 3, teríamos:

Produto	Quantidade (Kg) × Peso	%
A	3.100.00 × 1 = 3.100.00	3.100.000/9.100.000 = 34%
B	1.500.000 × 2 = 3.000.000	3.000.000/9.100.000 = 33%
C	1.000.000 × 3 = 3.000.000	3.000.000/9.100.000 = 33%
TOTAL	9.100.000	100%

Custo de Fabricação (A) = R$ 15.000.000,00 × 34% = R$ 5.100.000

Custo de Fabricação (B) = R$ 15.000.000,00 × 33% = R$ 4.950.000

Custo de Fabricação (C) = R$ 15.000.000,00 × 33% = R$ 4.950.000

2.1.4. Método da Igualdade do Lucro Bruto

Ao passo que no método do Valor de Mercado a distribuição do lucro bruto unitário tende a ser homogênea, no presente método o lucro bruto unitário de cada coproduto é o mesmo.

No exemplo da Cia. de Alimentos Pérola, lembrando que a Receita Total produzida pelos três tipos de coprodutos foi de R$ 60.000.000,00 e que o custo conjunto total foi de R$ 15.000.000,00, teríamos um Lucro Bruto total de R$ 45.000.000,00. Lembrando também que o total de kg foi de 5.600.000 kg, o Lucro Bruto por KILOGRAMA seria de R$ 45.000.000,00 ÷ 5.600.000 = R$ 8,035714286.

Por fim, teremos o seguinte:

Produto	Quantidade	Preço de venda unitário	Lucro bruto/kg	Custo unitário
A	3.100.000 kg	R$ 10/kg	R$ 8,035714286	R$ 1,964285714
B	1.500.000 kg	R$ 12/kg	R$ 8,035714286	R$ 3,964285714
C	1.000.000 kg	R$ 11/kg	R$ 8,035714286	R$ 2,964285714
TOTAL	5.600.000 kg	-	-	-

Por fim, o custo total de cada tipo de coproduto seria o produto do Custo Unitário pela Quantidade Total de cada coproduto (valores arredondados):

Custo de Fabricação (A) = R$ 1,964285714 × 3.100.000 = R$ 6.089.286

Custo de Fabricação (B) = R$ 3,964285714 × 1.500.000 = R$ 5.946.428

Custo de Fabricação (C) = R$ 2,964285714 × 1.000.000 = R$ 2.964.286

Caso, no entanto, após o ponto de ruptura (ponto de cisão) existissem CUSTOS ADICIONAIS identificados **separadamente** para cada tipo de coproduto, e, portanto, não integrantes dos custos conjuntos, como, por exemplo R$ 1.800.000 para o Produto A, R$ 900.000 para o Produto B e R$ 300.000 para o Produto C, seria obtido um NOVO lucro bruto total da seguinte forma:

Receita Total .... R$ 60.000.000
(–) Custo Total Conjunto .... (R$ 15.000.000)
(–) Custo Adicional .... (R$ 3.000.000)
(=) Lucro Bruto Total .... R$ 42.000.000
(÷) Quantidade Total .... 5.600.000 kg
(=) Lucro Bruto por kilograma .... R$ 7,50/kg

Produto	Quantidade	Preço de venda unitário	Lucro bruto/kg	Custo unitário
A	3.100.000 kg	R$ 10/kg	R$ 7,50	R$ 2,50
B	1.500.000 kg	R$ 12/kg	R$ 7,50	R$ 4,50
C	1.000.000 kg	R$ 11/kg	R$ 7,50	R$ 3,50
TOTAL	5.600.000 kg	-	-	-

Por fim, o custo total de cada tipo de coproduto seria o produto do Custo Unitário pela Quantidade Total de cada coproduto (valores arredondados):

Custo de Fabricação (A) = R$ 2,50 × 3.100.000 = R$ 7.750.000

Custo de Fabricação (B) = R$ 4,50 × 1.500.000 = R$ 6.750.000

Custo de Fabricação (C) = R$ 3,50 × 1.000.000 = R$ 3.500.000

Comentário final: Caso numa questão de concurso público não esteja claro no enunciado qual o método utilizado para ratear os custos conjuntos aos diversos coprodutos, a convenção geral é que seja utilizado o MÉTODO DO VALOR DE MERCADO (ou Valor de Venda).

3. SUBPRODUTOS

Embora também sejam vendidos, regra geral, regularmente como os coprodutos (é possível que em alguns casos a venda seja esporádica), os subprodutos são de importância secundária, pois a participação no faturamento global da empresa tem baixa relevância.

No caso de um matadouro de gado bovino, por exemplo, os subprodutos são os ossos, os cascos e os chifres do boi. Numa usina de produção de álcool etílico, o vinhoto, que é o resíduo pastoso e malcheiroso que sobra após a destilação fracionada do caldo de cana-de-açúcar (garapa) fermentado, é considerado subproduto, pois pode ser utilizado como fertilizante, ou como componente de alto valor protéico de ração animal, ou ainda, na produção de biogás. Para cada litro de álcool, são produzidos, em média, 12 litros de vinhoto.

Com relação à forma de contabilização dos subprodutos, o procedimento mais utilizado é deduzi-los dos custos de produção dos produtos principais pelo valor líquido de venda dos subprodutos (valor líquido de realização), ou seja, valor obtido pela estimativa do valor de venda do subproduto menos as despesas na venda (tributos, fretes, comissões etc.).

Assim, suponhamos, por exemplo, que a Indústria "X" incorreu em gastos de produção no total de R$ 57.000,00 para fabricar 6.000kg do produto principal "P". Admitindo que após a produção surgiram 200kg do subproduto "S" e considerando que o valor bruto de venda desse subproduto seja estimado em R$ 4.700,00, custos para preparar o subproduto para venda no valor de R$ 600,00, impostos sobre vendas no valor de R$ 800,00 e comissões sobre vendas de R$ 300,00, teríamos o valor líquido realizável de venda de R$ 4.700,00 – R$ 600,00 – R$ 800,00 – R$ 300,00, ou seja, R$ 3.000,00. Assim:

Contabilização do estoque do subproduto:

D – Estoques de Subprodutos	3.000
C – Custos de Produção	3.000

Contabilização do estoque do produto principal:

D – Produtos Prontos	54.000
C – Custos de Produção (57.000 – 3.000)	54.000

Obs.: Opcionalmente, no lugar da conta "Custos de Produção", poderia-se usar a conta "Produtos em Elaboração" (ou Produtos em Processo ou Produtos em Fabricação).

Supondo que posteriormente a empresa tivesse vendido o referido subproduto por R$ 3.400,00, teríamos:

Contabilização da venda do subproduto:

D – Caixa, Bancos, Clientes	3.400
C – Receita com Subprodutos (Outras Receitas Operacionais)	3.400
D – Custo do Subproduto Vendido	3.000
C – Estoques de Subprodutos	3.000

4. SUCATAS (OU RESÍDUOS)

Originárias de uma produção conjunta ou não, não têm mercado garantido, sendo incerta sua venda, a qual nem poderá ocorrer.

Visto que não há garantia alguma de que a empresa venderá as sucatas, essas <u>não são contabilizadas como estoques</u>, pois seu custo fica automaticamente incorporado às unidades boas. Caso sejam vendidas, teremos a seguinte contabilização:

D – Caixa (ou Bancos ou Clientes)

C – Receita de Sucatas (Outras Receitas Operacionais)

Corroborando tudo o que foi visto até aqui, abaixo reproduzimos o item 14 do Pronunciamento Técnico CPC 16 (R1) – Estoques:

> ***Item 14.*** *Um processo de produção pode resultar em mais de um produto fabricado simultaneamente. Este é, por exemplo, o caso quando se fabricam produtos em conjunto ou quando há um produto principal e um ou mais subprodutos. Quando os custos de transformação de cada produto não são separadamente identificáveis, eles devem ser atribuídos aos produtos em base racional e consistente. Essa alocação pode ser baseada, por exemplo, no valor relativo da receita de venda de cada produto, seja na fase do processo de produção em que os produtos se tornam separadamente identificáveis, seja no final da produção, conforme o caso. A maior parte dos subprodutos, em razão de sua natureza, geralmente é imaterial. Quando for esse o caso, eles são muitas vezes mensurados pelo valor realizável líquido e este valor é deduzido do custo do produto principal. Como resultado, o valor contábil do produto principal não deve ser materialmente diferente do seu custo.*

EXERCÍCIO RESOLVIDO: (Academia do Concurso Público – Turma de Simulado/Prof. Ed Luiz) A indústria Águia de Prata S/A fabrica e vende três produtos: X, Y e Z. A fase significativa da produção é comum a esses três produtos. Durante a fase de produção conjunta, incorreu-se em custos de transformação no valor de R$ 150.000,00, e mais em custos básicos conforme a tabela a seguir:

	Quantidade consumida (em kg)	Custo unitário (em R$/kg)
Matéria-prima A	2.400	4,50
Matéria-prima B	4.800	6,00
Matéria-prima C	6.000	3,40

No ponto de separação, identificou-se que a produção conjunta pesava 40.000kg, dos quais 20.000kg eram do produto X semielaborado, 12.000kg eram do produto Y semielaborado e 8.000kg eram do produto Z semielaborado.

Para terminar a produção, incorreu-se em mais custos de transformação, sendo R$ 60.000,00 na produção de X, R$ 72.000,00 na produção de Y e R$ 18.000,00 na produção de Z.

Sabe-se ainda que:

- Os preços de venda são: X = R$ 30,00/kg, Y = R$ 60,00/kg e Z = R$ 10,00/kg;
- nesse mês a empresa vendeu: X = 4.000kg, Y = 5.000kg e Z = 7.000kg;
- não havia estoques iniciais;
- toda a produção iniciada foi encerrada no mesmo período;
- a empresa trabalha com controle periódico de estoques e os avalia pelo custo médio ponderado; e
- nesse mês a empresa incorreu em despesas comerciais e administrativas que totalizaram R$ 67.000,00.

Desconsiderando-se qualquer tributo, é correto afirmar que o lucro bruto, pelo custeio por absorção, dessa empresa nesse mês foi:

a) 451.250,00
b) 360.000,00
c) 259.834,00
d) 359.632,00
e) 358.750,00

(SOLUÇÃO)

O primeiro passo é calcularmos o Custo Conjunto (CC) dos três produtos da seguinte forma:

CC (X, Y e Z) = MPA + MOD + CIF

MPA = (2.400 × 4,50) + (4.800 × 6,00) + (6.000 × 3,40) = 60.000,00

MOD + CIF = Custo de Transformação = 150.000,00

CC = 60.000,00 + 150.000,00 = 210.000,00

Agora, admitindo o Método do Valor de Mercado, para ratear o Custo Conjunto (R$ 210.000,00), iremos calcular o valor total das vendas dos produtos <u>líquidas dos custos adicionais</u> multiplicando as respectivas produções em kg pelos respectivos preços de venda por kg, subtraindo em seguida os custos adicionais de cada coproduto:

- *Produto X (Receita – Custo) = 20.000 × 30,00 – 60.000,00 = 540.000,00*
- *Produto Y (Receita – Custo) = 12.000 × 60,00 – 72.000,00 = 648.000,00*
- <u>*Produto Z (Receita – Custo) = 8.000 × 10,00 – 18.000,00 =   62.000,00*</u>

    TOTAL de M, S e N 1.250.000,00

Assim, o Custo de Produção Unitário (CPu) de cada coproduto será:

30.144 75.360 24864

$$CPu\ (X) = \left[\frac{R\$\ 210.000,00}{1.250.000} \times 540.000 + R\$\ 60.000,00\right] \div 20.000\ kg = R\$\ 7,536$$

$$CPu\ (Y) = \left[\frac{R\$\ 210.000,00}{1.250.000} \times 648.000 + R\$\ 72.000,00\right] \div 12.000\ kg = R\$\ 15,072$$

$$CPu\ (Z) = \left[\frac{R\$\ 210.000,00}{1.250.000} \times 62.000 + R\$\ 18.000,00\right] \div 8.000\ kg = R\$\ 3,552$$

Agora, iremos calcular o CPV (Custo dos Produtos Vendidos) somando os produtos dos CPu encontrados acima pelas respectivos Kg vendidos de cada tipo de produto:

CPV = (R$ 7,536 × 4.000) + (R$ 15,072 × 5.000) + (R$ 3,552 × 7.000) = R$ 130.368,00

Agora, iremos calcular a Receita Total de Vendas (V), multiplicando os preços unitários de venda de cada produto pelas respectivas quantidades em Kg que foram vendidas:*

V = R$ 30,00 × 4.000 + R$ 60,00 × 5.000 + R$ 10,00 × 7.000 = R$ 490.000,00

Por fim, o Lucro Bruto (LB) será a diferença entre a Receita de Vendas e o CPV, ou seja, R$ 490.000,00 – R$ 130.368,00 = R$ 359.632,00

(Resposta: opção d)

Exercícios de Fixação

1. (LIQUIGÁS – Petrobras – Contador Júnior/Fundação Cesgranrio) Subprodutos são os itens que surgem no processo produtivo de forma normal e que se caracterizam por apresentarem
   a) Comercialização anormal
   b) Mercado de venda instável
   c) Grande participação nas receitas
   d) Preço de venda relativamente estável
   e) Elementos de produtos propriamente ditos

2. (PETROBRAS – Contador Júnior/Fundação Cesgranrio) A Indústria de Alimentos Alterosa S/A produz queijo e manteiga no mesmo processo produtivo, a respeito do qual apresentou as informações a seguir.
   - Em março de 2005, consumiu 4.000.000 litros de leite na produção dos co-produtos.
   - No processo produtivo, normalmente, há uma perda de 25% do total do leite.
   - O preço pago aos produtores foi, em média, R$ 2,00 por litro.
   - O total da produção do mês foi de 2.000.000 kg de queijo e 1.000.000kg de manteiga.
   - Além da matéria-prima, os demais custos conjuntos do período foram de R$ 4.000.000,00.
   - Os dois produtos são vendidos por R$ 12,00 e R$ 8,00/ kg, respectivamente.

   Com base nos dados acima, o valor do custo conjunto atribuído ao queijo, pelo método de apropriação do valor de mercado, em reais, é:
   a) 4.000.000,00
   b) 6.666.666,00
   c) 8.000.000,00
   d) 8.333.333,00
   e) 9.000.000,00

3. (PETROBRAS – Administrador Pleno/Fundação Cesgranrio) A Indústria Gama fabrica móveis sob encomenda. O processo produtivo, ao serrar a madeira, gera uma enorme quantidade de serragem, que é considerada pela indústria como subproduto e é regularmente vendida por um valor irrisório.
   Qual é o lançamento que registra o valor líquido da venda dessa serragem?
   a) Débito de receitas eventuais e crédito de estoques.
   b) Débito de subprodutos e crédito de receita de subprodutos.
   c) Débito de custos de produção e crédito de recuperação de perdas.
   d) Débito de estoques e crédito de receitas eventuais.
   e) Débito de estoques e crédito de custos de produção.

4. (Agente Fiscal de Rendas – SP/Vunesp) A Cia. Ômicron utiliza o método do valor do valor de mercado para a apropriação dos custos conjuntos aos três coprodutos A, B e C, produzidos a partir da mesma matéria-prima. São os seguintes os custos de produção:
   - matéria-prima: R$ 10.000.000;
   - mão de obra e encargos: R$ 6.000.000;
   - outros custos industriais: R$ 2.000.000.

   São os seguintes os valores de venda, por quilograma, e as quantidades produzidas:

Coprodutos	Valor de venda por kg	Quantidade produzida	Valor total de venda R$
A	R$ 480	10.000 kg	4.800.000
B	R$ 160	60.000 kg	9.600.000
C	R$ 240	40.000 kg	9.600.000
Total	-	-	24.000.000

   Considerando os dados fornecidos, pode-se afirmar que os custos conjuntos, por quilo, a serem apropriados aos coprodutos A, B e C são, respectivamente, de
   a) R$ 163,64; R$ 163,64; R$ 163,64
   b) R$ 218,18; R$ 218,18; R$ 218,18
   c) R$ 360,00; R$ 120,00; R$ 180,00
   d) R$ 480,00; R$ 160,00; R$ 240,00
   e) R$ 981,90; R$ 54,57; R$ 122,74

5. (Tribunal de Contas do Município/RJ – Contador/Fundação João Goulart) Os métodos de apropriação de custos utilizados em produções contínuas que geram coprodutos são
   a) dos volumes produzidos, da apropriação de sucatas, do valor de mercado e das ponderações
   b) dos volumes produzidos, da igualdade de lucros brutos, do valor de mercado e da apropriação de subprodutos
   c) dos volumes produzidos, de igualdade do lucro bruto, do valor de mercado e das ponderações
   d) por ordem de produção, da igualdade de lucros brutos, do valor de mercado e das ponderações
   e) dos volumes produzidos, da igualdade de lucros brutos, do valor de mercado e por ordem de produção

6. (Auditor - TCM – RJ/Fundação Getúlio Vargas) Determinada empresa industrial fabrica e vende dois produtos: N e L. Fase significativa da produção é comum a esses dois produtos. Durante a fase de produção conjunta, incorre-se em custos de transformação no valor de $200.000,00, e mais em custos básicos conforme a tabela a seguir:

Recursos produção conjunta	Quantidade consumida (em kg)	Custo unitário (em $/kg)
Matéria-prima 1	8.000	12,50
Matéria-prima 2	2.000	100,00

No ponto de separação, identificou-se que a produção conjunta pesava 10.000kg, dos quais 1.000kg eram de produtos N semi-elaborados e 9.000kg eram de produtos L semi-elaborados. Para terminar a produção, incorreu-se em mais custos de transformação, sendo $20.000,00 na produção de N e $150.000,00 na produção de L.

Sabe-se que:
- os preços de venda são: N = $72,00/kg e L = $70,00/kg;
- nesse mês a empresa vendeu: N = 600kg e L = 8.100kg;
- não havia estoques iniciais;
- toda a produção iniciada foi encerrada no mesmo período;
- a empresa trabalha com o controle periódico de estoques e os avalia pelo custo médio ponderado; e
- nesse mês a empresa incorreu em despesas comerciais e administrativas que totalizaram $25.000,00.

Desconsiderando-se qualquer tributo, é correto afirmar que o lucro bruto, pelo custeio por absorção, dessa empresa nesse mês foi:
a) de mais de $7.000,00
b) entre $5.001,00 e $7.000,00
c) entre $3.001,00 e $5.000,00
d) entre $ 1.001,00 e $3.000,00
e) de menos de $1.000,00

7. (Fiscal de Rendas – RJ/Fundação Getúlio Vargas) Analise as afirmativas a seguir:
   I. Os coprodutos são todos os produtos secundários, isto é, deles se espera a geração esporádica de receita que é relevante para a entidade.
   II. Dos subprodutos se espera a geração de receita regular ou esporádica para a entidade, sendo seu valor irrelevante para a entidade, em relação ao valor de venda dos produtos principais.
   III. Os subprodutos são avaliados, contabilmente, pelo valor líquido de realização.
   IV. A receita auferida com a venda de sucatas é reconhecida como "Receita Não Operacional".

   Assinale:
   a) se somente as afirmativas II e III forem corretas.
   b) se somente as afirmativas I, II e IV forem corretas.
   c) se somente as afirmativas I e II forem corretas.
   d) se somente as afirmativas II e IV forem corretas.
   e) se somente a afirmativa III for correta.

8. (PETROBRAS – Contador(a) Júnior/Fundação Cesgranrio) A Cooperativa Mandacaru triturou 1.000 toneladas de macaxeira em março de 2010. Desse processo ocorreu uma perda de 5% na matéria-prima, gerando uma produção de 500 toneladas de farinha fina, 250 toneladas de farinha grossa e 200 toneladas de pó para massa. O preço pago aos produtores foi, em média, de R$ 0,20 por quilo.

   Os custos conjuntos do ano foram de R$ 275.000,00, além da matéria-prima. No entanto, ocorreram outros custos além desses, especificamente para cada produto, apresentados abaixo.

Custos	Farinha fina (R$)	Farinha grossa (R$)	Pó para massa (R$)
Preço de venda	1,20/kg	1,20/kg	1,50/kg
Mão de obra direta	20.000,00	10.000,00	8.000,00
Embalagem	15.000,00	5.000,00	12.000,00
CIF	15.000,00	5.000,00	10.000,00

Considerando-se exclusivamente os dados acima e utilizando o critério de apropriação de custos conjuntos conhecido como método do valor de mercado, o custo dos produtos vendidos, referente ao produto farinha grossa, em reais, é de
a) 575.000,00
b) 475.000,00
c) 287.500,00
d) 148.750,00
e) 138.750,00

9. (PETROBRAS – Contador(a) Júnior/Fundação Cesgranrio) A Indústria Espiga Ltda. produz derivados de milho. No mês de abril de 2011, comprou 58 toneladas de milho a R$ 5,00 o quilo. Para realizar seu processo produtivo, além da matéria-prima, incorreu nos seguintes custos:
- Mão de obra direta   R$ 50.000,00
- Outros custos   R$ 25.000,00

No mesmo processo produtivo, foram fabricados os seguintes volumes como coproduto:
- Fubá de milho   30.000 kg, vendido o saco de 60 kg a R$ 480,00
- Milho granulado   24.000 kg, vendido a R$ 5,00/kg
- Farinha de milho   4.000 kg, vendido a R$ 10,00/kg

Considere exclusivamente as informações acima e despreze a incidência de qualquer tipo de impostos.

Quais os custos comuns, em reais, atribuídos ao produto fubá de milho, adotando-se o critério de apropriação de custos comuns com base no valor de mercado?
a) 355.550,00
b) 240.000,00
c) 226.896,00
d) 219.000,00
e) 169.650,00

10. (PETROBRAS – Contador(a) Júnior/Fundação Cesgranrio) A Cooperativa Tirolesa S.A. triturou 1.000 toneladas de trigo em março de 2009. Nesse processo ocorreu uma perda de 5% na matéria-prima, gerando uma produção de 300 toneladas de farinha W, 250 toneladas de farinha X, 200 toneladas de farinha Y e 200 toneladas de farinha Z, sendo que o preço pago aos produtores foi, em média, de R$ 2,00 por kg.
Informações adicionais:
- Os custos conjuntos do mês foram de R$ 500.000,00, além da matéria-prima;

- O preço de venda de cada produto por kg, em reais, é o seguinte:
  - Farinha W   1,00
  - Farinha X   1,92
  - Farinha Y   1,20
  - Farinha Z   0,90

Com base exclusivamente nos dados acima e adotando o método do valor de mercado para alocação dos custos conjuntos, o custo total atribuído ao produto farinha Z monta, em reais, a
a) 300.000,00
b) 375.000,00
c) 480.000,00
d) 500.000,00
e) 625.000,00

11. (Transpetro – Contador(a) Júnior/Fundação Cesgranrio) Uma indústria de produtos alimentícios consumiu 4.000.000 de litros de leite, em 2010, na produção de queijo e manteiga. O preço pago aos produtores foi, em média, R$ 2,00 por litro. O total da produção do ano foi 400.000 kg de queijo e 200.000 kg de manteiga. Os custos conjuntos do ano corresponderam a R$ 2.000.000,00, além da matéria-prima. Além desses, incorreram outros custos, especificamente para um e outro produto, conforme pode ser observado abaixo.

Custos específicos da manteiga (em R$)		Custos específicos do queijo (em R$)	
Mão de obra direta	1.200.000,00	Mão de obra direta	2.000.000,00
Embalagem	50.000,00	Embalagem	80.000,00
Custos indiretos de fabricação	350.000,00	Custos indiretos de fabricação	800.000,00

Tendo em conta as informações acima, sabe-se que o preço de venda da manteiga era de R$ 80,00/kg, e do queijo, R$ 120,00/kg.

O custo unitário total atribuído ao queijo e à manteiga, com base no método do valor de mercado foi, em reais, respectivamente, de
a) 25,95 e 20,50
b) 22,75 e 19,85
c) 21,17 e 19,35
d) 20,65 e 18,75
e) 18,75 e 12,50

12. (Fiscal de Rendas – SP/FCC) Considere as seguintes assertivas:
    I. Itens gerados de forma normal durante o processo de produção possuem mercado de venda relativamente estável e representam porção ínfima do faturamento da empresa.
    II. Itens cuja venda é realizada esporadicamente por valor não previsível no momento em que surgem na produção.

III. Itens consumidos de forma anormal e involuntária durante o processo de produção.
a) Subprodutos, perdas e gastos.
b) Sucatas, coprodutos e perdas.
c) Sucatas, perdas e subprodutos.
d) Sucatas, subprodutos e custos.
e) Subprodutos, sucatas e perdas.

Gabarito

1. d	5. c	9. d
2. e	6. a	10. b
3. e	7. a	11. a
4. c	8. e	12. e

Soluções Comentadas

Exercício 1

Embora também sejam vendidos regularmente como os coprodutos, os subprodutos são de <u>importância secundária</u>, pois a participação no faturamento global da empresa tem baixa relevância, tendo seu preço de venda aproximadamente estável.

Exercício 2

Custos conjuntos de produção = 4.000.000 × R$ 2 + R$ 4.000.000 = R$ 12.000.000

- -

<u>Valor de mercado do queijo (R$ 12 × 2.000.000) .... R$ 24.000.000</u>
<u>Valor de mercado da manteiga (R$ 8 × 1.000.00) .... R$ 8.000.000</u>
Valor de mercado total .... R$ 32.000.000

Custo de produção (queijo) = $\dfrac{R\$\ 24.000.000}{R\$\ 32.000.000}$ × R$ 12.000.000 = R$ 9.000.000

Exercício 3

<u>Contabilização de estoques de subprodutos:</u>

D – Estoques de Subprodutos
C – Custos de Produção

Exercício 4

Custos Conjuntos = R$ 10.000.000 + R$ 6.000.000 + R$ 2.000.000 = R$ 18.000.000

- -

Custos por quilograma:

Coproduto A = [$\dfrac{4.800.000}{24.000.000}$ × R$ 18.000.000] ÷ 10.000 = R$ 360

- -

Coproduto B = [9.600.000 × R$ 18.000.000] ÷ 60.000 = R$ 120
           24.000.000

Coproduto C = [9.600.000 × R$ 18.000.000] ÷ 40.000 = R$ 180
           24.000.000

Exercício 5

Os métodos mais conhecidos para atribuição dos custos conjuntos aos produtos fabricados (coprodutos) são os seguintes:

- Método do Valor de Mercado (ou Valor da Venda)
- Método do Volume Produzido
- Método das Ponderações (ou Método do Volume Produzido Ponderado)
- Método da Igualdade do Lucro Bruto

Exercício 6

Custos Conjuntos = ($ 200.000,00) + ($ 12,50 × 8.000) + ($ 100,00 × 2.000) = $ 500.000,00

Preço total de venda Líquido dos custos adicionais (custos de transformação):

N = $ 72,00 × 1.000 – 20.000 = $ 52.000,00

L = $ 70,00 × 9.000 – 150.000 = $ 480.000,00

Total 532.000,00

Custos de Produção (separado):

N = $ 500.000,00 × 52.000,00 + $ 20.000,00 = $ 68.872
      532.000,00

L = $ 500.000,00 × 480.000,00 + $ 150.000,00 = $ 601.128
      532.000,00

Custo dos Produtos Vendidos (CPV):

N = $ 68.872 × 600 = $ 41.323
      1.000

L = $ 601.128 × 8.100 = $ 541.015
      9.000

CPV (total) = $ 582.338

Receita de Vendas = $ 72,00 × 600 + $ 70,00 × 8.100 = $ 610.200,00

Finalmente,

Lucro Bruto = Vendas − CPV = $ 610.200,00 − $ 582.338 = 27.862

Exercício 7

I. <u>ERRADO</u>. Os coprodutos são todos os produtos PRINCIPAIS, isto é, deles se espera a geração REGULAR de receita que é relevante para a entidade.

II. <u>CERTO</u>. Dos subprodutos se espera a geração de receita regular ou esporádica para a entidade, sendo seu valor irrelevante para a entidade, em relação ao valor de venda dos produtos principais.

III. <u>CERTO</u>. Os subprodutos são avaliados, contabilmente, pelo valor líquido de realização.

IV. <u>ERRADO</u>. A receita auferida com a venda de sucatas é reconhecida como "Receita OPERACIONAL".

Exercício 8

PRODUTO	QUANTIDADE (Q)	PREÇO UNITÁRIO DE VENDA (V_U)	PREÇO DE VENDA = Q × V_U
Farinha Fina	500.000 kg	R$ 1,20/kg	R$ 600.000,00
Farinha Grossa	250.000 kg	R$ 1,20/kg	R$ 300.000,00
Pó para Massa	200.000 kg	R$ 1,50/kg	R$ 300.000,00
TOTAL	950.000 kg	-	R$ 1.200.000,00

Custo total da Farinha Grossa = 250.000 × R$ 0,20 + R$ 275.000,00 ÷ 1.200.000 × 300.000 + R$ 10.000,00 + R$ 5.000,00 + R$ 5.000,00 = R$ 138.750,00

Exercício 9

CUSTOS CONJUNTOS

Matéria-Prima (R$ 5 × 58.000) .... R$ 290.000

Mão de Obra Direta .... R$ 50.000

Outros Custos .... R$ 25.000

Total .... R$ 365.000

PRODUTO	QUANTIDADE (Q)	PREÇO UNITÁRIO DE VENDA (V_U)	PREÇO DE VENDA = $Q \times V_U$
Fubá	30.000 kg	R$ 480/60 kg = R$ 8/ kg	R$ 240.000
Milho granulado	24.000 kg	R$ 5/ kg	R$ 120.000
Farinha de milho	4.000 kg	R$ 10/ kg	R$ 40.000
TOTAL	-	-	R$ 400.000

Fubá = $\dfrac{R\$ 365.000}{400.000} \times 240.000 = R\$ 219.000$

Exercício 10
CUSTOS CONJUNTOS

Matéria-Prima (R$ 2 × 1.000.000) .... R$ 2.000.000

Outros custos conjuntos .... R$ 500.000

Total .... R$ 2.500.000

PRODUTO	QUANTIDADE (Q)	PREÇO UNITÁRIO DE VENDA (V_U)	PREÇO DE VENDA = $Q \times V_U$
Farinha W	300.000 kg	R$ 1,00/ kg	R$ 300.000
Farinha X	250.000 kg	R$ 1,92/ kg	R$ 480.000
Farinha Y	200.000 kg	R$ 1,20/ kg	R$ 240.000
Farinha Z	200.000 kg	R$ 0,90/ kg	R$ 180.000
TOTAL	-	-	R$ 1.200.000

Farinha Z = $\dfrac{R\$ 2.500.000}{1.200.000} \times 180.000 = R\$ 375.000$

Exercício 11
CUSTOS CONJUNTOS

Matéria-Prima (R$ 2 × 4.000.000) .... R$ 8.000.000

Outros custos conjuntos .... R$ 2.000.000

Total .... R$ 10.000.000

Produto	Quantidade (Q)	Preço unitário de venda (V_U)	Preço de venda = $Q \times V_U$
Queijo	400.000 kg	R$ 120/ kg	R$ 48.000.000
Manteiga	200.000 kg	R$ 80/ kg	R$ 16.000.000
TOTAL	-	-	R$ 64.000.000

Custos Unitários:

Queijo = [R$ 10.000.000 × 48.000.000 + R$ 2.880.000] ÷ 400.000 = R$ 25,95
            64.000.000

Manteiga = [R$ 10.000.000 × 16.000.000 + R$ 1.600.000] ÷ 200.000 = R$ 20,50
              64.000.000

Nota: Observemos que os custos conjuntos (R$ 10.000.000) foram rateados proporcionalmente aos valores BRUTOS de venda do queijo (R$ 48.000.000) e da manteiga (R$ 16.000.000) e não aos valores de venda líquidos dos custos adicionais específicos do queijo (R$ 48.000.000 – R$ 2.800.000 = R$ 45.120.000) e da manteiga (R$ R$ 16.000.000 – R$ 1.600.000 = R$ 14.400.000), que seria o procedimento mais razoável, conforme já visto no tópico 2.1.1. do presente capítulo.

Exercício 12

I. SUBPRODUTOS são itens gerados de forma normal durante o processo de produção possuem mercado de venda relativamente estável e representam porção ínfima do faturamento da empresa.

II. SUCATAS são itens cuja venda é realizada esporadicamente por valor não previsível no momento em que surgem na produção.

III. PERDAS são itens consumidos de forma anormal e involuntária durante o processo de produção.

CAPÍTULO 6

DEPARTAMENTALIZAÇÃO

1. DEPARTAMENTALIZAÇÃO

O significado de departamentalização está diretamente vinculado à ideia de DEPARTAMENTO fabril, o qual pode ser entendido como uma unidade administrativa mínima dentro da fábrica, onde há ao menos um responsável pelo seu funcionamento, através do trabalho de operários e do uso de máquinas, visando o desenvolvimento de atividades de mesma natureza. A partir disso, podemos definir que a DEPARTAMENTALIZAÇÃO é o processo de divisão da fábrica em diversos departamentos, sejam de apoio ou de produção.

Em nível prático, a departamentalização promove uma melhor organização e administração da produção.

Em nível contábil, a departamentalização possibilita um rateio menos arbitrário dos custos indiretos aos diversos produtos fabricados, visto que esses custos são primeiramente rateados aos departamentos, para posteriormente serem rateados aos produtos.

2. CLASSIFICAÇÃO DOS DEPARTAMENTOS FABRIS

De forma geral, existem dois tipos de departamentos dentro de uma fábrica:
- Departamentos de Serviços
- Departamentos de Produção

2.1. Departamentos de Serviços

Também chamados de Departamentos de Apoio, esses não atuam diretamente na fabricação dos produtos, limitando-se, tão somente, à prestação de serviços aos demais departamentos, sejam também de serviços, sejam de produção.

Tendo em vista que os produtos não passam pelos Departamentos de Serviços, seus custos são apropriados indiretamente aos produtos, através de critérios específicos de rateio, com maior ou menor grau de arbitrariedade, onde o primeiro passo é ratear os custos já contidos nos mesmos aos Departamentos de Produção. Em seguida, os custos já alocados a esses últimos departamentos, serão rateados aos diversos produtos.

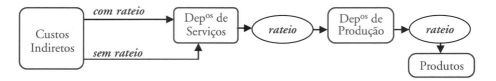

São exemplos de departamentos de serviços:
- Administração geral da fábrica
- Almoxarifado
- Manutenção
- Controle de qualidade

Nota: A MÃO DE OBRA referente aos trabalhadores dos departamentos de SERVIÇOS é considerada INDIRETA.

2.2. Departamentos de Produção

São os que atuam diretamente sobre os produtos fabricados. Consequentemente, ao contrário dos Departamentos de Serviços, onde seus custos são rateados aos demais departamentos e não aos produtos, nos departamentos de produção os custos são rateados diretamente aos diversos produtos fabricados.

São exemplos de departamentos de produção:
- Montagem
- Pintura
- Acabamento
- Usinagem
- Corte
- Soldagem
- Engarrafamento
- Perfuração
- Mistura
- Galvanização

Nota: Em geral, a MÃO DE OBRA referente aos trabalhadores dos departamentos de PRODUÇÃO é considerada DIRETA.

3. CENTRO DE CUSTOS

É uma unidade mínima de acumulação de custos, onde os custos indiretos são acumulados para posterior alocação a outros departamentos ou a produtos.

Dessa forma, um departamento é constituído, no mínimo, por um centro de custos, sendo que, em geral, por questões de simplicidade, é muito comum fazer o departamento coincidir com o próprio centro de custos.

Como exemplo, suponhamos que num departamento de corte de determinada fábrica, em função do grande volume de produtos, existissem 4 máquinas exatamente iguais que executassem cortes de diversos tipos de materiais, os quais poderiam indistintamente passar por qualquer máquina. Supondo também que cada máquina fosse operada por determinada pessoa, haveria o conceito de um único departamento de corte, constituindo, nesse caso, um único centro de custos, embora fossem 4 máquinas.

De forma diferente, se cada uma das 4 máquinas do referido departamento fosse distinta das demais, onde cada uma cortasse somente um tipo específico de material e cada produto passasse somente por apenas uma ou mais máquinas específicas, dependendo do tipo de corte e do tipo de material, além dos custos dos cortes serem relevantes, o departamento de corte poderia ser definido com 4 (quatro) centros de custos distintos, em vez de um só.

4. MÉTODOS DE ALOCAÇÃO DOS CUSTOS INDIRETOS AOS DEPARTAMENTOS

Os métodos mais conhecidos para apropriar os custos indiretos aos departamentos são três:
- MÉTODO DIRETO
- MÉTODO HIERÁRQUICO
- MÉTODO RECÍPROCO

4.1. Método Direto

Esse é o método mais simples de alocação de custos indiretos, dado que esses custos, já alocados aos departamentos de serviços, são um a um rateados DIRETAMENTE aos departamentos de produção, sem alocação entre os departamentos de serviços, isto é, um departamento de serviço **não transfere** custo algum para outro departamento de serviço.

Por conta dessa simplicidade de alocação de custos, o Método Direto também é aquele que tende a apresentar maiores distorções nos cálculos dos custos transferidos, em relação aos demais métodos de alocação existentes (Método Hierárquico e Método Recíproco). Isso significa em outras palavras que esse método é o mais "injusto" de alocação de custos, razão pela qual tende a ser pouco utilizado na prática.

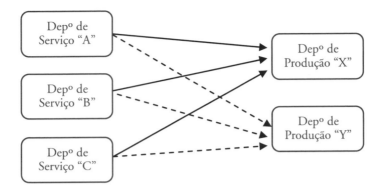

Como exemplo prático, suponhamos que as informações seguintes foram obtidas da Indústria Martelo de Ferro S/A, a qual possui 2 departamentos de serviços (S1 e S2) e dois departamentos de produção (P1 e P2):

	DEPARTAMENTOS DE SERVIÇOS		DEPARTAMENTOS DE PRODUÇÃO		
	S1	S2	P1	P2	TOTAL
Custos de fabricação alocados diretos aos departamentos	R$ 140.000	R$ 80.000	R$ 160.000	R$ 120.000	R$ 500.000
Horas máquinas incorridas			50.000		50.000
Horas mão de obra direta				25.000	25.000
Horas de serviços: **- Departamento S1** **- Departamento S2**	10.000	7.000	21.000 18.000	7.000 12.000	35.000 40.000

Assim, pelo método DIRETO, os Custos Indiretos de Fabricação (CIF) alocados aos departamentos S1 e S2 que serão transferidos aos departamentos P1 e P2 serão calculados da seguinte forma:

Para P1 = [R$ 140.000 / (35.000 − 7.000) × 21.000] + [R$ 80.000 / (40.000 − 10.000) × 18.000] = R$ 153.000

- -

Para P2 = [R$ 140.000 / (35.000 − 7.000) × 7.000] + [R$ 80.000 / (40.000 − 10.000) × 12.000] = R$ 67.000

Por fim, teremos os seguintes custos TOTAIS contidos nos departamentos de produção:

P1 = R$ 160.000 + R$ 153.000 = R$ 313.000

P2 = R$ 120.000 + R$ 67.000 = R$ 187.000

Nos denominadores das primeiras frações nos cálculos dos custos alocados a P1 e P2, subtraímos das horas totais de serviços prestados por S1 a todos os departamentos (35.000 h) as horas prestadas ao departamento S2 (7.000 h), visto que no método DIRETO os custos dos departamentos de serviços são <u>diretamente</u> apropriados aos departamentos de produção, de modo que as horas de serviços prestadas a S2 devem ser <u>ignoradas</u>, dando assim um total de 28.000 horas e não de 35.000 h.

Da mesma forma, nos denominadores das segundas frações, o total de horas prestadas pelo departamento S2 aos departamentos de produção foram de 30.000 h (= 40.000 h – 10.000 h) e não de 40.000 h, dado que no referido método as horas de serviços de S2 prestadas a S1 (10.000 h) também devem ser desconsideradas.

4.2. Método Hierárquico

Também chamado de Método Escalonado ou Método Sequencial, de forma diferente do Método Direto, há o reconhecimento da <u>troca</u> de serviços entre os departamentos de serviços e, consequentemente, a alocação dos custos de departamentos de serviços entre si, além da alocação para os departamentos de produção.

Para ratear os custos dos departamentos de serviços entre si, o ponto de partida no presente método é definir qual o departamento de serviço hierarquicamente superior aos demais, isto é, qual o primeiro departamento de serviço que terá seus custos rateados a todos os demais departamentos e, logo em seguida, a sequência hierárquica dos demais departamentos de serviços.

A sequência hierárquica de alocação dos custos dos departamentos de serviços deve ser determinada mediante algum critério, como, por exemplo, em ordem decrescente do número de prestação de serviços aos demais departamentos, em ordem decrescente dos custos totais acumulados em cada departamento de serviço, em ordem decrescente ao consumo de materiais, em ordem decrescente a número de horas de mão de obra direta, em ordem decrescente ao uso de horas-máquinas etc.

A característica mais marcante da aplicação do Método Hierárquico é que na distribuição dos custos dos departamentos de serviços entre si, mediante a sequência hierárquica já previamente determinada, não há uma reciprocidade entre as transferências dos departamentos de serviços. Assim, por exemplo, se existissem numa determinada indústria três departamentos de serviços (A, B e C) e dois departamentos de produção (X e Y), e a sequência hierárquica em ordem decrescente fosse, respectivamente, por exemplo, A, B, C, então A transferiria seus custos para B, C, X e Y; B transferia seus custos para C, X e Y; e, finalmente, C transferiria seus custos somente para X e Y.

A principal vantagem do Método Hierárquico é uma melhor apuração dos custos <u>finais</u> alocados aos departamentos de serviços, coisa esta que não acontece no Método Direto, dado que esse método se limita apenas a informar os custos iniciais dos departamentos de serviços. Por outro lado, uma desvantagem seria a possibilidade de distorção nos cálculos dos custos finais em função de uma possível má escolha da sequência hierárquica de alocação de custos entre os departamentos.

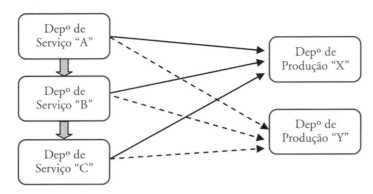

No exemplo anterior da Indústria Martelo de Ferro S/A, supondo que o departamento S2 é hierarquicamente superior a S1 para efeitos de aplicação do presente método, sendo o rateio feito com base nas horas de serviços prestadas, teremos:

	DEPARTAMENTOS DE SERVIÇOS		DEPARTAMENTOS DE PRODUÇÃO		
	S1	S2	P1	P2	TOTAL
Custos de fabricação alocados diretos aos departamentos	R$ 140.000	R$ 80.000	R$ 160.000	R$ 120.000	R$ 500.000
Horas máquinas incorridas			50.000		50.000
Horas mão de obra direta				25.000	25.000
Horas de serviços: **– Departamento S1** **– Departamento S2**	10.000	7.000	21.000 18.000	7.000 12.000	35.000 40.000

Sendo "K_1" a constante de proporcionalidade para ratear os custos contidos no departamento de serviço S2 aos departamentos S1, P1 e P2, os cálculos serão os seguintes:

$K_1 = \dfrac{R\$ \ 80.000}{40.000 \ h} = R\$ \ 2/ \ h$

Custos transferidos de S2:
- Para P1 = R$ 2/ h × 18.000 h = R$ 36.000
- Para P2 = R$ 2/ h × 12.000 h = R$ 24.000
- Para S1 = R$ 2/ h × 10.000 h = **R$ 20.000**

Sendo "K_2" a constante de proporcionalidade para ratear os custos contidos no departamento de serviço S1 aos departamentos P1 e P2, os cálculos serão os seguintes:

K_2 = R$ 140.000 + **R$ 20.000** = R$ 160.000/ 28.000 h = R$ 40/ 7 h
          35.000 h – 7.000 h

Custos transferidos de S1:
- Para P1 = R$ 40/ 7 h × 21.000 h = R$ 120.000
- Para P2 = R$ 40/ 7 h × 7.000 h = R$ 40.000

Custos FINAIS nos departamentos de produção:
- **P1 = R$ 160.000 + R$ 36.000 + 120.000 = R$ 316.000**
- **P2 = R$ 120.000 + R$ 24.000 + R$ 40.000 = R$ 184.000**

Observemos que a soma dos custos finais totais alocados aos departamentos de produção (R$ 316.000 + R$ 184.000 = R$ 500.000) é exatamente igual à soma dos custos iniciais diretamente alocados a todos os departamentos (R$ 140.000 + R$ 80.000 + R$ 160.000 + R$ 120.000 = R$ 500.000), fato esse que pode ser considerado uma PROVA REAL de que todos os cálculos acima estão corretos.

4.3. Método Recíproco

Esse é o método que tende a ser o mais preciso e, portanto, o mais justo na alocação dos custos dos departamentos de serviços aos departamentos de produção, visto que, de forma diferente do Método Hierárquico, onde não há uma reciprocidade das transferências dos departamentos de serviços entre si, razão pela qual deve ser estabelecida uma sequência hierárquica de transferência unilateral dos custos pelos departamentos de serviços, o presente método considera tal reciprocidade, traduzindo-se isso numa sequência bilateral de transferência de custos dos departamentos de serviços entre si. Daí, a expressão "Método Recíproco". Assim, por exemplo, se numa indústria existem dois departamentos de serviços, os quais chamaremos de "Sx" e "Sy", caso haja uma prestação de serviços de Sx para Sy e de Sy para Sx, no cálculo dos custos pelo Método Recíproco, Sx irá transferir custos para Sy e, ao mesmo tempo, este para Sx, fato este que tornará os cálculos mais complexos do que nos métodos anteriores.

Uma das grandes vantagens do Método Recíproco em relação ao Método Hierárquico, além de apresentar resultados mais precisos, é a dispensabilidade do estabelecimento da sequência hierárquica de rateio entre os departamentos de serviços.

No entanto, por conta da maior precisão nos cálculos dos custos dos departamentos de serviços alocados aos departamentos de produção, as operações matemáticas utilizadas no Método Recíproco são bem mais complexas e trabalhosas, de modo que os cálculos devem ser feitos com o uso da álgebra matricial, ou seja, com o uso de operações matemáticas entre matrizes, razão pela qual esse método também é chamado de "Método Matricial".

Supondo, então, uma indústria formada com 3 departamentos de serviços (A, B e C) e dois de produção (X e Y), a representação gráfica genérica de alocação dos custos dos departamentos de serviços aos departamentos de produção pelo Método Recíproco poderia ser a seguinte:

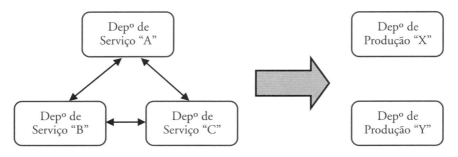

Antes de entrarmos nos cálculos pelo Método Recíproco, faremos um pequeno estudo sobre matrizes.

4.3.1. Matriz

Chamamos de MATRIZ a qualquer conjunto de números dispostos em linhas e colunas.

Assim, por exemplo, suponhamos que determinada empresa industrial fabrique três tipos diferentes de produtos (P1, P2 e P3) e que a tabela abaixo mostre os custos unitários da matéria-prima da mão de obra direta:

	Matéria-prima	Mão de obra direta
Produto P1	R$ 7	R$ 2
Produto P2	R$ 4	R$ 1
Produto P3	R$ 6	R$ 5

Nesse caso, podemos montar a seguinte matriz:

$$\begin{bmatrix} 7 & 2 \\ 4 & 1 \\ 6 & 5 \end{bmatrix}$$ → Matriz 3 × 2 (lê-se: "*três por dois*": 3 linhas, 2 colunas)

Abaixo, temos mais alguns exemplos de matrizes:

$\begin{bmatrix} 0 & 0 & 9 \\ 1 & 8 & 5 \end{bmatrix}$ ⟶ Matriz 2 × 3 (lê-se: "*dois por três*": 2 linhas, 3 colunas)

$\begin{bmatrix} 7 & 5 \\ 1 & 6 \end{bmatrix}$ ⟶ Matriz quadrada de ordem 2 (2 linhas, 2 colunas)

$\begin{bmatrix} 6 & 0 & 3 \\ 1 & 8 & 5 \\ 5 & 4 & 1 \end{bmatrix}$ ⟶ Matriz quadrada de ordem 3 (3 linhas, 3 colunas)

$\begin{bmatrix} 8 \\ -1 \\ 3 \end{bmatrix}$ ⟶ Matriz coluna 3 × 1 (lê-se: "*matriz coluna três por um*": 3 linhas, 1 coluna)

$\begin{bmatrix} -8 & 0 \end{bmatrix}$ ⟶ Matriz linha 1 × 2 (lê-se: "*um por dois*": 1 linha, 2 colunas)

Nota: Matriz QUADRADA é aquela em que o número de linhas é igual ao número de colunas.

4.3.2. Representação Genérica de uma Matriz

Uma matriz pode ser genericamente representada com a indicação de cada um de seus elementos por uma letra minúscula acompanhada de um índice formado por dois números, onde o 1º representa a linha ocupada pelo elemento e o 2º a coluna ocupada pelo mesmo elemento.

Assim, por exemplo, suponhamos as seguintes matrizes genéricas abaixo:

$A = \begin{bmatrix} a_{11} & a_{12} & a_{13} \\ a_{21} & a_{22} & a_{23} \end{bmatrix}$

$B = \begin{bmatrix} b_{11} & b_{12} \\ b_{21} & b_{22} \end{bmatrix}$

Abreviadamente, podemos também representá-las da seguinte forma:

$A = (a_{ij})_{2 \times 3}$

$B = (b_{ij})_{2 \times 2}$

Dessa forma, por exemplo, "a_{21}" (lê-se: "*a dois um*") indica o elemento que está na 2ª linha e 1ª coluna da matriz "A" e "b_{11}" (lê-se: "*b um um*") indica o elemento que está na 1ª linha e 1ª coluna da matriz "B".

Generalizando mais ainda, poderíamos, por exemplo, representar uma matriz $C = (c_{ij})_{m \times n}$ ("m" linhas e "n" colunas) da seguinte forma:

$$C = \begin{bmatrix} c_{11} & c_{12} & c_{13} & \cdots & c_{1n} \\ c_{21} & c_{22} & c_{23} & \cdots & c_{2n} \\ c_{31} & c_{32} & c_{13} & \cdots & c_{3n} \\ \cdots & \cdots & \cdots & \cdots & \cdots \\ c_{m1} & c_{m2} & c_{m3} & \cdots & c_{mn} \end{bmatrix}$$

4.3.3. Diagonal Principal de uma Matriz Quadrada

Considerando uma matriz quadrada $A = (a_{ij})_{n \times n}$, a diagonal principal dessa matriz é aquela formada pelos elementos a_{ij}, onde i = j.

Como exemplo, suponhamos a matriz quadrada abaixo de ordem 3:

Nesse caso, a diagonal principal é formada pelos elementos a_{11}, a_{22} e a_{33}, os quais são, respectivamente, 7, 8 e 1.

4.3.4. Igualdade de Matrizes

Para que duas matrizes sejam iguais, é necessário que sejam do mesmo tipo, ou seja, tenham o mesmo número de linhas e colunas, e que cada elemento da 1ª matriz seja igual ao elemento da 2ª matriz que ocupa a mesma linha e coluna.

Desse modo, consideremos, por exemplo, duas matrizes "A" e "B" indicadas abaixo:

$$A = \begin{bmatrix} 2 & b \\ c & 5 \end{bmatrix}$$

$$B = \begin{bmatrix} a & 8 \\ 1 & d \end{bmatrix}$$

Para que a matriz A seja igual à matriz B, necessariamente, a = 2, b = 8, c= 1 e d = 5.

4.3.5. Multiplicação de Matriz por um Número

Para multiplicarmos uma matriz por um número qualquer, basta multiplicarmos todos os elementos da matriz por esse número.

Assim, por exemplo, consideremos a matriz abaixo:

$$A = \begin{bmatrix} 4 & 1 & 0 \\ 7 & 5 & 6 \end{bmatrix}$$

Nesse caso, a matriz "3A" seria:

$$3A = \begin{bmatrix} 12 & 3 & 0 \\ 21 & 15 & 18 \end{bmatrix}$$

4.3.6. Adição (ou Subtração) de Matrizes

Suponhamos que os alunos X e Y tenham obtido nos meses de maio e junho as seguintes notas em português, matemática e física:

Mês de maio:

	Português	Matemática	Física
Aluno X	8	3	6
Aluno Y	7	9	5

Mês de junho:

	Português	Matemática	Física
Aluno X	6	9	4
Aluno Y	1	7	7

Admitindo que os meses de maio e junho sejam representados, respectivamente, pelas matrizes "A" e "B" abaixo, teríamos:

$$A = \begin{bmatrix} 8 & 3 & 6 \\ 7 & 9 & 5 \end{bmatrix}$$

$$B = \begin{bmatrix} 6 & 9 & 4 \\ 1 & 7 & 7 \end{bmatrix}$$

Se quiséssemos determinar uma matriz "C" que represente as notas médias dos alunos nos meses de maio e junho, teríamos a seguinte operação algébrica entre matrizes:

C = (A + B) × 1/2

Desse modo, chegaríamos à matriz "C":

$$C = \begin{bmatrix} 7 & 6 & 5 \\ 4 & 8 & 6 \end{bmatrix}$$

Por fim, concluímos que para somarmos (ou subtrairmos) duas matrizes do **mesmo tipo** (mesmo número de linhas e colunas), basta somarmos (ou subtrairmos) todos os elementos correspondentes, isto é, elementos que ocupem as mesmas posições nas duas matrizes. Cabe ressaltar que não se pode somar matrizes de tipos diferentes.

Propriedades da adição de matrizes – Considerando três matrizes A, B e C, temos as seguintes propriedades:
• Associativa: (A + B) + C = A + (B + C)
• Comutativa: A + B = B + A
• Elemento Neutro: A + 0 = A

Nota: "0" é representação de uma MATRIZ NULA, que é aquela onde todos os elementos das linhas e colunas são iguais a 0 (ZERO).

4.3.7. Multiplicação de Matrizes

De forma diferente da soma ou subtração de matrizes, onde os elementos que ocupam as mesmas posições de cada matriz são somados ou subtraídos, na multiplicação de matrizes não multiplicamos os elementos correspondentes, como, de início, poderíamos pensar.

Para entendermos isso de forma prática, suponhamos, por exemplo, que uma indústria produza dois tipos diferentes de produtos: "P1" e "P2", os quais necessitam de três tipos de matérias-primas ("MP1", "MP2" e "MP3") em quantidades diferentes, conforme tabela abaixo:

	Matéria-Prima MP1	Matéria-Prima MP2	Matéria-Prima MP3
Produto P1	4 kg	3 kg	7 kg
Produto P2	2 kg	5 kg	4 kg

Capítulo 6 — *Departamentalização* ■ **253**

As matérias-primas MP1 e MP2 podem ser obtidas de dois fornecedores diferentes (F1 e F2), sendo os preços de compra do kg indicados na tabela abaixo:

	Fornecedor F1	Fornecedor F2
Matéria-prima MP1	R$ 9/kg	R$ 8/kg
Matéria-prima MP2	R$ 5/kg	R$ 6/kg
Matéria-prima MP3	R$ 6/kg	R$ 4/kg

Assim, os custos unitários das matérias-primas aplicadas aos produtos P1 e P2, em função do fornecedor, são calculados da seguinte forma:

- P1 com fornecedor F1 = (4 × R$ 9) + (3 × R$ 5) + (7 × R$ 6) = R$ 93
- P1 com fornecedor F2 = (4 × R$ 8) + (3 × R$ 6) + (7 × R$ 4) = R$ 78
- P2 com fornecedor F1 = (2 × R$ 9) + (5 × R$ 5) + (4 × R$ 6) = R$ 67
- P2 com fornecedor F2 = (2 × R$ 8) + (5 × R$ 6) + (4 × R$ 4) = R$ 62

Com esses valores obtidos acima, podemos montar a seguinte tabela, a qual indicará o custo da matéria-prima aplicada de cada produto em função do fornecedor:

	Fornecedor F1	Fornecedor F2
Produto P1	R$ 93	R$ 78
Produto P2	R$ 67	R$ 62

Em vista disso tudo, vamos admitir que a 1ª tabela dê origem à matriz "A" do tipo 2 × 3, a segunda tabela dê origem à matriz "B" do tipo 3 × 2 e a 3ª tabela dê origem à matriz "C" do tipo 2 × 2, onde C = A × B, ou, simplesmente, C = AB, (AB significa A × B), conforme indicado abaixo:

$$A = \begin{bmatrix} 4 & 3 & 7 \\ 2 & 5 & 4 \end{bmatrix}$$

$$B = \begin{bmatrix} 9 & 8 \\ 5 & 6 \\ 6 & 4 \end{bmatrix}$$

$$C = \begin{bmatrix} 93 & 78 \\ 67 & 62 \end{bmatrix}$$

Onde a matriz C = AB foi obtida da seguinte forma:

$$AB = \begin{bmatrix} 4 & 3 & 7 \\ 2 & 5 & 4 \end{bmatrix} \times \begin{bmatrix} 9 & 8 \\ 5 & 6 \\ 6 & 4 \end{bmatrix} = \begin{bmatrix} (4 \times 9 + 3 \times 5 + 7 \times 6) & (4 \times 8 + 3 \times 6 + 7 \times 4) \\ (2 \times 9 + 5 \times 5 + 4 \times 6) & (2 \times 8 + 5 \times 6 + 4 \times 4) \end{bmatrix}$$

Conclusões:

(1) Na multiplicação de duas matrizes, cada elemento da matriz produto é obtido multiplicando-se os elementos de cada linha da 1ª matriz pelo seu correspondente na coluna da segunda matriz e somando-se esses produtos.

(2) Só é possível a multiplicação de duas matrizes, se o número de colunas da 1ª matriz for igual ao número de linhas da 2ª matriz. Desse modo, só foi possível a multiplicação da matriz A pela matriz B, pois aquela possui 3 colunas e esta, 3 linhas.

(3) Ao multiplicarmos uma matriz 2 × 3 (2 linhas, 3 colunas) por uma matriz 3 × 2 (3 linhas, 2 colunas), obteremos uma matriz 2 × 2 (2 linhas, 2 colunas). Generalizando, a matriz produto de duas matrizes terá o mesmo número de linhas da 1ª matriz e o mesmo número de colunas da 2ª matriz. Assim, por exemplo, se multiplicarmos uma matriz 3 × 4 (3 linhas, 4 colunas) por uma matriz 4 × 5 (4 linhas, 5 colunas), obteremos uma matriz 3 × 5 (3 linhas, 5 colunas).

(4) Ao passo que a operação de adição de matrizes possui a propriedade comutativa, ou seja, A + B = B + A, a operação de multiplicação de matrizes não possui essa propriedade, ou seja, a matriz AB, em geral, não será igual à matriz BA. No exemplo acima, se multiplicássemos B por A, ao invés de A por B, obteríamos uma matriz 3 × 3, em vez de uma matriz 2 × 2. No caso da matriz 3 × 4 multiplicada por uma matriz 4 × 5, obteríamos uma matriz 3 × 5, mas, se tentássemos multiplicar a matriz 4 × 5 pela matriz 3 × 4, essa multiplicação não seria possível, visto que o número de colunas daquela é diferente do número de linhas dessa.

4.3.8. Matriz Identidade

É uma matriz quadrada onde todos os elementos da diagonal principal são iguais a "1" (um) e os demais elementos de todas as linhas e colunas iguais a "0" (zero).

Exemplos:

$\begin{bmatrix} 1 & 0 \\ 0 & 1 \end{bmatrix}$ ⟶ Matriz identidade de ordem 2 (2 linhas e 2 colunas)

$\begin{bmatrix} 1 & 0 & 0 \\ 0 & 1 & 0 \\ 0 & 0 & 1 \end{bmatrix}$ ⟶ Matriz identidade de ordem 3 (3 linhas e 3 colunas)

Da mesma forma que o número "1" é o <u>elemento neutro</u> da multiplicação, isto é, qualquer número multiplicado por "1" é igual a ele mesmo, qualquer matriz quadrada multiplicada pela matriz identidade de mesma ordem é igual a ela própria. Assim, por exemplo, suponhamos a matriz quadrada de 2ª ordem a seguir:

$$\begin{bmatrix} 3 & 1 \\ 7 & 2 \end{bmatrix}$$

Multiplicando essa matriz pela matriz identidade de mesma ordem, teremos:

$$\begin{bmatrix} 3 & 1 \\ 7 & 2 \end{bmatrix} \times \begin{bmatrix} 1 & 0 \\ 0 & 1 \end{bmatrix} = \begin{bmatrix} (3 \times 1 + 1 \times 0) & (3 \times 0 + 1 \times 1) \\ (7 \times 1 + 2 \times 0) & (7 \times 0 + 2 \times 1) \end{bmatrix} = \begin{bmatrix} 3 & 1 \\ 7 & 2 \end{bmatrix}$$

4.3.9. Matriz Inversa

Além do conceito de matriz identidade, outro ponto importante para entendermos a alocação dos custos dos departamentos de serviços aos departamentos de produção pelo Método Recíproco (ou Método Matricial) é o conceito de MATRIZ INVERSA.

Admitindo que "M" seja um número real qualquer diferente de zero, então o "inverso de M" é 1/M, que também pode ser representado por M^{-1} (lê-se: "M elevado a menos 1"), podemos escrever o seguinte:

$$\boxed{M \times M^{-1} = 1}$$

Se, em vez de número, "M" fosse uma matriz quadrada de ordem "n", valeria a mesma relação acima, onde "M^{-1}" estaria fazendo o papel da matriz INVERSA de "M", e o número "1" estaria fazendo o papel da matriz identidade de ordem "n", mais adequadamente representado por "I" em vez de "1".

Em decorrência disso, analogamente ao que acontece com os números, inferimos que qualquer matriz quadrada de ordem "n" multiplicada pela sua matriz inversa também de ordem "n" é igual à matriz identidade de ordem "n".

Desse modo, admitindo que "M" seja uma matriz quadrada de ordem "n", então "M^{-1}" será sua matriz inversa, onde "I" é a matriz identidade de mesma ordem, de forma que podemos escrever:

$$\boxed{M \times M^{-1} = I}$$

Supondo que quiséssemos saber qual a matriz inversa da matriz do exemplo no item anterior, resolveríamos a seguinte equação matricial:

$$\begin{bmatrix} 3 & 1 \\ 7 & 2 \end{bmatrix} \times \begin{bmatrix} a & b \\ c & d \end{bmatrix} = \begin{bmatrix} 1 & 0 \\ 0 & 1 \end{bmatrix}$$

$$\begin{bmatrix} (3a+c) & (3b+d) \\ (7a+2c) & (7b+2d) \end{bmatrix} = \begin{bmatrix} 1 & 0 \\ 0 & 1 \end{bmatrix}$$

Nesse caso, montaríamos dois sistemas de duas equações lineares cada:

$$\begin{cases} 3a + c = 1 \\ 7a + 2c = 0 \end{cases}$$

$$\begin{cases} 3b + d = 0 \\ 7b + 2d = 1 \end{cases}$$

Resolvendo os sistemas acima pelos métodos algébricos tradicionais, chegaremos aos seguintes valores:

a = – 2
b = 1
c = 7
d = – 3

Finalmente, a matriz inversa da referida matriz seria:

$$\begin{bmatrix} -2 & 1 \\ 7 & -3 \end{bmatrix}$$

Conforme já visto antes, se multiplicarmos a matriz original pela sua inversa, obteremos a matriz identidade. Assim, fazendo uma verificação dessa propriedade, teremos:

$$\begin{bmatrix} 3 & 1 \\ 7 & 2 \end{bmatrix} \times \begin{bmatrix} -2 & 1 \\ 7 & -3 \end{bmatrix} = \begin{bmatrix} (3 \times -2 + 1 \times 7) & (3 \times 1 + 1 \times -3) \\ (7 \times -2 + 2 \times 7) & (7 \times 1 + 2 \times -3) \end{bmatrix} = \begin{bmatrix} 1 & 0 \\ 0 & 1 \end{bmatrix}$$

4.3.10. Cálculo dos Custos Indiretos Alocados aos Departamentos de Produção pelo Método Recíproco (ou Método Matricial)

Para o cálculo dos custos indiretos alocados dos departamentos de serviços a TODOS os departamentos (serviços e produção) pelo Método Recíproco, definiremos as seguintes variáveis:

- CT = Custo Total
- CD = Custos Diretos
- CI = Custos Indiretos

Assim, podemos escrever:

CT = CD + CI ⟶ CT − CI = CD

Fazendo **CT = X**, **CI = AX** e **CD = B**, onde "A" representa os percentuais de alocação de custos entre os departamentos, podemos escrever:

X − AX = B ⟶ X (1 − A) = B ⟶ $\boxed{X = (1 - A)^{-1} \times B}$

Sendo "X", "A" e "B" MATRIZES e não números, o número 1 estaria fazendo o papel do que já definimos como "matriz identidade", cuja notação algébrica pode ser, por exemplo, "I".

O número "1 − A", agora representado por "I − A", estaria fazendo o papel da matriz que representaria a diferença entre a matriz identidade e a matriz dos percentuais de alocação dos departamentos de serviços a todos os departamentos.

O número "$(I - A)^{-1}$" seria a matriz INVERSA da matriz que representa essa última diferença.

Considerando ainda o exemplo da Indústria Martelo de Ferro S/A, teríamos:

	DEPARTAMENTOS DE SERVIÇOS		DEPARTAMENTOS DE PRODUÇÃO		
	S1	S2	P1	P2	TOTAL
Custos de fabricação alocados diretos aos departamentos	R$ 140.000	R$ 80.000	R$ 160.000	R$ 120.000	R$ 500.000
Horas máquinas incorridas			50.000		50.000
Horas mão de obra direta				25.000	25.000
Horas de serviços: – Departamento S1 – Departamento S2	10.000	7.000	21.000 18.000	7.000 12.000	35.000 40.000

Da tabela acima, podemos montar a seguinte tabela de percentuais de alocação de custos, onde a 1ª coluna indica os departamentos que receberão os custos e a 1ª linha são aqueles que transferirão os custos:

	S1	S2	P1	P2
S1	0	10.000/40.000 = 0,25 (25%)	0	0
S2	7.000/35.000 = 0,2 (20%)	0	0	0
P1	21.000/35.000 = 0,6 (60%)	18.000/40.000 = 0,45 (45%)	0	0
P2	7.000/35.000 = 0,2 (20%)	12.000/40.000 = 0,3 (30%)	0	0

Com as tabelas acima, teremos a matriz "A", que é uma matriz quadrada de ordem 4, a qual representa os percentuais de alocação de custos entre os departamentos, e a matriz "B", que é uma matriz coluna do tipo 4 × 1, a qual representa os custos diretamente alocados aos departamentos S1, S2, P1 e P2:

$$A = \begin{bmatrix} 0 & 0,25 & 0 & 0 \\ 0,2 & 0 & 0 & 0 \\ 0,6 & 0,45 & 0 & 0 \\ 0,2 & 0,3 & 0 & 0 \end{bmatrix} \quad B = \begin{bmatrix} 140.000 \\ 80.000 \\ 160.000 \\ 120.000 \end{bmatrix}$$

Lembrando a equação matricial $X = (I - A)^{-1} \times B$, a qual utilizaremos para determinar a matriz "X", sendo esta uma matriz coluna do tipo 4 × 1 que fornecerá os valores dos custos diretos dos próprios departamentos mais os custos indiretos recebidos dos demais departamentos pelo Método Recíproco, teremos:

$$(I - A) = \begin{bmatrix} 1 & 0 & 0 & 0 \\ 0 & 1 & 0 & 0 \\ 0 & 0 & 1 & 0 \\ 0 & 0 & 0 & 1 \end{bmatrix} - \begin{bmatrix} 0 & 0,25 & 0 & 0 \\ 0,2 & 0 & 0 & 0 \\ 0,6 & 0,45 & 0 & 0 \\ 0,2 & 0,3 & 0 & 0 \end{bmatrix} = \begin{bmatrix} 1 & -0,25 & 0 & 0 \\ -0,2 & 1 & 0 & 0 \\ -0,6 & -0,45 & 1 & 0 \\ -0,2 & -0,3 & 0 & 1 \end{bmatrix}$$

Agora, iremos determinar a matriz inversa de $(I - A)$, ou seja, $(I - A)^{-1}$, lembrando que o produto de uma matriz quadrada invertível pela sua inversa é igual a matriz identidade de mesma ordem, isto é, $(I - A) \times (I - A)^{-1} = I$. Assim, montaremos a seguinte igualdade, onde a, b, c, d, e, f, g, h, i, j, k, l, m, n, o e p serão as incógnitas a serem determinadas:

$$\begin{bmatrix} 1 & -0{,}25 & 0 & 0 \\ -0{,}2 & 1 & 0 & 0 \\ -0{,}6 & -0{,}45 & 1 & 0 \\ -0{,}2 & -0{,}3 & 0 & 1 \end{bmatrix} \times \begin{bmatrix} a & e & i & m \\ b & f & j & n \\ c & g & k & o \\ d & h & l & p \end{bmatrix} = \begin{bmatrix} 1 & 0 & 0 & 0 \\ 0 & 1 & 0 & 0 \\ 0 & 0 & 1 & 0 \\ 0 & 0 & 0 & 1 \end{bmatrix}$$

Através da equação matricial acima, obteremos 16 equações lineares:

a – 0,25b = 1	– 0,2a + b = 0	– 0,6a – 0,45b + c = 0	– 0,2a – 0,3b + d = 0
e – 0,25f = 0	– 0,2e + f = 1	– 0,6e – 0,45f + g = 0	– 0,2e – 0,3f + h = 0
i – 0,25j = 0	– 0,2i + j = 0	– 0,6i – 0,45j + k = 1	– 0,2i – 0,3j + l = 0
m – 0,25n = 0	– 0,2m + n = 0	– 0,6m – 0,45n + o = 0	– 0,2m – 0,3n + p= 1

Com essas 16 equações, resolveremos os seguintes 4 sistemas de equações:

$$\begin{cases} a - 0{,}25b = 1 \\ -0{,}2a + b = 0 \\ -0{,}6a - 0{,}45b + c = 0 \\ -0{,}2a - 0{,}3b + d = 0 \end{cases}$$

$$\begin{cases} i - 0{,}25j = 0 \\ -0{,}2i + j = 0 \\ -0{,}6i - 0{,}45j + k = 1 \\ -0{,}2i - 0{,}3j + l = 0 \end{cases}$$

$$\begin{cases} e - 0{,}25f = 0 \\ -0{,}2e + f = 1 \\ -0{,}6e - 0{,}45f + g = 0 \\ -0{,}2e - 0{,}3f + h = 0 \end{cases}$$

$$\begin{cases} m - 0{,}25n = 0 \\ -0{,}2m + n = 0 \\ -0{,}6m - 0{,}45n + o = 0 \\ -0{,}2m - 0{,}3n + p = 1 \end{cases}$$

Resolvendo os 4 sistemas anteriores, teremos os seguintes resultados

a = 20/19	e = 5/19	i = 0	m = 0
b = 4/19	f = 20/19	j = 0	n = 0
c = 69/95	g = 12/19	k = 1	o = 0
d = 26/95	h = 7/19	l = 0	p = 1

Desse modo, teremos:

$$(I - A)^{-1} = \begin{bmatrix} 20/19 & 5/19 & 0 & 0 \\ 4/19 & 20/19 & 0 & 0 \\ 69/95 & 12/19 & 1 & 0 \\ 26/95 & 7/19 & 0 & 1 \end{bmatrix}$$

Por fim, podemos montar a equação matricial $X = (I - A)^{-1} \times B$ da seguinte forma:

$$\begin{bmatrix} X_1 \\ X_2 \\ X_3 \\ X_4 \end{bmatrix} = \begin{bmatrix} 20/19 & 5/19 & 0 & 0 \\ 4/19 & 20/19 & 0 & 0 \\ 69/95 & 12/19 & 1 & 0 \\ 26/95 & 7/19 & 0 & 1 \end{bmatrix} \times \begin{bmatrix} 140.000 \\ 80.000 \\ 160.000 \\ 120.000 \end{bmatrix}$$

Finalmente, multiplicando as duas matrizes acima, chegamos aos valores da matriz X:

- $X_1 = (140.000 \times 20/19) + (80.000 \times 5/19) + (160.000 \times 0) + (120.000 \times 0) = 168.421,05$
- $X_2 = (140.000 \times 4/19) + (80.000 \times 20/19) + (160.000 \times 0) + (120.000 \times 0) = 113.684,21$
- $X_3 = (140.000 \times 69/95) + (80.000 \times 12/19) + (160.000 \times 1) + (120.000 \times 0) = 312.210,53$
- $X_4 = (140.000 \times 26/95) + (80.000 \times 7/19) + (160.000 \times 0) + (120.000 \times 1) = 187.789,47$

Conclusões Finais:

➤ X1 representa a soma dos custos diretamente alocados ao departamento de serviço S1 (140.000) com os custos indiretos recebidos do departamento de serviço S2 (168.421,05 – 140.000 = 28.421,05), <u>ANTES</u> de transferir todo esse valor para os departamentos de produção P1 e P2, confirmando a reciprocidade de alocação de custos entre os departamentos de serviços.

➢ X2 representa a soma dos custos diretamente alocados ao departamento de serviço S2 (80.000) com os custos indiretos recebidos do departamento S1 (113.684,21 – 80.000 = 33.684,21), ANTES de transferir todo esse valor aos departamentos de produção P1 e P2, confirmando a reciprocidade de alocação de custos entre os departamentos de serviços.

➢ X3 representa a soma dos custos diretamente apropriados ao departamento de produção P1 (160.000) com os custos indiretos recebidos dos departamentos de serviços S1 e S2 (312.210,53 – 160.000 = 152.210,53).

➢ X4 representa a soma dos custos diretamente apropriados ao departamento de produção P2 (120.000) com os custos indiretos recebidos dos departamentos de serviços S1 e S2 (187.789,47 – 120.000 = 67.789,47).

➢ Se somarmos os custos indiretos transferidos aos departamentos de produção P1 e P2, isto é, 152.210,53 + 67.789,47, encontraremos 220.000, valor este exatamente igual à soma dos custos diretamente alocados aos departamentos de serviços S1 e S2, ANTES da alocação total desses custos (140.000 + 80.000 = 220.000). Resumidamente: 152.210,53 + 67.789,47 = 140.000 + 80.000 = 220.000.

➢ A soma de todos os custos alocados aos departamentos de produção P1 e P2, após receberem todos dos custos dos departamentos de serviços, importou em 312.210,53 + 187.789,47 = 500.000, valor este igual à soma dos custos diretamente apropriados a todos os departamentos antes da alocação pelo Método Recíproco (140.000 + 80.000 + 160.000 + 120.000 = 500.000). Isso pode ser considerado uma PROVA REAL de que todos os cálculos de alocação pelo presente método estão corretos.

COMPARANDO OS VALORES OBTIDOS PELOS TRÊS MÉTODOS:

	S1	S2	P1	P2
Método Direto	R$ 140.000	R$ 80.000	R$ 313.000	R$ 187.000
Método Hierárquico	R$ 160.000	R$ 80.000	R$ 316.000	R$ 184.000
Método Recíproco	R$ 152.210,53	R$ 67.789,47	312.210,53	187.789,47

5. SEQUÊNCIA DA CONTABILIDADE DE CUSTOS COM DEPARTAMENTOS

1) Separação entre custos e despesas, onde estas serão diretamente apropriadas ao resultado.
2) Apropriação dos custos diretos diretamente aos produtos, sem necessidade de qualquer critério de rateio.
3) Apropriação dos custos indiretos que pertencem, visivelmente, aos departamentos, agrupando, à parte, os comuns, sendo estes diretos em relação aos departamentos.

4) Rateio dos custos indiretos comuns aos diversos departamentos, sejam de produção sejam de serviços, mediante critérios de rateio pré-estabelecidos.
5) Escolha do método de alocação dos custos contidos que já estão contidos nos departamentos de serviços (Método Direto, Método Hierárquico ou Método Recíproco) aos departamentos de produção.
6) Atribuição dos custos indiretos que agora só estão nos departamentos de produção aos produtos segundo critérios previamente fixados.

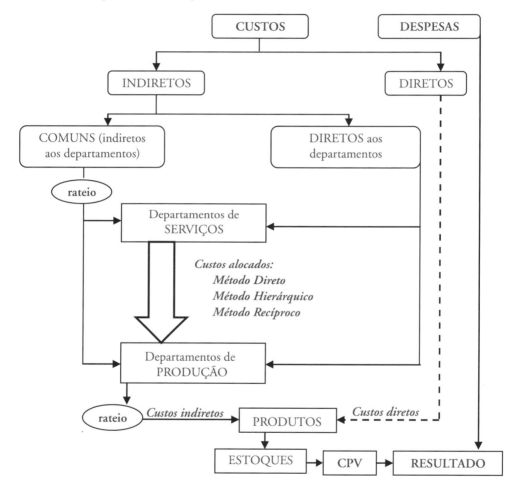

EXEMPLO PRÁTICO COMPLETO UTILIZANDO O MÉTODO HIERÁRQUICO:

A indústria de confecção de camisetas Visual S/A possui 6 (seis) departamentos, sendo 4 (quatro) de serviços (Administração Geral de Fábrica, Almoxarifado, Transportes Internos e Manutenção) e 2 (dois) de produção (Corte e Costura), possuindo os departamentos de serviços as seguintes características:

- O departamento de <u>Administração Geral de Fábrica</u> presta serviços administrativos e/ou de controle da produção a todos os demais departamentos, inclusive os de produção.

- O departamento de <u>Manutenção</u> presta serviços de regulagens e consertos de máquinas aos departamentos de Corte e de Costura.
- O departamento de <u>Almoxarifado</u> presta serviços de distribuição de materiais a todos os demais departamentos, inclusive a si próprio.
- O departamento de <u>Transportes Internos</u> presta serviços de locomoção de materiais, máquinas e/ou pessoal aos departamentos de Almoxarifado e de Manutenção.

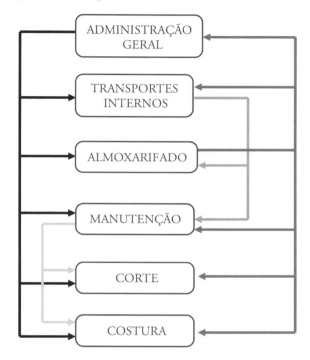

Sabe-se que a empresa apura seus custos mensalmente utilizando o método HIERÁRQUICO para alocação dos custos entre os departamentos, de modo que foram estabelecidos os seguintes critérios de rateio dos custos dos departamentos de SERVIÇOS, os quais se referem ao mês de MAIO de 20X1:

– O departamento de Administração Geral não possui apontamento de horas de serviços aos outros departamentos, de sorte que seus custos são divididos igualmente entre todos os demais departamentos.

– O departamento de Transportes Internos tem 60% dos seus custos distribuídos ao Almoxarifado e 40 % distribuídos ao departamento de Manutenção.

– O Almoxarifado apresenta os custos rateados na mesma proporção do quantitativo de material entregue aos departamentos de MANUTENÇÃO, CORTE e COSTURA. Embora também tenha fornecido materiais para Administração Geral, Transportes Internos e para si próprio, o Almoxarifado transferirá custos a esses departamentos, dada a característica do Método Hierárquico da não simultaneidade de transferências de custos, visto que os departamentos de Administração Geral e Transportes Internos, os quais foram considerados hierarquicamente superiores na transferência de seus custos em relação ao Almoxarifado, já transferiram parte de seus custos ao Almoxarifado. Dessa forma, foram as seguintes quantidades transferidas do Almoxarifado aos departamentos considerados "hierarquicamente inferiores" para fins de transferências de custos:

- Manutenção .... 70 kg (35%)
- Corte .... 120 kg (60%)
- Costura .... 10 kg (5%)
- TOTAL .... 200 kg (100%)

– O departamento de Manutenção tem seus custos rateados na proporção do número de horas de serviços prestados aos departamentos de Corte e Costura:
- Corte .... 8 h (20%)
- Costura .... 32 h (80%)
- TOTAL .... 40 h (100%)

Nota: Embora o departamento de Manutenção também tenha prestado 2 h de serviços à Administração Geral, 1 h aos Transportes Internos e 4 h para o Almoxarifado, aquele não transferirá custos a esses, dada a sistemática de não reciprocidade de transferências de custos, característica básica do método HIERÁRQUICO.

PLANILHA DE CUSTOS REFERENTES AO MÊS DE MAIO DE 20X1 "ANTES" DA APLICAÇÃO DA DEPARTAMENTALIZAÇÃO, ISTO É, ANTES DAS TRANSFERÊNCIAS DOS CUSTOS DOS DEPARTAMENTOS DE SERVIÇOS AOS DE PRODUÇÃO (Valores em R$):

	DEPARTAMENTOS DE SERVIÇOS				DEPARTAMENTOS DE PRODUÇÃO		TOTAL
CUSTOS	Adm. Geral	Transp. Inter.	Almox.	Manut.	Corte	Costura	
Mat. Diretos	-	-	-	-	30.000	4.000	34.000
MOD	-	-	-	-	12.000	9.000	21.000
Mat. Indiretos	300	200	100	1.400	180	220	2.400
MOI	18.000	5.000	1.000	2.000	-	-	26.000
Energia	600	-	126	300	1.400	2.600	5.026
Deprec.	100	120	100	409	500	700	1.929
Seguros de Fábrica	100	200	150	250	300	400	1.400
TOTAL	19.100	5.520	1.476	4.359	44.380	16.920	91.755

(1) Rateio da ADMINISTRAÇÃO GERAL igualmente para todos os demais 5 departamentos: Parcela p/ cada departamento = 19.100/5 = 3.820

(2) Rateio do departamento de TRANSPORTES INTERNOS na proporção de 60% ao ALMOXARIFADO e 40% para MANUTENÇÃO:

Custos próprios 5.520
Custos recebidos da Administração Geral 3.820
Total a ser rateado 9.340
- -
60% para Almoxarifado 5.604
40% para Manutenção 3.736

(3) Rateio dos custos do ALMOXARIFADO (35% para Manutenção, 60% para Corte e 5% para Costura):

Custos próprios 1.476
Custos recebidos da Administração Geral 3.820
Custos recebidos de Transportes Internos 5.604
Total a ser rateado 10.900
- -
35% para Manutenção 3.815
60% para Corte 6.540
5% para Costura 545

(4) Rateio dos custos da MANUTENÇÃO (20% para Corte e 80% para Costura):

Custos próprios 4.359
Custos recebidos da Administração Geral 3.820
Custos recebidos de Transportes Internos 3.736
Custos recebidos do Almoxarifado 3.815
Total a ser rateado 15.730
- -
20% para Corte 3.146
80% para Costura 12.584

PLANILHA DE CUSTOS REFERENTE AO MÊS DE MAIO DE 20X1 "APÓS" A APLICAÇÃO DA DEPARTAMENTALIZAÇÃO, ISTO É, APÓS AS TRANSFERÊNCIAS DOS CUSTOS DOS DEPARTAMENTOS DE SERVIÇOS AOS DE PRODUÇÃO (Valores em R$):

	DEPARTAMENTOS DE SERVIÇOS				DEPARTAMENTOS DE PRODUÇÃO		TOTAL
CUSTOS	Adm. Geral	Transp. Inter.	Almox.	Manut.	Corte	Costura	
Mat. Diretos	-	-	-	-	30.000	4.000	34.000
MOD	-	-	-	-	12.000	9.000	21.000
Mat. Indiretos	300	200	100	1.400	180	220	2.400
MOI	18.000	5.000	1.000	2.000	-	-	26.000
Energia	600	-	126	300	1.400	2.600	5.026
Deprec.	100	120	100	409	500	700	1.929
Seguros de Fábrica	100	200	150	250	300	400	1.400
TOTAL	19.100	5.520	1.476	4.359	44.380	16.920	91.755
Rateio Adm. Geral	(19.100)	3.820	3.820	3.820	3.820	3.820	-
Total	-	9.340	5.296	8.179	48.200	20.740	91.755
Rateio Transp. Internos	-	(9.340)	5.604	3.736	-	-	-
Total	-	-	10.900	11.915	48.200	20.740	91.755
Rateio Almoxarif.	-	-	(10.900)	3.815	6.540	545	-
Total	-	-	-	15.730	54.740	21.285	91.755
Rateio Manut.	-	-	-	(15.730)	3.146	12.584	-
Total	-	-	-	-	57.886	33.869	91.755

INFORMAÇÕES ADICIONAIS:

- A empresa produz camisetas de 4 tamanhos: P, M, G e GG. Embora as camisetas apresentem uma pequena diferença com relação à quantidade de tecido e outros materiais diretos, os custos são igualmente divididos entre elas.
- A tabela a seguir apresenta as informações sobre as camisetas fabricadas e em processo:

Itens	Corte	Costura
Unidades anteriores	0	0
Unidades iniciadas	20.000	15.000
Unidades transferidas/acabadas	15.000	11.000
Unidades em processo	5.000	4.000
Estágio de fabricação das camisetas em processo:		
– Materiais Diretos (MD)	100%	37,5%
– Mão de Obra Direta (MOD)	20%	70%
– Custos Indiretos de Fabricação (CIF)	100%	37,5%

DEPARTAMENTO DE CORTE

$$MD/u = \frac{R\$ \ 30.000}{15.000 + 100\% \ 5.000} = R\$ \ 1,50$$

$$MOD/u = \frac{R\$ \ 12.000}{15.000 + 20\% \ 5.000} = R\$ \ 0,75$$

$$CIF/u = \frac{R\$ \ 15.886}{15.000 + 100\% \ 5.000} = R\$ \ 0,7943$$

Assim, com relação ao departamento de CORTE, teremos:
- 1 unidade "PROCESSADA" = R$ 1,50 + R$ 0,75 + R$ 0,7943 = R$ 3,0443
- 1 unidade em processo = R$ 1,50 + 20% R$ 0,75 + R$ 0,7943 = R$ 2,4443
- Estoque Final de Produtos em Processo Corte = R$ 2,4443 × 5.000 = R$ 12.221,5 (aproximadamente, R$ 12.222)

DEPARTAMENTO DE COSTURA

$$MD/u = \frac{R\$ \ 4.000}{11.000 + 37,5\% \ 4.000} = R\$ \ 0,32$$

$$MOD/u = \frac{R\$ \ 9.000}{11.000 + 25\% \ 4.000} = R\$ \ 0,75$$

$$CIF/u = \frac{R\$ \ 20.869}{11.000 + 37,5\% \ 4.000} = R\$ \ 1,66952$$

Por fim, com relação ao departamento de COSTURA, teremos:
- 1 unidade "PRONTA" = **R$ 3,0443** + R$ 0,32 + R$ 0,75 + R$ 1,66952 = R$ 5,78382
- 1 unidade em processo = **R$ 3,0443** + 37,5% R$ 0,32 + 25% R$ 0,75 + 37,5% R$ 1,66952 = R$ 3,97787
- Produtos Prontos = R$ 5,78382 × 11.000 = R$ 63.622,02 (aproximadamente, R$ 63.622)
- Estoque Final de Produtos em Processo Costura = R$ 3,97787 × 4.000 = R$ 15.911,48 (aproximadamente, R$ 15.911)

Admitindo que no referido mês foram vendidas 2.000 camisetas P, 1.000 camisetas M, 3.000 camisetas G e 1.000 camisetas GG, todas a R$ 10 cada, teremos (desconsideraremos os tributos sobre vendas):
- Custo dos Produtos Vendidos (CPV) = R$ 5,78382 × 7.000 = R$ 40.487
- Estoque Final de Produtos Prontos = R$ 5,78382 × 4.000 = R$ 23.135
- Receita de Vendas = R$ 10 × 11.000 = R$ 110.000

Nota: Uma forma de tirarmos a "**prova real**" para verificar se todos os cálculos acima estão corretos é verificarmos se a soma do Estoque Final de Produtos em Processo Corte (R$ 12.222), com a soma do Estoque Final de Produtos em Processo Costura (R$ 15.911), com o Estoque Final de Produtos Prontos (R$ 23.135), com o Custo dos Produtos Vendidos (R$ 40.487) equivale exatamente à soma dos custos finais alocados aos departamentos de Corte e Costura (R$ 91.755), ou seja:

R$ 12.222 + R$ 15.911 + R$ 23.135 + R$ 40.487 = R$ 91.755 (Confere!)

CONTABILIZAÇÕES NO LIVRO DIÁRIO REFERENTES ÀS OPERAÇÕES OCORRIDAS EM MAIO DE 20X1:

(1) **Pagamento de despesas gerais e administrativas no total de R$ 16.000,00 (obs.: o saldo de caixa em 1º de maio era de R$ 27.000):**

D – Despesas Gerais e Administrativas 16.000
C – Caixa 16.000

(2) **Compras a prazo de materiais diretos no valor de R$ 34.000:**

D – Materiais Diretos 34.000
C – Fornecedores 34.000

(3) **Compras a prazo de materiais indiretos no valor de R$ 2.400:**

D – Materiais Indiretos 2.400
C – Fornecedores 2.400

(4) **Apropriação dos salários de maio no total de R$ 57.000, os quais serão pagos em junho, sendo R$ 10.000 referentes ao pessoal de administração e vendas, R$ 21.000 referentes à Mão de Obra Direta (MOD) e R$ 26.000 referentes à Mão de Obra Indireta (MOI):**

D – Despesas de Salários 10.000
D – Mão de Obra Direta 21.000
D – Mão de Obra Indireta 26.000
C – Salários a Pagar 57.000

(5) **Apropriação da Energia Elétrica no total de R$ 5.826, sendo R$ 800 referentes à administração de vendas e R$ 5.026 referentes à fabrica:**

D – Energia Elétrica 5.826
C – Contas a Pagar 5.826

(6) **Apropriação dos seguros de fábrica no valor de R$ 1.400 e da administração de vendas no valor de R$ 200:**

   D – Seguros 1.600
   C – Seguros a Vencer 1.600

(7) **Depreciação de máquinas no valor de R$ 829, do prédio de fábrica no valor de R$ 1.100 e dos veículos utilizados na entrega dos produtos no valor de R$ 1.000:**

   D – Depreciação 2.929
   C – Depreciação Acumulada 2.929

(8) **Apuração dos Custos Indiretos de Fabricação (CIF):**

   D – Custos Indiretos de Fabricação 36.755
   C – Materiais Indiretos 2.400
   C – Mão de Obra Indireta 26.000
   C – Energia Elétrica 5.026
   C – Seguros 1.400
   C – Depreciação 1.929

(9) **Apuração dos custos da Administração Geral "de Fábrica" (não confundir com a administração de vendas):**

   D – Administração Geral 19.100
   C – Custos Indiretos de Fabricação 19.100

(10) **Apuração dos custos do departamento de Transportes Internos:**

   D – Transportes Internos 9.340
   C – Custos Indiretos de Fabricação 5.520
   C – Administração Geral 3.820

(11) **Apuração dos custos do Almoxarifado:**

   D – Almoxarifado 10.900
   C – Custos Indiretos de Fabricação 1.476
   C – Administração Geral 3.820
   C – Transportes Internos 5.604

(12) **Apuração dos custos da Manutenção:**

   D – Manutenção 15.730
   C – Custos Indiretos de Fabricação 4.359
   C – Administração Geral 3.820

C – Transportes Internos 3.736

C – Almoxarifado 3.815

(13) Apuração dos custos do departamento de Corte:

D – Corte 57.886

C – Materiais Diretos 30.000

C – Mão de Obra Direta 12.000

C – Custos Indiretos de Fabricação 2.380

C – Administração Geral 3.820

C – Almoxarifado 6.540

C – Manutenção 3.146

(14) Apuração dos custos do departamento de Costura:

D – Costura 33.869

C – Materiais Diretos 4.000

C – Mão de Obra Direta 9.000

C – Custos Indiretos de Fabricação 3.920

C – Administração Geral 3.820

C – Almoxarifado 545

C – Manutenção 12.584

(15) Apuração do Estoque de Produtos em Processo Corte:

D – Produtos em Processo Corte 12.222

C – Corte 12.222

(16) Apuração do Estoque de Produtos em Processo Costura:

D – Produtos em Processo Costura 15.911

C – Costura 15.911

(17) Apuração do Estoque de Produtos Prontos:

D – Produtos Prontos 63.622

C – Costura 63.622

(18) Vendas à vista de 2.000 camisetas P, 1.000 camisetas M, 3.000 camisetas G e 1.000 camisetas GG a R$ 10,00 cada (desconsidere os tributos sobre vendas):

D – Caixa 11.000
C – Receita de Vendas 11.000
D – CPV 40.487
C – Produtos Prontos 40.487

6. Produção Equivalente na Departamentalização

Além de ser uma técnica de custeamento de produtos em elaboração e produtos acabados numa indústria que acumula os custos desses produtos por <u>fases de fabricação</u>, conforme já visto no Capítulo 4, a técnica de produção equivalente é também utilizada para apurar os custos dos produtos transferidos de um departamento produtivo para outro, <u>dentro de um mesmo período</u> (mês, trimestre, semestre etc.).

Abaixo daremos dois exemplos práticos, sendo o 1º mais simples, visto que iremos supor que os CUSTOS DE PRODUÇÃO (Materiais Diretos Aplicados, Mão de Obra Direta e Custos Indiretos de Fabricação) foram atribuídos aos PRODUTOS EM PROCESSO no mesmo grau de acabamento, isto é, no mesmo percentual (ou fração).

No exemplo 2, iremos supor que os CUSTOS DE PRODUÇÃO integraram os PRODUTOS EM PROCESSO com diferentes graus de acabamento.

A fim de facilitar o entendimento e os cálculos, iremos admitir nos dois exemplos seguintes que as empresas fabricam apenas um <u>único</u> tipo de produto.

Caso as empresas fabricassem <u>mais de um tipo de produto</u>, teríamos que ratear os CIF totais, mediante algum critério de rateio, para posteriormente procedermos às transferências dos custos dos departamentos produtivos aos produtos.

Nessa última hipótese (mais de um tipo de produto), no caso específico dos Materiais Diretos e da Mão de Obra Direta, como o próprio nome já sugere ("DIRETO"), não haveria rateio, sendo esses DIRETAMENTE apropriados aos produtos do início ao fim dos processos.

Exemplo 1: A Indústria Nordeste Ltda., que possui três departamentos de produção (Alfa, Beta e Gama) e fabrica um único tipo de produto, apresentou as seguintes informações referentes ao mês de abril de determinado ano:

INFORMAÇÕES DO DEPARTAMENTO ALFA:
• Unidades iniciadas em 01/04 .... 30.000
• Unidades processadas transferidas para o Departamento Beta 24.000
• Número de unidades em processo, as quais têm custo unitário equivalente a 40% do custo unitário das unidades processadas 6.000
• Custos de Produção debitados ao departamento:
– Materiais Diretos Aplicados (MDA) .... R$ 46.000
– Mão de Obra Direta (MOD) .... R$ 35.000
– Custos Indiretos de Fabricação (CIF).......... R$ 51.000 .... R$ 132.000

CÁLCULOS REFERENTES AO DEPARTAMENTO ALFA:

- Produção Equivalente = 24.000 + 40% 6.000 = 26.400 unidades
- Custo de 1 unidade processada para Beta = R$ 132.000 ÷ 26.400 = R$ 5
- Custo de 1 unidade em processo Alfa = 40% R$ 5 = R$ 2

- ❖ Saldo processado por Alfa transferido para Beta = R$ 5 × 24.000 = R$ 120.000
- ❖ Saldo em processo Alfa = R$ 2 × 6.000 = R$ 12.000

Nota 1: O cálculo da Produção Equivalente partiu do seguinte raciocínio: processar 24.000 unidades e 6.000 unidades com grau de processamento de 40% EQUIVALE a processar "por completo" 26.400 unidades.

Nota 2: Por questões de simplificação, estamos supondo que não havia no início de abril estoques de produtos acabados ou em processo.

Nota 3: Observemos que a soma do saldo total das unidades transferidas para Beta (R$ 120.000) com o saldo total das unidades em Processo Alfa (R$ 12.000) é exatamente igual ao total dos custos de produção de Alfa (MDA + MOD + CIF = R$ 132.000), de modo que isso pode ser considerado uma PROVA REAL de que os cálculos acima estão corretos.

INFORMAÇÕES DO DEPARTAMENTO BETA:

- Unidades recebidas de Alfa 24.000
- Unidades processadas transferidas para o Dep. Gama 15.000
- Cada uma das 9.000 unidades em processo recebeu 70% dos custos de produção acrescidos diretamente ao departamento a cada unidade processada.
- Custos de produção diretamente debitados ao departamento:
    - Materiais Diretos Aplicados (MDA) .... R$ 38.000
    - Mão de Obra Direta (MOD) .... R$ 27.000
    - Custos Indiretos de Fabricação (CIF).......... R$ 29.998 .... R$ 94.998

CÁLCULOS REFERENTES AO DEPARTAMENTO BETA:

- Produção Equivalente = 15.000 + 70% 9.000 = 21.300 unidades
- Custo médio de 1 un. de Alfa = R$ 5
- Custo médio acrescido a 1 un. por Beta = R$ 94.998 ÷ 21.300 = R$ 4,46
- Custo médio TOTAL de 1 un. processada por Beta = R$ 5 + R$ 4,46 = R$ 9,46
- Custo médio de 1 unidade em processo Beta = R$ 5 + 70% R$ 4,46 = R$ 8,122

- ❖ Saldo processado por Beta transferido para Gama = R$ 9,46 × 15.000 = R$ 141.900
- ❖ Saldo em processo Beta = R$ 8,122 × 9.000 = R$ 73.098

INFORMAÇÕES DO DEPARTAMENTO GAMA:

- Unidades recebidas de Beta 15.000
- Unidades transferidas para o ESTOQUE de Produtos Acabados 12.000
- Cada uma das 3.000 unidades em processo recebeu 80% dos custos de produção acrescidos diretamente ao departamento a cada unidade processada.
- Custos de Produção debitados ao departamento:
    - Materiais Diretos Aplicados (MDA) .... R$ 78.000
    - Mão de Obra Direta (MOD) .... R$ 49.000
    - Custos Indiretos de Fabricação (CIF).......... R$ 33.776 .... R$ 160.776

CÁLCULOS REFERENTES AO DEPARTAMENTO GAMA:

- Produção Equivalente = 12.000 + 80% 3.000 = 14.400 unidades
- Custo médio de 1 un. de Beta = R$ 9,46
- Custo médio acrescido a 1 un. por Gama = R$ 160.776 ÷ 14.400 = R$ 11,165
- Custo médio <u>total</u> de 1 un. processada Gama = R$ 9,46 + R$ 11,165 = R$ 20,625
- Custo médio de 1 un. em processo Gama = R$ 9,46 + 80% R$ 11,165 = R$ 18,392

❖ Saldo transferido de Gama p/ Prod. Acab. = R$ 20,625 × 12.000 = R$ 247.500
❖ Saldo dos Produtos em Processo Gama = R$ 18,392 × 3.000 = R$ 55.176

CONTABILIZAÇÃO:

(1) Transferência dos custos de produção para o Departamento Alfa:
D – Departamento Alfa 46.000
C – Materiais Diretos 35.000
C – Mão de Obra Direta 51.000
C – Custos Indiretos de Fabricação 132.000

(2) Produtos em Processo no Departamento Alfa:
D – Produtos em Processo Alfa 12.000
C – Departamento Alfa 12.000

(3) Transferência dos custos de Alfa para Beta:
D – Departamento Beta 120.000
C – Departamento Alfa 120.000

(4) Transferências dos custos de produção para o Departamento Beta:
D – Departamento Beta 94.998
C – Materiais Diretos 38.000
C – Mão de Obra Direta 27.000
C – Custos Indiretos de Fabricação 29.998

(5) Produtos em Processo no Departamento Beta:
D – Produtos em Processo Beta 73.098
C – Departamento Beta 73.098

(6) Transferência dos custos do Departamento Beta para o Departamento Gama:
D – Departamento Gama 141.900
C – Departamento Beta 141.900

(7) Transferências dos custos de produção para o Departamento Gama:
D – Departamento Gama 160.776
C – Materiais Diretos 78.000
C – Mão de Obra Direta 49.000
C – Custos Indiretos de Fabricação 33.776

(8) Transferência do Departamento Gama para Produtos Acabados:
D – Produtos Acabados 247.500
C – Departamento Gama 247.500

(9) Produtos em Processo no Departamento Gama:
D – Produtos em Processo Gama 55.176
C – Departamento Gama 55.176

Nos RAZONETES, teríamos (iremos supor que o estoque o saldo de Materiais Diretos em 1º de abril era de R$ 200.000):

Materiais Diretos		MOD		CIF	
200.000	46.000(1)	35.000	35.000(1)	51.000	51.000(1)
	38.000(4)		27.000(4)		29.998(4)
	78.000(7)		49.000(7)		33.776(7)

Departamento ALFA		Departamento BETA		Departamento GAMA	
(1)132.000	12.000(2)	(3) 120.000	73.098(5)	(6)141.900	247.500(8)
	120.000(3)	(4) 94.998	141.900(6)	(7) 160.776	55.176(9)

Prod. em Processo ALFA		Prod. em Processo BETA		Prod. em Processo GAMA	
(2)12.000		(5) 73.098		(9)55.176	

Produtos Acabados	
(8)247.500	

Por fim, observemos que a soma dos saldos de Produtos em Processo Alfa, Beta e Gama com Produtos Acabados (R$ 12.000 + R$ 73.098 + R$ 55.176 + R$ 247.500 = R$ 387.774) é exatamente igual à soma dos custos de produção (MD + MOD + CIF) alocados aos três departamentos (R$ 132.000 + R$ 94.998 + R$ 160.776 = R$ 387.774), fato este que pode ser considerado a PROVA REAL de que todos os cálculos acima estão corretos.

Exemplo 2: Suponhamos que a indústria Nobel S/A possua três departamentos de produção: X, Y e Z. Admitindo que no início do mês de março de determinado ano não havia estoques de produtos em fabricação e produtos prontos, as seguintes informações foram obtidas dos relatórios de custos da referida empresa, os quais se referem ao mês de março (por questões de simplicidade de cálculos, estamos supondo que a empresa fabrique somente um único tipo de produto):

INFORMAÇÕES DO DEPARTAMENTO X:
• Unidades iniciadas 26.000
• Unidades transferidas para o departamento Y 20.000
• Unidades em processo, as quais receberam dos custos diretamente debitados ao departamento 100% dos materiais diretos, 2/5 da mão de obra direta e 1/3 dos custos indiretos de fabricação 6.000
• Custos alocados ao departamento X:
– Materiais Diretos Aplicados (MDA) .... R$ 130.000
– Mão de Obra Direta (MOD) .... R$ 336.000
– Custos Indiretos de Fabricação (CIF) .... R$ 198.000

CÁLCULOS REFERENTES AO DEPARTAMENTO X:

- MDA/unidade = $\dfrac{R\$ \ 130.000}{20.000 + 100\% \ 6.000}$ = R$ 5

- MOD/unidade = $\dfrac{R\$ \ 336.000}{20.000 + 6.000 \times 2/5}$ = R$ 15

- CIF/unidade = $\dfrac{R\$ \ 198.000}{20.000 + 6.000 \times 1/3}$ = R$ 9

➢ 1 unidade transferida p/ Y = R$ 5 + R$ 15 + R$ 9 = R$ 29
➢ 1 unidade em processo = R$ 5 + R$ 15 × 2/5 + R$ 9 × 1/3 = R$ 14

❖ Saldo total transferido para o Departamento Y = R$ 29 × 20.000 = R$ 580.000
❖ Saldo dos Produtos em Processo X = R$ 14 × 6.000 = R$ 84.000

INFORMAÇÕES DO DEPARTAMENTO Y:

- Unidades recebidas do departamento X 20.000
- Unidades transferidas para o departamento Z 15.000
- Unidades em processo, as quais receberam dos custos diretamente apropriados ao departamento 100% dos materiais diretos, 3/4 da mão de obra direta e 1/5 dos custos indiretos de fabricação 5.000
- Custos alocados ao departamento Y:
  – Materiais diretos .... R$ 80.000
  – Mão de obra direta .... R$ 56.250
  – Custos Indiretos de Fabricação .... R$ 32.000

CÁLCULOS REFERENTES AO DEPARTAMENTO Y:

- MDA/unidade = $\dfrac{R\$ \ 80.000}{15.000 + 100\% \ 5.000}$ = R$ 4

- MOD/unidade = $\dfrac{R\$ \ 56.250}{15.000 + 5.000 \times 3/4}$ = R$ 3

- CIF/unidade = $\dfrac{R\$ \ 32.000}{15.000 + 5.000 \times 1/5}$ = R$ 2

➢ 1 unidade transferida p/ Z = R$ 29 + (R$ 4 + R$ 3 + R$ 2) = R$ 38
➢ 1 unidade em processo = R$ 29 + (R$ 4 + R$ 3 × 3/4 + R$ 2 × 1/5) = R$ 35,65

❖ Saldo total transferido para o Departamento Z = R$ 38 × 15.000 = 570.000
❖ Saldo dos Produtos em Processo Y = R$ 35,65 × 5.000 = R$ 178.250

INFORMAÇÕES DO DEPARTAMENTO Z:

- Unidades recebidas do departamento Y 15.000
- Unidades ACABADAS transferidas para o ESTOQUE 12.000
- Unidades em processo, as quais <u>não</u> receberam materiais diretos, mas receberam dos custos diretamente debitados ao departamento 5/6 da mão de obra direta e 3/5 dos custos indiretos de fabricação 3.000
- Custos alocados ao departamento Z:
  - Mão de obra direta .... R$ 87.000
  - Custos Indiretos de Fabricação .... R$ 55.200

CÁLCULOS REFERENTES AO DEPARTAMENTO Z:

- MOD/unidade = $\dfrac{R\$\ 87.000}{12.000 + 3.000 \times 5/6}$ = R$ 6

- CIF/unidade = $\dfrac{R\$\ 55.200}{12.000 + 3.000 \times 3/5}$ = R$ 4

....

➢ 1 unidade transferida p/ **Estoque de Produtos Acabados** = R$ 38 + (R$ 6 + R$ 4) = R$ 48
➢ 1 unidade em processo = R$ 38 + (R$ 6 × 5/6 + R$ 4 × 3/5) = R$ 45,40

....

❖ Saldo total transferido para o ESTOQUE de Produtos Acabados= R$ 48 × 12.000 = 576.000
❖ Saldo dos Produtos em Processo Z = R$ 45,40 × 3.000 = R$ 136.200

CONTABILIZAÇÃO dos fatos acima referentes ao mês de março, supondo que os estoques de Materiais Diretos no início desse mês fossem de R$ 500.000 e não houvesse compras de materiais no mesmo mês:

(1) Transferência dos custos de produção para o Departamento X:

D – Departamento X 664.000
C – Materiais Diretos 130.000
C – Mão de Obra Direta 336.000
C – Custos Indiretos de Fabricação 198.000

(2) Produtos em Processo no Departamento X:

D – Produtos em Processo X 84.000
C – Departamento X 84.000

(3) Transferência dos custos do Departamento X para o Departamento Y:
D – Departamento Y 580.000
C – Departamento X 580.000

(4) Transferências dos custos de produção para o Departamento Y:
D – Departamento Y 168.250
C – Materiais Diretos 80.000
C – Mão de Obra Direta 56.250
C – Custos Indiretos de Fabricação 32.000

(5) Produtos em Processo no Departamento Y:
D – Produtos em Processo Y 178.250
C – Departamento Y 178.250

(6) Transferência dos custos do Departamento Y para o Departamento Z:
D – Departamento Z 570.000
C – Departamento Y 570.000

(7) Transferências dos custos de produção para o Departamento Z:
D – Departamento Z 142.200
C – Mão de Obra Direta 87.000
C – Custos Indiretos de Fabricação 55.200

(8) Transferência do Departamento Z para Produtos Acabados:
D – Produtos Acabados 576.000
C – Departamento Z 576.000

(9) Produtos em Processo no Departamento Z:
D – Produtos em Processo Z 136.200
C – Departamento Z 136.200

Nos RAZONETES, teríamos:

Materiais Diretos	
500.000	130.000(1)
	80.000(4)

MOD	
479.250	336.000(1)
	56.250(4)
	87.000(7)

CIF	
285.200	198.000(1)
	32.000(4)
	55.200(7)

Departamento X	
(1)664.000	84.000(2)
	580.000(3)

Departamento Y	
(4)168.250	178.250(5)
(3) 580.000	570.000(6)

Departamento Z	
(7)142.200	576.000(8)
(6)570.000	136.200(9)

Produtos em Processo X	
(2) 84.000	

Produtos em Processo Y	
(5)178.250	

Produtos em Processo Z	
(9)136.200	

Produtos Acabados	
(8)576.000	

Obs.: Para tirarmos a PROVA REAL dos cálculos acima, basta verificarmos se a soma de todos os custos DIRETAMENTE apropriados a todos os departamentos (Materiais Diretos, MOD e CIF) irá coincidir com a soma dos saldos de Produtos em Processo com Produtos Acabados. Assim, teremos:

- Materiais Diretos Aplicados em todos os departamentos = R$ 130.000 + R$ 80.000 = R$ 210.000
- MOD de todos os departamentos = R$ 336.000 + R$ 56.250 + R$ 87.000 = R$ 479.250
- CIF de todos os departamentos = R$ 198.000 + R$ 32.000 + R$ 55.200 = R$ 285.200

✓ MDA + MOD + CIF = R$ 974.450
✓ Produtos em Processo (X, Y e Z) + Produtos Acabados = R$ 398.450 + R$ 576.000 = R$ 974.450 (Confere!)

7. PERDA E ADIÇÃO DE UNIDADES NA DEPARTAMENTALIZAÇÃO

Considerando o exemplo 1 do item anterior (Indústria Nordeste Ltda.), suponhamos as seguintes alterações:

- Em função do aumento dos materiais diretos aplicados no Departamento Beta, houvesse um aumento de 1.000 unidades nesse departamento. Consequentemente, houvesse a transferência de 16.000 unidades processadas para o Departamento Gama.
- No **início** do processo no Departamento Gama, houvesse uma perda de 900 unidades, restando assim 15.100 unidades (= 16.000 – 900).

- Fossem transferidas no Departamento Gama para Produtos Acabados 12.400 unidades, ficando em elaboração 3.200 unidades em fase de processamento de 80%.

Assim, em vista das alterações acima, o <u>aumento</u> de 1.000 no Departamento Beta demandará um AJUSTE **a menor** no custo médio unitário recebido do Departamento Alfa, tendo em vista que saldo recebido do Departamento Alfa no valor de R$ 120.000 não corresponde mais a 24.000 unidades e sim a 25.000 unidades:

➢ Custo médio un. recebido de Alfa (antes do aumento) = $\underline{R\$ 120.000}$ = R$ 5,00
24.000

➢ Custo médio un. recebido de Alfa (após o aumento) = $\underline{R\$ 120.000}$ = R$ 4,80
25.000

AJUSTE = R$ 5,00 – R$ 4,80 = R$ 0,20

Uma outra forma de calcularmos o AJUSTE **por acréscimo** é utilizarmos a seguinte expressão:

$$\text{AJUSTE por acréscimo} = \frac{\text{Unidades acrescidas} \times \text{Custo médio un. do dep. anterior}}{\text{Novo total de unidades}}$$

Utilizando a fórmula acima, teremos:

AJUSTE = $\underline{1.000 \times R\$ 5}$ = R$ 0,20
25.000

Esse último resultado significa que cada unidade recebida do departamento anterior deverá ter um custo R$ 0,20 inferior ao que tinha antes do acréscimo.

Em decorrência do <u>aumento</u> de 1.000 unidades no Departamento Beta, teremos um NOVO relatório de cálculo de custos nesse departamento:

INFORMAÇÕES DO DEPARTAMENTO BETA:

- Unidades recebidas de Alfa 24.000
- **Unidades acrescidas 1.000**
- Unidades transferidas para o Departamento Gama 16.000
- Cada uma das 9.000 unidades em processo recebeu 70% dos custos de produção acrescidos diretamente ao departamento a cada unidade processada.
- Custos de Produção debitados ao departamento:
    - Materiais Diretos Aplicados (MDA) .... R$ 38.000
    - Mão de Obra Direta (MOD) .... R$ 27.000
    - Custos Indiretos de Fabricação (CIF).......... R$ 29.998 .... R$ 94.998

> **CÁLCULOS REFERENTES AO DEPARTAMENTO BETA:**
>
> - Produção Equivalente = 16.000 + 70% 9.000 = 22.300 unidades
> - Custo médio <u>ajustado</u> de 1 un. de Alfa = R$ 4,80
> - Custo médio <u>acrescido</u> a 1 un. por Beta = R$ 94.998 ÷ 22.300 = R$ 4,26
> - Custo médio <u>total</u> de 1 un. processada por Beta = R$ 4,80 + R$ 4,26 = R$ 9,06
> - Custo médio de 1 un. em processo Beta = R$ 4,80 + 70% R$ 4,26 = R$ 7,782
>
> ---
>
> ❖ Saldo processado por Beta transferido para Gama = R$ 9,06 × 16.000 = R$ 144.960
> ❖ Saldo em processo Beta = R$ 7,782 × 9.000 = R$ 70.038

A <u>redução</u> de 900 unidades no Departamento Gama demandará um AJUSTE **a maior** no custo médio unitário recebido do Departamento Beta, tendo em vista que saldo recebido do Departamento Beta no valor de R$ 144.960 não corresponde mais a 16.000 unidades e sim a 15.100 unidades:

➢ Custo médio un. recebido de Beta (antes da perda) = $\underline{\text{R\$ 144.960}}$ = R$ 9,06
    16.000

➢ Custo médio un. recebido de Beta (após a perda) = $\underline{\text{R\$ 144.960}}$ = R$ 9,60
    15.100

AJUSTE = R$ 9,60 – R$ 9,06 = R$ 0,54

Uma outra forma de calcularmos o AJUSTE **por perda** é utilizarmos a seguinte expressão:

> AJUSTE por perda = $\underline{\text{Unidades perdidas} \times \text{Custo médio un. do dep. anterior}}$
>   Novo total de unidades

Utilizando a fórmula acima, teremos:

AJUSTE = $\underline{900 \times \text{R\$ 9,06}}$ = R$ 0,54
    15.100

Em decorrência da perda de 900 unidades no início do processo do Departamento Gama, teremos um novo relatório de custos:

INFORMAÇÕES DO DEPARTAMENTO GAMA:

- Unidades recebidas de Beta 16.000
- Unidades perdidas no início de Beta 900
- Unidades transferidas para o ESTOQUE de Produtos Acabados 12.100
- Cada uma das 3.000 unidades em processo recebeu 80% dos custos de produção acrescidos diretamente ao departamento a cada unidade processada.
- Custos de Produção debitados ao departamento:
  - Materiais Diretos Aplicados (MDA) .... R$ 78.000
  - Mão de Obra Direta (MOD) .... R$ 49.000
  - Custos Indiretos de Fabricação (CIF).......... R$ 33.776 .... R$ 160.776

CÁLCULOS REFERENTES AO DEPARTAMENTO GAMA:

- Produção Equivalente = 12.100 + 80% 3.000 = 14.500 unidades
- Custo médio <u>ajustado</u> de 1 un. de Beta = R$ 9,60
- Custo médio <u>acrescido</u> a 1 un. por Gama = R$ 160.776 ÷ 14.500 = R$ 11,088
- Custo médio <u>total</u> de 1 un. processada por Gama = R$ 9,60 + R$ 11,088 = R$ 20,688
- Custo médio de 1 un. em processo Gama = R$ 9,60 + 80% R$ 11,088 = R$ 18,4704

- -

- ❖ Saldo transferido de Gama para Produtos Acabados = R$ 20,688 × 12.100 = R$ 250.325
- ❖ Saldo dos Produtos em Processo Gama = R$ 18,4704 × 3.000 = R$ 55.411

CONTABILIZAÇÃO:

(1) Transferência dos custos de produção para o Departamento Alfa:

D – Departamento Alfa 46.000

C – Materiais Diretos 35.000

C – Mão de Obra Direta 51.000

C – Custos Indiretos de Fabricação 132.000

(2) Produtos em Processo no Departamento Alfa:

D – Produtos em Processo Alfa 12.000

C – Departamento Alfa 12.000

(3) Transferência dos custos de Alfa para Beta:

D – Departamento Beta 120.000

C – Departamento Alfa 120.000

(4) Transferências dos custos de produção para o Departamento Beta:

D – Departamento Beta 94.998

C – Materiais Diretos 38.000

C – Mão de Obra Direta 27.000

C – Custos Indiretos de Fabricação 29.998

(5) Produtos em Processo no Departamento Beta:

D – Produtos em Processo Beta 70.038

C – Departamento Beta 70.038

(6) Transferência dos custos de Beta para Gama:

D – Departamento Gama 144.960

C – Departamento Beta... 144.960

(7) Transferências dos custos de produção para o Departamento Gama:

D – Departamento Gama 160.776

C – Materiais Diretos 78.000

C – Mão de Obra Direta 49.000

C – Custos Indiretos de Fabricação 33.776

(8) Transferência do Departamento Gama para Produtos Acabados:

D – Produtos Acabados 250.325

C – Departamento Gama 250.325

(9) Produtos em Processo no Departamento Gama:

D – Produtos em Processo Gama 55.411

C – Departamento Gama 55.411

Nos RAZONETES, teríamos (iremos supor que o estoque o saldo de Materiais Diretos em 1º de abril era de R$ 200.000):

Materiais Diretos		MOD		CIF	
200.000	46.000(1)	35.000	35.000(1)	51.000	51.000(1)
	38.000(4)		27.000(4)		29.998(4)
	78.000(7)		49.000(7)		33.776(7)

Departamento ALFA		Departamento BETA		Departamento GAMA	
(1)132.000	12.000(2)	(3) 120.000	70.038(5)	(6)144.960	250.325(8)
	120.000(3)	(4) 94.998	144.960(6)	(7) 160.776	55.411(9)

Prod. em Processo ALFA		Prod. em Processo BETA		Prod. em Processo GAMA	
(2)12.000		(5) 70.038		(9)55.411	

Produtos Acabados	
(8)250.325	

Por fim, observemos que a soma dos saldos de Produtos em Processo Alfa, Beta e Gama com Produtos Acabados (R$ 12.000 + R$ 70.038 + R$ 55.411 + R$ 250.325 = R$ 387.774) é exatamente igual à soma dos custos de produção (MD + MOD + CIF) alocados aos três departamentos (R$ 132.000 + R$ 94.998 + R$ 160.776 = R$ 387.774), fato este que pode ser considerado a PROVA REAL de que todos os cálculos acima estão corretos.

8. PERDA DE UNIDADES NO DEPARTAMENTO AO FINAL DO PROCESSO

Ao passo que a ADIÇÃO de unidades, em geral, ocorre no INÍCIO do processo de determinado departamento de produção, em função da adição de materiais diretos aos produtos ainda em fabricação que foram recebidos dos departamentos anteriores, a PERDA poderá ocorrer em qualquer fase do departamento, isto é, no início, no meio ou no final do processo.

No caso de a perda ocorrer no INÍCIO do processo, que é o caso mais comum, o procedimento de ajuste é aquele já visto no item anterior, isto é, distribui-se o custo da perda pela produção equivalente das unidades já processadas pelo departamento onde ocorreu a mesma.

Na hipótese de a perda ocorrer no MEIO do processo, parte-se do pressuposto de que as unidades perdidas nunca receberam qualquer processamento, mesmo que tenham recebido, de modo que tal perda será tratada da mesma forma como se tivesse ocorrido no início do processo, procedendo-se, assim, conforme já visto anteriormente.

No caso de a perda de unidades em determinado departamento ocorrer ao FINAL do processo, a forma mais coerente é não ajustar o custo unitário recebido do departamento anterior, considerando-se também como ACABADAS as unidades perdidas no cálculo da produção equivalente do departamento onde ocorreu a perda.

O AJUSTE pode ser calculado utilizando-se a seguinte fórmula:

$$\text{AJUSTE} = \frac{\text{Unidades perdidas} \times \text{Custo médio total unitário do departamento}}{\text{Número de unidades acabadas}}$$

Desse modo, considerando ainda o exemplo da Indústria Nordeste Ltda., admitindo que a perda das 900 unidades tivesse ocorrido ao <u>final</u> do processo do Departamento Gama, teríamos:

- Produção equivalente = (12.100 **+ 900)** + 80% 3.000 = 15.400
- Custo médio <u>não</u> ajustado do departamento precedente (Beta) = R$ 9,06
- Custo médio <u>acrescido</u> a 1 un. pelo Dep. Gama = R$ 160.776 ÷ 15.400 = R$ 10,44
- Custo médio total **<u>não</u>** ajustado de 1 un. Dep. Gama = R$ 9,06 + R$ 10,44 = R$ 19,50
- Ajuste = (900 × R$ 19,50) ÷ 12.100 = R$ 1,4504132
- Custo médio ajustado de 1 un. Dep. Gama = R$ 19,50 + R$ 1,4504132 = R$ 20,950413
- Saldo transferido para Produtos Acabados = R$ 20,950413 × 12.100 = R$ 253.500
- Produtos em processo Gama = (R$ 9,06 + 80% R$ 10,44) × 3.000 = R$ 52.236

Exercícios de Fixação

1. (Auditor-Fiscal da Receita Federal/ESAF) Uma empresa industrial, que apura os seus custos através dos departamentos A, B e C, apropria o valor das despesas com consumo de energia elétrica levando-se em conta que:
   - O departamento A opera com 5 máquinas;
   - O departamento B opera com o dobro de máquinas, em relação ao departamento A;
   - O departamento C não opera máquinas;
   - As máquinas são iguais entre si e registraram o mesmo consumo no período.

   Sabendo-se que as despesas de energia elétrica, no período, foram de $ 150.000,00, a contabilidade industrial apropriou:
   a) $ 50.000,00 em A, $ 75.000,00 em B e $ 25.000,00 em C
   b) $ 150.000,00 em A, $ 150.000,00 em B
   c) $ 50.000,00 em A e $ 150.000,00 em B
   d) $ 75.000,00 em A e $ 75.000,00 em B
   e) $ 50.000,00 em A e $ 100.000,00 em B

2. (Fiscal de Rendas – ICMS/RJ/FESP) A Cia. "ALFENAS", que utiliza o sistema de Custeio por Processos, possui as seguintes informações:
   - Custos recebidos do Departamento "B" .... $ 600.000
   - Quantidades recebidas do Departamento "B" .... 5.000 unidades
   - Unidades adicionais introduzidas no processo do Departamento "C" ...... 750 unidades
   - Unidades perdidas durante o processo do Departamento "C" .... 950 unidades

   O ajuste para unidades perdidas no Departamento "C", é de:
   a) $ 800
   b) $ 80
   c) $ 5
   d) $ 125

3. (Fiscal de Rendas – ICM/RJ/FESP) A Cia. "FRANCA" possui as seguintes informações:
   - Custos recebidos do Departamento "D" $ 2.700.000
   - Quantidades recebidas do Departamento "D"   9.000 unidades
   - Unidades perdidas no final da produção   500 unidades
   - Unidades transferidas para Produtos Acabados   7.500 unidades

   O custo da unidade perdida, que deve ser adicionado ao custo unitário dos Produtos Acabados, no Departamento "E", é de:
   a) $ 2
   b) $ 300
   c) $ 30
   d) $ 20

4. (PETROBRAS – Contador Pleno/Fundação Cesgranrio) A Cia. Amazonas utiliza o método de departamentalização para ratear seus custos indiretos de fabricação (CIF's). Num determinado mês, ao transferir os CIF's dos Departamentos de Serviços (A, B e C) para os Departamentos de Produção (Alfa, Beta e Gama), apresentou os seguintes dados:

Departamentos	Número de empregados	Horas de MOD	MAT (R$)	MOD (R$)	CIF (R$)
A	5	50	-	-	4.500,00
B	10	300	-	-	9.350,00
C	15	500	-	-	4.275,00
Alfa	65	1.500	2.000,00	3.000,00	3.025,00
Beta	100	3.500	3.000,00	4.000,00	3.500,00
Gama	110	4.000	5.000,00	6.000,00	3.850,00
TOTAL	305	9.850	10.000,00	13.000,00	28.500,00

Sabendo que o critério adotado para esta transferência é o hierárquico, as transferências devem obedecer à seguinte ordem:
- o Departamento A serve a todos os outros Departamentos de acordo com o número de empregados;
- o Departamento B serve a todos os outros, exceto ao Departamento A, segundo o número de horas de MOD;
- o Departamento C serve, exclusivamente, aos Departamentos Alfa, Beta e Gama, segundo o valor do MAT.

Com base nesses dados, pode-se afirmar que o saldo final apurado no Departamento de Produção Alfa, em reais, foi de

a) 4.500,00
b) 6.500,00
c) 9.350,00
d) 10.000,00
e) 12.000,00

5. (Analista Previdenciário/Fundação Cesgranrio) Analise a tabela abaixo.

Deptos.	A	B	C	D	E	ALFA	BETA	GAMA	Total
CIF's	5.000	6.520	19.735	19.110	19.100	8.650	9.765	9.120	97.000
A									
B									
C									
D									
E									
SOMA									

Sabe-se que:
- os Departamentos A, B, C, D e E são de serviços;
- os Departamentos Alfa, Beta e Gama são de produção;
- já foi realizado o rateio primário (rateio dos custos indiretos de fabricação aos diversos departamentos);
- o Departamento A serve a todos os demais departamentos, utilizando como critério de rateio o número de empregados de cada um.

As bases de rateio são apresentadas a seguir.

Deptos.	Nº de empregados	Hora de MOD	MAT (R$)	MOD (R$)	CIF (R$)
A	5	150	-	-	5.000,00
B	18	300	-	-	6.520,00
C	21	450	-	-	19.735,00
D	24	600	-	-	19.110,00
E	30	1.000	-	-	19.100,00
Alfa	45	2.500	6.000,00	8.000,00	8.650,00
Beta	90	5.000	8.000,00	12.000,00	9.765,00
Gama	72	4.000	12.000,00	16.000,00	9.120,00
Total	305	14.000	26.000,00	36.000,00	97.000,00

Com base nos dados acima, os valores, em reais, rateados do Departamento A para os Departamentos Alfa, Beta e Gama, respectivamente, são:
a) 150,00 – 225,00 – 300,00
b) 345,00 – 460,00 – 575,00
c) 737,70 – 1.475,41 – 1.180,33
d) 750,00 – 1.500,00 – 1.200,00
e) 930,00 – 1.550,00 – 1.150,00

6. (Agente Fiscal de Rendas – SP/Fundação Carlos Chagas) Considere que uma empresa aloca custos departamentais aos produtos, utilizando-se do método "Direto".

	Departamentos de Serviços		Departamentos Produtivos		
	Controle de qualidade	Manutenção	Maquinário	Montagem	TOTAL
Custos de fabricação alocados diretos aos departamentos	R$ 350.000	R$ 200.000	R$ 400.000	R$ 300.000	R$ 1.250.000
Horas máquinas incorridas			50.000		50.000
Horas mão de obra direta				25.000	25.000
Horas de serviços: -controle qualidade -manutenção	10.000	7.000	21.000 18.000	7.000 12.000	35.000 40.000

Produtos	Unidades produzidas	Consumo horas máquinas	Consumo horas MOD
A	5.000	6	3
B	4.000	5	2,5

Com base nos dados contidos no quadro acima, o custo unitário, em R$, dos produtos A e B são, respectivamente,
a) 120,00 e 162,50
b) 125,00 e 156,25
c) 149,00 e 126,25
d) 145,00 e 135,00
e) 150,00 e 125,00

7. (INFRAERO – Contador/Fundação Carlos Chagas) Os gerentes da Indústria Reunidas Ltda. estão discutindo as formas de alocar o custo dos departamentos de serviços, o Controle de Qualidade e a Manutenção para os departamentos produtivos. Para a reunião o controller providenciou o seguinte relatório:

	Departamentos de Serviços		Departamentos Produtivos		TOTAL
	Controle de qualidade	Manutenção	Maquinário	Montagem	
Custos de fabricação alocados diretos aos departamentos	R$ 350.000	R$ 200.000	R$ 400.000	R$ 300.000	R$ 1.250.000
Horas máquinas incorridas			50.000		50.000
Horas mão de obra direta				25.000	25.000
Horas de serviços: -controle qualidade -manutenção	10.000	7.000	21.000 18.000	7.000 12.000	35.000 40.000

Se a Indústria Reunidas Ltda. usa o método direto para alocar os custos dos departamentos de serviços, o total dos custos indiretos alocados pelos departamentos de serviços para o departamento de montagem deveria ser

a) R$ 80.000,00
b) R$ 87.500,00
c) R$ 120.000,00
d) R$ 167.500,00
e) R$ 467.500,00

8. **(INFRAERO – Contador/Fundação Carlos Chagas)** O custo fixo que deve ser considerado como um custo direto é o
   a) Custo salarial da contabilidade, quando o objetivo de custo é uma unidade de produto.
   b) Custo de aluguel do armazém dos inventários, quando o objetivo de custo é o departamento de compras.
   c) Custo da energia elétrica, quando o objetivo é custear o departamento de auditoria interna.
   d) Pró-labore do conselho, quando o objetivo é custear o departamento de *marketing*.
   e) Salário do supervisor de produção, quando o objetivo é custear o departamento de produção.

9. **(PETROBRAS – Contador(a) Júnior/Fundação Cesgranrio)** A Cia. Industrial Ferrogeral Ltda. aplica na fábrica o sistema de custeio por departamentalização. Os R$ 396.000,00, referentes ao custo de manutenção, são rateados entre os departamentos de produção, com base nas horas trabalhadas por cada departamento, na seguinte ordem:
   - Departamento de solda   340 horas
   - Departamento de cromagem   250 horas
   - Departamento de polimento   400 horas

   Com base exclusivamente nos dados acima, após o rateamento, os custos de manutenção para o departamento de cromagem monta, em reais, a
   a) 100.000,00
   b) 116.470,00
   c) 136.000,00
   d) 158.400,00
   e) 160.000,00

10. **(PETROBRAS – Contador(a) Júnior/Fundação Cesgranrio)** A Indústria Lumilight Ltda. fabrica lâmpadas. Toda a produção passa por dois departamentos. Analise os dados extraídos da contabilidade de custos dessa indústria em maio de 2010, apresentados a seguir.

Itens	Depto. 1	Depto. 2
Unidades anteriores	0	0
Unidades iniciadas	50.000	47.000
Unidades transferidas/acabadas	47.000	32.000
Custos (em reais):		
Material direto	7.225,00	4.200,00
MOD	21.250,00	8.500,00
CIF	12.750,00	4.350,00
Estágios de fabricação	50%	40%

Considerando-se exclusivamente os dados acima, o custo unitário da produção acabada em maio de 2010, levando-se em conta o equivalente de produção, foi, em reais, de
a) 1,20
b) 1,35
c) 1,45
d) 1,50
e) 1,65

11. (PETROBRAS – Contador(a) Júnior/Fundação Cesgranrio) A Indústria Metalúrgica Metal Azul Ltda. aloca os custos aos produtos por meio do critério de departamentalização.

Em março de 2010, a contabilidade de custos da Empresa apresentou o seguinte quadro de rateio de custos indiretos, em reais, aos departamentos:

Itens	Departamentos de Serviços			Departamentos de Produção			Total
	Adm. Geral	Controle de Qualidade	Transporte	Usinagem	Lavagem	Secagem	
Aluguel	200	100	200	800	700	500	2.500
Força e luz	1.000	500	1.000	4.000	3.500	2.500	12.500
Depreciação	2.000	1.000	5.000	10.000	7.000	5.000	30.000
Seguros	400	200	1.000	2.000	1.400	1.000	6.000
Superintendência	1.600	800	1.600	8.000	4.000	4.000	20.000
Mão de obra indireta	12.000	4.000	12.000	50.000	42.000	40.000	160.000
Materiais indiretos	480	160	480	2.000	1.680	1.600	6.400
Manutenção	1.800	600	1.800	7.500	6.300	6.000	24.000
SOMA	19.480	7.360	23.080	84.300	66.580	60.600	261.400
Distribuição A.G.	(19.480)	1.364	2.532	7.792	3.896	3.896	0
SOMA	0	8.724	25.612	92.092	70.476	64.496	261.400
Distribuição C.Q.							
SOMA							
Distribuição Transporte							
SOMA							

A distribuição dos custos indiretos dos departamentos de serviço aos departamentos de produção foi realizada por meio do seguinte critério:

Itens	Controle de Qualidade	Transporte	Siderurgia	Lavagem	Secagem	Total
Adm. Geral	7%	13%	40%	20%	20%	100%
Controle de Qualidade	-	10%	50%	10%	30%	100%
Transporte	-	-	60%	30%	10%	100%

Considerando-se que, no quadro acima, a distribuição dos custos da Administração Geral para os demais departamentos já foi realizada, e que, no rateio, deve-se arredondar os valores utilizando-se o critério usual (até 4, para baixo; igual ou acima de 5, para cima) para evitar centavos, o total de custos atribuído ao departamento de secagem no período foi, em reais, de

a) 69.762,00
b) 70.835,00
c) 79.293,00
d) 81.238,00
e) 112.345,00

12. (PETROBRAS – Contador(a) Júnior/Fundação Cesgranrio) A Indústria Metal Ltda. utiliza, para apuração dos seus custos, o método de departamentalização.

Num determinado mês, a contabilidade de custos da indústria elaborou o seguinte mapa de custos departamentais:

Itens	Departamentos de Serviços			Departamentos de Produção			
	Adm. Geral	Qualidade	Transporte	Usinagem	Lavagem	Secagem	Total
MOI	3.100	4.850	10.200	29.880	9.500	12.000	69.530
Força e Luz	4.500	750	5.800	15.120	23.500	32.500	82.170
Depreciação	12.400	2.400	14.000	45.000	37.000	15.500	126.300
Soma	20.000	8.000	30.000	90.000	70.000	60.000	278.000

Os custos dos departamentos de serviços são distribuídos aos departamentos de produção através do seguinte critério:

Itens	Qualidade	Transporte	Usinagem	Lavagem	Secagem	Total
Adm. Geral	10%	10%	40%	20%	20%	100%
Controle de Qualidade	-	10%	50%	10%	30%	100%
Transporte	-	-	60%	30%	10%	100%

Considerando exclusivamente as informações acima, os custos totais atribuídos ao departamento de usinagem montaram, em reais, a
a) 70.300,00
b) 84.900,00
c) 98.000,00
d) 103.000,00
e) 122.800,00

13. (PETROBRAS – Contador(a) Júnior/Fundação Cesgranrio) Na Indústria Aluminovo Ltda., o custo de depreciação é rateado, em reais, aos departamentos de serviço e de produção proporcionalmente ao valor das máquinas existentes em cada departamento, como segue abaixo.

    • Departamento de Administração geral   35.600,00
    • Departamento de Almoxarifado   56.740,00
    • Departamento de Usinagem   138.918,00
    • Departamento de Montagem   187.350,00
    • Departamento de Acabamento   81.392,00

    Sabendo-se que os custos de depreciação montam a R$ 42.500,00, o custo de depreciação rateado ao Departamento de Montagem foi, em reais, de
    a) 11.808,03
    b) 12.918,32
    c) 13.427,95
    d) 15.924,75
    e) 30.260,00

14. (Empresa Gerencial de Projetos Navais/NCE – UFRJ) A departamentalização é necessária na contabilidade de custos para uma racional distribuição dos custos:
    a) fixos
    b) variáveis
    c) semi-variáveis
    d) diretos
    e) indiretos

15. (Eletronorte/NCE – UFRJ) O esquema de custeio por absorção com departamentalização possui características básicas, nas quais NÃO se inclui:
    a) Apropriação dos custos indiretos aos departamentos
    b) Rateio dos custos indiretos comuns e da Administração Geral da produção aos departamentos
    c) Escolha da sequência de rateio dos custos acumulados nos departamentos de serviços e distribuição aos demais departamentos
    d) Atribuição dos custos indiretos dos departamentos de produção aos produtos, de acordo com o critério escolhido
    e) Despesas de vendas são rateadas e absorvidas aos custos dos produtos proporcionalmente ao volume de gastos.

16. (Eletronorte – Contador/NCE – UFRJ) Na Contabilidade de Custos por Absorção de uma empresa X, os custos de manutenção são rateados para os Centros de Custos de Produção, Almoxarifado e Controle de Qualidade, proporcionalmente às horas trabalhadas para esses centros: 80 horas para a Produção, 48 horas para o Almoxarifado e 32 horas para o Controle de Qualidade. O total de gastos da Manutenção a ratear foi R$ 4.800.000,00 no período de apuração. A parcela da Manutenção rateada para o Centro de Controle de Qualidade foi de:
    a) R$ 916.667,00
    b) R$ 942.000,00
    c) R$ 960.000,00
    d) R$ 885.000,00
    e) R$ 1.440.000,00

17. (CRM – SP – Analista Contábil/Vunesp) O segmento organizacional, pelo qual o gestor encarregado responde por gastos ali alocados e deve ser avaliado por apropriações orçadas comparadas às realizadas, tem a denominação de
    a) Centro de Receitas
    b) Departamento
    c) Centro de Investimentos
    d) Centro de Custos
    e) Centro de Resultados

18. (Porto de Santos – Contador/Vunesp) O rateio dos custos comuns entre os departamentos de apoio e produtivos é de certa forma arbitrário e subjetivo. Entre os métodos de alocação, ou distribuição, o menos injusto é o método
    a) Direto
    b) Sequencial
    c) Recíproco
    d) Por degraus
    e) Área ocupada

Gabarito:

1. e	5. d	9. a	13. d	17. d
2. c	6. e	10. d	14. e	18. c
3. d	7. d	11. a	15. e	
4. b	8. e	12. e	16. c	

Soluções Comentadas

Exercício 1

Visto que o departamento B opera com o <u>dobro</u> de máquinas do departamento A, teremos:

A = K

B = 2K

Assim, podemos montar a seguinte igualdade, lembrando que o total da energia elétrica consumida pelos dois departamentos é de $ 150.000:

K + 2K = $ 150.000 ⟶ K = $ 50.000

Por fim, teremos:

A = $ 50.000

B = $ 100.000

Exercício 2

750 unidades acrescidas e 950 perdidas equivale a 200 perdidas. Assim, teremos:

Custo unitário (antes da perda) = $\frac{\$ 600.000}{5.000}$ = $ 120

Custo unitário (após perda de 200) = $\frac{\$ 600.000}{4.800}$ = $ 125

- -

AJUSTE = $ 125 – $ 120 = $ 5

Comentário extra: Esse resultado significa que cada uma das 4.800 unidades restantes deverá receber um acréscimo de $ 5 em função das 200 unidades perdidas.

Exercício 3

Custo unitário (D) = $ 2.700.000 ÷ 9.000 = $ 300

Perda = $ 300 × 500 = $ 150.000

Ajuste = $ 150.000 ÷ 7.500 = $ 20

Exercício 4

Seja K1 a constante de proporcionalidade para ratear os CIF's do Dep. A para os demais departamentos. Assim:

K1 = $\dfrac{R\$ 4.500}{305 - 5}$ = R$ 15

Dep. B = R$ 15 × 10 = R$ 150

Dep. C = R$ 15 × 15 = R$ 225

Dep. Alfa = R$ 15 × 65 = R$ 975

Dep. Beta = R$ 15 × 100 = R$ 1.500

Dep. Gama = R$ 15 × 110 = R$ 1.650

Nos razonetes abaixo, teremos o lançamento (1) transferindo os CIF's do Dep. A para os demais departamentos.

Seja K2 a constante de proporcionalidade para ratear os CIF's do Dep. B (R$ 9.350 + R$ 150 = R$ 9.500) para os departamentos C, Alfa, Beta e Gama. Assim:

K2 = $\dfrac{R\$ 9.500}{9.850 - 50 - 300}$ = R$ 1

Dep. C = R$ 1 × 500 = R$ 500

Dep. Alfa = R$ 1 × 1.500 = R$ 1.500

Dep. Beta = R$ 1 × 3.500 = R$ 3.500

Dep. Gama = R$ 1 × 4.000 = R$ 4.000

Nos razonetes abaixo, teremos o lançamento (2) transferindo os CIF's do Dep. B para os departamentos C, Alfa, Beta e Gama.

Seja K3 a constante de proporcionalidade para ratear os CIF's do Dep. C (R$ 4.275 + R$ 225 + R$ 500 = R$ 5.000) para os departamentos Alfa, Beta e Gama. Assim:

K3 = R$ 5.000 / 10.000 = R$ 0,50

Dep. Alfa = R$ 0,50 × 2.000 = R$ 1.000

Dep. Beta = R$ 0,50 × 3.000 = R$ 1.500

Dep. Gama = R$ 0,50 × 5.000 = R$ 2.500

Nos razonetes abaixo, teremos o lançamento (3) transferindo os CIF's do Dep. C para os departamentos Alfa, Beta e Gama.

CIF A		CIF B		CIF C	
4.500	4.500 (1)	9.350	9.500 (2)	4.275	5.000 (3)
		(1) 150		(1) 225	
				(2) 500	

CIF Alfa		CIF Beta		CIF Gama	
3.025	4.500 (1)	3.500		3.850	
(1) 975		(1) 1.500		(1) 1.650	
(2) 1.500		(2) 3.500		(2) 4.000	
(3) 1.000		(3) 1.500		(3) 2.500	
6.500					

Exercício 5

Constante de proporcionalidade = R$ 5.000 / (305 − 5) = R$ 50/3

ALFA = 45 × R$ 50/3 = R$ 750,00

BETA = 90 × R$ 50/3 = R$ 1.500,00

GAMA = 72 × R$ 50/3 = R$ 1.200,00

Exercício 6

Os custos totais de fabricação serão rateados proporcionalmente ao consumo total de horas da MOD.

Produto A = $\dfrac{R\$\ 1.250.000,00}{(5.000 \times 3) + (4.000 \times 2,5)} \times (5.000 \times 3) = R\$\ 750.000,00$

1 unidade de A = R$ 750.000,00 ÷ 5.000 = R$ 150,00

Produto B = $\dfrac{R\$ 1.250.000,00}{(5.000 \times 3) + (4.000 \times 2,5)} \times (4.000 \times 2,5) = R\$ 500.000,00$

1 unidade de B = R$ 500.000,00 ÷ 4.000 = R$ 125,00

Exercício 7

Em geral, quando há alocação recíproca entre Departamentos de Serviços, isto é, o Controle de Qualidade usou 10.000 horas do Manutenção e este usou 7.000 horas do Controle de Qualidade, utilizamos a alocação dos custos entre eles pelo MÉTODO HIERÁRQUICO, isto é, parte-se, em regra, do departamento de serviço menos importante, ou seja, aquele que tem menor valor, no caso, o de Manutenção, distribuindo integralmente seus custos entre os demais departamentos, no caso, entre o de Controle de Qualidade, o de Maquinário e o de Montagem. Em seguida, distribui-se integralmente os custos do departamento de Controle de Qualidade aos departamentos de Maquinário e Montagem.

No entanto, o enunciado da questão não determina o método hierárquico e sim o MÉTODO DIRETO, que é o método onde os departamentos de serviços distribuem seus custos diretamente aos departamentos de produção, sem alocação entre os deptos de serviços. Assim, teremos:

Distribuição dos custos do departamento de Controle de Qualidade (R$ 350.000,00) para os departamentos de Maquinário e Montagem pelo Método Direto:

- Constante de proporcionalidade = $\dfrac{R\$ 350.000}{35.000 - 7.000} = \dfrac{R\$ 350.000}{28.000} = R\$ 12,50$

- Maquinário: R$ 12,50 × 21.000 = R$ 262.500
- Montagem: R$ 12,50 × 7.000 = **R$ 87.500**

Distribuição dos custos do departamento de Manutenção (R$ 200.000,00) para os departamentos de Maquinário e Montagem pelo Método Direto:

- Constante de proporcionalidade = $\dfrac{R\$ 200.000}{40.000 - 10.000} = \dfrac{R\$ 20}{3}$

- Maquinário: R$ 20/3 × 18.000 = R$ 120.000
- Montagem: R$ 20/3 × 12.000 = **R$ 80.000**

Finalmente, o total de Montagem será de R$ 87.500 + R$ 80.000 = **R$ 167.500**

Exercício 8

Embora o salário de um supervisor de produção seja considerado um custo fixo e integre a mão de obra indireta, na departamentalização é considerado um custo DIRETO em relação ao DEPARTAMENTO ao qual pertence e não em relação aos produtos (em relação aos produtos, tal custo é indireto).

Exercício 9

Cromagem = R$ 396.000 × $\dfrac{250}{340 + 250 + 400}$ = R$ 100.000

Exercício 10

DEPARTAMENTO 1:

- Produção equivalente = 47.000 + 50% 3.000 = 48.500
- Custo de produção = R$ 7.225 + R$ 21.250 + R$ 12.750 = R$ 41.225
- 1 unidade processada = R$ 41.225 ÷ 48.500 = R$ 0,85

DEPARTAMENTO 2:

- Produção equivalente = 32.000 + 40% 15.000 = 38.000
- Custo de produção do departamento = R$ 4.200 + R$ 8.500 + R$ 4.350 = R$ 17.050
- Custo total do departamento = Custo recebido do departamento anterior + Custo de produção do departamento = R$ 0,85 × 47.000 + R$ 17.050 = R$ 57.000
- Custo de 1 unidade acabada = R$ 57.000 ÷ 38.000 = **R$ 1,50**

Comentário extra: De forma diferente da solução do exemplo 1 do item 6 do presente capítulo, onde cada unidade em processo do departamento seguinte recebeu somente os custos debitados diretamente ao departamento, a solução dessa questão teve como premissa que cada unidade em processo do departamento 2 teve como equivalência 40% dos custos TOTAIS acumulados em cada unidade acabada, ou seja, consideramos nessa equivalência não só os custos debitados diretamente ao departamento (R$ 17.050) mas também os custos recebidos do departamento 1 (R$ 0,85 × 47.000 = R$ 39.950).

Caso a presente questão fosse resolvida considerando como equivalência dos 40% apenas os custos debitados diretamente ao departamento, que não foi o caso dessa questão, os cálculos seriam os seguintes:

- Produção equivalente = 32.000 + 40% 15.000 = 38.000
- Custo de produção diretamente debitado ao departamento 2 = R$ 17.050
- Custo unitário recebido do departamento 1 = R$ 0,85
- Custo acrescido a cada unidade pelo departamento 2 = R$ 17.050 ÷ 38.000 = R$ 0,45
- Custo de 1 unidade acabada = R$ 0,85 + R$ 0,45 = **R$ 1,30**

Exercício 11

- Controle de Qualidade (custo a ratear) = 8.724
- Transporte (custo a ratear) = 25.612 + 10% 8.724 = 26.484

Secagem = 64.496 + 30% 8.724 + 10% 26.484 = 69.762

Exercício 12

- Administração Geral (custo a ratear) = 20.000
- Controle de Qualidade (custo a ratear) = 8.000 + 10% 20.000 = 10.000
- Transporte (custo a ratear) = 30.000 + 10% 20.000 + 10% 10.000 = 33.000

Usinagem = 90.000 + 40% 20.000 + 50% 10.000 + 60% 33.000 = 122.800

Exercício 13

- ✓ Custo total das máquinas = 35.600 + 56.740 + 138.918 + 187.350 + 81.392 = 500.000
- ✓ Constante de proporcionalidade = R$ 42.500/500.000 = R$ 0,085
- ✓ Depreciação (Montagem) = 187.350 × R$ 0,085 = R$ 15.924,75

Exercício 14

A DEPARTAMENTALIZAÇÃO diminui a arbitrariedade dos custos INDIRETOS rateados aos diversos produtos fabricados.

Exercício 15

As despesas de vendas são diretamente apropriadas ao resultado, de modo que não integrarão os custos de fabricação.

Exercício 16

- ✓ Total de horas = 80 h + 48 h + 32 h = 160 h
- ✓ Constante de proporcionalidade = R$ 4.800.000,00/160 h = R$ 30.000,00/h
- ✓ Controle de qualidade = 32 h × R$ 30.000,00/h = R$ 960.000,00

Exercício 17

Um CENTRO DE CUSTO, o qual, em geral, coincide com o próprio departamento, sempre possui ao menos um supervisor (gestor) responsável, o qual é responsável pelo bom desempenho do mesmo, de modo que sua boa gerência também poderá ser avaliada pela comparação dos gastos orçados com aqueles efetivamente realizados no respectivo centro de custos.

Exercício 18

Embora os cálculos dos custos alocados aos departamentos pelo método RECÍPROCO sejam mais complexos, esse método possibilita uma distribuição mais justa dos custos dos departamentos de serviços aos departamentos de produção, principalmente pelo fato de nos seus cálculos levar em consideração a reciprocidade de alocação de custos entre os departamentos de serviços, coisa esta, por exemplo, não observada no método hierárquico.

Capítulo 7

Custeio ABC

1. Significado e Necessidade de Aplicação

À medida que os sistemas de produção industrial vão se tornando mais complexos com o avanço das técnicas de fabricação, há uma tendência crescente dos custos indiretos sobressaírem em relação aos custos diretos, isto é, cada vez mais estes (sobretudo a mão de obra direta) se tornam menores em relação àqueles.

Dessa forma, dada a grande arbitrariedade na atribuição dos custos indiretos aos produtos fabricados, quando os tais são apropriados aos departamentos de produção para posterior apropriação aos produtos fabricados, é que nasce o conceito do CUSTEIO BASEADO EM ATIVIDADES (ABC – *Activity Based Costing*), o qual é uma <u>sistemática de rateio de custos indiretos que reduz substancialmente o grau de arbitrariedade na atribuição destes aos produtos fabricados</u>.

A utilização do ABC não elimina a departamentalização. Muito pelo contrário. O ABC pode ser definido como sendo uma maneira mais precisa de se apropriar os custos indiretos aos produtos fabricados, já de antemão apropriados aos departamentos de produção, através da identificação das <u>atividades</u> dentro de cada departamento que se relacionam de alguma forma na fabricação de cada produto.

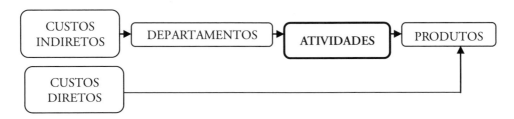

A necessidade de utilização do ABC se torna mais evidente na proporção em que os sistemas de fabricação de determinados produtos se tornam mais complexos. Em outras palavras, quanto maior é a complexidade dos processos de fabricação de determinado produto, maior será a distorção causada na apuração do seu custo de produção quando não se usa o ABC.

Na atribuição dos custos diretos (matéria-prima aplicada e mão de obra direta), também pode ser utilizado o ABC. No entanto, neste caso não há diferenças relevantes em relação aos outros sistemas de apropriação de custos já conhecidos (atribuição dos custos sem departamentalização e atribuição dos custos com departamentalização.

2. CONCEITOS BÁSICOS

TAREFA: É parte integrante e essencial para o desempenho de uma atividade.

ATIVIDADE: É o somatório de tarefas indispensáveis à sua concretização, as quais para serem executadas requerem recursos materiais, tecnológicos e humanos.

FUNÇÃO: É o somatório de atividades de mesma natureza com o objetivo de se chegar a um fim específico. Regra geral, cada função é executada por determinado departamento.

CENTRO DE CUSTOS: É o próprio departamento de produção ou parte dele, pois um mesmo departamento pode conter um ou mais centros de custos. Nele pode ser realizada parte de uma atividade, uma única atividade ou mais de uma atividade. Nesse último caso, no centro de custos estaria sendo desempenhada uma função, coincidindo assim com o próprio departamento. Cabe mencionar que na departamentalização sem a utilização do ABC, trabalha-se com o conceito de **centro de custos**. Por outro lado, na departamentalização com utilização do ABC, trabalha-se com o conceito de **centro de atividades**. No entanto, cabe ressaltar que muitas vezes, principalmente por questões de simplicidade, centro de custos pode equivaler a centro de atividades. Assim, nessa última hipótese, a atribuição de custos indiretos aos produtos com departamentalização de tal forma que os centros de custos sejam tão bem definidos ao ponto de coincidirem com centro de atividades, produz resultados finais praticamente sem diferenças significativas, isto é, a departamentalização sem o ABC seria praticamente equivalente à departamentalização com o ABC.

DIRECIONADORES DE CUSTOS: São os elementos que determinam os custos das atividades, através de recursos direcionados para a execução das mesmas, as quais finalmente terão seus custos direcionados para os produtos. Dessa forma, existem dois tipos de direcionadores de custos: direcionadores de recursos (ou de 1º grau), os quais custeiam as atividades, e direcionadores de atividades (ou de 2º grau), os quais custeiam os produtos. Quanto maior a precisão na escolha dos direcionadores de custos, melhor será a precisão de custeamento dos produtos na aplicação do ABC. Em outras palavras, a eficiência na aplicação do ABC é determinada, sobretudo, pela eficiência na escolha adequada dos direcionadores de custos. Assim, por exemplo, na fabricação de uma mesa de escritório, uma das atividades que irá determinar o custo de fabricação de tal produto é "envernizar a mesa". Para a cálculo do custo dessa atividade, devem ser determinados os **direcionadores de recursos** consumidos pela mesma na sua execução. Os recursos consumidos, neste caso, podem ser, por exemplo, os gastos com verniz e os gastos com mão de obra. Os direcionadores de recursos para a referida atividade podem ser, por exemplo, área da mesa e tempo da mão de obra. Uma vez custeada esta e todas as demais atividades necessárias para a fabricação da mesa, todas terão seus custos direcionados ao custo de fabricação da mesa (direcionadores de atividades).

3. Etapas de Aplicação do ABC

1ª) CUSTEAR AS ATIVIDADES, através dos recursos direcionados às mesmas de forma direta, por rastreamento (utilizando os direcionadores de recursos), ou, na impossibilidade das formas anteriores, por critérios de rateio, sendo esses últimos muito mais arbitrários.

2ª) CUSTEAR OS PRODUTOS, através das atividades direcionadas aos mesmos (direcionadores de atividades)

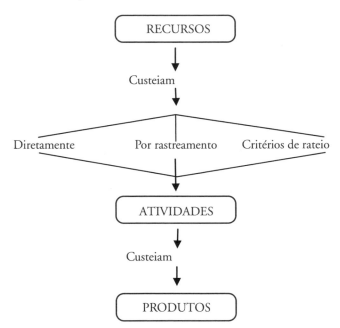

Obs.: Nem sempre é possível relacionar determinada atividade diretamente ao produto fabricado. Em algumas situações o custo de determinada atividade seria alocado ao custo de outra atividade, a qual estaria diretamente relacionada ao produto. Nesse caso, há grande probabilidade de imprecisões de resultados originadas pelo grau de subjetividade na atribuição dos referidos custos de atividade para atividade.

4. CUSTEAMENTO DAS ATIVIDADES

Deve ser feito, preferencialmente, através de ALOCAÇÃO DIRETA, ou seja, através de uma identificação objetiva do custo de cada recurso com cada atividade, como, por exemplo, atribuição de custos de materiais indiretos e mão de obra indireta a cada atividade especificamente. No entanto, caso não haja a possibilidade de alocação direta, parte-se para o RASTREAMENTO, o qual consiste basicamente na atribuição de custos com base na relação entre a ocorrência da atividade e os custos gerados para tal ocorrência. Isso é feito a partir da definição dos direcionadores de recursos para as atividades. Assim, por exemplo, se num determinado departamento de produção passam dois tipos diferentes de produtos, os quais exigem números diferentes de máquinas para a concretização do processo de fabricação, um dos direcionadores de recursos para a atribuição do aluguel de fábrica às atividades executadas pelas máquinas poderia ser, por exemplo, a área de trabalho necessária para cada máquina. Em último caso, quando não há a possibilidade de atribuir custos às atividades através de alocação direta ou rastreamento, parte-se então para o RATEIO, o qual se baseia em critérios mais subjetivos de atribuição de custos às atividades.

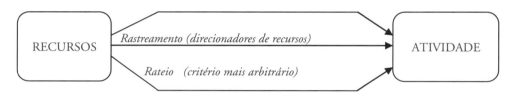

RECURSO	ALOCAÇÃO DIRETA	RASTREAMENTO	RATEIO
Limpeza de fábrica	-	Área utilizada por operários e máquinas na concretização da atividade	-
Aluguel de fábrica	-	Área utilizada por operários e máquinas na concretização da atividade	-
Depreciação	Das máquinas utilizadas nos departamentos de produção, alocação direta com base nos seus custos de aquisição	-	De bens utilizados nos departamentos de serviços, alocação de custos através de critérios de rateio com maior ou menor grau de subjetividade
Materiais indiretos	Nº de requisições para cada atividade	-	-
Seguros	-	Valor dos bens segurados na execução de cada atividade	-
Energia elétrica com medidores nos departamentos	-	Horas-máquinas utilizadas por cada atividade	-

5. CUSTEAMENTO DOS PRODUTOS

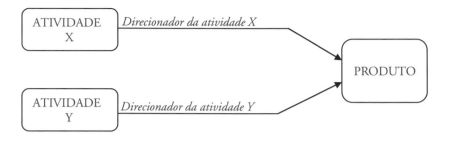

Exemplo de direcionadores de atividades para custeamento dos produtos:

DEPARTAMENTO	ATIVIDADE	DIRECIONADOR
Almoxarifado	Receber materiais	N° de recebimentos
	Remeter materiais	N° de remessas
Administração de fábrica	Programar a produção	Quantidade de produtos a fabricar
	Controlar a produção	Quantidade de produtos prontos
Pintura	Pintar	Área da superfície pintada
	Polir	Tempo de polimento
Mistura	Dosar	N° de elementos químicos
	misturar	N° de elementos químicos

Exemplo prático de aplicação do ABC: A Cia. Industrial Cupim fabrica dois tipos de produtos: Produto "X" e Produto "Y". Essa empresa possui dois departamentos de serviços (departamento de compras e departamento de almoxarifado) e dois departamentos de produção (departamento de montagem e departamento de acabamento). As seguintes informações foram obtidas:

Produto	Produção mensal (unidades)	Matéria-prima por unidade	Matéria-prima total	Mão de obra direta por unidade	Mão de obra direta total
X	500	R$ 20	R$ 10.000	R$ 10	R$ 5.000
Y	200	R$ 40	R$ 8.000	R$ 12	R$ 2.400

Custos Indiretos de Fabricação:

Materiais indiretos .... R$ 3.100

Mão de obra indireta .... R$ 4.400

Aluguel de fábrica .... R$ 5.500

Depreciação de máquinas .... R$ 700

Seguros de fábrica .... R$ 1.600

Energia elétrica de fábrica .... R$ 1.900

Outros gastos de fábrica .... R$ 800

Total .... R$ 18.000

Supondo que as atividades desenvolvidas pelos departamentos foram custeadas, com base nos direcionadores de recursos, e foram obtidos os seguintes resultados:

Departa-mento	Atividades	Custo (R$)	Direcionadores	Prod. X	Prod. Y	Total
Compras	Comprar materiais	2.000	nº de pedidos	150	250	400
	Ativar fornecedores	1.000	nº de fornecedores	8	12	20
Almoxa-rifado	Receber materiais	3.000	nº de recebimentos	150	250	400
	Liberar materiais	2.000	nº de requisições	200	300	500
Montagem	Montar os produtos	6.000	tempo de montagem	360 h	440 h	800 h
Acabamento	Acabar os produtos	4.000	tempo acabamento	220 h	280 h	500 h

ATIVIDADES	PRODUTO X (custo da atividade)	PRODUTO Y (custo da atividade)
Comprar materiais	$\frac{R\$ 2.000}{400} \times 150 = R\$ 750$	$\frac{R\$ 2.000}{400} \times 250 = R\$ 1.250$
Ativar fornecedores	$\frac{R\$ 1.000}{20} \times 8 = R\$ 400$	$\frac{R\$ 1.000}{20} \times 12 = R\$ 600$
Receber materiais	$\frac{R\$ 3.000}{400} \times 150 = R\$ 1.125$	$\frac{R\$ 3.000}{400} \times 250 = R\$ 1.875$
Liberar materiais	$\frac{R\$ 2.000}{500} \times 200 = R\$ 800$	$\frac{R\$ 2.000}{500} \times 300 = R\$ 1.200$
Montar os produtos	$\frac{R\$ 6.000}{800} \times 360 = R\$ 2.700$	$\frac{R\$ 6.000}{800} \times 440 = R\$ 3.300$
Acabar os produtos	$\frac{R\$ 4.000}{500} \times 220 = R\$ 1.760$	$\frac{R\$ 4.000}{500} \times 280 = R\$ 2.240$
TOTAL	R$ 7.535	$ 10.465

Custo de Fabricação (X) = R$ 10.000 + R$ 5.000 + R$ 7.535 = R$ 22.535

Custo de Fabricação (Y) = R$ 8.000+ R$ 2.400 + R$ 10.465 = R$ 20.865

EXERCÍCIO RESOLVIDO: A Indústria Silver S/A produz e vende dois tipos de produtos. Para a avaliação do resultado por produtos utiliza o custeio baseado em atividades. No último período, a empresa apresentou os seguintes dados:

	Custos indiretos	Produto Vip	Produto Chic	Total
Matéria-prima		R$ 5.000	R$ 4.000	R$ 9.000
Mão de obra direta		R$ 3.400	R$ 1.800	R$ 5.200
Nº de lotes de produção	R$ 2.800	42	28	70
Testes de qualidade efetuados	R$ 1.500	13	17	30
Nº de *set-ups*	R$ 600	9	6	15
Nº de kits de peças requisitadas	R$ 400	36	44	80
Total de custos indiretos	R$ 5.300			
Quantidade produzida (em unidades)		2.500	5.000	
Quantidade vendida (em unidades)		1.000	3.100	
Preço de venda unitário		R$ 10	R$ 6	
Impostos sobre vendas		20%	20%	

O lucro bruto total do produto Vip é:
a) R$ 3.250,00
b) R$ 3.100,00
c) R$ 2.780,00
d) R$ 3.492,00
e) R$ 3.600,00

(SOLUÇÃO)

Com relação ao produto Vip, teremos:

MPA = R$ 5.000

MOD = R$ 3.400

$$CIF = R\$\ 2.800 \times \frac{42}{70} + R\$\ 1.500 \times \frac{13}{30} + R\$\ 600 \times \frac{9}{15} + R\$\ 400 \times \frac{36}{80} = R\$\ 2.870$$

Custo de Produção (CP) = MPA + MOD + CIF

CP = R$ 5.000 + R$ 3.400 + R$ 2.870 = R$ 11.270

$$CPV = R\$\ 11.270 \times \frac{1.000}{2.500} = R\$\ 4.508$$

LB = R$ 10 × 1.000 − 20% R$ 10 × 1.000 − R$ 4.508 = R$ 3.492

(Resposta: opção d)

Exercícios de Fixação

1. **(Cursos de Formação de Oficiais do QC – Contador/Escola de Administração do Exército) Com relação ao Custeio ABC, pode-se afirmar que:**
   a) é um sistema de custeio baseado na análise das atividades significativas desenvolvidas na empresa. O centro de interesse do sistema concentra-se nos gastos diretos.
   b) é uma técnica de custeamento em que os custos e as despesas indiretos são apropriados a várias unidades por meio de algumas bases que estão relacionadas com o volume dos fatores de produção.
   c) a finalidade é apropriar os custos às atividades executadas pela empresa e, então, apropriar de forma adequada aos produtos, as atividades, segundo o uso que cada produto faz dessas atividades.
   d) na operacionalização do sistema, procura-se estabelecer a relação entre as atividades e produtos, utilizando-se de direcionadores de produtos.
   e) nesse método, assume-se que os recursos de uma empresa são consumidos pelos produtos, visando o custeamento das atividades.

2. **(UFRJ – Núcleo de Computação Eletrônica) Para se aplicar o Custeio Baseado em Atividades (ABC), é necessário:**
   a) definição das atividades relevantes dentro dos departamentos;
   b) atribuir custo-padrão com base no volume de produção;
   c) atribuir custo-padrão com base nas horas trabalhadas;
   d) atribuir custo-padrão com base na depreciação acumulada;
   e) preocupação em ratear as despesas com vendas entre os produtos.

3. **(TCM – PA/Fundação Getúlio Vargas) Determinada empresa industrial fabricou e vendeu, no último mês, 2.000 impressoras a jato de tinta colorida e 5.000 impressoras a jato de tinta preto-e-branco.**
   Analise as informações apuradas para fins do custeio baseado em atividade, conforme tabela a seguir:

atividades	custo (R$/mês)	capacidade Instalada (horas/mês)	colorida (horas/unidade)	preto-e-branco (horas/unidade)
armazenagem	6.000,00	1.200	0,3	0,1
Montagem	10.000,00	10.000	2	1,2
testes e ajustes	18.000,00	9.000	1,8	1

   Determine o custo da ociosidade incorrido nesse período:
   (Desconsidere qualquer tributo e qualquer informação não apresentada neste enunciado)

a) Mais de $ 6.000,00
b) Entre $ 4.000,01 e $ 6.000,00
c) Entre $ 2.000,01 e $ 4.000,00
d) Zero
e) Entre $ 0,01 e $ 2.000,00

4. (Cursos de Formação de Oficiais do QC – Contador/Escola de Administração do Exército) A Indústria Meca é uma fábrica de estantes que trabalha com 2 produtos diferentes: a estante A e a estante B, de modelos diferentes. Os dados referentes à produção e às vendas do mês de julho foram os seguintes:

Produtos	Produção Mensal (unid.)	Preço de Venda Unitário
Estante A	1.260	R$ 120,00
Estante B	540	R$ 150,00

CUSTOS DIRETOS UNITÁRIOS – R$

Produtos	Madeira	Acessórios	MOD
Estante A	50,00	10,00	8,00
Estante B	60,00	12,00	10,00

DEPARTAMENTOS	ATIVIDADES	CUSTOS – R$
Almoxarifado	Receber Materiais	2.610,00
	Movimentar Materiais	9.300,00
	Total	11.910,00
Corte/ Montagem	Cortar	4.070,00
	Montar	48.300,00
	Total	52.370,00
Logística	Embalar	15.400,00
	Despachar Produtos	4.200,00
	Total	19.600,00
Custo Total		83.880,00

QUANTIDADE DE DIRECIONADORES DAS ATIVIDADES

ATIVIDADES	DIRECIONADORES	Estante A	Estante B	Total
Receber materiais	Nº recebimentos	350	230	580
Movimentar materiais	Nº requisições	1.600	900	2.500
Cortar	Horas de corte	1.800 h	1.900 h	3.700 h
Montar	Horas de montagem	7.800 h	3.700 h	11.500 h
Embalar	Horas p/ embalar	3.200 h	2.960 h	6.160 h
Despachar Produtos	Horas de despacho	650 h	550 h	1.200 h

Assim, pede-se: as Margens Brutas das estantes A e B diferem de
a) 2,50%
b) 3,00%
c) 1,94%
d) 1,50%
e) 1,65%

5. **(Analista de Planejamento e Orçamento/ESAF)** Uma das vantagens proporcionadas pela utilização do custeio ABC em relação às demais formas de atribuir custos aos produtos e serviços consiste em:
    a) eliminar totalmente a arbitrariedade de alocação de custos às atividades administrativas com a não utilização de nenhuma forma de rateio dos custos incrementais das atividades.
    b) descartar, da avaliação dos direcionadores de custos relativos, a produção de um bem ou serviço, e os custos comuns às atividades na apuração do custo unitário.
    c) reduzir as distorções provocadas pelo rateio arbitrário dos custos indiretos.
    d) permitir o gerenciamento com eficiência e eficácia tanto dos custos diretos quanto dos indiretos.
    e) tornar-se uma importante ferramenta a ser utilizada no processo de planejamento, gestão e controle efetivo dos custos diretos.

6. **(Analista de Planejamento e Orçamento/ESAF)** A forma de custeio na qual os custos são, inicialmente, atribuídos a direcionadores e posteriormente aos produtos é denominada de custeio
    a) por atividades
    b) variável
    c) direto
    d) pleno
    e) por encomenda

7. **(Analista de Finanças e Controle/ESAF) Nas opções abaixo, assinale a afirmativa correta.**
    a) O custeamento por ordem de produção ocorre quando a empresa programa sua atividade produtiva a partir de encomendas específicas, caracterizando a produção contínua.
    b) A grande desvantagem da análise do ponto de equilíbrio está na sua complexidade. Dificulta os estudos de viabilidade econômica para avaliar empreendimentos potenciais.
    c) O custeio por absorção é um processo cujo objetivo é ratear todos os elementos variáveis do custo em cada fase de produção.
    d) Custo-Padrão é um custo estabelecido pela empresa como meta para os produtos de sua linha de fabricação e se divide nos tipos: estimado, convencional e corrente.
    e) O sistema ABC é um sistema de custeio baseado nas atividades que a empresa realiza no processo de fabricação, caracterizando uma forma analítica de ratear custos indiretos aos produtos.

8. **(Controladoria Geral do Município do RJ – Contador/Fundação João Goulart)** O Custeio Baseado em Atividades é uma metodologia de custeio que procura
   a) ratear e alocar no custo dos produtos as despesas com publicidade e vendas
   b) ratear os custos indiretos de produção com base no total das horas trabalhadas
   c) reduzir sensivelmente as distorções provocadas pelo rateio arbitrário dos custos indiretos
   d) equacionar a relação dos custos fixos e dos custos variáveis
   e) reduzir sensivelmente as distorções provocadas pelo rateio dos custos diretos

9. **(Fiscal de Rendas – RJ/FGV)** Determinada empresa industrial fabrica e vende dois produtos: X e Y. No último mês analisado, a empresa produziu 400 unidades de X e 350 unidades de Y.
   Sabe-se que os gastos com matéria-prima e com mão de obra são:

gastos diretos	X	Y
matéria-prima (kg/unid.)	4	6
matéria-prima ($/kg)	5	5
Mão de obra (Hh/unid.)	3	4
Mão de obra ($/Hh)	4,00	4,00

   Determine o custo unitário do produto X e do produto Y, respectivamente, incorrido nesse período, com base nas informações apuradas para fins do custeio baseado em atividade, conforme segue:

atividades	custo (em $/mês)	capacidade instalada (em h/mês)	X (em h/unid)	Y (em h/unid)
I	3.700,00	1.850	2	3
II	2.900,00	1.450	1	3
III	3.000,00	1.500	2	2

   Desconsidere qualquer tributo e qualquer informação não apresentada neste enunciado.
   a) $ 10/unidade e $ 16/unidade
   b) $ 36/unidade e $ 41/unidade
   c) $ 42/unidade e $ 62/unidade
   d) $ 32/unidade e $ 46/unidade
   e) $ 46/unidade e $ 57/unidade

10. **(PETROBRAS – Contador (a) Júnior/Fundação Cesgranrio)** Um dos aspectos mais importantes na aplicação do custeio ABC (Custeio Baseado em Atividades) é identificação e seleção dos direcionadores de custos. Desse modo, é relevante saber que direcionador de custo é o(a)
    a) critério de rateio usado para atribuir um custo fixo a um produto
    b) fator que determina o custo de uma atividade
    c) indicador da relação custo-benefício no levantamento do custeio ABC
    d) ferramenta utilizada para se atribuir um custo direto a um produto
    e) forma como se pode ratear um custo fixo a um departamento ou atividade

11. **(PETROBRAS – Contador(a) Júnior/Fundação Cesgranrio)** A finalidade primordial para a qual se utiliza o custeio ABC – *Activity Based Costing* (Custeio Baseado em Atividades) refere-se à(ao)
    a) alocação da mão de obra aos produtos
    b) identificação dos processos relevantes
    c) rastreamento dos custos diretos às atividades
    d) tratamento dado aos custos indiretos
    e) rateio dos custos fixos aos departamentos

12. **(PETROBRAS – Contador(a) Júnior/Fundação Cesgranrio)** A principal diferença entre o critério de custeio ABC (*Activity-Based Costing*) e o modelo de departamentalização (Custeio por absorção) é que
    a) Os custos fixos são atribuídos, no custeio ABC, aos produtos através de rateio recíproco, enquanto a departamentalização usa rateio assimétrico.
    b) Os custos e despesas são atribuídos, no custeio ABC, aos produtos através dos custos das atividades, enquanto, na departamentalização, os custos e despesas são atribuídos através dos direcionadores de tarefas.
    c) O custeio ABC deve somente ser aplicado em empresas não industriais, devido ao fato de somar custos e despesas, enquanto a departamentalização é utilizada, exclusivamente, em empresas industriais.
    d) O custeio ABC pode apenas ser utilizado em conjunto com a reengenharia de processos, pois a departamentalização usa, exclusivamente, rateio linear misto.
    e) A departamentalização tem uma visão verticalizada, enquanto o custeio ABC tem uma abordagem horizontal por ser interdepartamental.

13. **(Assembleia Legislativa – ES – Contador/NCE – UFRJ)** Em relação à Contabilidade de Custos, é correto afirmar que:
    a) Custo Direto: são os custos que dependem de cálculos, rateios ou estimativas para serem apropriados em diferentes produtos, portanto, são os custos que só são apropriados diretamente aos produtos. O parâmetro utilizado para as estimativas é chamado de base ou critério de rateio;
    b) Custo Indireto: é um custo determinado da forma mais científica possível pela engenharia de produção da empresa, dentro de condições ideais de qualidade dos materiais, de eficiência da mão de obra, com o mínimo de desperdício de todos os insumos envolvidos;
    c) Custo ABC: é uma metodologia que procura reduzir sensivelmente as distorções provocadas pelo rateio arbitrário dos custos indiretos;
    d) Custeio Direto: significa a apropriação, aos produtos elaborados pela empresa, de todos os custos incorridos no processo de fabricação, quer estejam diretamente vinculados ao produto, quer se refiram à tarefa de produção em geral e só possam ser alocados aos bens fabricados indiretamente, isto é, mediante rateio;
    e) Custeio por Absorção: é o método de avaliar os estoques de produtos atribuindo-se a eles apenas e tão somente os custos variáveis de fabricação, sendo os custos fixos descarregados diretamente como despesas do período.

14. **(Dae – Analista Contábil/Vunesp)** O método de custeio que adota direcionadores de custos a fim de promover o rastreio aos geradores de custos, em vez do rateio para alocar custos indiretos de fabricação aos produtos, é o
    a) ABC
    b) Por Absorção
    c) Direto
    d) Variável
    e) Direto Padrão

15. **(Fiscal de Rendas – RJ/FGV)** A Subs Ltda. produz e vende dois tipos de produtos. Para a avaliação do resultado por produtos utiliza o custeio baseado em atividades. No último período, a empresa apresentou os seguintes dados:

	Custos indiretos	Padrão	Luxo	Total
Matéria-prima		$ 102.000	$ 120.000	$ 222.000
Mão de obra direta		$ 80.000	$ 78.000	$ 158.000
Nº de lotes de produção	$ 190.000	50	5	55
	$ 188.000	15	22	37
Pedidos de embarque processados	$ 50.000	80	70	150
Nº de *set-ups*	$ 40.000	17	13	30
Nº de kits de peças requisitadas	$ 20.000	130	30	160
Total de custos indiretos	$ 488.000			
Quantidade produzida (em unidades)		250.000	88.000	
Quantidade vendida (em unidades)		225.000	79.200	
Preço de venda unitário		$ 3,00	$ 5,60	
Impostos sobre vendas (sobre a receita)		20%	20%	

    O lucro bruto total de cada produto é:
    a) Padrão = $ 139.294,00; Luxo = ($ 25.678,00)
    b) Padrão = $ 100.120,00; Luxo = $ 30.359,00
    c) Padrão = $ 82.450,00; Luxo = $ 38.358,00
    d) Padrão = $ 89.234,00; Luxo = $ 35.789,00
    e) Padrão = $ 93.126,00; Luxo = $ 20.490,00

16. **(METRÔ – SP – Ciências Contábeis/FCC)** Caracteriza o sistema de custeio ABC:
    a) rateio de custos indiretos de fabricação, de acordo com a natureza de cada um, utilizando vários indicadores, como critérios de rateio para os produtos.
    b) Inexistência de rateio para os custos indiretos que não puderem ser associados ao volume de produção, classificando-os diretamente como despesas no resultado.
    c) Predeterminação do valor dos custos indiretos de fabricação para posterior comparação com os gastos efetivos.
    d) O direcionamento de custos para as atividades e destas para os produtos, de acordo com a proporção que estes consomem das atividades.
    e) Rateio de custos indiretos de fabricação, sempre utilizando o critério da mão de obra direta gasta em cada produto.

17. **(Fiscal de Rendas – SP/FCC) É uma etapa relevante do Custeio Baseado em Atividades:**
    a) O rateio dos custos indiretos aos departamentos.
    b) A atribuição dos custos variáveis aos departamentos.
    c) A identificação e seleção dos direcionadores de custos.
    d) A distribuição dos custos acumulados dos departamentos de serviços aos departamentos de produção.
    e) A atribuição dos custos dos departamentos aos produtos.

18. **(Fiscal de Rendas – RJ/FGV) Determinada indústria possui três departamentos: X, Y e Z. Os gastos em cada um desses departamentos totalizam $ 2.000, $ 4.000 e $ 6.000, respectivamente. Sabe-se que, no Depto. X, são consumidas 70% da horas de trabalho em função do produto A e 30% em função do produto B. O Depto. Y, responsável pela cotação de preços de matéria-prima, consome 30% do seu tempo em função do produto A e 70% em função do produto B, conforme constatado por meio do número de cotações feitas por produto. O Depto. Z presta serviços aos Departamentos X e Y, e, com base nos serviços prestados a eles, constatou-se que o Depto. X recebeu 150 atendimentos, enquanto o Depto. Y recebeu 100 atendimentos.**

    Assinale a alternativa que apresente os custos a serem alocados aos produtos A e B, respectivamente, empregando o critério ABC (para rateio dos custos indiretos) e considerando apenas as informações acima.
    a) $ 6.000 e $ 6.000
    b) $ 5.840 e $ 6.160
    c) $ 5.600 e $ 6.400
    d) $ 6.400 e $ 5.600
    e) $ 6.160 e $ 5.840

Gabarito

1. c	7. e	13. c
2. a	8. c	14. a
3. e	9. c	15. e
4. c	10. b	16. d
5. c	11. d	17. c
6. a	12. e	18. b

Soluções Comentadas

Exercício 1

O custeio ABC é uma forma de reduzir a arbitrariedade de rateio dos custos INDIRETOS. Para tanto, na aplicação do ABC, o primeiro passo é identificar as ATIVIDADES consumidas na fabricação de cada produto, a fim de custeá-las. Após identificar e custear cada atividade, o próximo e último passo é custear os produtos, identificando as atividades consumidas por cada produto, as quais já foram antes custeadas.

Exercício 2

Como o próprio nome já sugere, o Custeio Baseado em "ATIVIDADES" tem por ponto central a identificação das atividades relevantes em cada departamento de produção, a fim de custear os produtos, os quais consomem essas atividades.

Exercício 3

HORAS TOTAIS:

- Armazenagem = 0,3h × 2.000 + 0,1h × 5.000 = 1.100h
  Tempo ocioso = 1.200h − 1.100h = 100h
- Montagem = 2h × 2.000 + 1,2h × 5.000 = 10.000h
  Tempo ocioso = 10.000h − 10.000h = zero
- Testes e ajustes = 1,8h × 2.000 + 1h × 5.000 = 8.600h
  Tempo ocioso = 9.000h − 8.600h = 400h

CUSTO POR HORA:

- Armazenagem = R$ 6.000,00 ÷ 1.200h = R$ 5,00/h
- Testes e ajustes = R$ 18.000,00 ÷ 9.000h = R$ 2,00/h

Finalmente,

Custo da Ociosidade = R$ 5,00 × 100 + R$ 2,00 × 400 = R$ 1.300,00

Exercício 4
Custo de Fabricação da Estante A (1.260 unidades produzidas e vendidas):
- MPA [= 1.260 × (50,00 + 10,00)] 75.600,00
- MOD [= 1.260 × 8,00] 10.080,00
- CIF
  Receber Materiais (2.610,00 × 350/580) 1.575,00
  Movimentar Materiais (9.300,00 × 1.600/2.500) 5.952,00
  Cortar (4.070,00 × 1.800/3700) 1.980,00
  Montar (48.300,00 × 7.800/11.500) 32.760,00
  Embalar (15.400,00 × 3.200/6.160) 8.000,00
  Despachar (4.200,00 × 650/1.200) .... 2.275,00 .... 52.542,00
  TOTAL 138.222,00

Custo de Fabricação da Estante B (540 unidades produzidas e vendidas):
- MPA [= 540 × (60,00 + 12,00)] 38.880,00
- MOD [= 540 × 10,00] 5.400,00
- CIF
  Receber Materiais (2.610,00 × 230/580) 1.035,00
  Movimentar Materiais (9.300,00 × 900/2.500) 3.348,00
  Cortar (4.070,00 × 1.900/3700) 2.090,00
  Montar (48.300,00 × 3.700/11.500) 15.540,00
  Embalar (15.400,00 × 2.960/6.160) 7.400,00
  Despachar (4.200,00 × 550/1.200) .... 1.925,00 .... 31.338,00
  TOTAL 75.618,00

Estante A:
Receita de Vendas (= 1.260 × 120,00) 151.200,00
(–) Custo dos Produtos Vendidos .... (138.222,00)
(=) Lucro Bruto 12.978,00

Estante B:
Receita de Vendas (= 540 × 150,00) 81.000,00
(–) Custo dos Produtos Vendidos .... (75.618,00)
(=) Lucro Bruto 5.382,00

Margem Bruta (A) = $\dfrac{\text{Lucro Bruto}}{\text{Receita de Vendas}}$ = $\dfrac{12.978,00}{151.200,00}$ = 8,58%

Margem Bruta (B) = $\dfrac{\text{Lucro Bruto}}{\text{Receita de Vendas}}$ = $\dfrac{5.382,00}{81.000,00}$ = 6,64%

Diferença entre as Margens Brutas = 8,58% - 6,64% = 1,94%

Exercício 5

O custeio ABC é, sobretudo, uma sistemática de reduzir as distorções causadas pelos critérios de rateio arbitrários na atribuição dos custos indiretos aos produtos fabricados.

Exercício 6

O primeiro passo na aplicação do custeio ABC é custear as atividades, através dos <u>direcionadores de recursos</u> para as mesmas e, em seguida, custear os produtos, através dos <u>direcionadores das atividades</u> aos produtos.

Exercício 7

a) <u>ERRADO</u>. O custeamento por ordem de produção ocorre quando a empresa programa sua atividade produtiva a partir de encomendas específicas, caracterizando a produção DESCONTÍNUA, visto que quando não há encomendas a produção é interrompida.

b) <u>ERRADO</u>. A grande VANTAGEM da análise do ponto de equilíbrio está na sua SIMPLICIDADE de cálculo pelo uso de fórmulas. Em função disto, FACILITA os estudos de viabilidade econômica para avaliar empreendimentos potenciais.

c) <u>ERRADO</u>. O custeio por absorção é um processo, onde são atribuídos aos produtos fabricados todos os custos de produção, sejam fixos ou variáveis.

d) <u>ERRADO</u>. Custo-Padrão é um custo estabelecido pela empresa como meta para os produtos de sua linha de fabricação e se divide nos tipos: estimado, IDEAL e corrente.

e) <u>CERTO</u>. O sistema ABC é um sistema de custeio baseado nas atividades que a empresa realiza no processo de fabricação, caracterizando uma forma analítica de ratear custos indiretos aos produtos.

Exercício 8

O Custeio Baseado em Atividades é uma metodologia de custeio que procura reduzir sensivelmente as distorções provocadas pelo rateio arbitrário dos custos indiretos

Exercício 9

PRODUTO X (custo unitário):

- MPA = $ 5,00 × 4 = $ 20
- MOD = $ 4,00 × 3 = $ 12
- CIF = ($ 3.700 ÷ 1.850) × 2 + ($ 2.900 ÷ 1.450) × 1 + ($ 3.000 ÷ 1.500) × 2 = $ 10

Custo unitário de produção = $ 20 + $ 12 + $ 10 = $ 42

PRODUTO Y (custo unitário):

- MPA = $ 5,00 × 6 = $ 30
- MOD = $ 4,00 × 4 = $ 16
- CIF = ($ 3.700 ÷ 1.850) × 3 + ($ 2.900 ÷ 1.450) × 3 + ($ 3.000 ÷ 1.500) × 2 = $ 16

Custo unitário de produção = $ 30 + $ 16 + $ 16 = $ 62

Comentário extra: As 1.850 horas gastas na atividade I, por exemplo, foram obtidas multiplicando-se as 400 unidades do produto X por 2 h e as 350 unidades do produto Y por 3 h. Embora não haja legenda no enunciado da questão, presumimos que "Hh" significa "Homens-hora".

Exercício 10

Um dos aspectos mais importantes na aplicação do custeio ABC (Custeio Baseado em Atividades) é identificação e seleção dos direcionadores de custos. Desse modo, é relevante saber que direcionador de custo é o FATOR QUE DETERMINA O CUSTO DE UMA ATIVIDADE.

Exercício 11

A finalidade primordial para a qual se utiliza o custeio ABC – *Activity Based Costing* (Custeio Baseado em Atividades) refere-se ao TRATAMENTO DADO AOS CUSTOS INDIRETOS.

Exercício 12

Na DEPARTAMENTALIZAÇÃO, que é uma forma de reduzir a arbitrariedade de rateio dos custos indiretos, o processo de rateio dos custos indiretos é feito de departamento para departamento, partindo dos departamentos de serviços, escolhendo-se uma ordem de prioridades entre eles, para posterior alocação aos departamentos de produção, também seguindo uma ordem de prioridade entre eles e, por fim, rateando aos produtos. Daí, a expressão "visão verticalizada" = visão hierarquizada (há, em geral, o estabelecimento de hierarquias entre departamentos):

CUSTOS INDIRETOS

(rateados com a departamentalização <u>sem</u> aplicação do ABC)

No caso do custeio ABC, <u>não há a eliminação da departamentalização</u> e sim um APERFEIÇOAMENTO, onde "dentro" de cada departamento são identificadas as atividades, as quais são custeadas, através dos direcionadores dos recursos para as atividades, e, posteriormente custeados os produtos, através dos direcionadores das atividades para os produtos. Daí, a expressão "abordagem horizontal", pois é dentro de um mesmo departamento (interdepartamental) que todo esse processo ocorre.

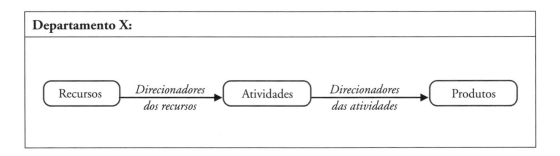

Exercício 13

a) <u>ERRADO</u>. Custo Direto: são os custos que NÃO dependem de cálculos, rateios ou estimativas para serem apropriados em diferentes produtos, portanto, são os custos que só são apropriados diretamente aos produtos;

b) <u>ERRADO</u>. Custo PADRÃO IDEAL: é um custo determinado da forma mais científica possível pela engenharia de produção da empresa, dentro de condições ideais de qualidade dos materiais, de eficiência da mão de obra, com o mínimo de desperdício de todos os insumos envolvidos;

c) CERTO. Custo ABC: é uma metodologia que procura reduzir sensivelmente as distorções provocadas pelo rateio arbitrário dos custos indiretos;

d) ERRADO. Custeio POR ABSORÇÃO: significa a apropriação, aos produtos elaborados pela empresa, de todos os custos incorridos no processo de fabricação, quer estejam diretamente vinculados ao produto, quer se refiram à tarefa de produção em geral;

e) ERRADO. Custeio VARIÁVEL: é o método de avaliar os estoques de produtos atribuindo-se a eles apenas e tão somente os custos variáveis de fabricação, sendo os custos fixos descarregados diretamente como despesas do período.

Exercício 14

O ABC é método de custeio que adota direcionadores de custos a fim de promover o rastreio aos geradores de custos, em vez do rateio para alocar custos indiretos de fabricação aos produtos.

Exercício 15

PRODUTO PADRÃO:

- Matéria-prima aplicada = $ 102.000
- Mão de obra direta $ 80.000
- Custos Indiretos de Fabricação = [$ 190.000 × 50/55] + [$ 188.000 × 15/37] + [$ 50.000 × 80/150] + [$ 40.000 × 17/30] +[$ 20.000 × 130/160] = $ 314.527

Custo de Produção = $ 102.000 + $ 80.000 + $ 314.527 = $ 496.527

Receita de vendas [= $ 3 × 225.000] .... $ 675.000

(–) Impostos sobre vendas [= 20% $ 675.000] .... ($ 135.000)

(–) Custo dos Produtos Vendidos [= $ 496.527 × 225.000/250.000]...... ($ 446.874)

(=) Lucro Bruto .... $ 93.126

PRODUTO LUXO:

- Matéria-prima aplicada = $ 120.000
- Mão de obra direta $ 78.000
- Custos Indiretos de Fabricação = [$ 190.000 × 5/55] + [$ 188.000 × 22/37] + [$ 50.000 × 70/150] + [$ 40.000 × 13/30] +[$ 20.000 × 30/160] = $ 173.473

Custo de Produção = $ 120.000 + $ 78.000 + $ 173.473 = $ 371.473

Receita de vendas [= $ 5,60 × 79.200] .... $ 443.520

(–) Impostos sobre vendas [= 20% $ 443.520] .... ($ 88.704)
(–) Custo dos Produtos Vendidos [= $ 371.473 × 79.200/88.000] .... ($ 334.326)
(=) Lucro Bruto .... $ 20.490

Exercício 16
Caracteriza o custeio ABC o direcionamento de custos para as atividades e destas para os produtos, de acordo com a proporção que estes consomem das atividades.

Exercício 17
A identificação e seleção dos direcionadores de custos é uma etapa relevante do Custeio Baseado em Atividades.

Exercício 18

Dep. X = $ 2.000 + $\dfrac{\$ 6.000}{250} \times 150 = \$ 5.600$

- -

Dep. Y = $ 4.000 + $\dfrac{\$ 6.000}{250} \times 100 = \$ 6.400$

- -

Prod. A = (70% × Dep. X) + (30% × Dep. Y) = 70% × $ 5.600 + 30% × $ 6.400 = $ 5.840

Prod. B = (30% × Dep. X) + (70% × Dep. Y) = 30% × $ 5.600 + 70% × $ 6.400 = $ 6.160

Capítulo 8

Contabilidade Gerencial

1. Finalidade

Como o nome já sugere, a Contabilidade Gerencial é aquela utilizada pelos que ocupam cargos de gerência nas empresas, com a finalidade de fornecer informações bem fundamentadas para a tomada de decisões.

2. Sistema de Custeamento Mais Adequado para a Contabilidade Gerencial

Conforme já estudado no Capítulo 4, quanto à forma de apropriação dos custos aos produtos fabricados, existem dois critérios: Custeio Variável e Custeio por Absorção.

No sistema de Custeio por Absorção, como o nome já sugere, na atribuição dos custos aos produtos fabricados são "absorvidos" todos os custos, sejam eles FIXOS ou VARIÁVEIS.

No sistema de Custeio Variável, também chamado de Custeio Direto, visto que todos os custos diretos também são custos variáveis, embora existam alguns custos variáveis que são tratados como custos indiretos, só os custos VARIÁVEIS são integrantes dos custos de fabricação dos produtos, de sorte que os custos fixos, juntamente com as despesas fixas de administração e vendas, são todos tratados como despesas fixas e, consequentemente, apropriados ao resultado, independentemente da venda dos produtos, o que não ocorre no sistema de Custeio por Absorção, visto que nesse sistema os custos fixos só serão apropriados ao resultado mediante a venda dos produtos, de modo que os custos fixos integrantes dos produtos ainda não vendidos integrarão os estoques.

Como exemplo, suponhamos que a Indústria Pérola Negra S/A apresentasse as seguintes informações referentes à fabricação do seu produto "X" no mês de março, o qual é vendido por R$ 45 cada unidade (por simplicidade, desconsideramos os tributos sobre):

- Quantidade produzida = 1.000 unidades
- Quantidade vendida = 800 unidades

- Custos variáveis por unidade (matéria-prima e mão de obra direta) = R$ 13
- Despesas variáveis por unidade (comissões sobre vendas) = R$ 2
- Custos fixos totais (Aluguel de fábrica, depreciação, outros) = R$ 6.000
- Despesas fixas de administração e vendas = R$ 4.000

Pelo CUSTEIO POR ABSORÇÃO, teremos:
- Custo de fabricação por unidade = R$ 13 + R$ 6.000/1.000 = R$ 19
- Resultado = 800 × R$ 45 – 800 × R$ 19 – 800 × 2 – R$ 4.000 = R$ 15.200 (Lucro)

Pelo CUSTEIO VARIÁVEL, teremos:
- Custo de fabricação por unidade = R$ 13
- Resultado = 800 × R$ 45 – 800 × R$ 13 – 800 × 2 – (R$ 4.000 + R$ 6.000) = R$ 14.000 (Lucro)

Caso fossem vendidas 300 unidades, em vez de 800, teríamos:

Pelo CUSTEIO POR ABSORÇÃO, teríamos:
- Custo de fabricação por unidade = R$ 13 + R$ 6.000/1.000 = R$ 19
- Resultado = 300 × R$ 45 – 300 × R$ 19 – 300 × 2 – R$ 4.000 = R$ 3.200 (Lucro)

Pelo CUSTEIO VARIÁVEL, teríamos:
- Custo de fabricação por unidade = R$ 13
- Resultado = 300 × R$ 45 – 300 × R$ 13 – 300 × 2 – (R$ 4.000 + R$ 6.000) = – R$ 1.000 (Prejuízo)

Observemos que no Custeio Variável os custos e despesas fixas, os quais são todos tratados como despesas fixas, são integralmente apropriados ao resultado no valor de R$ 10.000, independentemente da quantidade vendida, razão pela qual na venda de 300 unidades apresentou PREJUÍZO em vez de lucro, o que não ocorreu no Custeio por Absorção.

Supondo agora que a gerência da empresa acima decidisse reduzir o custo da matéria-prima em R$ 8, utilizando um tipo mais barato, os custos variáveis por unidade cairiam de R$ 13 para R$ 5, de modo que teríamos pelo Custeio a Variável o seguinte resultado na venda de 300 unidades:

Resultado = 300 × R$ 45 – 300 × R$ 5 – 300 × R$ 2 – (R$ 4.000 + R$ 6.000) = R$ 1.400 (Lucro)

Nesse último caso, o resultado passaria a LUCRO em vez de prejuízo, por uma decisão da gerência de produção.

No entanto, nenhuma decisão gerencial simples poderia reduzir os custos fixos totais. Daí, concluímos finalmente que **o sistema ideal para uso na Contabilidade Gerencial é o Custeio**

Variável, dado que somente os custos variáveis podem ser modificados por "decisão simples" da gerência, ao passo que os custos fixos totais, em geral, não podem ser modificados por decisões simples dos que exercem atos de gerência na empresa.

3. Margem de Contribuição Unitária (MC/u)

No item anterior vimos que o sistema de custeamento recomendado para uso na Contabilidade Gerencial é o Custeio Variável, sobretudo pelo fato de os custos fixos, em geral, não poderem ser alterados por decisões simples dos que exercem atos de gerência da empresa.

Conforme já visto também, no sistema de Custeio Variável os custos fixos, juntamente com as despesas fixas de administração e vendas, são tratados como se fossem a mesma coisa e, por conseguinte, são integralmente apropriados ao resultado, independentemente do nível de venda dos produtos.

Considerando ainda o exemplo da Indústria Pérola Negra S/A, temos o seguinte:

- Custos e despesas variáveis por unidade (CDV/u) = R$ 13 + R$ 2 = R$ 15
- Preço unitário de venda (Vu) = R$ 45

Nesse caso, o lucro por unidade, desconsiderando os custos e despesas fixos, será de R$ 45 – R$ 15 = R$ 30. Esse lucro é o que chamamos de MARGEM DE CONTRIBUIÇÃO UNITÁRIA, dado que representa o valor que cada unidade "contribui para combater" os custos e despesas fixos totais (CDF), sendo esses, no caso da empresa em análise, de R$ 10.000 (= R$ 6.000 + R$ 4.000).

Genericamente, a **Margem de Contribuição Unitária (MC/u) é igual à diferença entre o preço unitário de venda e os Custos e Despesas Variáveis por Unidade (CDV/u)**.

$$MC/u = Vu - CDV/u$$

Assim, no caso da venda de 800 unidades, a MARGEM DE CONTRIBUIÇÃO TOTAL (MC), que é o lucro auferido para "combater" os custos e despesas fixos de R$ 10.000, será igual ao valor da Margem de Contribuição Unitária multiplicado pelo valor do volume total de vendas, ou seja, MC = R$ 30 × 800 = R$ 24.000.

Nesse caso, após confrontar a MC com os CDF, teremos, desconsiderando os tributos sobre o lucro (Imposto de Renda e Contribuição Social), um Lucro Líquido de R$ 24.000 – R$ 10.000 = R$ 14.000 (Lucro Líquido = MC – CDF).

No caso da venda de apenas 300 unidades, a MC seria de R$ 30 × 300 = R$ 9.000, valor esse insuficiente para "cobrir" os CDF de R$ 10.000, de sorte que nesse caso a empresa incorreria num Prejuízo Líquido de R$ 1.000.

4. Aplicação da Margem de Contribuição para Fins da Decisão de Aceitar ou Não uma Encomenda

Suponhamos, por exemplo, que a Cia. Industrial Nacional apresente as seguintes informações nos seus relatórios contábeis:

- Capacidade máxima de produção .... 39.000 t/mês
- Capacidade que atende à demanda atual no mercado .... 20.000 t/mês
- Custos Fixos Totais (CF) .... R$ 180.000/mês
- Despesas Fixas Totais (DF) .... R$ 225.000/mês
- Custos Variáveis por Unidade (CV/u) .... R$ 36/t
- Despesas Variáveis por Unidade (DV/u)
  Tributos sobre Vendas .... R$ 34/t
  Comissões sobre Vendas .... R$ 11/t .... R$ 45/t
- Preço de Venda (V) .... R$ 110/t

Assim, a empresa apresentaria a seguinte apuração do resultado mensal pela ótica do **Custeio por Absorção**:

Vendas (R$ 110 × 20.000)	R$ 2.200.000
(−) Tributos sobre Vendas (R$ 34 × 20.000)	(R$ 680.000)
(−) CPV (R$ 180.000 + R$ 36 × 20.000)	(R$ 900.000)
(=) Lucro Bruto	R$ 620.000
(−) Despesas Fixas	(R$ 225.000)
(−) Comissões sobre Vendas (R$ 11 × 20.000)	(R$ 220.000)
(=) Lucro Líquido	**R$ 175.000**

Suponhamos agora que apareça uma proposta de venda de 2.500 toneladas do seu produto para o exterior, porém com preço unitário de R$ 60/t. Nesse caso, deverá ou não a empresa aceitar essa venda para o exterior, sabendo-se que na exportação não incide tributos sobre vendas?

<u>SEM</u> A UTILIZAÇÃO DO CONCEITO DE MARGEM DE CONTRIBUIÇÃO:

Custos Variáveis por Unidade .... R$ 36/t

Custos Fixos por Unidade (R$ 180.000 ÷ 22.500 t) .... R$ 8/t

Despesas Variáveis por Unidade (comissões) .... R$ 11/t

<u>Despesas Fixas por Unidade (R$ 225.000 ÷ 22.500 t) .... R$ 10/t</u>

Custos e Despesas Totais por Unidade .... R$ 64/t

Conclusão Preliminar: <u>Não</u> utilizando o conceito de Margem de Contribuição, a empresa <u>NÃO</u> deveria aceitar a venda para o exterior, visto que o preço unitário de venda é de R$ 60

e os custos e despesas variáveis por unidade de R$ 64, incorrendo num "aparente" prejuízo de R$ 4 por unidade.

No entanto, a conclusão acima É EQUIVOCADA, dado que os custos e despesas fixos existirão com ou sem o atendimento à demanda para o exterior!

COM A UTILIZAÇÃO DO CONCEITO DE MARGEM DE CONTRIBUIÇÃO, teremos:

Custos Variáveis por Unidade .... R$ 36/t

Despesas Variáveis por Unidade (comissões) .... R$ 11/t

Custos e Despesas Variáveis por Unidade (CDV/u) .... R$ 47/t

Margem de Contribuição por Unidade (MC/u = R$ 60/t – R$ 47/t) ...... R$ 13/t

Conclusão Definitiva: A empresa DEVERÁ ACEITAR a demanda para o exterior, visto que cada tonelada vendida irá "contribuir" com um lucro de R$ 13, de modo que a Margem de Contribuição Total será de R$ 13 × 2.500 = R$ 32.500. Um fato que normalmente justificaria a rejeição de um pedido seria a existência de uma Margem de Contribuição NEGATIVA, visto que a aceitação nesse caso implicaria uma redução do lucro líquido final da empresa.

Na hipótese da inclusão da venda de 2.500 unidades para o exterior, a NOVA demonstração do resultado pelo **Custeio por Absorção** seria a seguinte:

Vendas para o mercado interno (R$ 110 × 20.000) .... R$	2.200.000
Vendas para o exterior (R$ 60 × 2.500) .... R$	150.000
(–) Tributos sobre Vendas (R$ 34 × 20.000) .... (R$	680.000)
(–) CPV (R$ 180.000 + R$ 36 × 22.500) .... (R$	990.000)
(=) Lucro Bruto .... R$	680.000
(–) Despesas Fixas .... (R$	225.000)
(–) Comissões sobre Vendas (R$ 11 × 22.500) .... (R$	247.500)
(=) Lucro Líquido .... **R$**	**207.500**

Observemos que o novo lucro (R$ 207.500) é exatamente igual ao antigo (R$ 175.000) acrescido da Margem de Contribuição Total (R$ 32.500), fato esse que CONFIRMA a correta decisão de aceitar a demanda externa de 2.500 unidades.

Por fim, observemos também que, embora a Margem de Contribuição seja um atributo exclusivo da sistemática do **Custeio Variável**, o valor daquela importou num aumento do Lucro Líquido apurado pela sistemática do **Custeio por Absorção**, fato esse que corrobora mais uma vez a função da Contabilidade Gerencial, a qual é utilizada exclusivamente para fins da tomada de decisões, sendo que tais decisões irão afetar os resultados apurados pela Contabilidade Financeira, de modo que esta, que é baseada no Custeio por Absorção, é utilizada para fins de escrituração e elaboração de demonstrações contábeis em conformidade com os princípios contábeis e legislação tributária e comercial.

5. Decisão de Tirar ou Não um Produto de Linha

Se uma indústria fabrica várias linhas de produtos, em princípio, um produto que aparentemente esteja dando sempre prejuízo deve ser retirado de linha.

No entanto, há situações em que determinado produto venha apresentando prejuízo, mas se fosse retirado de linha as coisas ficariam piores ainda. Isso se explica pelo fato de que há os chamados custos fixos comuns, os quais são inevitáveis, não sendo porém eliminados quando há a retirada de determinado produto de linha.

No caso da decisão de se adicionar um determinado produto de linha, em princípio, se a margem de contribuição for positiva, tal decisão deverá ser favorável à colocação do produto. Mas há situações em que tal decisão pode implicar aumento de custos fixos de tal forma que a adição do novo produto acabe diminuindo o resultado geral da empresa.

Exemplo prático: Suponhamos que uma empresa industrial fabrique três tipos diferentes de produtos (A, B e C), e esteja estudando a possibilidade de retirar o produto B de linha, pois ultimamente vem dando prejuízo. As demonstrações de resultados apresentados pelo custeio variável são as seguintes (valores em R$):

	Produto A	Produto B	Produto C	Total com B	Total sem B
Receita de Vendas	25.000	12.000	60.000	97.000	85.000
CPV (variável)	(9.700)	(5.100)	(32.000)	(46.800)	(41.700)
ICMS, Pis, Cofins	(4.000)	(1.920)	(9.600)	(15.520)	(13.600)
Comissões s/ Vendas	(1.300)	(480)	(3.400)	(5.180)	(4.700)
Margem de Contribuição	**10.000**	**4.500**	**15.000**	**29.500**	**25.000**
Custos e Despesas Fixos:	(2.800)	(3.800)	(8.800)	(15.400)	(11.600)
Evitáveis	(1.700)	(2.900)	(5.900)	(10.500)	(10.500)
Inevitáveis	5.500	(2.200)	300	**3.600**	**2.900**
Lucro Operacional					

Concluímos pois que a retirada de B iria piorar o resultado global da empresa.

Dessa forma, apesar de isoladamente B estar dando prejuízo, não deve ser tirado de linha, pois a diferença entre a margem de contribuição e os custos e despesas fixos evitáveis contribui num aumento de R$ 700 no resultado final da empresa.

Analogamente, para que se decida em adicionar um novo produto na linha de produção, deve-se analisar as seguintes hipóteses:

1ª HIPÓTESE: Se a adição do novo produto não acrescentar valor aos custos e despesas fixos inevitáveis totais, bastando apenas que a diferença entre sua margem de contribuição e os custos e despesas fixos evitáveis totais seja positiva, independentemente de haver ou não lucro operacional na sua demonstração do resultado, deve-se decidir pela sua adição à linha de produção.

2ª HIPÓTESE: Se a adição do novo produto acrescentar valor aos custos e despesas fixos inevitáveis superior à diferença entre sua margem de contribuição e os custos e despesas fixos evitáveis, então deve-se decidir pela não adição do produto à linha de produção.

6. Decisão de Comprar ou Fabricar

Na análise de custos, um dos problemas muito comuns é em relação à tomada de decisão entre as opções de fabricar internamente determinado componente utilizado na fabricação de um produto final ou de comprar o referido componente de fornecedor externo.

Nesse tipo de análise, devem ser considerados diversos parâmetros. Dessa forma, com relação à possibilidade de fabricar o referido componente, entre outros itens, podemos citar o custo de aquisição de materiais e outros insumos (gastos com água, energia elétrica, limpeza, etc); o custo da mão de obra direta; o custo com as perdas na produção; o custo com a aquisição de máquinas e equipamentos essenciais para a fabricação do componente; etc.

Com relação à alternativa de adquirir o referido componente de fornecedores externos, entre outros elementos, podemos citar o custo de aquisição, incluindo os tributos não recuperáveis e os fretes; o custo de armazenagem; o desconto pela antecipação de pagamento; etc.

Exemplo prático: Uma indústria trabalha com uma produção mensal de 6.000 unidades do produto "X" e usa na fabricação do mesmo o componente "Y", sendo a produção deste também de 6.000 unidades mensais. Os CIF (Custos Indiretos de Fabricação) são apropriados proporcionalmente às horas-máquina, tanto do produto "X" quanto do componente "Y". Supondo os CIF de $ 18.000,00, que o total de horas-máquina (hm) seja de 20.000, que cada produto "X" consuma 15 hm e cada componente "Y" consuma 2hm e ainda as seguintes informações:

	MPA/u	MOD/u
X	$ 45,00	$ 15,00
Y	$ 4,00	$ 1,00

Logo, teremos:

Componente "Y":

Custos Diretos Unitários = $ 4,00 + $ 1,00 = $ 5,00

CIF Unitário = ($ 18.000 ÷ 20.000 hm) × 2hm = $ 1,80

Custo Unitário de Fabricação = $ 6,80

Produto "X":

Custos Diretos Unitários = $ 45,00 + $ 15,00 + $ 6,80 = $ 66,80

CIF Unitário = ($ 18.000 ÷ 20.000 hm) × 15hm = $ 13,50

Custo Unitário de Fabricação = $ 80,30

Supondo que um determinado fornecedor ofereça o componente para a empresa ao custo unitário de $ 6,20, esta deverá deixar de fabricar o componente e aceitar a proposta ou não?

1ª HIPÓTESE: Supondo que se a empresa deixasse de fabricar o componente e seus custos fixos não sofressem alteração, então a proposta não deverá ser aceita, pois o custo de aquisição do componente ($ 6,20) é maior que os custos diretos ($ 5,00).

2ª HIPÓTESE: Se, ao deixar de fabricar o referido componente, parte da fábrica for desativada eliminando parte de seus custos fixos, a proposta, em princípio, só deverá ser aceita se a diferença entre o Custo de Aquisição Total e o Custo Direto Total das 6.000 unidades for inferior à redução dos CIF totais. Assim:

Custo de Aquisição Total = 6.000 × $ 6,20 = $ 37.200,00

Custo Direto Total = 6.000 × $ 5,00 = $ 30.000,00

Diferença = $ 7.200,00

Conclusão: Logo, nesta hipótese, a proposta só deve, em princípio, ser aceita se a redução de parte da fábrica gerasse uma redução dos CIF total superior a $ 7.200,00.

Observação: A decisão de comprar ou fazer poderá também depender de outros fatores não levados em consideração no item anterior, podendo até mudar a conclusão acima. Podemos citar, por exemplo, o risco do monopólio na aquisição do componente; a possibilidade do fornecedor reajustar o preço do componente ou sair do mercado; a qualidade do componente adquirido; etc. Por fim, numa análise mais profunda, em termos práticos, não é tão simples quanto parece a opção pela referida decisão.

7. ESCOLHA DO MIX DE PRODUÇÃO QUE MAXIMIZA O LUCRO QUANDO HÁ APENAS UM FATOR QUE LIMITA A CAPACIDADE DE PRODUÇÃO

Se uma indústria fabrica diversas linhas de produtos, deverá, sempre que possível, PRIORIZAR a venda daquele que possuir a MAIOR Margem de Contribuição por unidade, a qual, conforme já visto no tópico 4 do presente capítulo, é obtida pela diferença entre o preço unitário de venda e os custos e despesas variáveis por unidade.

Como exemplo, suponhamos que a Cia. Industrial Ferro Pesado fabrique dois tipos de produtos: Produto Alfa e Produto Beta.

As informações abaixo se referem aos custos e despesas mensais da referida empresa:

	Matéria-prima (R$/u)	MOD (R$/u)	Custo Direto Total (R$/u)	Custo Indireto Variável (R$/u)	Custo Variável Total (R$/u)
Produto Alfa	46	33	79	3	82
Produto Beta	45	42	87	7	94

Custos Indiretos Fixos mensais:

- Mão de obra indireta .... R$ 56.000
- Depreciação de máquinas .... R$ 8.000
- Aluguel de fábrica .... R$ 6.000
- Seguro de fábrica .... R$ 5.000

                                                                                                                              R$ 75.000

Despesas Fixas de Administração e Vendas .... R$ 32.000

A tabela abaixo apresenta os preços de venda e as respectivas Margens de Contribuição por unidade:

	Custo Variável Total (R$/u)	Preço de Venda (R$/u)	Margem de Contribuição unitária (R$/u)
Produto Alfa	82	112	30
Produto Beta	94	145	51

Suponhamos que a Cia. Industrial Ferro Pesado tenha a previsão da seguinte demanda mensal:

Produto Alfa = 3.600 unidades

Produto Beta = 4.100 unidades

Suponhamos também as seguintes horas-máquina necessárias para fabricar cada unidade:

Produto Alfa = 1,5 h/u

Produto Beta = 5,0 h/u

Desse modo, teríamos as seguintes horas-máquinas totais para cada produto:

Produto Alfa = 3.600 × 1,5 h = 5.400 h

Produto Beta = 4.100 × 5,0 h = 20.500 h

TOTAL .... **25.900 h**

No entanto, iremos admitir que a capacidade máxima mensal da empresa seja de 22.900 horas-máquina, valor esse 3.000 horas-máquina inferior ao exigido por sua demanda atual.

Caso **não** existisse nenhuma limitação com relação à capacidade produtiva da empresa, essa deveria, sempre que possível, forçar a venda do Produto Beta, visando assim maximizar o seu lucro, visto que esse produto possui a maior Margem de Contribuição por unidade vendida.

Assim, "EM PRINCÍPIO", a venda do Produto Alfa seria aquela que menos contribuiria para o faturamento total da empresa.

Todavia, em vista da limitação acima, se a empresa mantivesse a ideia de considerar o Produto Alfa como o menos importante, o corte das 3.000 horas se daria na fabricação desse produto, caso quisesse MAXIMIZAR seu lucro, de modo que seriam cortadas 3.000 h ÷ 1,5 h = 2.000 unidades de Alfa, de sorte que seriam fabricadas e vendidas apenas 1.600 unidades de Alfa (= 3.600 – 2.000).

Nessa última hipótese (cortar 2.000 unidades de Alfa), a qual "aparentemente" seria aquela que iria MAXIMIZAR o lucro da empresa, teríamos:

Margem de Contribuição X (R$ 30 × **1.600**) .... R$ 48.000
Margem de Contribuição Y (R$ 51 × 4.100) .... R$ 209.100
Margem de Contribuição (X e Y) .... R$ 257.100
(–) Custos e Despesas Fixos (R$ 75.000 + R$ 32.000) .... (R$ 107.000)
(=) Lucro Líquido .... **R$ 150.100**

Mantendo o mesmo critério, para MINIMIZAR o resultado da empresa, o corte das 3.000 horas-máquinas deveria, "em princípio", ser feito no produto com MAIOR Margem de Contribuição por unidade, no caso, o Produto Beta, fato esse que implicaria o corte de 3.000 h ÷ 5,0 h = 600 unidades de Beta, de sorte que seriam apenas fabricadas e vendidas 3.500 unidades desse produto (= 4.100 u – 600 u). Nesse caso, teríamos o seguinte:

Margem de Contribuição Alfa (R$ 30 × 3.600) .... R$ 108.000
Margem de Contribuição Beta (R$ 51 × **3.500**) .... R$ 178.500
Margem de Contribuição (Total) .... R$ 286.500
(–) Custos e Despesas Fixos (R$ 75.000 + R$ 32.000) .... (R$ 107.000)
(=) Lucro Líquido .... **R$ 179.500**

Observemos que ocorreu exatamente o contrário, ou seja, a opção que MAXIMIZOU o lucro foi o corte das 600 unidades de Beta e a que MINIMIZOU o lucro foi o corte das 2.000 unidades de Alfa! Será, então, que o conceito de Margem de Contribuição deixou de ser válido? **Resposta:** De maneira alguma. Embora o conceito de Margem de Contribuição por unidade (ou Margem de Contribuição unitária) continue sendo válido, **no caso de haver limitação na capacidade produtiva da empresa, deve-se utilizar o conceito de Margem de Contribuição unitária por fator limitante da capacidade de produção (MC/fator**

limitante), que se traduz no quociente da Margem de Contribuição unitária pelo fator que limita a capacidade de produção.

No caso da empresa em análise, teremos:

MC/fator limitante (Alfa) = R$ 30/1,5 h = R$ 20/h

MC/fator limitante (Beta) = R$ 51/5 h = R$ 10,2/h

Esses últimos se traduzem no seguinte raciocínio: Se corte das 3.000 horas fosse do Produto Alfa, a empresa deixaria de ganhar 3.000 × R$ 20 = R$ 60.000 de lucro, ao passo que se tal corte fosse do Produto Beta, a empresa deixaria de ganhar apenas R$ 3.000 × R$ 10,2 = R$ 30.600, ou seja, teria um lucro R$ 29.400 superior, valor esse que também é exatamente igual à diferença entre R$ 179.500 e R$ 150.100.

Em outras palavras, o **MIX de produção** que maximiza o lucro da empresa é de 3.600 unidades de Alfa e 3.500 unidades de Beta e **não** 1.600 unidades de Alfa e 4.100 de Beta.

Em vista disso tudo, podemos generalizar o seguinte:

> Não havendo limitação da capacidade produtiva de uma empresa, o produto que mais contribui para o aumento do resultado de uma empresa é aquele que possuir a maior Margem de Contribuição unitária. No entanto, havendo limitação na referida capacidade, o produto que mais irá contribuir para o aumento do resultado da empresa será aquele que possuir o maior valor do quociente da Margem de Contribuição unitária pelo fator limitante da capacidade produtiva.

Por fim, cabe ressaltar que em Contabilidade Gerencial, nem sempre a melhor decisão é a de maximizar o lucro mediante o corte de unidades dos produtos com menor contribuição no faturamento total de uma empresa, dado que seria possível, por exemplo, cortar unidades do produto que mais contribuísse para o aumento do faturamento de uma empresa, visando manter determinado cliente, mesmo que "temporariamente" tal atendimento não maximizasse o lucro.

Em outras palavras, nem sempre a melhor decisão é determinada por relações matemáticas e sim por relações estratégicas e comerciais, embora na resolução de questões de concursos públicos sempre nos orientemos por resultados matemáticos.

8. Escolha do Mix de Produção que Maximiza o Lucro Quando há Mais de um Fator que Limita a Capacidade de Produção

Consideremos ainda o exemplo anterior da Cia. Industrial Ferro Pesado e suponhamos agora que, além da limitação da capacidade de horas-máquina, houvesse também limitação da matéria-prima disponível, admitindo os seguintes dados adicionais:

Consumo unitário da matéria-prima gama:

Produto Alfa = 4 kg/u

Produto Beta = 3 kg/u

Com isso, teríamos as seguintes quantidades totais de consumo da matéria-prima gama para atender a demanda mensal:

Produto Alfa = 4 kg × 3.600 = 14.400 kg

Produto Beta = 3 kg × 4.100 = 12.300 kg

Total .... 26.700 kg

No entanto, vamos admitir que a quantidade máxima mensal de matéria-prima gama que a empresa pudesse conseguir fosse de 18.000 kg. Qual seria, então, o novo MIX de produção que irá maximizar o lucro da empresa, considerando agora a limitação do item anterior e mais essa nova limitação?

Se utilizarmos o mesmo raciocínio do item anterior, ou seja, calcularmos a Margem de Contribuição unitária por fator de limitação teremos:

Em relação à quantidade de horas-máquinas:

MC/fator limitante (Alfa) = R$ 30/1,5 h = R$ 20/h

MC/fator limitante (Beta) = R$ 51/5 h = R$ 10,2/h

Em relação à quantidade da matéria-prima gama:

MC/fator limitante (Alfa) = R$ 30/4 kg = R$ 7,50/kg

MC/fator limitante (Beta) = R$ 51/3 kg = R$ 17/kg

Nessa nova situação, o uso do conceito de Margem de Contribuição unitária por fator de limitação **não é aplicável**, pois em relação às horas-máquinas, a prioridade para maximizar o lucro deveria ser de Alfa, mas, em relação às quantidades das matérias-primas, a prioridade deveria ser de Beta!

Será, então, por exemplo, que deveríamos somar as Margens de Contribuições por fator limitante e optar pelo produto que apresentar a maior soma? Nessa hipótese, teríamos que somar, por exemplo, R$ 20/h com R$ 7,50/kg, o que, evidentemente, é uma IMPOSSIBILIDADE MATEMÁTICA, dado que R$/h e R$/kg são grandezas de unidades diferentes! Nesse caso, **o conceito de** Margem de Contribuição unitária por fator limitante da capacidade produtiva NÃO SERÁ MAIS UTILIZADO DE MODO ALGUM.

De antemão, o que utilizaremos nessa nova situação é o conceito original de Margem de Contribuição unitária (MC/u), não mais calculando o quociente dessa margem pelos fatores limitantes.

A forma matemática indicada nesse caso é chamada de **ALGORITMO SIMPLEX** (ou Método Simplex), o qual consiste basicamente num método algébrico de MAXIMIZAR uma função linear de mais de uma variável, mediante uma sequência padronizada de operações matemáticas.

No exemplo da Cia. Industrial Ferro Pesado, lembrando que as Margens de Contribuição por unidade dos produtos Alfa e Beta são, respectivamente, R$ 30 e R$ 51, vamos admitir que as quantidades fabricadas desses produtos para maximizar o lucro sejam, respectivamente, X_1 e X_2. Desse modo, a Margem de Contribuição total (MC) obtida na venda dessas quantidades de Alfa e Beta, que corresponde ao lucro total a ser maximizado, poderá ser escrita da seguinte forma:

$$MC = 30X_1 + 51X_2 \quad \text{ou} \quad MC - 30X_1 - 51X_2 = 0$$

Assim, por exemplo, para que a empresa fabricasse e vendesse 3.600 unidades de Alfa e 3.500 de Beta, teríamos a seguinte Margem de Contribuição:

MC = (R$ 30 × 3.600) + (R$ 51 × 3.500) = R$ 286.500

Embora essas quantidades maximizem o lucro, se considerarmos "apenas" as limitações com horas-máquina, a adoção dessas quantidades é impraticável nessa nova situação, visto que o consumo total da matéria-prima gama seria de (4 kg × 3.600) + (3 kg × 3.500) = 24.900 kg, valor este superior à quantidade máxima disponível (18.000 kg).

Assim, nessa nova situação, temos ao todo <u>quatro restrições</u>, as quais darão origem a 4 (quatro) inequações matemáticas: Duas delas em função dos dois fatores limitantes da capacidade produtiva e as outras duas em função da demanda máxima mensal de cada produto:

(1) O consumo unitário de horas-máquinas por Alfa multiplicado pela quantidade fabricada ($1,5X_1$) mais o consumo unitário de horas-máquinas por Beta multiplicado pela quantidade fabricada ($5X_2$) tem que ser menor ou igual a 22.900 horas:

$$1,5X_1 + 5X_2 \leq 22.900$$

(2) O consumo unitário de matéria-prima por Alfa multiplicado pela quantidade produzida de Alfa ($4X_1$) mais o consumo unitário de matéria-prima por Beta multiplicado pela quantidade produzida de Beta ($3X_2$) tem que ser menor ou igual a 18.000 kg:

$$4X_1 + 3X_2 \leq 18.000$$

(3) A demanda mensal do Produto Alfa é, no máximo, de 3.600 unidades, isto é, a quantidade produzida de Alfa tem que ser menor ou igual a 3.600 unidades:

$$X_1 \leq 3.600$$

(4) A demanda mensal do Produto Beta é, no máximo, de 4.100 unidades, isto é, a quantidade produzida de Beta tem que ser menor ou igual a 4.100 unidades:

$X_2 \leq 4.100$

No entanto, o método SIMPLEX não trabalha com inequações, de modo que devemos transformar essas quatro inequações em quatro equações, acrescentando a cada uma o que chamaremos VARIÁVEIS DE FOLGA (F_1, F_2, F_3 e F_4):

$$\begin{cases} 1{,}5X_1 + 5X_2 + F_1 = 22.900 \\ 4X_1 + 3X_2 + F_2 = 18.000 \\ X_1 + F_3 = 3.600 \\ X_2 + F_4 = 4.100 \end{cases}$$

Acrescentando às quatro equações acima a função que se deseja maximizar temos finalmente o seguinte sistema de 5 (cinco) equações:

$$\begin{cases} 1{,}5X_1 + 5X_2 + F_1 = 22.900 \\ 4X_1 + 3X_2 + F_2 = 18.000 \\ X_1 + F_3 = 3.600 \\ X_2 + F_4 = 4.100 \\ MC - 30X_1 - 51X_2 = 0 \end{cases}$$

Para que se possa calcular pelo método SIMPLEX os valores de X_1 e X_2 que maximizam a Margem de Contribuição total (MC), é necessário que o sistema acima seja escrito da seguinte forma:

$$\begin{cases} 1{,}5X_1 + 5X_2 + 1F_1 + 0F_2 + 0F_3 + 0F_4 = 22.900 \\ 4X_1 + 3X_2 + 0F_1 + 1F_2 + 0F_3 + 0F_4 = 18.000 \\ 1X_1 + 0X_2 + 0F_1 + 0F_2 + 1F_3 + 0F_4 = 3.600 \\ 0X_1 + 1X_2 + 0F_1 + 0F_2 + 0F_3 + 1F_4 = 4.100 \\ MC - 30X_1 - 51X_2 + 0F_1 + 0F_2 + 0F_3 + 0F_4 = 0 \end{cases}$$

Agora, com base nesse último sistema, montaremos a seguinte tabela somente dos coeficientes de todas as variáveis acima (X_1, X_2, F_1, F_2, F_3 e F_4), que será a TABELA 1, onde daremos início ao desenvolvimento do referido algoritmo:

Base	X_1	X_2	F_1	F_2	F_3	F_4	B
F_1	1,5	5	1	0	0	0	22.900
F_2	4	3	0	1	0	0	18.000
F_3	1	0	0	0	1	0	3.600
F_4	0	1	0	0	0	1	4.100
MC	−30	−51	0	0	0	0	0

Obs. 1: X_1 e X_2 são as <u>variáveis de DECIÇÃO</u>, ao passo que F_1, F_2, F_3 e F_4 são as <u>variáveis de FOLGA</u>.

Obs. 2: A primeira coluna da tabela acima indica as variáveis que estão na <u>BASE</u> e a última coluna (coluna "B") indicam os valores dessas variáveis.

Obs. 3: O ponto de partida do método SIMPLEX na 1ª tabela é atribuir os valores 0 e 0 às variáveis que não estão na base nessa tabela, no caso, X_1 e X_2. Em outras palavras, a condição de inicialização no SIMPLEX é a atribuição do valor ZERO às variáveis de decisão ($X_1 = X_2 = X_3 \ldots X_n = 0$) e valor 1 (um) à variável de folga da respectiva linha, justificando os valores "iniciais" das variáveis da <u>base</u>, as quais na TABELA 1 são as próprias variáveis de folga, da seguinte forma:

$F_1 = (1{,}5 \times 0) + (5 \times 0) + (1 \times 22.900) + (0 \times F_2) + (0 \times F_3) + (0 \times F_4) = 22.900$

$F_2 = (4 \times 0) + (3 \times 0) + (0 \times F_1) + (1 \times 18.000) + (0 \times F_3) + (0 \times F_4) = 18.000$

$F_3 = (1 \times 0) + (0 \times 0) + (0 \times 0) + (0 \times 0) + (1 \times 3.600) + (0 \times F_4) = 3.600$

$F_4 = (0 \times 0) + (1 \times 0) + (0 \times F_1) + (0 \times F_2) + (0 \times F_3) + (1 \times 4.100) = 4.100$

$MC = (-30 \times 0) + (-51 \times 0) + (0 \times F_1) + (0 \times F_2) + (0 \times F_3) + (0 \times F_4) = 0$

Em linguagem gráfica, considerando o ponto de partida do SIMPLEX, no nosso exemplo, onde temos apenas duas variáveis de decisão com valores iniciais $X_1 = X_2 = 0$, isso se traduz em dizer que esse método começa na **origem** do sistema cartesiano ortogonal e, por <u>aproximações sucessivas</u>, o SIMPLEX vai terminar quando a função MC atingir seu valor MÁXIMO:

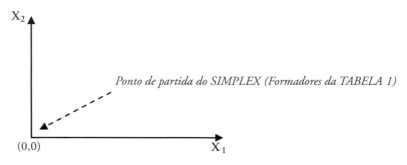

Obs. 4: O método SIMPLEX consiste basicamente em fazer com que as variáveis que não constam da base, no caso da TABELA 1, as variáveis X_1 e X_2, **migrem para a base**, as quais receberão novos valores na coluna "B", que, ao FINAL do método SIMPLEX, serão os valores que irão maximizar a Margem de Contribuição total da empresa. Em outras palavras, genericamente falando, o objetivo do método SIMPLEX é escolher a melhor combinação entre as variáveis de decisão (X_1, X_2, X_3, ..., X_n) que maximizarão o valor da função MC.

Obs. 5: O processo de fazer com que as variáveis não constantes da base (variáveis não básicas) migrem para a base, ou seja, se transformem em variáveis básicas, é chamado de PIVOTEAMENTO, o qual também se traduz no método de transferir valores das variáveis básicas (F_1 e F_2) para as variáveis não básicas (X_1 e X_2).

Obs. 6: O método SIMPLEX **termina** quando todos os valores da coluna MC forem não negativos, ou seja, maiores ou iguais a ZERO. Quando isso ocorrer, teremos encontrado os valores das variáveis de decisão (X_1, X_2, X_3, ..., X_n) que MAZIMIZAM a Margem de Contribuição total.

Dando prosseguimento ao Método Simplex, tendo em vista que as variáveis de decisão (X_1 e X_2) equivalem a ZERO na TABELA 1, para montar a TABELA 2 escolheremos uma delas visando aumentá-la de ZERO até um valor positivo.

No caso, escolheremos X_2, pois possui o coeficiente MAIOR na função que se deseja maximizar (a razão de escolher o MAIOR coeficiente é que a função MC é mais sensível ao aumento da variável que possuir esse coeficiente), que é a função da Margem de Contribuição total (MC = $30X_1$ + **$51X_2$**), coeficiente esse que na TABELA 1 na linha de MC está representado pelo número "**mais negativo**" (– 51), de modo que a coluna que contém tal coeficiente será a COLUNA PIVOT na TABELA 1. Desse modo, a variável dessa coluna (X_2, no caso) será aumentada e as outras variáveis serão operadas em função desse aumento. Assim, teremos:

- ✓ Se ($1,5X_1 + 5X_2 + F_1 = 22.900$) e ($X_1 = F_1 = 0$) ⟶ $X_2 = 22.900/5 = 4.580$
- ✓ Se ($4X_1 + 3X_2 + F_2 = 18.000$) e ($X_1 = F_2 = 0$) ⟶ $X_2 = 18.000/3 = 6.000$
- ✓ Se ($X_2 + F_4 = 4.100$) e ($F_4 = 0$) ⟶ $X_2 = 4.100$

Assim:
- Se utilizarmos X_1 e F_1 para aumentar X_2, teremos que $X_2 = 4.580$
- Se utilizarmos X_1 e F_2 para aumentar X_2, teremos que $X_2 = 6.000$
- Não podemos utilizar F_3 para aumentar X_2
- Por fim, se utilizarmos X_1 e F_4 para aumentar X_2, teremos $X_2 = 4.100$

Conclusão: Se o recurso F_4 consegue aumentar X_2 até 4.100, dizemos que esse recurso é o MAIS RESTRITIVO, ou seja, não adianta nada aumentar X_2, por exemplo, até 4.580 pelo recurso F_1, sendo o máximo que se pode aumentar é até 4.100. Desse modo, visto que a maior restrição do sistema é F_4, esta será a LINHA PIVOT na TABELA 1.

> **Resumindo**:
> ➢ Escolha da <u>COLUNA PIVOT</u> = A que possuir o número "mais negativo" na linha MC, no caso, a coluna da variável X_2 (2ª coluna).
> ➢ Escolha da <u>LINHA PIVOT</u> = A que possuir o <u>menor</u> quociente POSITIVO entre o número que está na Base e o respectivo número constante da coluna pivot. No caso, o menor entre 22.900/5 = 4.580; 18.000/3 = 6.000; e 4.100/1 = 4.100, ou seja, a linha da variável F4 (4ª linha).

Agora iremos fazer o PIVOTEAMENTO de uma das variáveis de decisão (na TABELA 1, X_1 ou X_2), seguinte os seguintes passos:

1º Passo: Escolher a coluna com o número <u>mais negativo</u> de MC (no caso, – 51), coluna esta chamada de coluna PIVOT.

2º Passo: Escolher para linha PIVOT aquela cujo quociente do valor de "B" pelo seu respectivo número constante da coluna PIVOT seja o menor. Nesse caso, teremos os seguintes quocientes:

1ª linha: 22.900/5 = 4.580

2ª linha: 18.000/3 = 6.000

3ª linha: 3.600/0 = não existe

4ª linha: 4.100/1 = 4.100

Logo, a <u>linha PIVOT será a 4ª</u>.

[TABELA 1]

Base	X_1	X_2	F_1	F_2	F_3	F_4	B
F_1	1,5	5	1	0	0	0	22.900
F_2	4	3	0	1	0	0	18.000
F_3	1	0	0	0	1	0	3.600
F_4	0	**1**	0	0	0	1	4.100
MC	– 30	– 51	0	0	0	0	0

Coluna Pivot → (2ª coluna)

Linha Pivot → (4ª linha F_4)

Número Pivot → (1)

Obs.: *O número PIVOT é aquele determinado pelo cruzamento da Coluna Pivot com a Linha Pivot, na TABELA 1, o número 1 (um). Caso esse número seja diferente de 1, no Pivoteamento da variável não básica, deve-se dividir toda a nova Linha Pivot pelo Número Pivot.*

3º Passo: Dividir todos os números da Linha Pivot pelo respectivo número constante da Coluna Pivot. No caso, esse número é 1 (um), de modo que a linha já está dividida por esse número.

4º Passo: As linhas remanescentes (F_1, F_2, F_3 e MC) serão substituídas utilizando a seguinte regra: **A linha a ser substituída será SUBTRAÍDA da Linha Pivot multiplicada pelo seu respectivo número constante da Coluna Pivot**. Assim, teremos:

Linha F_1 da Tabela 2 = Linha F_1 da Tabela 1 − 5 × Linha Pivot

	(1,5	5	1	0	0	0	22.900)
− 5 ×	(0	1	0	0	0	1	4.100)
=	(1,5	0	1	0	0	− 5	2.400) *nova linha F_1*

Linha F_2 da Tabela 2 = Linha F_2 da Tabela 1 − 3 × Linha Pivot

	(4	3	0	1	0	0	18.000)
− 3 ×	(0	1	0	0	0	1	4.100)
=	(4	0	0	1	0	− 3	5.700) *nova linha F_2*

Linha F_3 da Tabela 2 = Linha F_3 da Tabela 1 − 0 × Linha Pivot

	(1	0	0	0	1	0	3.600)
− 0 ×	(0	1	0	0	0	1	4.100)
=	(1	0	0	0	1	0	3.600) *repetiu a F_3 da TAB 1*

Linha MC da Tabela 2 = Linha MC da Tabela 1 − 3 × Linha Pivot

	(− 30	− 51	0	0	0	0	0)
− (− 51) ×	(0	1	0	0	0	1	4.100)
=	(− 30	0	0	0	0	51	209.100

Desse modo, a linha Pivot da TABELA 1 será agora a linha X_2 da TABELA 2, ou seja, realizamos o PIVOTEAMENTO da variável X_2, mediante sua transferência para a linha que na TABELA 1 era F_4, de modo que a nova tabela (TABELA 2) será a seguinte:

TABELA 2   Nova *Coluna Pivot*

Nova *Linha Pivot*

Base	X_1	X_2	F_1	F_2	F_3	F_4	B
F_1	1,5	0	1	0	0	–5	2.400
F_2	4	0	0	1	0	–3	5.700
F_3	1	0	0	0	1	0	3.600
X_2	0	1	0	0	0	1	4.100
MC	–30	0	0	0	0	51	209.100

Agora repetiremos o mesmo processo a partir da TABELA 2, ou seja:

(1) Escolhemos a nova Coluna Pivot, a qual será aquela que possuir o maior valor negativo de MC, no caso, a coluna que contém o – 30.

(2) Escolhemos a nova Linha Pivot (na TABELA 2), a qual será aquela que possuir o menor quociente "positivo" entre o número que está na Base (Coluna B) e o respectivo número pertencente à Coluna Pivot.

Assim, teremos os seguintes cálculos: Linha 1 = 2.400/1,5 = 1.600; Linha 2 = 5.700/4 = 1.425; Linha 3 = 3.600/1 = 3.600; Linha 4 = 4.100/0 = não existe. Logo, a linha Pivot será a 2ª (linha F_2). Isso significa que a decisão de escolher F_2 como Linha Pivot resultou na conversão de 5.700 unidades de F_2 em 1.425 unidades de X_1. Tal fato implicará que na próxima tabela (TABELA 3) a variável X_1 assumirá a posição de F2 da tabela anterior (= Pivoteamento da variável X_1), de sorte que o valor de X_1, já pivoteada, será de 1.425 na coluna da Base da próxima tabela (TABELA 3), acarretando que toda a linha X_1 na nova tabela (TABELA 3) será igual à linha F_2 da tabela anterior (TABELA 2) dividida pelo número Pivot (no caso, dividida por 4).

Desse modo, dividindo toda a linha Pivot pelo respectivo número constante da coluna Pivot (número Pivot), teremos a linha X_1 na próxima tabela (TABELA 3):

(4/4 0/4 0/4 1/4 0/4 – 3/4 5.700/4) = (1 0 0 0,25 0 – 0,75 1.425)

(3) Por fim, substituiremos as linhas remanescentes, ou seja, as linhas que não são a linha Pivot na TABELA 2 (F_1, F_3, X_2 e MC) pela diferença entre as linhas que serão substituídas e a linha X_2 multiplicada pelo respectivo número constante da coluna Pivot. Assim, teremos:

Linha F_1 da Tabela 3 = Linha F_1 da Tabela 2 – 1,5 × Linha X_1 na Tabela 3

```
          (1,5   0    1    0       0   – 5      2.400)
– 1,5 × ( 1    0    0    0,25    0   – 0,75    1.425)
=         (0    0    1   – 0,375  0    3,875  – 262,5)  nova linha F₁
```

Linha F₃ da <u>Tabela 3</u> = Linha F₃ da <u>Tabela 2</u> − 1 × Linha X₁ na Tabela 3
(1   0   0   0   1   0   3.600)   −1 × (1   0   0   0,25   0   −0,75   1.425)   =   (0   0   0   −0,25   1   0,75   2.175) *nova linha F₃*

Linha X₂ da <u>Tabela 3</u> = Linha X₂ da <u>Tabela 2</u> − 0 × Linha X₁ na Tabela 3 = Linha X₂ da Tabela 2

Linha MC da <u>Tabela 3</u> = Linha MC da <u>Tabela 2</u> − (−30) × Linha X₁ na Tabela 3
(−30   0   0   0   0   51   209.100)   30 × (1   0   0   0,25   0   −0,75   1.425)   =   (0   0   0   7,5   0   28,52   251.850) *nova linha F₃*

TABELA 3

Base	X₁	X₂	F₁	F₂	F₃	F₄	B
F₁	0	0	1	−0,375	0	3,875	−262,5
X₁	1	0	0	0,25	0	−0,75	1.425
F₃	0	0	0	−0,25	1	0,75	2.175
X₂	0	1	0	0	0	1	4.100
MC	0	0	0	7,5	0	28,52	251.850

Visto que **todos** os valores da linha MC são **não negativos** (maiores ou iguais a ZERO), aqui termina o método SIMPLEX.

Por fim, os valores das variáveis de decisão que maximizam o lucro da empresa são os indicados na coluna base para essas variáveis já pivoteadas na última tabela, ou seja:

X_1 = 1.425 unidades

X_2 = 4.100 unidades

Também, o valor MÁXIMO de MC será o indicado na coluna da Base (coluna B) dessa última tabela, ou seja, R$ 251.850.

Para confirmarmos isso, ou seja, tirarmos uma "prova real" da veracidade dessa última tabela, basta substituirmos esses valores de X_1 e X_2 na função MC = 30X_1 + 51X_2 da seguinte forma
MC = (R$ 30 × 1.425) + (R$ 51 × 4.100) = R$ 251.850

Exemplo de uma OUTRA HIPÓTESE (alteração das restrições):

Ainda no mesmo exemplo, suponhamos que a demanda mensal dos produtos Alfa e Beta fosse **ilimitada**, ou seja, o mercado estivesse disposto a consumir tantas unidades desses produtos quanto a empresa pudesse fabricar.

Assim, nessa nova hipótese, teríamos menos duas restrições (F_3 e F_4), de modo que o novo sistema seria o seguinte:

$$\begin{cases} 1,5X_1 + 5X_2 + F_1 = 22.900 \\ 4X_1 + 3X_2 + F_2 = 18.000 \\ MC - 30X_1 - 51X_2 = 0 \end{cases}$$

Agora iremos calcular os novos valores de X_1 e X_2 que maximizam a função MC pelo método SIMPLEX nessa nova situação, valores esses que, "provavelmente", não irão mais coincidir com os valores na hipótese anterior (demanda limitada para os dois produtos).

Nesse caso, partiremos da seguinte tabela de coeficientes, onde a Coluna Pivot será a que possuir o maior valor negativo de MC (no caso, será a coluna X_2) e a Linha Pivot será a que possuir o menor quociente positivo entre o número constante da coluna B e o respectivo número constante da Coluna Pivot, ou seja, o menor entre 22.900/5 = 4.580 e 18.000/3 = 6.000 (no caso, a linha F_1):

TABELA 1:

Base	X_1	X_2	F_1	F_2	B
F_1	1,5	5	1	0	22.900
F_2	4	3	0	1	18.000
MC	−30	−51	0	0	0

A escolha de F_1 como linha Pivot resultou da decisão de converter 22.900 unidades de F_1 em 4.580 unidades de X_2. Logo, X_2 será transferido na próxima tabela para a base no lugar de F_1 e o seu valor "B" será 4.580 nessa tabela, fato esse que chamamos de PIVOTEAMENTO da variável X_2.

Base	X_1	X_2	F_1	F_2	B
X_2					4.580
F_2					
MC					

Tendo em vista que 4.580 é a divisão de 22.900 por 5, dividiremos toda a antiga linha F_1 por 5, que agora será a linha X_2 na TABELA 2, ou seja, 1,5/5 = 0,3; 5/5 = 1; 1/5 = 0,2 e 0/5 = 0:

Base	X_1	X_2	F_1	F_2	B
X_2	0,3	1	0,2	0	4.580
F_2					
MC					

Agora, substituiremos as linhas remanescentes (F_2 e MC) pela diferença entre seus valores na tabela anterior (TABELA 1) e o produto da nova linha X_2 pelo respectivo número Pivot de cada linha:

Linha F_2 da Tabela 2 = Linha F_2 da Tabela 1 – 1,5 × Linha X_1 na Tabela 3

```
          (4      3     0      1   18.000)
– 3 ×    (0,3    1     0,2    0    4.580)
=        (3,1    0    – 0,6   1    4.260) nova linha F₂
```

Linha MC da Tabela 2 = Linha MC da Tabela 1 – 1,5 × Linha X_1 na Tabela 3

```
            (– 30    – 51     0     0       0)
– (– 51) ×  (0,3      1      0,2    0    4.580)
=           (– 14,7   0     10,2    0  233.580) nova linha MC
```

TABELA 2 (Completa):

Base	X_1	X_2	F_1	F_2	B
X_2	0,3	1	0,2	0	4.580
F_2	3,1	0	–0,6	1	4.260
MC	–14,7	0	10,2	0	233.580

A nova Coluna Pivot será a coluna de X_1, visto que possui o maior (e único) valor negativo da linha MC e a nova Linha Pivot será aquela que apresentar o menor quociente positivo do número B e seu respectivo número constante da Coluna Pivot. Assim, teremos: Linha 1 = 4.580/0,3 = 15.267 e Linha 2 = 4.260/3,1 = 1.374. Logo, a linha F_2 será a nova Linha Pivot.

Base	X_1	X_2	F_1	F_2	B
X_2	0,3	1	0,2	0	4.580
F_2	3,1	0	–0,6	1	4.260
MC	–14,7	0	10,2	0	233.580

A escolha de F_2 como linha Pivot resultou da decisão de converter 4.260 unidades de F_2 em 1.374,193548 unidades de X_2. Logo, X_1 será transferido na próxima tabela para a Base no lugar de F_2 e o seu valor "B" será 1.374,193548 nessa tabela (TABELA 3), fato esse que chamamos de PIVOTEAMENTO da variável X_1.

Base	X_1	X_2	F_1	F_2	B
X_2					
X_1					1.374,193548
MC					

Tendo em vista que 1.374 é a divisão de 4.260 por 3,1, dividiremos toda a antiga linha F_2 por 3,1 que agora será a linha X_1 na TABELA 3, ou seja, 3,1/3,1= 1; 0/3,1 = 0; –0,6/3,1 e 1/3,1:

Base	X_1	X_2	F_1	F_2	B
X_2					
X_1	1	0	–0,6/3,1	1/3,1	1.374,193548
MC					

Agora, substituiremos as linhas remanescentes (X_2 e MC) pela diferença entre seus valores na tabela anterior (TABELA 2) e o produto da nova linha X_1 pelo respectivo número Pivot de cada linha:

Linha X_2 da Tabela 3 = Linha X_2 da Tabela 2 – 0,3 × Linha X_1 na Tabela 3
(0,3   1   0,2   0   4.580)
– 0,3 × (1   0   –0,6/3,1 1/3,1 1.374,193548)
=   (0   1   0,18/3,1 – 0,3/3,1 4.167,741936) *nova linha* X_2

Linha MC da Tabela 3 = Linha MC da Tabela 2 − (− 14,7)× Linha X₁ na Tabela 3
(− 14,7   0   10,2   0   233.580)
14,7 ×(1   0   −0,6/3,1   1/3,1   1.374,193548)
=   (0   0   7,35   4,74   253.780,6452) *nova linha MC*

TABELA 3 (Completa):

Base	X₁	X₂	F₁	F₂	B
X₂	0	1	0,18/3,1	−0,3/3,1	4.167,741936
X₁	1	0	−0,6/3,1	1/3,1	1.374,193548
MC	0	0	7,35	4,74	253.780,6452

Visto que **todos** os valores da linha MC são NÃO NEGATIVOS, aqui termina o método SIMPLEX, de modo que os valores que maximizam MC são:

X_1 = 1.374,193548 unidades (aproximadamente, 1.374 unidades)

X_2 = 4.167,741936 unidades (aproximadamente, 4.168 unidades)

Por fim, o valor MÁXIMO de MC será de R$ 253.780,6452, fato esse que poderá ser confirmado substituindo esses novos valores das variáveis de decisão na função MC = 30X_1 + 51X_2 = (30 × 1.374,193548) + (51 × 4.167,741936) = 41.225,80644 + 212.554,8387 = 253.780,6452.

EXERCÍCIO RESOLVIDO 1: (TCM − RJ − Auditor/Fundação Getúlio Vargas) Determinada empresa industrial fabrica e vende dois produtos: M e C. Observe os dados desses dois produtos:

Produto	M	C
Preço de venda	25,00	15,00
Matéria-prima A (em kg/unid.)	1	1,2
Matéria-prima B (em kg/unid.)	2	0,5
Máquina 1 (em h/unid.)	2	2
Máquina 2 (em h/unid.)	3	1
Demanda (em unid./mês)	50	80

Sabe-se que os recursos são onerosos e limitados, conforme a tabela a seguir:

Recursos	Custo unitário	Disponibilidade
Matéria-prima A	$ 1,00/kg	140 kg
Matéria-prima B	$ 2,00/kg	150 kg
Máquina 1	$ 3,00/h	300 h
Máquina 2	$ 4,00/h	300 h

Sabe-se, ainda, que:

I. a empresa não tem como aumentar as suas disponibilidades no próximo mês; portanto, precisa gerenciar aquelas restrições;

II. a empresa tem por política trabalhar sem estoque final de produtos acabados.

Assinale a alternativa que indique quantas unidades a empresa precisa produzir e vender de cada produto no próximo mês para maximizar seu resultado nesse próximo mês.

a) M = 25; C = 0
b) M = 0; C = 116,67
c) M = 44; C = 80
d) M = 44; C = 96
e) M = 50; C = 80

(1ª SOLUÇÃO) Utilizando o método SIMPLEX – Embora seja a solução formalmente correta, "sempre que possível", deve ser <u>evitada</u> nas provas de concursos públicos, visto que o referido método é extremamente longo e trabalhoso.

Independentemente do tipo de solução, utilizando ou não o método SIMPLEX, o 1º passo é sempre calcular a Margem de Contribuição unitária de cada produto:

MC/u (M) = 25 − [(1× 1) + (2 × 2) + (2 × 3) + (3 × 4)] = 2

MC/u (C) = 15 − [(1,2× 1) + (0,5 × 2) + (2 × 3) + (1 × 4)] = 2,8

Admitindo que X_1 e X_2 sejam, respectivamente, as quantidades produzidas e vendidas dos produtos M e C que irão MAXIMIZAR o lucro, temos a seguinte função da Margem de Contribuição total (MC), a qual se deseja maximizar:

$$MC = 2X_1 + 2,8X_2$$

Também, independentemente do tipo de solução, com as informações fornecidas, temos que montar o seguinte sistema de RESTRIÇÕES (6 ao todo):

$X_1 + 1,2X_2 \leq 140$

$2X_1 + 0,5X_2 \leq 150$

$2X_1 + 2X_2 \leq 300$ *(Simplificando: X1 + X2 ≤ 150)*

$3X_1 + X_2 \leq 300$

$X_1 \leq 50$

$X_2 \leq 80$

Tendo em vista que o método SIMPLEX não trabalha com inequações, converteremos as inequações acima em EQUAÇÕES, acrescentando as variáveis de folga F_1, F_2, F_3, F_4, F_5 e F_6, com a *finalidade de encontrar a melhor combinação das variáveis de decisão (X_1 e X_2) que maximizam MC, acrescentando também ao sistema a função MC convenientemente operada para que se possa montar a TABELA 1 de coeficientes:*

$$\begin{cases} X_1 + 1{,}2X_2 + \mathbf{F_1} = 140 \\ 2X_1 + 0{,}5X_2 + \mathbf{F_2} = 150 \\ X_1 + X_2 + \mathbf{F_3} = 150 \\ 3X_1 + X_2 + \mathbf{F_4} = 300 \\ X_1 + \mathbf{F_5} = 50 \\ X_2 + \mathbf{F_6} = 80 \\ MC - 2X_1 - 2{,}8X_2 = 0 \end{cases}$$

Preparando o sistema acima de forma mais conveniente para se montar a TABELA 1 de coeficientes, teremos:

$$\begin{cases} 1X_1 + 1{,}2X_2 + \mathbf{1}F_1 + 0F_2 + 0F_3 + 0F_4 + 0F_5 + 0F_6 = 140 \\ 2X_1 + 0{,}5X_2 + 0F_1 + \mathbf{1}F_2 + 0F_3 + 0F_4 + 0F_5 + 0F_6 = 150 \\ 1X_1 + 1X_2 + 0F_1 + 0F_2 + \mathbf{1}F_3 + 0F_4 + 0F_5 + 0F_6 = 150 \\ 3X_1 + 1X_2 + 0F_1 + 0F_2 + 0F_3 + \mathbf{1}F_4 + 0F_5 + 0F_6 = 300 \\ 1X_1 + 0X_2 + 0F_1 + 0F_2 + 0F_3 + 0F_4 + \mathbf{1}F_5 + 0F_6 = 50 \\ 0X_1 + 1X_2 + 0F_1 + 0F_2 + 0F_3 + 0F_4 + 0F_5 + \mathbf{1}F_6 = 80 \\ MC - 2X_1 - 2{,}8X_2 + 0F_1 + 0F_2 + 0F_3 + 0F_4 + 0F_5 + 0F_6 = 0 \end{cases}$$

TABELA 1:

Coluna Pivot

Base	X_1	X_2	F_1	F_2	F_3	F_4	F_5	F_6	B
F_1	1	1,2	1	0	0	0	0	0	140
F_2	2	0,5	0	1	0	0	0	0	150
F_3	1	1	0	0	1	0	0	0	150
F_4	3	1	0	0	0	1	0	0	300
F_5	1	0	0	0	0	0	1	0	50
F_6	0	1	0	0	0	0	0	1	80
MC	–2	–2,8	0	0	0	0	0	0	0

Linha Pivot

Número Pivot

Lembrando:

A <u>COLUNA PIVOT</u> será aquela que possuir o número mais negativo na linha MC, no caso, a 2ª coluna.

A <u>LINHA PIVOT</u> será a que possuir o menor quociente positivo entre o número "B" e o respectivo número constante da coluna pivot. Assim, teremos: Linha 1 = 140/1,2 = 116,67; Linha 2 = 150/0,5 = 300; Linha 3 = 150/1 = 150; Linha 4 = 300/1 = 300; Linha 5 = 50/0 (não existe); Linha 6 = 80/1 = 80. Logo, a LINHA PIVOT será a 6^a.

O <u>NÚMERO PIVOT</u> é o ocupado pelo cruzamento da coluna pivot com a linha pivot, no caso, o número 1 (um).

Agora iremos PIVOTEAR a variável X_2, que se traduz em fazer com que na próxima tabela (TABELA 2) ela ocupe o lugar da linha pivot atual (linha de F_6), lembrando que a linha X_2 na nova tabela <u>terá que ser dividida pelo respectivo número pivot</u> (dividido por 1). No entanto, visto que todo número dividido por 1 é igual a ele próprio, a linha X_2 na TABELA 2 será a própria linha F_6 na TABELA 1:

Base	X_1	X_2	F_1	F_2	F_3	F_4	F_5	F_6	B
F_1									
F_2									
F_3									
F_4									
F_5									
X_2	0	1	0	0	0	0	0	1	80
MC									

Agora iremos substituir as linhas remanescentes (X_1, F_1, F_2, F_3, F_4, F_5 e MC) pela diferença entre seus valores na TABELA 1 e seu respectivo número constante da coluna pivot na mesma tabela multiplicado pela nova linha X_2 na TABELA 2. Assim, teremos:

Linha MC <u>Tab 2</u> = Linha MC da <u>Tab 1</u> − (− 2,8) × Linha X_2 <u>Tab 2</u>

```
         (− 2  − 2,8   0    0    0    0    0    0     0)
2,8 ×   (0      1     0    0    0    0    0    1    80)
  =     (− 2    0     0    0    0    0    0   2,8  224)
```

> _LEMBRANDO_: _Enquanto existir valor negativo na linha MC, não chegamos aos valores de X_1 e X_2 que maximizam essa função, de modo que devemos continuar o pivoteamento das variáveis das colunas **até que todos os valores da referida linha sejam "não negativos"**. Quando isso ocorrer, ou seja, quando todos os valores da linha MC forem iguais ou maiores que ZERO, chegaremos aos valores das variáveis de decisão que maximizam a função MC, de sorte que não precisaremos montar a próxima tabela, bastando apenas calcular as linhas daquelas variáveis, razão pela qual é sempre recomendável no desenvolvimento do método SIMPLEX calcular em 1ª lugar a linha MC, a fim de evitar trabalhos desnecessários._

Linha F_1 Tab 2 = Linha F_1 Tab 1 – 1,2 × Linha X_2 Tab 2

	(1	1,2	1	0	0	0	0	0	140)
– 1,2 ×	(0	1	0	0	0	0	0	1	80)
=	(1	0	1	0	0	0	0	–1,2	44)

Linha F_2 Tab 2 = Linha F_2 Tab 1 – 0,5 × Linha X_2 Tab 2

	(2	0,5	0	1	0	0	0	0	150)
– 0,5 ×	(0	1	0	0	0	0	0	1	80)
=	(2	0	0	1	0	0	0	–0,5	110)

Linha F_3 Tab 2 = Linha F_3 Tab 1 – 1 × Linha X_2 Tab 2

	(1	1	0	0	1	0	0	0	150)
– 1 ×	(0	1	0	0	0	0	0	1	80)
=	(1	0	0	0	1	0	0	–1	70)

Linha F_4 Tab 2 = Linha F_4 Tab 1 – 1 × Linha X_2 Tab 2

	(3	1	0	0	0	1	0	0	300)
– 1 ×	(0	1	0	0	0	0	0	1	80)
=	(3	0	0	0	0	1	0	–1	220)

Linha F_5 Tab 2 = Linha F_5 Tab 1 – 0 × Linha X_2 = À própria Linha F_5 da Tab 1

Linha F₄ Tab 2 = Linha F₄ Tab 1 − 1 × Linha X₂ Tab 2

	(3	1	0	0	0	1	0	0	300)
−1 ×	(0	1	0	0	0	0	0	1	80)
=	(3	0	0	0	0	1	0	−1	220)

TABELA 2:

Base	X_1	X_2	F_1	F_2	F_3	F_4	F_5	F_6	B
F_1	1	0	1	0	0	0	0	−1,2	44
F_2	2	0	0	1	0	0	0	−0,5	110
F_3	1	0	0	0	1	0	0	−1	70
F_4	3	0	0	0	0	1	0	−1	220
F_5	1	0	0	0	0	0	1	0	50
X_2	0	1	0	0	0	0	0	1	80
MC	−2	0	0	0	0	0	0	2,8	224

Lembrando mais uma vez:

A COLUNA PIVOT é aquela que possui o maior valor negativo da linha MC, no caso, a coluna X_1.

A LINHA PIVOT é aquela que possui o menor valor "positivo" do número constante da coluna B e seu respectivo número constante da coluna pivot, no caso, será a linha F1 (44/1 = 44 é o menor quociente positivo.

A variável X_1 será agora pivoteada, isto é, migrará para a Base, ocupando o lugar da atual F_1, de sorte que os valores serão repetidos, dado que o número pivot é 1 (todo número dividido por 1 é igual a ele próprio). Se fosse diferente de 1, teríamos que dividir toda a linha da variável que foi pivoteada pelo respectivo número.

Assim, a linha da variável X_1 na TABELA 3 será a mesma da variável F_1 na TABELA 2, ou seja:

(1   0   1   0   0   0   0   − 1,2   44)

Desse modo, com as mesmas regras já vistas, teremos:

```
Linha MC Tab 3 = Linha MC Tab 2 – (– 2) × Linha X₁ Tab 3

           (– 2    0    0    0    0    0    0    2,8    224)
– (– 2) × (  1    0    1    0    0    0    0   – 1,2    44)
    =     (  0    0    2    0    0    0    0    0,4    312)
```

Visto todos os valores da linha MC serem "não negativos" (maiores ou iguais a zero), chegamos ao FINAL do método SIMPLEX, de modo que **não será necessário montarmos a TABELA 3**.

Por fim, os valores de X_1 (quantidade do produto M) e X_2 (quantidade do produto C) que maximizam a função MC = $2X_1$ + $2,8X_2$ são, respectivamente, 44 e 80. Isso também pode ser comprovado substituindo esses valores na função MC = 2 × 44 + 2,8 × 80 = 312, valor esse que é exatamente o indicado na coluna B da linha MC da TABELA 3 que não foi necessário montar.

(Resposta: opção c)

(2ª SOLUÇÃO) – *Essa é a solução que deve ser adotada numa prova de concurso público, sempre que possível:*

MC/u (M) = 25 – [(1× 1) + (2 × 2) + (2 × 3) + (3 × 4)] = 2

MC/u (C) = 15 – [(1,2× 1) + (0,5 × 2) + (2 × 3) + (1 × 4)] = 2,8

Admitindo que M e C sejam, respectivamente, as quantidades produzidas e vendidas dos produtos M e C que irão MAXIMIZAR o lucro, temos a seguinte função da Margem de Contribuição total (MC), a qual será maximizada:

$$\boxed{MC = 2M + 2,8C}$$

Agora, devemos verificar as duas principais restrições que são M ≤ 50 e C ≤ 80, restrições essas que já descartam as opções "b" e "d" como respostas, de modo que simplesmente testaremos as opções remanescentes ("a", "c" e "e"), bem como as restrições remanescentes, que são:

M + 1,2C ≤ 140

2M + 0,5C ≤ 150

2M + 2C ≤ 300 (Simplificando: M + C ≤ 150)

3M + C ≤ 300

Assim, teremos:

OPÇÃO "a":

MC = 2 × 25 + 2,8 × 0 = 50

$25 + 1,2 \times 0 \leq 140$ (confere!)

$2 \times 25 + 0,5 \times 0 \leq 150$ (confere!)

$25 + 0 \leq 150$ (confere!)

$3 \times 25 + 0 \leq 300$ (confere!)

OPÇÃO "c":

$MC = 2 \times 44 + 2,8 \times 80 = 312$

$44 + 1,2 \times 80 \leq 140$ (confere!)

$2 \times 44 + 0,5 \times 80 \leq 150$ (confere!)

$44 + 80 \leq 150$ (confere!)

$3 \times 44 + 80 \leq 300$ (confere!)

OPÇÃO "e":

$MC = 2 \times 50 + 2,8 \times 80 = 324$

$50 + 1,2 \times 80 \leq 140$ (<u>NÃO</u> confere!) – Não precisa testar as outras restrições

Por fim, concluímos que, embora a opção "a" não transgrida as restrições, a resposta só pode ser a **opção c**, *visto que apresenta o* <u>maior</u> *lucro, sem transgredir as restrições.*

EXERCÍCIO RESOLVIDO 2: (TCM – PA/Fundação Getúlio Vargas) Determinada empresa industrial fabrica e vende os produtos N, C e J. Observe os dados desses três produtos:

Produto	N	C	J
Preço de venda	21	33	15
Matéria-prima P (em kg/unid.)	1	1,4	1,2
Matéria-prima G (em kg/unid.)	0	3	2
Horas-máquina T (em h/unid.)	2	2,5	2
Horas-máquina S (em h/unid.)	3	4	0
Demanda (em unid./mês)	50	10	80

Os recursos são onerosos e limitados, conforme a tabela a seguir:

Recursos	Custo unitário	Disponibilidade
Matéria-prima P	$ 1,00/kg	180 kg
Matéria-prima G	$ 2,00/kg	180 kg
Máquina T	$ 3,00/h	300 h
Máquina S	$ 4,00/h	170h

Sabe-se, ainda, que:

I. a empresa não tem como aumentar as suas disponibilidades de recursos produtivos no próximo mês; portanto, precisa gerenciar essas restrições;
II. a empresa não tem como aumentar a demanda dos produtos no próximo mês;
III. a empresa tem por política trabalhar sem estoque final de produtos acabados.

Assinale a alternativa que indique corretamente o número de unidades que a empresa deve produzir e vender, no próximo mês, para maximizar seu resultado.

a) N = 50; C = 5; J = 80
b) N = 47,78; C = 6,67; J = 80
c) N = 50; C = 0; J = 90
d) N = 56,67; C = 0; J = 90
e) N = 43,33; C = 10; J = 75

(1ª SOLUÇÃO) Utilizando o método SIMPLEX – Conforme já comentado, deve-se, sempre que possível, evitar esse tipo de solução numa prova de concurso público, embora seja aquela formalmente correta.

De qualquer modo, o 1º passo sempre é calcular as Margens de Contribuição unitárias de cada produto:

$MC/u\ (N) = 21 - 1,00 \times \mathbf{1} - 2,00 \times \mathbf{0} - 3,00 \times \mathbf{2} - 4,00 \times \mathbf{3} = 2$

$MC/u\ (C) = 33 - 1,00 \times \mathbf{1,4} - 2,00 \times \mathbf{3} - 3,00 \times \mathbf{2,5} - 4,00 \times \mathbf{4} = \mathbf{2,1}$

$MC/u\ (J) = 15 - 1,00 \times \mathbf{1,2} - 2,00 \times \mathbf{2} - 3,00 \times \mathbf{2} - 4,00 \times \mathbf{0} = \mathbf{3,8}$

Assim, a Margem de Contribuição total (MC), que é a função que se deseja MAXIMIZAR, pode ser expressa da seguinte forma, admitindo que as quantidades dos produtos N, C e J que maximizarão a função MC são, respectivamente, X_1, X_2 e X_3:

$$\boxed{MC = 2X_1 + 2,1X_2 + 3,8X_3}$$

Além disso, temos as seguintes restrições:

$X_1 + 1,4X_2 + 1,2X_3 \le 180$

$0X_1 + 3X_2 + 2X_3 \le 180$

$2X_1 + 2,5X_2 + 2X_3 \le 300$

$3X_1 + 4X_2 + 0X_3 \le 170$

$X_1 \le 50$

$X_2 \le 10$

$X_3 \le 80$

A fim de transformar as inequações anteriores em equações, acrescentaremos 7 (sete) variáveis de folga. Juntando também a função MC já operada algebricamente, teremos o seguinte sistema:

$$\begin{cases} X_1 + 1{,}4X_2 + 1{,}2X_3 + F_1 = 180 \\ 0X_1 + 3X_2 + 2X_3 + F_2 = 180 \\ 2X_1 + 2{,}5X_2 + 2X_3 + F_3 = 300 \\ 3X_1 + 4X_2 + 0X_3 + F_4 = 170 \\ X_1 + F_5 = 50 \\ X_2 + F_6 = 10 \\ X_3 + F_7 = 80 \\ MC - 2X_1 - 2{,}1X_2 - 3{,}8X_3 = 0 \end{cases}$$

Com esse sistema, podemos montar a 1ª tabela de coeficientes:

TABELA 1:

Base	X_1	X_2	X_3	F_1	F_2	F_3	F_4	F_5	F_6	F_7	B
F_1	1	1,4	1,2	1	0	0	0	0	0	0	180
F_2	0	3	2	0	1	0	0	0	0	0	180
F_3	2	2,5	2	0	0	1	0	0	0	0	300
F_4	3	4	0	0	0	0	1	0	0	0	170
F_5	1	0	0	0	0	0	0	1	0	0	50
F_6	0	1	0	0	0	0	0	0	1	0	10
F_7	0	0	1	0	0	0	0	0	0	1	80
MC	−2	−2,1	−3,8	0	0	0	0	0	0	0	0

Lembrando:

A COLUNA PIVOT é aquela que contém o valor "mais negativo" (− 3,8) da linha MC, no caso, a coluna X_3.

A LINHA PIVOT é aquela que possui o menor quociente "positivo" entre o número da coluna B e o respectivo número constante da coluna pivot, no caso, 80/1 = 80, determinando que essa linha seja a F_7.

Visto que o NÚMERO PIVOT, isto é, o número que está no cruzamento da coluna pivot com a linha pivot é 1 (um), no PIVOTEAMENTO da variável X_3, ou seja, na transferência da variável de decisão X_3 para a coluna Base no lugar da variável de folga F_7, basta substituirmos a antiga linha F_7 pela nova linha X_3 (caso o número pivot fosse diferente de 1, a nova linha teria que ser dividida por esse número). Logo:

Linha X_3 na TABELA 2 = Linha F_7 na TABELA 1

Agora subtrairemos as linhas remanescentes da TABELA 1 (F_1, F_2, F_3, F_4, F_5, F_6 e MC) do respectivo número constante da coluna pivot multiplicado pela nova linha X_3, que é a antiga F_7. Assim, teremos:

Cálculo da nova linha MC da TABELA 2:

```
          (– 2    – 2,1   – 3,8   0    0    0    0    0    0    0      0)
– (– 3,8) × (0     0       1      0    0    0    0    0    0    1     80)
=         (– 2    – 2,1    0      0    0    0    0    0    0    3,8   304)
```

Cálculo da nova linha F_1 da TABELA 2:

```
         (1     1,4   1,2   1   0   0   0   0   0    0    180)
– 1,2 × (0      0     1     0   0   0   0   0   0    1     80)
=       (1     1,4    0     1   0   0   0   0   0  – 1,2   84)
```

Cálculo da nova linha F_2 da TABELA 2:

```
        (0    3    2   0   1   0   0   0   0    0    180)
– 2 × (0     0    1    0   0   0   0   0   0    1     80)
=     (0     3    0    0   1   0   0   0   0   – 2    20)
```

Cálculo da nova linha F_3 da TABELA 2:

```
        (2    2,5   2   0   0   1   0   0   0    0    300)
– 2 × (0      0    1    0   0   0   0   0   0    1     80)
=     (2     2,5   0    0   0   1   0   0   0   – 2   140)
```

Cálculo da nova linha F_4 da TABELA 2: Não há necessidade de calcular, pois será a mesma F_4 da TABELA 1, visto que o número pivot dessa linha é ZERO. O mesmo ocorrerá com as linhas F_5 e F_6.

TABELA 2:

Base	X_1	X_2	X_3	F_1	F_2	F_3	F_4	F_5	F_6	F_7	B
F_1	1	1,4	0	1	0	0	0	0	0	–1,2	84
F_2	0	3	0	0	1	0	0	0	0	–2	20
F_3	2	2,5	0	0	0	1	0	0	0	–2	140
F_4	3	4	0	0	0	0	1	0	0	0	170
F_5	1	0	0	0	0	0	0	1	0	0	50
F_6	0	1	0	0	0	0	0	0	1	0	10
X_3	0	0	1	0	0	0	0	0	0	1	80
MC	–2	–2,1	0	0	0	0	0	0	0	3,8	304

Na TABELA 2, a nova COLUNA PIVOT será aquela cujo número pivot da linha MC possuir o número mais negativo, no caso, "– 2,1", a qual corresponde à outra variável de decisão que será pivoteada, no caso, X_2.

A LINHA PIVOT na TABELA 2 será aquela que possuir o menor quociente positivo entre o número "B" e o respectivo número constante da coluna pivot, no caso, 20/3 = 6,67, fato esse que indicará **a linha F_2 como pivot**.

Visto que o NÚMERO PIVOT, isto é, o número que está no cruzamento da coluna pivot com a linha pivot nessa última tabela é 3 (três), no PIVOTEAMENTO da variável X_2, isto é, na transferência dessa variável para a coluna Base no lugar da variável de folga F_2, devemos **dividir** toda a linha F_2 da TABELA 2, que será agora a linha X_2 da TABELA 3 por três, a fim de que esse número fique igual à unidade:

```
   (0    3    0    0    1    0    0    0    0   –2     20)  ÷ 3
= (0    1    0    0   1/3   0    0    0    0  –2/3   20/3)
```

Agora subtrairemos as linhas remanescentes da TABELA 2 (F_1, F_3, F_4, F_5, F_6, X_3 e MC) do respectivo número constante da coluna pivot multiplicado pela nova linha X_2 (linha pivoteada) para acharmos a nova tabela (TABELA 3). Assim, teremos:

Cálculo da nova linha MC da TABELA 3:

```
           (–2   –2,1   0    0    0    0    0    0    0    3,8     304)
– (–2,1) × (0     1     0    0   1/3   0    0    0    0   –2/3    20/3)
=          (–2    0     0    0   0,7   0    0    0    0    2,4    318)
```

Cálculo da nova linha F₁ da TABELA 3:

	(1	1,4	0	1	0	0	0	0	0	– 1,2	84)
– 1,4 ×	(0	1	0	0	1/3	0	0	0	0	– 2/3	20/3)
=	(1	0	0	1	– 1,4/3	0	0	0	0	– 0,8/3	224/3)

Cálculo da nova linha F₃ da TABELA 3:

	(2	2,5	0	0	0	1	0	0	0	– 2	140)
– 2,5 ×	(0	1	0	0	1/3	0	0	0	0	– 2/3	20/3)
=	(2	0	0	0	– 2,5/3	1	0	0	0	– 1/3	370/3)

Cálculo da nova linha F₄ da TABELA 3:

	(3	4	0	0	0	0	1	0	0	0	170)
– 4 ×	(0	1	0	0	1/3	0	0	0	0	– 2/3	20/3)
=	(3	0	0	0	– 4/3	0	1	0	0	8/3	430/3)

Cálculo da nova linha F₅ da TABELA 3: Não necessário, visto que o número pivot dessa linha é ZERO, de modo que é só repetir na próxima tabela. O mesmo ocorrerá com a linha X₃

Cálculo da nova linha F₆ da TABELA 3:

	(0	1	0	0	0	0	0	0	1	0	10)
– 1 ×	(0	1	0	0	1/3	0	0	0	0	– 2/3	20/3)
=	(0	0	0	0	– 1/3	0	0	0	1	2/3	10/3)

<u>TABELA 3:</u>

Base	X₁	X₂	X₃	F₁	F₂	F₃	F₄	F₅	F₆	F₇	B
F₁	1	0	0	1	–1,4/3	0	0	0	0	–0,8/3	224/3
X₂	0	1	0	0	1/3	0	0	0	0	–2/3	20/3
F₃	2	0	0	0	–2,5/3	1	0	0	0	–1/3	370/3
F₄	3	0	0	0	–4/3	0	1	0	0	8/3	430/3
F₅	1	0	0	0	0	0	0	1	0	0	50
F₆	0	0	0	0	–1/3	0	0	0	1	2/3	10/3
X₃	0	0	1	0	0	0	0	0	0	1	80
MC	–2	0	0	0	0,7	0	0	0	0	2,4	318

Lembrando:

COLUNA PIVOT – É a que contém o número mais negativo de MC, no caso, X1.

LINHA PIVOT – É a que possui o menor valor do quociente positivo entre B e o respectivo número constante da coluna pivot, no caso, F4, visto que 430/9 = 47,77.

Visto que no NÚMERO PIVOT, isto é, o número no cruzamento coluna pivot com a linha pivot é 3, dividiremos toda a linha F_4 por 3, que será a linha da variável que está sendo pivoteada, no caso, X_1, sendo esta indicada na TABELA 4 na mesma posição de F_4 na TABELA 3:

```
   (3    0    0    0   – 4/3    0    1    0    0    8/3   430/3)  ÷ 3
= (1    0    0    0   – 4/9    0    1    0    0    8/9   430/9)
```

O cálculo das linhas remanescentes para a próxima tabela (F_1, X_2, F_3, F_5, F_6, X_3 e MC) seguirá as mesmas regras já vistas. Assim, teremos:

Cálculo da nova linha MC da TABELA 4:

```
           (– 2    0    0    0     0,7    0    0    0    0    2,4    318)
– (– 2) × (1      0    0    0    – 4/9   0    1    0    0    8/9    430/9)
=          (0     0    0    0    – 1,7/9  0    2    0    0    37,6/9  3.722/9)
```

Cálculo da nova linha F_1 da TABELA 4:

```
         (1    0    0    1    –1,4/3    0    0    0    0    – 0,8/3    224/3)
– 1 ×   (1    0    0    0    – 4/9     0    1    0    0      8/9       430/9)
=        (0    0    0    1    – 0,2/9   0   – 1    0    0   – 10,4/9    242/9)
```

Cálculo da nova linha X_2 da TABELA 4: Não necessário, visto que o constante da coluna pivot dessa linha é ZERO. Basta na próxima tabela repetir essa linha. O mesmo ocorrerá com as linhas F_6 e X_3.

Cálculo da nova linha F_3 da TABELA 4:

```
         (2    0    0    0    – 2,5/3    1    0    0    0    – 1/3     370/3)
– 2 ×   (1    0    0    0    – 4/9      0    1    0    0     8/9      430/9)
=        (0    0    0    0     0,5/9    1   – 2    0    0   – 19/9     250/9)
```

Cálculo da nova linha F_5 da TABELA 4:

```
         (1    0    0    0      0        0    0    1    0     0         50)
– 1 ×   (1    0    0    0    – 4/9      0    1    0    0    8/9       430/9)
=        (0    0    0    0     4/9       0   – 1    1    0   – 8/9      20/9)
```

362 ■ Contabilidade de Custos — Ed Luiz Ferrari

TABELA 4:

Base	X_1	X_2	X_3	F_1	F_2	F_3	F_4	F_5	F_6	F_7	B
F_1	0	0	0	1	–0,2/9	0	–1	0	0	–10,4/9	242/9
X_2	0	1	0	0	1/3	0	0	0	0	–2/3	20/3
F_3	0	0	0	0	0,5/9	1	–2	0	0	–19/9	250/9
X_1	1	0	0	0	–4/9	0	1	0	0	8/9	430/9
F_5	0	0	0	0	4/9	0	–1	1	0	–8/9	20/9
F_6	0	0	0	0	–1/3	0	0	0	1	2/3	10/3
X_3	0	0	1	0	0	0	0	0	0	1	80
MC	0	0	0	0	–1,7/9	0	2	0	0	37,6/9	3.722/9

Visto que o NÚMERO PIVOT é 4/9, para o pivoteamento da variável F_2 devemos multiplicar toda a linha F_5 por 9/4, a fim de que o número pivot seja 1 (um):

```
     (0    0    0    0    4/9   0    – 1    1    0   – 8/9    20/9)  × 9/4
=  (0    0    0    0    1     0   – 9/4  9/4   0    – 2       5)
```

Agora iremos substituir as linhas remanescentes utilizando as regras já conhecidas:

Cálculo da nova linha MC da TABELA 5:

```
           (0    0    0    0   – 1,7/9   0    2      0     0    37,6/9   3.722/9)
1,7/9 × (0    0    0    0    1        0   – 9/4   9/4    0   – 2        5)
=        (0    0    0    0    0        0    1,575  0,45   0    3,8      414,5)
```

Visto que todos os números da linha MC são "não negativos", então chegamos na TABELA 5 aos valores de X1, X2 e X2 que maximizam a função MC = $2X_1 + 2,1X_2 + 3,8X_3$, sendo, portanto DESNECESSÁRIO montarmos toda a TABELA 5. Basta apenas calcularmos as novas linhas X1, X2 e X3 que já teremos a solução do problema:

Cálculo da nova linha X_1 da TABELA 5:

```
         (1    0    0    0   – 4/9    0    1      0      0     8/9      430/9)
4/9 × (0    0    0    0    1       0   – 9/4   9/4    0    – 2          5)
=      (1    0    0    0    0       0    0      1      0     0         **50**)
```

Cálculo da nova linha X_2 da TABELA 5:

```
           (0    1    0    0    1/3     0    0      0     0    – 2/3     20/3)
– 1/3 × (0    0    0    0    1       0   – 9/4   9/4   0    – 2         5)
=        (0    1    0    0    0       0    0,75  –0,75  0    0          **5**)
```

Cálculo da nova linha X_3 da TABELA 5: *Não necessário, dado que o número dessa linha que ocupa a coluna pivot é ZERO. Logo a linha X3 continua:*

(0   0   1   0   0   0   0   0   0   1   **80**)

Também podemos verificar a exatidão das operações substituindo as referidas variáveis na função MC, obtendo assim o seu valor MÁXIMO, o qual deverá coincidir com valor de MC na TABELA 5 (414,5):

MC = (2× 50) + (2,1 × 5) + (3,8 × 80) = 414,5

(Resposta: opção a)

(2ª SOLUÇÃO) – *Essa é a solução que deve ser utilizada numa prova de concurso público, sempre que possível.*

MC/u (N) = 21 – 1,00 × **1** – 2,00 × **0** – 3,00 × **2** – 4,00 × **3** = **2**

MC/u (C) = 33 – 1,00 × **1,4** – 2,00 × **3** – 3,00 × **2,5** – 4,00 × **4** = **2,1**

MC/u (J) = 15 – 1,00 × **1,2** – 2,00 × **2** – 3,00 × **2** – 4,00 × **0** = **3,8**

Assim, a Margem de Contribuição total (MC), que é a função que se deseja MAXIMIZAR, pode ser expressa da seguinte forma:

$$\boxed{MC = 2N + 2,1C + 3,8J}$$

Restrições básicas:

N ≤ 50

C ≤ 10

J ≤ 80

Restrições adicionais:

N + 1,4C + 1,2J ≤ 180

3C + 2J ≤ 180

2N + 2,5C + 2J ≤ 300

3N + 4C ≤ 170

Lembrando das opções:

a) N = 50; C = 5; J = 80

b) N = 47,78; C = 6,67; J = 80

c) $N = 50; C = 0; J = 90$
d) $N = 56,67; C = 0; J = 90$
e) $N = 43,33; C = 10; J = 75$

De início, já podemos eliminar as opções "c" e "d", pois não respeitam as restrições básicas.

Resta-nos agora "testar" as opções "a", "b" e "e", a fim de verificar a que apresenta o maior valor de MC sem ferir as 7 restrições adicionais:

OPÇÃO "a":

$MC = (2 \times 50) + (2,1 \times 5) + (3,8 \times 80) = 414,5$

Verificando as restrições:
- $50 + 1,4 \times 5 + 1,2 \times 80 = 153 \leq 180$ (confere!)
- $3 \times 5 + 2 \times 80 = 175 \leq 180$ (confere!)
- $2 \times 50 + 2,5 \times 5 + 2 \times 80 = 272,5 \leq 300$ (confere!)
- $3 \times 50 + 4 \times 5 = 170 \leq 170$ (confere!)

OPÇÃO "b":

$MC = (2 \times 47,78) + (2,1 \times 6,67) + (3,8 \times 80) = 413,56$ (menor que 414,5)

OPÇÃO "e":

$MC = (2 \times 43,33) + (2,1 \times 10) + (3,8 \times 75) = 392,66$ (menor que 414,5)

Por fim, a resposta só poderá ser a opção "a", visto que apresenta o maior lucro e não desrespeita as restrições.

EXERCÍCIO RESOLVIDO 3: (Fiscal de Rendas – RJ/Fundação Getúlio Vargas) Determinada empresa industrial fabrica e vende três produtos: 1, 2 e 3. Observe os dados desses produtos:

Produto	1	2	3
Preço de venda	17	9	16
Matéria-prima i (em kg/unid.)	2	2	4
Matéria-prima ii (em kg/unid.)	3	2	0
Horas máquina X (em h/unid.)	3	0	2
Horas máquina XX (em h/unid.)	0	1	3
Demanda (em unid./mês)	20	25	30

Sabe-se que os recursos são onerosos e limitados, conforme a tabela a seguir:

Recurso	Custo unitário	Disponibilidade
Matéria-prima i	$ 0,50/kg	200 kg
Matéria-prima ii	$ 1,00/kg	80 kg
Máquina X	$ 2,00/h	130 h
Máquina XX	$ 1,50/h	200 h

Sabe-se, ainda, que:
- A empresa não tem como aumentar suas disponibilidades de recursos produtivos no próximo mês; portanto, precisa gerenciar essas restrições;
- A empresa não tem como aumentar as demandas dos produtos no próximo mês;
- A empresa incorre em despesas variáveis equivalentes a 20% da receita de cada produto;
- A empresa tem por política trabalhar sem estoque final de produtos acabados.

Determine quantas unidades a empresa precisa produzir e vender de cada produto no próximo mês para maximizar seu resultado nesse próximo mês.

a) 1 = 10; 2 = 25; 3 = 30
b) 1 = 20; 2 = 10; 3 = 30
c) 1 = 20; 2 = 25; 3 = 30
d) 1 = 20; 2 = 25; 3 = 27,5
e) 1 = 26,6; 2 = 0; 3 = 0

*(1ª SOLUÇÃO) Utilizando o método SIMPLEX – **Não deve**, "quando possível", ser utilizada em provas de concursos públicos, embora seja a solução formalmente correta.*

MC/u (1) = 17 − [(2 × 0,5) + (3 × 1) + (3 × 2) + (0 × 1,5) + 20% 17] = 3,6

MC/u (2)= 9 − [(2 × 0,5) + (2 × 1) + (0 × 2) + (1 × 1,5) + 20% 9] = 2,7

MC/u (3) = 16 − [(4 × 0,5) + (0 × 1) + (2 × 2) + (3 × 1,5) + 20% 16] = 2,3

Função da Margem de Contribuição total (MC), admitindo que as quantidades que serão produzidas e vendidas dos produtos 1, 2 e 3 sejam, respectivamente, X_1, X_2 e X_3:

MC = 3,6X_1 + 2,7X_2 + 2,3X_3 ⟶ MC − 3,6X_1 − 2,7X_2 − 2,3X_3 = 0

Sistema de RESTRIÇÕES:
- *2X_1 + 2X_2 + 4X_3 ≤ 200 (Simplificando: X_1 + X_2 + 2X_3 ≤ 100)*
- *3X_1 + 2X_2 ≤ 80*
- *3X_1 + 2X_3 ≤ 130*

- $X_2 + 3X_3 \leq 200$
- $X_1 \leq 20$
- $X_2 \leq 25$
- $X_3 \leq 30$

Acrescentando as variáveis de folga F_1, F_2, F_3, F_4, F_5, F_6 e F_7, e acrescentando também a função MC, teremos o seguinte sistema:

$$\begin{cases} X_1 + X_2 + 2X_3 + F_1 = 100 \\ 3X_1 + 2X_2 + F_2 = 80 \\ 3X_1 + 2X_3 + F_3 = 130 \\ X_2 + 3X_3 + F_4 = 200 \\ X_1 + F_5 = 20 \\ X_2 + F_6 = 25 \\ X_3 + F_7 = 30 \\ MC - 3{,}6X_1 - 2{,}7X_2 - 2{,}3X_3 = 0 \end{cases}$$

Assim, temos a seguinte tabela de coeficientes:

TABELA 1:

Base	X_1	X_2	X_3	F_1	F_2	F_3	F_4	F_5	F_6	F_7	B
F_1	1	1	2	1	0	0	0	0	0	0	100
F_2	3	2	0	0	1	0	0	0	0	0	80
F_3	3	0	2	0	0	1	0	0	0	0	130
F_4	0	1	3	0	0	0	1	0	0	0	200
F_5	1	0	0	0	0	0	0	1	0	0	20
F_6	0	1	0	0	0	0	0	0	1	0	25
F_7	0	0	1	0	0	0	0	0	0	1	30
MC	−3,6	−2,7	−2,3	0	0	0	0	0	0	0	0

Cálculo da linha MC da TABELA 2:

```
        (−3,6   −2,7   −2,3   0    0    0    0    0    0    0     0)
  3,6 × (1       0      0     0    0    0    0    1    0    0    20)
=       (0     −2,7   −2,3   0    0    0    0   3,6   0    0    72)
```

Cálculo da linha F_1 da TABELA 2:

	(1	1	2	1	0	0	0	0	0	0	100)
$-1 \times$	(1	0	0	0	0	0	0	1	0	0	20)
=	(0	1	2	1	0	0	0	−1	0	0	80)

Cálculo da linha F_2 da TABELA 2:

	(3	2	0	0	1	0	0	0	0	0	80)
$-3 \times$	(1	0	0	0	0	0	0	1	0	0	20)
=	(0	2	0	0	1	0	0	−3	0	0	20)

Cálculo da linha F_3 da TABELA 2:

	(3	0	2	0	0	1	0	0	0	0	130)
$-3 \times$	(1	0	0	0	0	0	0	1	0	0	20)
=	(0	0	2	0	0	1	0	−3	0	0	70)

Cálculo da linha F_4 da TABELA 2: *É só repetir a da TABELA 1, visto que o número pivot dessa linha é ZERO. O mesmo ocorrerá com as linhas F_6 e F_7.*

TABELA 2:

Base	X_1	X_2	X_3	F_1	F_2	F_3	F_4	F_5	F_6	F_7	B
F_1	0	1	2	1	0	0	0	−1	0	0	80
F_2	0	2	0	0	1	0	0	−3	0	0	20
F_3	0	0	2	0	0	1	0	−3	0	0	70
F_4	0	1	3	0	0	0	1	0	0	0	200
X_1	1	0	0	0	0	0	0	1	0	0	20
F_6	0	1	0	0	0	0	0	0	1	0	25
F_7	0	0	1	0	0	0	0	0	0	1	30
MC	0	−2,7	−2,3	0	0	0	0	3,6	0	0	72

Visto que o NÚMERO PIVOT é diferente de 1, no caso, 2 (dois), no pivoteamento da variável X_2 devemos dividir toda a linha F_2, que será a linha X_2 na TABELA 2, por esse número:

	(0	2	0	0	1	0	0	−3	0	0	20) ÷ 2
=	**(0**	**1**	**0**	**0**	**0,5**	**0**	**0**	**−1,5**	**0**	**0**	**10)**

Cálculo da linha MC da TABELA 3:

	(0	−2,7	−2,3	0	0	0	0	3,6	0	0	72)
2,7 ×	(0	1	0	0	0,5	0	0	−1,5	0	0	10)
=	(0	0	−2,3	0	1,35	0	0	−0,45	0	0	99)

Cálculo da linha F_1 da TABELA 3:

	(0	1	2	1	0	0	0	−1	0	0	80)
−1 ×	(0	1	0	0	0,5	0	0	−1,5	0	0	10)
=	(0	0	2	1	−0,5	0	0	0,5	0	0	70)

Cálculo da linha F_3 da TABELA 3: É só repetir o tabela anterior, dado que o número pivot dessa linha é ZERO. O mesmo ocorrerá com as linhas X_1 e F_7.

Cálculo da linha F_4 da TABELA 3:

	(0	1	3	0	0	0	1	0	0	0	200)
−1 ×	(0	1	0	0	0,5	0	0	−1,5	0	0	10)
=	(0	0	3	0	−0,5	0	1	1,5	0	0	190)

Cálculo da linha F_6 da TABELA 3:

	(0	1	0	0	0	0	0	0	1	0	25)
−1 ×	(0	1	0	0	0,5	0	0	−1,5	0	0	10)
=	(0	0	0	0	−0,5	0	0	1,5	1	0	15)

TABELA 3:

Base	X_1	X_2	X_3	F_1	F_2	F_3	F_4	F_5	F_6	F_7	B
F_1	0	0	2	1	−0,5	0	0	0,5	0	0	70
X_2	0	1	0	0	0,5	0	0	−1,5	0	0	10
F_3	0	0	2	0	0	1	0	−3	0	0	70
F_4	0	0	3	0	−0,5	0	1	1,5	0	0	190
X_1	1	0	0	0	0	0	0	1	0	0	20
F_6	0	0	0	0	−0,5	0	0	1,5	1	0	15
F_7	0	0	1	0	0	0	0	0	0	1	30
MC	0	0	−2,3	0	1,35	0	0	−0,45	0	0	99

Cálculo da linha MC da TABELA 4:

	(0	0	−2,3	0	1,35	0	0	−0,45	0	0	99)
2,3 ×	(0	0	1	0	0	0	0	0	0	1	30)
=	(0	0	0	0	1,35	0	0	−0,45	0	2,3	168)

Cálculo da linha F_1 da TABELA 4:

$$
\begin{array}{rrrrrrrrrrrr}
 & (0 & 0 & 2 & 1 & -0{,}5 & 0 & 0 & 0{,}5 & 0 & 0 & 70) \\
-2 \times & (0 & 0 & 1 & 0 & 0 & 0 & 0 & 0 & 0 & 1 & 30) \\
= & (0 & 0 & 0 & 1 & -0{,}5 & 0 & 0 & 0{,}5 & 0 & -2 & 10)
\end{array}
$$

Cálculo da linha X_2 da TABELA 4: *É só repetir, dado que o número pivot dessa linha é ZERO. O mesmo ocorrerá com as linhas X_1 e F_6.*

Cálculo da linha F_3 da TABELA 4:

$$
\begin{array}{rrrrrrrrrrrr}
 & (0 & 0 & 2 & 0 & 0 & 1 & 0 & -3 & 0 & 0 & 70) \\
-2 \times & (0 & 0 & 1 & 0 & 0 & 0 & 0 & 0 & 0 & 1 & 30) \\
= & (0 & 0 & 0 & 0 & 0 & 1 & 0 & -3 & 0 & -2 & 10)
\end{array}
$$

Cálculo da linha F_4 da TABELA 4:

$$
\begin{array}{rrrrrrrrrrrr}
 & (0 & 0 & 3 & 0 & -0{,}5 & 0 & 1 & 1{,}5 & 0 & 0 & 190) \\
-3 \times & (0 & 0 & 1 & 0 & 0 & 0 & 0 & 0 & 0 & 1 & 30) \\
= & (0 & 0 & 0 & 0 & -0{,}5 & 0 & 1 & 1{,}5 & 0 & -3 & 100)
\end{array}
$$

TABELA 4:

Base	X_1	X_2	X_3	F_1	F_2	F_3	F_4	F_5	F_6	F_7	B
F_1	0	0	0	1	-0,5	0	0	0,5	0	-2	10
X_2	0	1	0	0	0,5	0	0	-1,5	0	0	10
F_3	0	0	0	0	0	1	0	-3	0	-2	10
F_4	0	0	0	0	-0,5	0	1	1,5	0	-3	100
X_1	1	0	0	0	0	0	0	1	0	0	20
F_6	0	0	0	0	-0,5	0	0	1,5	1	0	15
X_3	0	0	1	0	0	0	0	0	0	1	30
MC	0	0	0	0	1,35	0	0	-0,45	0	2,3	168

Visto que o número pivot, isto é, o número que está no cruzamento da coluna pivot com a linha pivot é 1,5, no pivoteamento da variável F_5 devemos dividir toda a atual linha F_6, que será a linha F_5 da próxima tabela, por esse número:

$$
\begin{array}{rrrrrrrrrrrr}
 & (0 & 0 & 0 & 0 & -0{,}5 & 0 & 0 & 1{,}5 & 1 & 0 & 15) \div 1{,}5 \\
= & (0 & 0 & 0 & 0 & -1/3 & 0 & 0 & 1 & 2/3 & 0 & 10)
\end{array}
$$

Agora iremos determinar todas as demais linhas da próxima tabela (TABELA 5) em função dessa última (já dividida por 1,5):

Cálculo da linha MC da TABELA 5:

```
      (0     0     0     0    1,35   0     0   –0,45   0    2,3    168)
0,45 × (0    0     0     0    –1/3   0     0     1    2/3    0     10)
  =   (0     0     0     0    1,20   0     0     0   0,30   2,3   172,5)
```

Visto que todos os coeficientes da linha MC da TABELA 5 são não negativos, chegamos ao fim do método SIMPLEX, sendo desnecessário montarmos essa próxima tabela, bastando apenas calcularmos as novas linhas X_1, X_2 e X_3, as quais fornecerão os valores que maximizarão a função MC:

Cálculo da linha X_1 da TABELA 5:

```
     (1    0    0    0    0    0    0    1    0     0    20)
–1 × (0    0    0    0   –1/3  0    0    1   2/3    0    10)
  =  (1    0    0    0   1/3   0    0    0  –2/3    0    10)
```

Cálculo da linha X_2 da TABELA 5:

```
      (0    1    0    0   0,5   0    0   –1,5   0    0    10)
1,5 × (0    0    0    0   –1/3  0    0     1   2/3   0    10)
  =   (0    1    0    0    0    0    0     0    1    0    25)
```

Cálculo da linha X_3 da TABELA 5: Não necessário, visto que o respectivo número pivot dessa linha é ZERO, bastando apenas repetir a linha X3 da tabela anterior. Se fôssemos tentar o cálculo, veríamos isso claramente, conforme indicado abaixo:

```
       (0    0    1    0    0    0    0    0    0    1    30)
ZERO × (0    0    0    0   –1/3  0    0    1   2/3   0    10)
  =    (0    0    1    0    0    0    0    0    0    1    30)
```

Por fim, as quantidades dos produtos 1, 2 e 3 que MAXIMIZAM o lucro sem transgredir as devidas restrições são, respectivamente, 10, 25 e 30 unidades, de modo que o máximo valor de MC com essas quantidades seria o valor de MC indicado na coluna B, o qual já calculamos acima (R$ 172,50), valor esse que também poderá ser obtido substituindo as respectivas quantidades na função MC = $3,6X_1 + 2,7X_2 + 2,3X_3$ = (3,6 × 10) + (2,7 × 25) + (2,3 × 30) = 172,5

(Resposta: opção a)

(2ª SOLUÇÃO) *Método das tentativas, isto é, testando as opções de múltipla escolha e escolhendo aquela que apresentar o maior valor de MC sem transgredir as opções: De qualquer modo, teríamos que calcular as Margens de Contribuições unitárias e montar a função MC:*

MC/u (1) = 17 – [(2 × 0,5) + (3 × 1) + (3 × 2) + (0 × 1,5) + 20% 17] = 3,6

MC/u (2) = 9 – [(2 × 0,5) + (2 × 1) + (0 × 2) + (1 × 1,5) + 20% 9] = 2,7

MC/u (3) = 16 – [(4 × 0,5) + (0 × 1) + (2 × 2) + (3 × 1,5) + 20% 16] = 2,3

Função da Margem de Contribuição total (MC), admitindo que as quantidades que serão produzidas de vendidas dos produtos 1, 2 e 3 sejam, respectivamente, X_1, X_2 e X_3: MC = $3,6X_1$ + $2,7X_2$ + $2,3X_3$

Sistema de RESTRIÇÕES:

- $2X_1 + 2X_2 + 4X_3 \leq 200$ *(Simplificando: $X_1 + X_2 + 2X_3 \leq 100$)*
- $3X_1 + 2X_2 \leq 80$
- $3X_1 + 2X_3 \leq 130$
- $X_2 + 3X_3 \leq 200$
- $X_1 \leq 20$
- $X_2 \leq 25$
- $X_3 \leq 30$

Lembrando das opções:

a) 1 = 10; 2 = 25; 3 = 30
b) 1 = 20; 2 = 10; 3 = 30
c) 1 = 20; 2 = 25; 3 = 30
d) 1 = 20; 2 = 25; 3 = 27,5
e) 1 = 26,6; 2 = 0; 3 = 0

Testando a opção "a":

MC = (3,6 × 10) + (2,7 × 25) + (2,3 × 30) = 172,5

- - - - - - - - - - - - - - - - - -

- 10 + 25 + 2 × 30 ≤ 100, ou seja, 95 ≤ 100 (confere!)
- 3 × 10 + 2 × 25 ≤ 80, ou seja, 80 ≤ 80 (confere!)
- 3 × 10 + 2 × 30 ≤ 130, ou seja, 90 ≤ 130 (confere!)
- 10 ≤ 20 (confere!)
- 25 ≤ 25 (confere!)
- 30 ≤ 30 (confere!)

Testando a opção "b":

MC = (3,6 × 20) + (2,7 × 10) + (2,3 × 30) = 168 *(A opção b "já está fora como resposta", pois esse valor é <u>inferior</u> a 172,5, de modo que é desnecessário testar as restrições.)*

Testando a opção "c":

MC = (3,6 × 20) + (2,7 × 25) + (2,3 × 30) = 208,5

- -

- *20 + 25 + 2 × 30 ≤ 100, ou seja, 105 ≤ 100 (**NÃO** confere!) – A opção c está fora, pois, embora o lucro seja maior, ela não observa a 1ª restrição, sendo desnecessário testar as outras restrições.*

Testando a opção "d": *Não necessário, pois "visualmente" podemos notar que o valor obtido por multiplicar X_3 por 27,5 é menor do que multiplicar por 30.*

Testando a opção "e": *Não necessário, pois "visualmente" podemos notar que não se pode produzir e vender 26,6 unidades do produto 1, dado que a quantidade demandada máxima é de 20 unidades.*

Por fim, a resposta certa só poderá ser a **opção "a"**.

9. PONTO DE EQUILÍBRIO CONTÁBIL (PEC)

9.1. Conceito

Considerando o sistema de Custeio Variável, o ponto de equilíbrio contábil é determinado pela quantidade mínima que uma indústria deve produzir e vender para não incorrer em prejuízo. Consequentemente, também não haverá lucro, de modo que o resultado será zero. Para tanto, o valor da Receita Total (RT) na venda dos produtos deverá ser igual ao valor dos Custo Total (CT), ressaltando que neste custo, além dos custos variáveis e fixos, estão também inseridas as despesas fixas e variáveis de administração e vendas.

Assim, suponhamos, por exemplo, que num determinado mês uma indústria que só fabrica um tipo de produto, o qual é vendido por R$ 35,00 cada unidade, tenha apurado os seguintes custos e despesas:

Custos variáveis por unidade:

   – Matérias-primas .... R$ 4,00

   – Mão de obra direta .... R$ 3,00

Despesas variáveis por unidade:

   – Impostos e contribuições sobre vendas .... R$ 6,00

   – Comissões sobre vendas .... R$ 2,00

Custos fixos totais .... R$ 6.000,00
Despesas fixas totais .... R$ 3.000,00

Admitindo que a quantidade produzida e vendida seja "Q", podemos estabelecer as seguintes relações:

$CT = CDV/u \times Q + CDF$

CT: Custo Total (inclui também as despesas totais)

CDV/u: Custos e Despesas Variáveis por unidade

CDF: Custos e Despesas Fixos totais

Qc: Quantidade no ponto de equilíbrio contábil

Assim, teremos:

$CT = (4 + 3 + 6 + 2) Q + (6.000 + 3.000) = 15Q + 9.000$

Sendo o preço unitário de venda igual a R$ 35,00, então o valor da Receita Total é igual a 35Q.

Dessa forma, para que não haja lucro ou prejuízo, ou seja, resultado igual a ZERO, a Receita Total deverá ser igual ao Custo Total. Assim, teremos:

$35Qc = 15Qc + 9.000$

Qc = **450 unidades** (quantidade no ponto de equilíbrio contábil)

9.2. Fórmula

Visto que no ponto de equilíbrio contábil a empresa terá um resultado igual a ZERO, isto é, não incorrerá em lucro ou prejuízo, podemos estabelecer a seguinte igualdade:

$Vu \times Qc = CDV/u \times Qc + CDF$

$Vu \times Qc - CDV/u \times Qc = CDF$

$Qc (Vu - CDV/u) = CDF \longrightarrow \boxed{Qc = \dfrac{CDF}{Vu - CDV/u}} \longrightarrow \boxed{Qc = \dfrac{CDF}{MC/u}}$

Legenda:
- Qc: Quantidade no ponto de equilíbrio contábil
- CDF: Custos e despesas fixos totais
- CDV/u: Custos e despesas variáveis por unidade
- Vu: Preço unitário de venda
- MC/u: Margem de Contribuição por unidade (ou Margem de Contribuição unitária)

Assim, a quantidade que uma empresa deverá produzir e vender para atingir o ponto de equilíbrio contábil é igual ao quociente dos Custos e Despesas Fixos totais pela Margem de Contribuição unitária.

9.3. Análise Gráfica

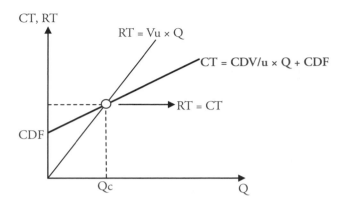

Observemos no gráfico acima que o ponto de encontro das duas retas é aquele em que o Custo Total tem o mesmo valor da Receita Total, ou seja, RT = CT, de forma que a abscissa desse ponto é a quantidade no ponto de equilíbrio contábil (Qc). À esquerda do ponto de interseção, notemos que RT < CT, determinando assim a região de prejuízo. À direita do ponto de interseção, observemos que RT > CT, determinando a região de lucro.

10. Margem de Segurança (MS)

Supondo que a quantidade produzida e vendida por uma indústria seja "Q" e admitindo que a quantidade no ponto de equilíbrio contábil seja "Qc", pode-se afirmar que, em termos absolutos, a MS representa a quantidade máxima que poderá ser reduzida para que a empresa não incorra em prejuízo, ou seja:

$$MS = Q - Qc$$

Em termos relativos, a MS representa o máximo percentual que se pode reduzir a quantidade produzida e vendida para que a empresa não incorra em prejuízo, isto é:

$$MS\% = \frac{(Q - Qc)}{Q} \times 100\%$$

Assim, suponhamos que a quantidade no ponto de equilíbrio em determinado período seja, por exemplo, de 600 unidades. Admitindo que no referido período a empresa produza e venda 800 unidades, então a MS absoluta será de 200 unidades e a MS% será de 200 ÷ 800 × 100%, ou seja, 25%. Isso significa que a quantidade atual poderá ser reduzida em até 25% sem que a empresa incorra em prejuízo pela ótica do Custeio Variável, ou seja, pela ótica em que não se faça acepção entre os custos de fabricação fixos e as despesas fixas de administração, sendo ambos apropriados diretamente ao resultado como despesas, de sorte que só os custos variáveis integrarão os custos de fabricação.

11. Grau de Alavancagem Operacional (GAO)

Mede a sensibilidade da variação percentual do lucro sobre as vendas em função da variação percentual do volume de vendas, considerando o sistema de custeio variável.

Assim, por exemplo, suponhamos as seguintes informações obtidas de uma empresa:

Preço unitário de venda (Vu) .... R$ 12
Custos e despesas variáveis por unidade (CDV/u) .... R$ 5
Custos e despesas fixos totais (CDF) .... R$ 3.000
Quantidade atual de vendas (Qa) .... 1.000 unidades

O Lucro Operacional atual da empresa (La) seria apurado da seguinte forma:

Vendas (R$ 12 × 1.000) .... R$ 12.000
(–) Custos e Despesas Variáveis (R$ 5 × 1.000) .... (R$ 5.000)
(–) Custos e Despesas Fixos .... (R$ 3.000)
(=) Lucro Operacional .... R$ 4.000

Suponhamos agora que haja uma previsão do aumento do volume de vendas para 1.300 unidades, ou seja, a quantidade estimada de vendas (Qe) seja de 1.300 unidades. Nesse caso, o Lucro Operacional estimado (Le) poderia ser obtido da seguinte forma:

Vendas (R$ 12 × 1.300) .... R$ 15.600
(–) Custos e Despesas Variáveis (R$ 5 × 1.300) .... (R$ 6.500)
(–) Custos e Despesas Fixos .... (R$ 3.000)
(=) Lucro Operacional .... R$ 6.100

Nesse caso, podemos concluir que um aumento de 30% no volume atual de vendas (1.000 unidades para 1.300 unidades) acarretaria num aumento de (R$ 6.100 – R$ 4.000) ÷ R$ 4.000, isto é, 52,5% no lucro atual sobre vendas, definindo um Grau de Alavancagem Operacional de 0,525 ÷ 0,30 = **1,75**.

Esse último resultado nos leva a inferir que o aumento percentual no lucro sobre vendas é 1,75 vezes superior ao aumento percentual no volume de vendas.

Generalizando, temos a seguinte fórmula para o cálculo do GAO:

$$\boxed{GAO = \frac{(Le - La) \div La}{(Qe - Qa) \div Qa}}$$

Suponhamos agora que a quantidade estimada seja de 1.400 unidades, em vez de 1.300 unidades. Nesse caso, o lucro operacional seria apurado da seguinte forma:

Vendas (R$ 12 × 1.400) .... R$ 16.800
(–) Custos e Despesas Variáveis (R$ 5 × 1.400) .... (R$ 7.000)
(–) Custos e Despesas Fixos .... (R$ 3.000)
(=) Lucro Operacional .... R$ 6.800

Nessa nova situação, teríamos:

$$GAO = \frac{(R\$\ 6.800 - R\$\ 4.000) \div R\$\ 4.000}{(1.400 - 1.000) \div 1.000} = \frac{0,7}{0,4} = 1,75 \text{ (o mesmo GAO!)}$$

Se testássemos outras quantidades estimadas, encontraríamos o mesmo GAO! Com isso, podemos concluir que o GAO **não depende do volume estimado de vendas**, ou seja, se refere apenas ao volume ATUAL de vendas. Por essa razão, algebricamente, podemos chegar a uma outra fórmula para o cálculo do GAO, a qual não inclui nenhum volume previsto de vendas:

$$\boxed{GAO = \frac{Qa\,(Vu - CDV/u)}{Qa\,(Vu - CDV/u) - CDF}}$$

No exemplo, teríamos:

$$GAO = \frac{1.000 \times (R\$\ 12 - R\$\ 5)}{1.000 \times (R\$\ 12 - R\$\ 5) - R\$\ 3.000} = \frac{R\$\ 7.000}{R\$\ 4.000} = 1,75$$

12. Ponto de Equilíbrio Econômico (PEE)

Considerando também o sistema de Custeio Variável, o PEE pode ser representado pela quantidade mínima que a empresa deve produzir e vender num determinado período, à qual chamaremos de "Qe", para que o lucro auferido seja igual ao Custo de Oportunidade (CO) de aplicação do capital próprio da empresa no referido período à taxa de juros de aplicação nesse período, ou seja, igual à remuneração que a empresa teria aplicando o seu capital próprio no mercado financeiro em vez de aplicar no seu próprio negócio. Assim, teremos o seguinte:

RT − CT = CO

Vu × Qe − CDV/u × Qe − CDF = CO

Qe (Vu − CDV/u) = CDF + CO

$$Qe = \frac{CDF + CO}{Vu - CDV/u}$$

13. Ponto de Equilíbrio Financeiro (PEF)

Considerando ainda o sistema de Custeio Variável, o PEF pode ser representado pela quantidade que a empresa deverá produzir e vender num determinado período, a qual chamaremos de "Qf", para que a variação das disponibilidades seja nula, isto é, a quantidade de dinheiro que saiu seja igual à quantidade de dinheiro que entrou. Para que isso ocorra, é necessário que igualemos a Receita Total (RT) com o Custo Total subtraído das despesas que não representam dinheiro, que, regra geral, são os encargos de Depreciação (D). Estabelecendo as relações matemáticas, teremos:

RT = CT − Depreciação

Vu × Qf = CDV/u × Qf + CDF − D

Qf (Vu − CDV/u) = CDF − D

$$Qf = \frac{CDF - D}{Vu - CDV/u}$$

14. Ponto de Equilíbrio Conjunto

No caso de uma empresa produzir e vender mais de um tipo de produto, é necessário estabelecer uma **Margem de Contribuição Unitária MÉDIA (MC/u-m)**, para que se possa determinar o ponto de equilíbrio contábil CONJUNTO (também vale para ponto de equilíbrio econômico e financeiro) e, em seguida, determinar as quantidades INDIVIDUAIS de cada produto que compõe a quantidade total no ponto conjunto.

Assim, por exemplo, suponhamos que uma empresa fabricasse os produtos A, B e C, os quais fossem, respectivamente, vendidos por R$ 12, R$ 15 e R$ 22 a unidade, sendo os custos e despesas variáveis unitários, respectivamente, R$ 7, R$ 9 e R$ 10.

Suponhamos também que os custos fixos mensais de fábrica importassem em R$ 34.000 e as despesas fixas de administração e vendas mensais importassem em R$ 27.000.

Admitindo que a empresa no mês de maio de 20X5 tivesse vendido 2.000 unidades do produto A, 3.000 unidades do produto B e 5.000 unidades do produto C, teríamos, em relação a esse mês, os seguintes cálculos:

- Vendas (A, B e C) = (R$ 12 × 2.000) + (R$ 15 × 3.000) + (R$ 22 × 5.000) = R$ 179.000
- Custos e Despesas Variáveis (A, B e C) = (R$ 7 × 2.000) + (R$ 9 × 3.000) + (R$ 10 × 5.000) = R$ 91.000
- Margem de Contribuição (A, B e C) = R$ 179.000 − R$ 91.000 = R$ 88.000
- Quantidade Vendida (A, B e C) = 2.000 u + 3.000 u + 5.000 u = 10.000 u
- Margem de Contribuição Unitária Média (MC/u-m) = R$ 88.000/10.000 = R$ 8,80
- Custos e Despesas Fixos (CDF) = R$ 34.000 + R$ 27.600 = R$ 61.600
- Quantidade no Ponto de Equilíbrio Contábil de A, B e C <u>conjuntamente</u> (Qc):

$$Qc = \frac{CDF}{MC/u\text{-}m} = \frac{R\$\ 61.600}{R\$\ 8,80} = 7.000\ u$$

Visto que das 10.000 unidades vendidas em maio, 2.000 unidades de A, 3.000 unidades de B e 5.000 unidades de C, isto é, 20% das vendas se referem ao produto A, 30% ao produto B e 50% ao produto C, as quantidades individuais dos três produtos no ponto de equilíbrio serão:

Qc (A) = 20% 7.000 u = 1.400 u

Qc (B) = 30% 7.000 u = 2.100 u

Qc (C) = 50% 7.000 u = 3.500 u

Podemos constatar a exatidão dos resultados acima, recorrendo à definição original de <u>Ponto de Equilíbrio Contábil</u>, o qual pode ser representado pela quantidade MÍNIMA que uma empresa deve produzir e vender para não ter prejuízo e, consequentemente, também não ter lucro.

Isso só ocorrerá quando a Margem de Contribuição Total nesse ponto for igual aos Custos de Despesas Fixos Totais. Assim, teremos:

MC (ABC) = (R$ 12 − R$ 7)×**1.400** + (R$ 15 − R$ 9)×**2.100** + (R$ 22 − R$ 10)×**3.500**

= R$ 7.000 + R$ 12.600 + R$ 42.000

= **R$ 61.600** (valor exatamente igual aos Custos e Despesas Fixos Totais, conforme queríamos demonstrar!)

EXERCÍCIO RESOLVIDO 4: (Eletrobrás – Contador/NCE/ UFRJ) O Contador de Custos apurou os seguintes montantes hora na companhia Participações em Energia Elétrica:

Custos fixos hora: R$ 10.000,00

Custos variáveis por Kwh (quilowatt hora): R$ 10,00

Despesas fixas hora: R$ 5.000,00 hora

Despesas variáveis por Kwh: R$ 4,00

Preço de venda Kwh: R$ 50,00

Com base nessas informações, o Contador de Custos apurou que para atingir o ponto de equilíbrio era necessário vender:

a) 300 Kwh
b) 380,35 Kwh
c) 416,67 Kwh
d) 450 Kwh
e) 483,62 Kwh

(SOLUÇÃO)

O enunciado da questão não nos informa qual o ponto de equilíbrio (contábil, econômico ou financeiro). No entanto, toda vez que tal informação for omitida, a <u>convenção geral</u> é que seja o ponto de equilíbrio CONTÁBIL. Assim, teremos:

CDF = R$ 10.000,00 + R$ 5.000,00 = R$ 15.000,00

Vu = R$ 50,00

CDV/u = R$ 10,00 + R$ 4,00 = R$ 14,00

$Qc = \dfrac{CDF}{Vu - CDV/u} = \dfrac{R\$\ 15.000,00}{R\$\ 50,00 - R\$\ 14,00} = 416,67\ Kwh$ **(Resposta: opção c)**

EXERCÍCIO RESOLVIDO 5: (Fiscal de Rendas – RJ/FGV) **O enunciado a seguir se refere 1 a 3.**

A empresa industrial Grasse fabrica e vende dois tipos de perfume: X e Y.

A fabricação do produto X consome 2,75 kg de matéria-prima por unidade e 2 h de mão de obra direta por unidade, ao passo que a fabricação do produto Y consome 10 kg de matéria-prima por unidade e 3 h de mão de obra direta por unidade.

Sabe-se que a matéria-prima e a mão de obra direta podem ser utilizadas indistintamente nos dois produtos.

O quilo da matéria-prima custa R$ 2,00 e a taxa de mão de obra R$ 3,00/h.

A empresa incorre em custos fixos mensais (comuns aos dois produtos) de R$ 9.400 e em despesas fixas mensais de R$ 4.000, além de despesas variáveis correspondentes a 10% da receita.

Considere que, em agosto próximo passado, a empresa Grasse produziu 100 unidades do produto X e 90 unidades do produto Y.

Considere, ainda, que em agosto os estoques iniciais estavam vazios e que a empresa vendeu 80 unidades de cada produto, sendo o produto X ao preço unitário de R$ 150 e o produto Y por R$ 250.

1. O resultado que a empresa industrial Grasse apurou em agosto próximo passado, pelo custeio por Absorção (utilizando as horas totais de mão de obra direta como critério de rateio), foi:
   a) R$ 20.760,00
   b) R$ 13.400,00
   c) R$ 13.538,67
   d) R$ 13.560,00
   e) R$ 12.160,00

(SOLUÇÃO)

Custos Variáveis Unitários (CV/u):

CV/u (X) = R$ 2 × 2,75 + R$ 3 × 2 = R$ 11,50

CV/u (Y) = R$ 2 × 10 + R$ 3 × 3 = R$ 29

Horas totais de MOD:

X = 100 × 2 h = 200 h

Y = 90 × 3 h = 270 h

Total .... 470 h

Rateio dos Custos Fixos (CF):

$$CF(X) = \frac{R\$\ 9.400}{470} \times 200 = R\$\ 4.000$$

$$CF(Y) = \frac{R\$\ 9.400}{470} \times 270 = R\$\ 5.400$$

Custo dos Produtos Vendidos (CPV):

$$CPV(X) = R\$\ 11{,}50 \times 80 + \frac{R\$\ 4.000}{100} \times 80 = R\$\ 4.120$$

$$CPV(Y) = R\$\ 29 \times 80 + \frac{R\$\ 5.400}{90} \times 80 = R\$\ 7.120$$

CPV (X e Y) = R$ 11.240

Receita de Vendas [80 × (R$ 150 +R$ 250)] .... R$ 32.000
(–) CPV .... (R$ 11.240)
(–) Despesas Variáveis (10% R$ 32.000) .... (R$ 3.200)
(–) Despesas Fixas .... (R$ 4.000)
(=) Lucro .... R$ 13.560

(Resposta: opção d)

2. O ponto de equilíbrio contábil da empresa industrial Grasse, em valores arredondados, é:
   a) R$ 5.007,82
   b) R$ 14.909,60
   c) R$ 11.768,39
   d) R$ 10.458,97
   e) R$ 16.776,21

(SOLUÇÃO)

- *Vendas = 80 × (R$ 150 +R$ 250) = R$ 32.000*
- *Custos e Despesas Variáveis (totais) = (R$ 11,50 + 10% R$ 150)× 80 + (R$ 29 + 10% R$ 250) × 80 = R$ 6.440*
- *Margem de Contribuição (X e Y) = R$ 32.000 – R$ 6.440 = R$ 25.560*
- *Quantidade Vendida (X e Y) = 80 u + 80 u = 160 u*
- *Margem de Contribuição Unitária **média** (MC/u-m) = R$ 25.560 ÷ 160 = R$ 159,75*
- *Custos e Despesas Fixos (CDF) = R$ 9.400 + R$ 4.000 = R$ 13.400*
- *Quantidade no Ponto de Equilíbrio "conjunto"(Q):*

$$Q = \frac{CDF}{MC/u\text{-}m} = \frac{R\$\ 13.400}{R\$\ 159{,}75} = 83{,}881064\ unidades$$

Visto que são vendidas 80 unidades de X e 80 unidades de Y, então cada produto participará em 50% (ou metade) da quantidade no ponto de equilíbrio conjunto:

Q (X) = 50% 83,881064 unidades = 41,940532 unidades

Q (Y) = 50% 83,881064 unidades = 41,940532 unidades

Por fim, a **RECEITA no ponto de equilíbrio** *será:*

R$ 150 × 41,940532 + R$ 250 × 41,940532 = **R$ 16.776,21**

(Resposta: opção e)

3. Admitindo que, para setembro, todas as variáveis de agosto próximo passado permanecem válidas (inclusive a demanda de 80 unidades de cada produto), salvo a disponibilidade de matérias-primas, pois, em função da greve dos transportadores, a empresa industrial Grasse só dispõe de 605 kg dessa matéria-prima. Considerando que a única decisão viável diz respeito ao volume a ser produzido, determine quantas unidades de cada produto deverão ser produzidas e vendidas a fim de a empresa industrial Grasse apurar o maior lucro possível em setembro (Perfume X e Perfume Y, respectivamente – valores arredondados)

   a) zero unidade e 76,7 unidades
   b) 10 unidades e 70 unidades
   c) 100 unidades e 33 unidades
   d) 80 unidades e 38,5 unidades
   e) 60 unidades e 44 unidades

(SOLUÇÃO)

Cálculo da Margem de Contribuição Unitária por Fator de Limitação (MC/f) de cada produto:

MC/f (X) = [R$ 150 − (R$ 11,50 + 10% R$ 150)] ÷ 2,75 kg = R$ 44,90909/kg

MC/f (Y) = [R$ 250 − (R$ 29 + 10% R$ 250)] ÷ 10 kg = R$ 19,60/kg

Assim, deve-se PRIORIZAR a produção e venda de X, visto que possui a maior margem de contribuição relativa.

Desse modo, as 80 unidades produzidas e vendidas de X consumirão 80 × 2,75 kg, ou seja, 220 kg de matéria-prima, de modo que sobrarão para Y a quantidade de 605 kg − 220 kg = 385 kg, de sorte que a quantidade produzida e vendida de Y será de 385 kg ÷ 10 kg = 38,5 unidades.

(Resposta: opção d)

EXERCÍCIO RESOLVIDO 6: Uma indústria produz e vende apenas dois tipos de produtos: "A" e "B". O produto "A" apresenta uma contribuição unitária de R$ 25 e o produto "B", de R$ 30. Os custos fixos mensais totalizam R$ 29.400, sendo rateados proporcionalmente à margem de contribuição total de cada produto. Os volumes de vendas mensais têm sido os seguintes:

Produto "A".............. 2.000 unidades

Produto "B".............. 1.600 unidades

Em vista das informações anteriores, o ponto de equilíbrio de cada produto é de:

a) 500 unidades para o produto "A" e 580 unidades para o produto "B"
b) 600 unidades para o produto "A" e 480 unidades para o produto "B"
c) 680 unidades para o produto "A" e 500 unidades para o produto "B"
d) 520 unidades para o produto "A" e 580 unidades para o produto "B"
e) 650 unidades para o produto "A" e 550 unidades para o produto "B"

(SOLUÇÃO)

*De forma diferente do exercício anterior, onde determinamos um **único** ponto de equilíbrio para os dois produtos, no presente caso iremos determinar dois pontos de equilíbrio **distintos**, que é o caso mais comum em questões de concursos públicos.*

Assim, o primeiro passo é determinarmos a Margem de Contribuição total (MC) de cada produto separadamente:

MC (A) = 25 × 2.000 = 50.000

MC (B) = 30 × 1.600 = 48.000

Agora, iremos ratear os Custos Fixos (CF) no valor de 29.400 proporcionalmente às MC de cada produto:

$$CF(A) = \frac{29.400}{50.000 + 48.000} \times 50.000 = 15.000$$

$$CF(B) = \frac{29.400}{50.000 + 48.000} \times 48.000 = 14.400$$

Finalmente, teremos as seguintes quantidades no ponto de equilíbrio contábil (Qc):

$$Qc(A) = \frac{15.000}{25} = 600 \text{ unidades}$$

$Qc\ (B) = \dfrac{14.400}{30} = 480\ unidades$

(Resposta: opção b)

EXERCÍCIO RESOLVIDO 7: Com base nos dados abaixo, responda às questões de número 1 a 7.

A indústria X-Tal S/A é monoprodutora. Nos meses de abril e maio do exercício social de X1, apurou o seguinte:

	Abril	**Maio**
Estoque inicial (em unidades)	500	100
Produção (em unidades)	800	1.000
Vendas (em unidades)	1.200	700
Custo total de fabricação (R$)	14.000,00	17.000,00
Receita bruta de vendas	30.000,00	17.500,00

Sabe-se que:
- Não havia no início e no fim dos meses de abril, maio e junho estoques de produtos em fabricação;
- A empresa utiliza o método PEPS para controle dos seus estoques;
- A empresa incorre ainda, em despesas fixas de R$ 1.200,00 por mês e em despesas variáveis (comissões sobre vendas de 5% e tributos sobre vendas equivalentes a 15% da receita bruta mensal);
- A empresa é contribuinte do imposto de renda sobre o lucro e da contribuição social sobre o lucro, respectivamente, com alíquotas de 15% e 10%;
- Nos referidos meses, não houve variação de preços de venda;
- A empresa não pretende acabar o mês de junho com produtos acabados em estoque.

1. O Lucro Bruto obtido em maio de X1 pelo custeio por absorção foi:
    a) Menor que R$ 2.500,00
    b) Entre R$ 2.500,01 e R$ 2.700,00
    c) Entre R$ 2.700,01 e R$ 2.800,00
    d) Entre R$ 2.801,01 e R$ 2.900,00
    e) Entre R$ 2.900,01 e R$ 3.000,00

(SOLUÇÃO)

Em primeiro lugar, acharemos o Custo Variável Unitário (CV/u), o qual sabemos ser FIXO, independentemente do mês, dividindo-se a variação dos Custo Total (CT) nos dois meses pela variação da quantidade produzida:

CV/u = $\dfrac{17.000,00 - 14.000,00}{1.000 - 800}$ = 15,00

O próximo passo é acharmos o valor do Custo Fixo Total (CF), utilizando a igualdade CT = CV/u × Q + CF, escolhendo o mês de abril ou o mês de maio (tanto faz):

Se escolhermos o mês de abril: 14.000 = 15 × 800 + CF ⟶ CF = 2.000

ou

Se escolhermos o mês de maio: 17.000 = 15 × 1.000 + CF ⟶ CF = 2.000

Visto que em maio foram vendidas 700 unidades pelo método PEPS, então foram vendidas primeiro as 100 unidades do estoque inicial de maio, as quais foram fabricadas em abril, e depois 600 unidades fabricadas em maio.

O Custo Total unitário (CT/u) de abril será igual ao CT desse mês (R$ 14.000,00) dividido pela quantidade produzida nesse mês (800 unidades), ou seja, R$ 14.000,00 ÷ 800 = R$ 17,50.

O CT/u de maio será igual ao CT desse mês (R$ 17.000,00) dividido pela quantidade produzida no mesmo mês (1.000 unidades), ou seja, R$ 17,00. Assim, o Custo dos Produtos Vendidos (CPV) em maio será:

CPV (maio) = 17,50 × 100 + 17,00 × 600 = 11.950,00

Finalmente, o Lucro Bruto (LB) de maio será igual à diferença entre a Receita Líquida de Vendas em maio (R$ 17.500,00 − 15% R$ 17.500,00 = R$ 14.875,00) e o CPV (Custo dos Produtos Vendidos desse mês (R$ 11.950,00), ou seja, LB = R$ 2.925,00.

(Resposta: opção e)

2. O Lucro Operacional obtido em maio de X1 pelo <u>custeio por absorção</u> foi:
   a) Maior que R$ 1.300,00
   b) Entre R$ 1.100,01 e R$ 1.300,00
   c) Entre R$ 900,01 e R$ 1.100,00
   d) Entre R$ 800,01 e R$ 900,0
   e) Menor ou igual a R$ 800,00

(SOLUÇÃO)

DOP (Despesas Operacionais) = Despesas Fixas + Despesas Variáveis = 5% 17.500,00 + 1.200,00 = 2.075,00

Nota: *No custeio por absorção as Despesas Variáveis incluíram apenas as comissões sobre vendas, tendo em vista que os tributos sobre vendas já foram considerados no cálculo do Lucro Bruto.*

Lucro Operacional (LOP) = LB – DOP

LOP = 2.925,00 – 2.075,00 = 850,00

(Resposta: opção d)

3. A Margem de Contribuição em maio de X1 foi:
   a) Maior que R$ 3.000,00
   b) Entre R$ 2.500,00 e R$ 3.000,01
   c) Entre R$ 2.400,00 e R$ 2.500,01
   d) Entre R$ 2.300,00 e R$ 2.400,01
   e) Menor que R$ 2.300,00

(SOLUÇÃO)

A Margem de Contribuição (MC) é um atributo <u>exclusivo</u> do sistema de custeio variável (daí ser desnecessário a questão mencionar "custeio variável"), no qual só serão considerados custos de fabricação os Custos Variáveis, visto que os Custos Fixos (R$ 2.000,00), juntamente com as Despesas Fixas (R$ 1.200,00) são <u>todos</u> tratados como <u>despesas</u> (R$ 2.000,00 + R$ 1.200,00 = R$ 3.200,00) e apropriados diretamente ao resultado, independentemente da venda dos produtos, ou seja, os custos fixos NÃO farão parte do custo de fabricação dos produtos e nem dos estoques. Assim, para calcularmos a MC, utilizamos a seguinte fórmula:

MC = Preço de Venda – CPV (só com custos variáveis) – Despesas Variáveis

---

CPV = CV/u × Quantidade Vendida = 15,00 × 700 = 10.500,00

No custeio por absorção as Despesas Variáveis incluíram apenas as comissões sobre vendas (5% R$ 17.500,00 = R$ 875,00). Já, no sistema de custeio variável as Despesas Variáveis, além das referidas comissões, incluirão também os tributos sobre vendas (15% R$ 17.500,00 = R$ 2.625,00), totalizando assim R$ 3.500,00. Isso se explica pelo fato de que na fórmula acima não subtraímos os tributos sobre vendas do Preço de Venda, obrigando-nos, então, a incluí-los juntamente com as demais despesas variáveis, coisa esta que não aconteceu no custeio por absorção, tendo em vista *que partimos da Receita Líquida para determinarmos o Lucro Bruto, lembrando que a Receita Líquida já foi calculada abatendo os tributos sobre vendas. No entanto, alguns autores utilizam a seguinte fórmula, que também é correta, apesar de não ser a ideal: MC = Receita Líquida – CPV (só com custos variáveis) – Despesas Variáveis. Neste caso, não juntaríamos os tributos sobre vendas com as demais despesas variáveis, visto que tais tributos já foram abatidos no cálculo da Receita Líquida. Como já mencionado, apesar de essa última forma conduzir ao mesmo resultado de MC, não é a mais adequada em Contabilidade Gerencial, tendo em vista que mais interessa para a tomada de decisões o preço de venda dos produtos do que a receita líquida dos mesmos. Mas, se o objetivo é apenas chegar ao valor de MC, então esta última forma também poderá ser utilizada. No nosso caso, utilizaremos a fórmula mais adequada:*

MC = 17.500,00 – 10.500,00 – 3.500,00 = 3.500,00

(Resposta: opção a)

4. A quantidade que a empresa precisaria vender em maio para atingir o ponto de equilíbrio contábil seria:
   a) Mais de 680 unidades
   b) Entre 670 e 680 unidades
   c) Entre 660 e 670 unidades
   d) Entre 645 e 650 unidades
   e) Menos que 644 unidades

(SOLUÇÃO)

Para acharmos a quantidade no ponto de equilíbrio contábil (Qc), dividimos os Custos e Despesas Fixos Totais (CDF = R$ 2.000,00 + R$ 1.200,00 = R$ 3.200,00) pela Margem de Contribuição unitária (MC/u), onde MC/u pode ser obtida dividindo-se MC pela quantidade vendida, ou seja, R$ 3.500,00 ÷ 700 = R$ 5,00. Assim, teremos:

$$Qc = \frac{CDF}{MC/u} = \frac{3.200,00}{5,00} = 640 \text{ unidades}$$ **(Resposta: opção e)**

5. A Margem de Segurança das 700 unidades vendidas em maio foi:
   a) Maior que 8%
   b) Entre 8,01% e 7%
   c) Entre 7,01% e 6%
   d) Entre 6,01% e 5%
   e) Menor que 5,01%

(SOLUÇÃO)

Margem de Segurança = $\dfrac{Qv - Qc}{Qv}$ = $\dfrac{700 - 640}{700}$ = 8,57% **(Resposta: opção a)**

Nota: Qv = Quantidade vendida; Qc = Quantidade no ponto de equilíbrio contábil

6. O Lucro Operacional de maio pelo <u>custeio variável</u> foi:
    a) Maior que R$ 320,00
    b) Entre R$ 299,00 e R$ 320,00
    c) Entre R$ 290,00 e R$ 298,00
    d) Entre R$ 279,00 e R$ 289,00
    e) Menor que R$ 279,00

(SOLUÇÃO)

LOP *(no custeio variável)* = MC – CDF = 3.500,00 – 3.200,00 = 300,00

(Resposta: opção b)

7. Assinale a alternativa que indique quantas unidades a empresa precisa produzir em junho para que o Lucro Líquido desse mês, pelo <u>custeio por absorção</u>, seja de R$ 3.600,00.
    a) Mais de 1.500 unidades
    b) Entre 1.490 unidades e 1.501 unidades
    c) Entre 1.400 unidades e 1.491 unidades
    d) Entre 1.300 unidades e 1.401 unidades
    e) Menos de 1.300 unidades

(SOLUÇÃO)

O primeiro passo é observamos que nem tudo o que será vendido em junho foi fabricado nesse mês, visto que em maio sobraram no estoque final 400 unidades, as quais também foram vendidas em junho, tendo em vista que o enunciado nos informa que não haverá sobra de estoques ao final de junho.

Dessa forma, iremos partir do princípio que deverão ser fabricadas "Q" unidades em junho e vendidas "Q + 400" unidades.

O próximo passo é determinarmos separadamente o Lucro Bruto pela venda das 400 unidades e o Lucro Bruto pela venda das "Q" unidades, lembrando que para acharmos o preço unitário de venda de cada unidade (Vu), que é o mesmo para qualquer mês, basta dividirmos a receita bruta de venda de qualquer mês pela sua respectiva quantidade vendida.

Assim, escolhendo o mês de abril, por exemplo, teremos Vu = R$ 30.000,00 ÷ 1.200 = R$ 25,00. Dessa forma, teremos:

$$LB\ (400\ unidades) = (400 \times 25,00 \times 0,85) - 400 \times (15,00 + \underline{2.000,00}) = 1.700,00$$
$$1.000$$

Nota 1: *A multiplicação da receita de vendas das 400 unidade por 0,85 (85%) teve por objetivo abater os 15% dos tributos sobre vendas, a fim de acharmos a receita líquida de vendas.*

Nota 2: *O CPV das 400 unidades foi obtido multiplicando-se a soma do custo variável unitário (R$ 15,00) com o custo fixo unitário do mês de maio (R$ 2.000,00/1.000 = R$ 2,00) por 400 unidades, ou seja, CPV (400) = 400 × (15,00 + 2,00) = 6.800,00.*

- -

Utilizando o mesmo raciocínio das 400 unidades, teremos o seguinte cálculo para o Lucro Bruto da venda das "Q" unidades:

$$LB\ ("Q"\ unidades) = (Q \times 25,00 \times 0,85) - Q \times (15,00 + \underline{2.000,00})$$
$$Q$$

$$LB\ ("Q"\ unidades) = 21,25Q - 15Q - 2.000,00 = 6,25Q - 2.000,00$$

- -

Nota 3: *Visto que a empresa não pretende terminar o mês de junho com produtos acabados em estoque, a quantidade produzida em junho (Q) será integralmente vendida nesse mês, razão pela qual multiplicamos a soma do custo variável unitário (15,00) com o custo fixo unitário (2.000,00/Q) por "Q" unidades, ou seja, CPV (das "Q" unidades) = Q × (15,00 + 2.000,00/Q) = 15Q + 2.000.*

- -

Assim, o Lucro Bruto das "Q + 400" unidades será 1.700,00 + 6,25Q – 2.000,00, ou seja, Lucro Bruto (junho) = 6,25Q – 300,00.

Dessa forma, o Lucro Operacional de junho, que é o mesmo que Lucro antes do IR e CSLL (LAIRCSLL), será igual a esse último Lucro Bruto subtraído das Despesas Operacionais (Despesas Variáveis + Despesas Fixas), de forma que as Despesas Variáveis corresponderão a 5% da receita bruta de vendas de junho, ou seja, 5% 25,00 × (Q + 400)= 1,25Q + 500,00, e as Despesas Fixas não mudam (1.200,00), importando num total de despesas operacionais de 1,25Q + 500,00 + 1.200,00, isto é, Despesas Operacionais (junho) = 25Q + 1.700,00. Assim, teremos:

LAIRCSLL = 6,25Q – 300,00 – (1,25Q + 1.700,00) = 5Q – 2.000,00

- -

O Lucro Líquido (LL) de junho, que o enunciado informa ser de R$ 3.600,00, será obtido subtraindo-se do LAIRCSLL os 25% de IR e CSLL, ou seja:

LL = LAIRCSLL − IR e CSLL = LAIRCSLL − 25%LAIRCSLL = 75%LAIRCSLL

Por fim, podemos montar a seguinte equação: 0,75× (5Q − 2.000,00) = 3.600,00

5Q − 2.000,00 = 3.600,00 ÷ 0,75 ⟶ Q = 1.360 *unidades* (**Resposta: opção d**)

EXERCÍCIO RESOLVIDO 8: O enunciado a seguir se refere às questões de números 1 a 6.

A Cia. Aster produziu 800 unidades do produto Alfa 3 no mês de agosto. Durante esse mês, foram vendidas 640 unidades ao preço de R$ 60,00 cada. Os custos e despesas da empresa, no referido mês, foram os seguintes:

Custos e despesas variáveis, por unidade de Alfa 3:	
Matéria-prima	R$ 4,00
Mão de obra direta	R$ 9,00
CIF variável	R$ 1,00
Comissões sobre vendas	10%

Custos e despesas fixos totais de agosto	
Mão de obra indireta	R$ 3.000,00
Aluguel de fábrica	R$ 400,00
Outros gastos de fábrica	R$ 2.300,00
Despesas administrativas	R$ 6.800,00

1. Utilizando o custeio variável, o resultado de agosto foi de
    a) R$ 25.600,00
    b) R$ 12.500,00
    c) R$ 14.240,00
    d) R$ 13.100,00
    e) R$ 15.500,00

(SOLUÇÃO)

Em primeiro lugar, determinaremos a Margem de Contribuição unitária (MC/u) do produto Alfa 3:

$MC/u = 60,00 - 4,00 - 9,00 - 1,00 - 10\%60,00 = 40,00$

Agora, iremos determinar a Margem de Contribuição total (MC), multiplicando a MC/u pela quantidade vendida:

$MC = 40,00 \times 640 = 25.600,00$

Finalmente, o Resultado (R) pelo custeio variável será igual à diferença entre a MC e os Custos e Despesas Fixos totais (CDF = 3.000,00 + 400,00 + 2.300,00 + 6.800,00 = 12.500):

$R = 25.600,00 - 12.500,00 = 13.100,00$

(Resposta: opção d)

2. O resultado de agosto pelo custeio por absorção foi de
    a) R$ 25.600,00
    b) R$ 12.500,00
    c) R$ 14.240,00
    d) R$ 13.100,00
    e) R$ 15.500,00

(SOLUÇÃO)

O primeiro passo é determinarmos o CPV (Custo dos Produtos Vendidos) da seguinte forma:

$CPV = 640 \times (4,00 + 9,00 + 1,00) + \dfrac{3.000,00 + 400,00 + 2.300,00}{800} \times 640 = 13.520,00$

Nota: Observemos que, de forma diferente do custeio variável, onde os custos fixos foram integralmente apropriados ao resultado juntamente com as despesas fixas, no custeio por absorção os custos fixos no total de 5.700,00 foram incorporados ao CPV proporcionalmente à quantidade vendida, ou seja, dividimos por 800 e multiplicamos por 640.

Agora, iremos determinar o total das Despesas Operacionais (DOP), somando as despesas variáveis com as despesas fixas da seguinte forma:

$DOP = 10\% \; 640 \times 60,00 + 6.800,00 = 10.640,00$

Finalmente, iremos determinar o Resultado (R) pelo custeio por absorção utilizando a seguinte fórmula: R = Receita de Vendas – CPV – DOP

$R = 640 \times 60,00 - 13.520,00 - 10.640,00 = 14.240,00$ **(Resposta: opção c)**

3. A quantidade no ponto de equilíbrio contábil de agosto foi de
   a) 291 unidades
   b) 299 unidades
   c) 305,2 unidades
   d) 243 unidades
   e) 312,5 unidades

(SOLUÇÃO)

$Qc = \dfrac{CDF}{MC/u} = \dfrac{12.500,00}{40} = 312,5$ unidades

4. Para que a empresa obtivesse um lucro de 40% sobre o preço de venda, deveria no referido mês vender
   a) 713,34 unidades
   b) 699,15 unidades
   c) 500 unidades
   d) 781,25 unidades
   e) 710 unidades

(SOLUÇÃO)

Esse tipo de problema pode ser resolvido com a mesma filosofia do ponto de equilíbrio econômico, onde o Custo de Oportunidade (CO) seria, no caso, 40% do preço de venda, ou seja, 40% de 60Q = 24Q:

$Q = \dfrac{CDF + CO}{MC/u}$

$Q = \dfrac{12.500,00 + 24Q}{40}$

$40Q - 24Q = 12.500,00 \longrightarrow Q = 781,25$ unidades **(Resposta: opção d)**

5. Considerando a questão anterior, a Margem de Segurança seria de
   a) 60%
   b) 58,25%
   c) 50%
   d) 65,30%
   e) 45%

(SOLUÇÃO)

MS = $\dfrac{781,25 - 312,5}{781,25}$ = 0,60 ou 60% **(Resposta: opção a)**

6. Considerando o custeio por absorção, para que a empresa em agosto obtivesse um lucro de 40% sobre o preço de venda, deveria no referido mês produzir e vender
   a) 713,34 unidades
   b) 699,15 unidades
   c) 500 unidades
   d) 781,25 unidades
   e) 710 unidades

(SOLUÇÃO)

Podemos resolver esse problema com a mesma fórmula do ponto de equilíbrio econômico, desde que no cálculo de CDF, além das despesas fixas totais (6.800,00), só sejam considerados os custos fixos rateados <u>proporcionalmente</u> à quantidade vendida. Assim:

CDF = 6.800,00 + $\dfrac{3.000,00 + 400,00 + 2.300,00}{800}$ × 640 = 11.360,00

Q = $\dfrac{11.360,00 + 24Q}{40}$

40Q − 24Q = 11.360,00 → *Q = 710 unidades* **(Resposta: opção e)**

EXERCÍCIO RESOLVIDO 9: (Auditor-Fiscal da Receita Estadual – MG/Esaf) Com base nas informações abaixo, resolva as questões de números 1 a 3.

A Indústria de Ferro e Ferragem, fabricante do produto X, possuía a seguinte estrutura de custos e despesas em 20x4:

Estrutura de Custos em R$	
Custos Fixos	12.000.000/ano
Custos Variáveis	1.200/unidade
Estrutura de Despesas em R$	
Despesas Fixas	3.000.000/ano
Despesas Variáveis	600/unidade

O mercado no qual atua valida o preço de venda de R$ 3.800/unidade o que proporcionou a obtenção de uma receita total de R$ 39.900.000 em 20x4.

1. Conforme as informações dadas, pode-se afirmar que:
    a) O lucro obtido pela empresa, no período de 20x4, foi na ordem de R$ 11.299.000.
    b) Para que a empresa não tivesse prejuízo em 20x4, deveria vender pelo menos 7.301 unidades.
    c) Se a empresa vendesse 7.550 unidades, o resultado obtido pela empresa seria nulo.
    d) No ano de 20x4 essa empresa teria equilíbrio no resultado se vendesse 7.800 unidades
    e) A empresa vendeu 3.000 unidades acima de seu ponto de equilíbrio em 20x4

(SOLUÇÃO)
Quantidade vendida = 39.900.000 = 10.500 unidades
3.800

Analisando as opções:

a) O enunciado não informa se o lucro deve ser apurado pelo custeio por absorção ou pelo custeio variável. No entanto, admitindo que todas as unidades fabricadas em 20x4 foram vendidas (10.500 unidades), neste caso o lucro pelos dois sistemas é o mesmo, o qual iremos apurar da seguinte forma:

L = 39.900.000 − 10.500 × (1.200 + 600) − 12.000.000 − 3.000.000 = 6.000.000

----

b) A quantidade no ponto de equilíbrio contábil (Qc) representa a quantidade mínima que a empresa deve vender para não incorrer em prejuízo. Assim, teremos:

Qc = CDF   = 12.000.000 + 3.000.000 = 7.500 unidades ≠ 7.301 unidades
*   MC/u   3.800 − (1.200 + 600)*

----

c) O resultado só é nulo se a empresa vender exatamente a quantidade no ponto de equilíbrio contábil, ou seja, 7.500 unidades

----

d) O equilíbrio no resultado equivale a resultado nulo, o qual, como já comentado antes, é atingido com a venda de 7.500 unidades.

----

e) A empresa vendeu em 20x4 10.500 unidades, quantidade essa maior em 3.000 unidades em relação ao seu ponto de equilíbrio contábil.

(Resposta: opção e)

2. O valor da margem de contribuição da empresa é:
   a) R$ 2.000
   b) R$ 2.500
   c) R$ 3.000
   d) R$ 3.500
   e) R$ 3.800

(SOLUÇÃO)

Embora o enunciado não se refira à Margem de Contribuição UNITÁRIA, as respostas nos levam a concluir que é isso mesmo que se quer. Assim, teremos:

$MC/u = Vu - CDV/u = 3.800 - (1.200 + 600) = 2.000$

(Resposta: opção a)

3. Nas condições dos dados fornecidos, o percentual de margem de segurança é:
   a) 18,5%
   b) 20,7%
   c) 28,6%
   d) 36,8%
   e) 38,2%

(SOLUÇÃO)

$MS = \dfrac{10.500\ u - 7.500\ u}{10.500} = 28,6\%$ **(Resposta: opção c)**

15. Critérios para Fixação do Preço de Venda

15.1. Introdução

Além de possibilitar o cálculo dos custos dos produtos fabricados, a Contabilidade de Custos tem também como uma de suas finalidades ligadas ao processo decisório na administração de uma empresa o fornecimento de informações para o estabelecimento do preço ideal de venda de cada tipo de produto fabricado.

Certamente, o "ponto de partida" para que se possa determinar o preço recomendado para venda dos produtos é o seu custo de produção, sobretudo, quando tal custo é apurado pela ótica do Custeio Variável, que é o caso mais recomendável para o processo de tomada de decisões, conforme já comentamos no tópico 2 do presente capítulo, embora também se possa utilizar outros métodos, como, por exemplo, o Custeio por Absorção, dependendo do que a gerência de cada empresa julgar o mais apropriado diante de determinada situação específica.

No entanto, a informação do custo de fabricação de cada produto, conforme já comentado, é apenas o "ponto de partida", visto que há outros fatores que também devem ser levados em consideração, como, por exemplo, os preços dos produtos concorrentes no mercado, a elasticidade da demanda de cada produto, o tipo de mercado em que a empresa atua (concorrência perfeita, monopólio etc.), bem como quaisquer outros fatores externos, os quais não dependem da administração de custos da empresa.

Não devemos esquecer também que a estratégia de *marketing* da empresa pode ser um fator muito relevante na formação do preço de venda, visto, por exemplo, que existem produtos, os quais, embora apresentem uma pequena margem de lucro ou lucro algum, ou, até mesmo, prejuízo, sua venda pode gerar uma "boa imagem" da empresa diante dos consumidores, alavancando significativamente as vendas de outros produtos mais rentáveis. Em outras palavras, em muitas ocasiões vale a pena vender produtos que aparentemente não são rentáveis para a empresa, mas que "atraem" compradores para outros produtos mais rentáveis.

Em suma, diante disso tudo, podemos concluir que os preços dos produtos fabricados podem estar baseados exclusivamente nos seus custos de produção, exclusivamente no mercado em que a empresa atua ou numa combinação entre ambos, dependendo do caso considerado pela gerência de cada empresa o mais recomendável.

15.2. Fixação de Preço com Base no Custeio por Absorção

Em geral, a Margem Bruta, que é o quociente entre o Lucro Bruto (LB) por unidade ou não e as Vendas Líquidas por unidade ou não, é que irá determinar o preço de venda, o qual, em regra, coincide com o valor das Vendas Brutas por unidade + IPI (Imposto sobre Produtos Industrializados) por unidade.

Como exemplo, suponhamos que a Indústria 4M apresentasse as seguintes informações com relação à fabricação e venda de seu produto em determinado período:

- Custos Variáveis unitários (CV/u) .... R$ 12,00
- Custos Fixos totais (CF) .... R$ 16.000,00
- Despesas Variáveis unitários (comissões s/ Vendas) .... 3% da receita bruta
- Tributos sobre Vendas .... 20% da receita bruta
- IPI .... 5% da receita bruta
- Despesas Fixas totais (administração, financeiras e vendas) .... R$ 4.000,00
- Quantidade fabricada .... 1.000 unidades
- Quantidade vendida .... 800 unidades

Assim, o primeiro passo é calcularmos o CPV/u (Custo dos Produtos Vendidos por unidade):

$$CPV/u = R\$\ 12 + \frac{R\$\ 16.000}{1.000} = R\$\ 28$$

Querendo-se uma Margem Bruta de lucro (MB), por exemplo, de 30%, e admitindo que "V" seja o valor das Vendas Brutas por unidade, V – 20%V = 0,8 V seria a valor das Vendas Líquidas por unidade. Desse modo, teríamos:

$$MB = \frac{\text{Lucro Bruto por unidade (LBu)}}{\text{Vendas Líquidas por unidade}}$$

$$0,3 = \frac{0,8V - R\$\ 28}{0,8V}$$

$$0,8V - 0,24V = R\$\ 28 \longrightarrow V = R\$\ 50$$

Visto que o IPI é um imposto "por fora", o preço FINAL de venda será de R$ 50 + 5% R$ 50 = **R$ 52,50**

Nada impede, no entanto, que o preço de venda seja determinado em função da Margem Operacional de lucro (MOP), a qual é o quociente entre o Lucro Operacional (ou Lucro antes do Imposto de Renda e Contribuição Social) por unidade (ou não) e as Vendas Líquidas por unidade (ou não).

No mesmo exemplo, querendo-se uma MOP de 30%, teríamos:

$$MOP = \frac{\text{LBu} - \text{Desp. Variáveis por unidade} - \text{Desp. Fixas p/ unidade}}{\text{Vendas Líquidas por unidade}}$$

$$0,30 = \frac{0,8V - R\$\ 28 - 0,03V - R\$\ 4.000/800}{0,8V}$$

$$0,8V - 0,03V - 0,24V = R\$\ 28 + R\$\ 5 \longrightarrow V = R\$\ 62,26$$

Por fim, visto que o IPI de 5% é por fora, o preço FINAL de venda será de R$ 62,26 + 5% R$ 62,26 = **R$ 65,38**

Nesse último caso, podemos montar a seguinte DRE (Demonstração do Resultado do Exercício):

Faturamento Bruto (R$ 65,38 × 800) .... R$ 52.302

(–) IPI (5% R$ 49.808) .... (R$ 2.494)

(=) Receita Bruta (R$ 62,26 × 800) .... R$ 49.808

(–) Tributos sobre Vendas (20% R$ 49.808) .... (R$ 9.962)

(=) Receita Líquida .... R$ 39.846

(–) CPV (R$ 28 × 800) .... (R$ 22.400)

(–) Despesas Variáveis (3% R$ 49.808) .... (R$ 1.494)

(–) Despesas Fixas .... (R$ 4.000)

(=) Lucro Operacional .... R$ 11.952

Observemos que se dividirmos o Lucro Operacional (R$ 11.952) pela Receita Líquida (R$ 39.846) encontraremos 30%, confirmando assim a exatidão dos cálculos acima.

15.3. Fixação de Preço com Base no RKW

O RKW, sigla originária do alemão (*reichskuratorium für wirtschaftlichtkeit*), cuja tradução aproximada para o português é "*conselho administrativo do estado para a eficiência econômica*", é um sistema de alocação de custos e despesas, onde são distribuídos os custos de fabricação pelo critério do custeio por **absorção** juntamente com as demais despesas, tais como as de administração e vendas, e sobre essa soma aplica-se o percentual da margem de lucro desejada.

Uma limitação do método RKW para fixação do preço de venda é que esse preço pode estar acima daquele determinado pela concorrência no mercado, de modo que numa economia de concorrência perfeita (vários fornecedores e vários consumidores) esse método não é o recomendado. Poderia, por exemplo, ser aplicado numa situação de monopólio.

Na prática brasileira, uma aplicação do RKW seria no caso das concessionárias de serviços públicos, onde as mesmas apresentam à entidade pública concedente suas planilhas de custos e despesas necessárias para a manutenção do serviço, bem como a margem de lucro desejada, de modo que a soma desses custos e despesas com a margem de lucro irão determinar o preço do serviço a ser cobrado, o qual deverá ser aprovado pelo ente público concedente.

No exemplo anterior da Indústria 4M, admitindo que "V" seja o valor unitário da Receita Bruta de vendas, teremos:

CUSTOS

Variáveis unitários .... R$ 12,00

Fixos unitários (R$ 16.000/1.000) .... R$ 16,00

R$ 28,00

DESPESAS

Variáveis unitárias (20%V + 3%V) 0,23V

Fixas unitárias (R$ 4.000/800) .... R$ 5,00

$$0,23V + R\$ 5,00$$

TOTAL DOS CUSTOS E DESPESAS UNITÁRIOS .... 0,23V + R$ 33

Caso a empresa desejasse uma margem de lucro de 30% sobre a receita líquida de vendas utilizando o sistema RKW como critério de fixação do preço de venda, teríamos:

Lucro por unidade = V – 0,23V – R$ 33

30% (V – 0,2V) = V – 0,23V – R$ 33

V – 0,23V – 0,24V = R$ 33 ⟶ V = R$ 62,26

Preço final de venda = R$ 62,26 + 5% R$ 62,26 = **R$ 65,38**

Observemos que o preço final de venda pelo sistema RKW é o mesmo que aquele encontrado no Custeio por Absorção quando utilizamos a Margem Operacional de lucro como referência, o que já era previsto, dado que o RKW é um método de alocação que considera na formação do preço do produto não só os custos de produção mas também as despesas fora da área fabril, tais como as despesas de administração e vendas, que se traduz em calcular o preço de venda baseado na Margem Operacional apurada pelo Custeio por Absorção.

Cabe, no entanto, ressaltar que não devemos com isso concluir que a formação de preço utilizando o RKW é a mesma coisa que a formação utilizando o Custeio por Absorção, visto que nesse último caso poderíamos, por exemplo, partir da Margem BRUTA de lucro como referência, de modo que nessa hipótese não teríamos mais o mesmo valor de venda encontrado pelo RKW.

Alguns estudiosos "simplificam demais" o cálculo do preço de venda pelo método RKW, ao ponto de encontrarem resultados totalmente infundamentados, como exemplificaremos a seguir:

Custos fixos de produção .... R$ 45.000

Despesas fixas .... R$ 12.000

Custos variáveis unitários .... R$ 15

Despesas variáveis unitárias .... R$ 8

Demanda atual .... 1.000 unidades

Supondo que a empresa desejasse uma margem de 40% adotando o RKW como critério para a formação do preço de venda, teríamos:

CUSTOS

Variáveis unitários	R$ 15
Fixos unitários (R$ 45.000/1000)	R$ 45
	R$ 60

DESPESAS

Variáveis unitárias	**R$ 8 (??)**
Fixas unitárias (R$ 12.000/1.000)	R$ 12
	R$ 20

Total dos custos e despesas por unidade	R$ 80
(+) Margem de lucro (40% R$ 80)	R$ 32
(=) Preço de venda unitário	**R$ 112**

Aparentemente essa última forma de calcular o preço de venda pelo RKW é muito mais simples que a anterior.

No entanto, existe um grande equívoco na determinação das DESPESAS VARIÁVEIS unitárias, tais como comissões sobre vendas e tributos sobre vendas: Como poderemos afirmar que tais despesas foram, por exemplo, de R$ 8 se ainda não sabemos sequer o preço de venda, dado que esse valor é um percentual sobre esse preço!?

Por fim, concluímos que essa última forma de cálculo, embora pareça muito mais confortável, **está totalmente fora da realidade lógica e matemática**.

15.4. Fixação de Preço com Base no Custeio Variável

Nesse caso, a Margem de Contribuição unitária (MC/u) será calculada num percentual sobre a soma dos Custos e Despesas Variáveis por unidade (CDV/u), de modo que o Preço de Venda será igual à soma daquela margem com esses custos.

Considerando ainda o exemplo anterior da Indústria 4M, e admitindo uma margem de lucro de 30% sobre os custos e despesas variáveis, teríamos:

CDV/u	0,23V + 12
(+) MC/u [30% (0,23V + 12)]	0,069V + 3,6
(=) Vendas Brutas (V)	V

Assim, resolveremos a seguinte equação:

V = 0,23V + 12 + 0,069V + 3,6

0,701V = 15,6 ⟶ V = 22,25

Visto que o IPI de 5% é "por fora", o preço de venda ao consumidor será de R$ 22,25 + 5%R$ 22,25 = **R$ 23,37**

15.5. Fixação de Preço de Venda com Base no Custo Meta (Target Cost)

Conforme já comentado, numa situação de concorrência perfeita, não é recomendável fixar o preço de venda com base nos custos de produção e despesas pós produção.

Nesse caso será o mercado que irá determinar o preço de venda e não os custos e despesas. Para tanto, no lugar de fixar o preço de venda com base nos custos e despesas, a empresa segue exatamente o caminho inverso: Reduz o valor dos custos de produção e despesas, a fim de chegar ao preço que o mercado está disposto a pagar.

O valor total dos custos (incluindo as despesas) que se deseja chegar é o que chamamos de CUSTO META (*Target Cost*).

Assim, por exemplo, se para fabricar e vender determinado produto apurou-se um total de custos e despesas de R$ 20, caso se queira uma margem de lucro de 40% sobre os custos e despesas, o preço de venda deveria ser de R$ 28. No entanto, caso o mercado só estivesse disposto a pagar, por exemplo, R$ 21, em função de outros fornecedores que oferecem o mesmo produto a esse preço, para que a empresa mantivesse a mesma margem de lucro (40%), o *Target Cost* seria de R$ 21 ÷ 1,40 = R$ 15, em vez de R$ 20. Nesse caso, a empresa deveria estudar formas para reduzir o preço em R$ 5 sem comprometer as características do produto exigidas pelo mercado.

Exercícios de Fixação

1. (Analista de Finanças e Controle/ESAF) O garoto Francisco de Assis largou o emprego para fazer um cursinho de treinamento durante 60 dias corridos. A mensalidade será de R$ 130,00, mais apostilas de R$ 35,00 e condução e alimentação de R$ 3,00 diários. O salário de Francisco no emprego abandonado era de R$ 180,00 mensais, com encargos de previdência de 11%

    Analisando-se gerencialmente a atitude de Francisco, com base exclusiva nos dados fornecidos, verifica-se que, nesses dois meses, haverá
    a) custo econômico de R$ 874,60
    b) custo econômico de R$ 795,40
    c) despesa efetiva de R$ 835,00
    d) custo de oportunidade de R$ 475,00
    e) custo de oportunidade de R$ 360,00

2. (Analista Contábil – Rondônia/Fundação Cesgranrio) Uma empresa apura seu resultado pelo método de custeio direto ou variável. No 1º mês de atividade, a empresa apresentou um prejuízo de R$ 300,00, com uma produção de 800 unidades e venda de 600 unidades. O custo fixo mensal é de R$ 1.800,00. Mantendo a mesma margem de contribuição e estoque de 25% da produção do último mês, o ponto de equilíbrio será alcançado no 2º mês com a seguinte combinação:

	PRODUÇÃO	VENDA
a)	960 unidades	720 unidades
b)	1.000 unidades	750 unidades
c)	1.000 unidades	800 unidades
d)	1.200 unidades	900 unidades
e)	1.600 unidades	1.200 unidades

3. (Agência Nacional do Petróleo/Fundação Cesgranrio) A indústria Couro Leve Ltda., com capacidade instalada para produzir 320.000 bolsas por ano e que atende, hoje, a demanda nacional de 200.000 bolsas por ano, ao preço de R$ 104,00 por bolsa, recebeu um pedido externo para fornecer 80.000 bolsas ao preço de R$ 72,00 por bolsa.

    Os custos e despesas da empresa, em reais, conforme planilhas de acompanhamento e controle, são os seguintes:

CUSTOS	
Variáveis de produção por bolsa	44,00
Fixos totais anuais	14.000.000,00

DESPESAS	
Comissão de venda por bolsa	4,00
Imposto sobre venda por bolsa	6,00
Fixas totais anuais	8.400.000,00

Considerando, ainda, que na exportação de bolsas não há incidência os impostos sobre vendas, a decisão da empresa, com relação à encomenda externa, deve ser

a) aceitar o pedido, pois a margem de contribuição unitária do mesmo é de R$ 18,00.
b) aceitar o pedido, pois a margem de contribuição unitária do mesmo é de R$ 22,00.
c) aceitar o pedido, pois a margem de contribuição unitária do mesmo é de R$ 28,00.
d) não aceitar o pedido, pois os custos com o mesmo são de R$ 160,00 por bolsa.
e) não aceitar o pedido, pois os custos com o mesmo são de R$ 166,00 por bolsa.

4. (BNDES – Contador/Fundação Cesgranrio) Os custos fixos de uma empresa equivalem a R$ 400.000,00 para uma produção mensal de 1.000 unidades, sendo que essa empresa tem capacidade de produção de 1.200 unidades. O custo variável é de R$ 300.000,00, e a Receita de Venda por produto, R$ 500,00. A quantidade de peças e o valor da receita para alcançar o ponto de equilíbrio, respectivamente, são:

a) 2.000 peças e R$ 1.000.000,00
b) 2.000 peças e R$ 800.000,00
c) 1.800 peças e R$ 900.000,00
d) 1.600 peças e R$ 1.000.000,00
e) 1.600 peças e R$ 800.000,00

5. (Cursos de Formação de Oficiais do QC – Contador/Escola de Administração do Exército) O Ponto de Equilíbrio Financeiro será obtido quando a(o)(s):

a) soma das margens de contribuição cobrir todos os custos e despesas fixas sobre um lucro mínimo.
b) soma das margens de contribuição cobrir todos os custos e despesas fixas, acrescida da depreciação.
c) soma das margens de contribuição totalizar o montante suficiente para cobrir todos os custos e despesas fixas.
d) soma das margens de contribuição totalizar um montante que, deduzidos os custos e despesas fixas, destaque um lucro mínimo desejado.
e) custos e despesas fixas deduzidos da depreciação totalizem um montante igual à margem de contribuição total.

6. (PETROBRAS – Contador Pleno/Fundação Cesgranrio) A Cia. Próspera está desenvolvendo um novo produto para revolucionar o mercado de derivados de petróleo. A grande dúvida de comercialização desse novo produto é se a Cia. contrata representantes de vendas para comercializar o produto ou utiliza a sua rede de distribuição. Caso o produto seja comercializado pela sua rede de distribuição, incidirá comissão de 10% sobre as vendas e despesas fixas anuais de R$ 50.000,00. Se optar pela contratação de representantes, incidirão somente 20% de comissão de vendas.

Considere as informações adicionais de fabricação do novo produto, com valores em reais:

Custo variável unitário	8,00
Custo fixo	700.000,00
Preço de venda	20,00 por unidade

Nesta perspectiva, o Ponto de Equilíbrio, em quantidades, para a contratação de representantes de vendas e para a rede própria, respectivamente, será:
a) 93.750 e 75.000
b) 87.500 e 75.000
c) 87.500 e 70.000
d) 62.500 e 93.750
e) 62.500 e 70.000

7. (Consultor Legislativo – Estado do Tocantins/Fundação Cesgranrio) No estudo das relações de custo/volume/lucro existem algumas propriedades relativas ao ponto de equilíbrio. Uma delas estabelece que o ponto de equilíbrio se altera na mesma proporção de:
a) custo e despesas variáveis
b) custo variável, exclusivamente
c) custos e despesas fixas
d) margem de contribuição
e) despesas fixas, exclusivamente

8. (Analista Previdenciário/Fundação Cesgranrio) Pode-se conceituar "Custo de Oportunidade" como o(a):
a) montante de custos aplicados em um produto cuja venda depende de uma oportunidade do mercado.
b) valor correspondente ao conjunto de insumos aplicados sobre um produto.
c) valor sacrificado em uma alternativa em detrimento de outra.
d) custo despendido em processos produtivos eventuais ou cíclicos.
e) diferença entre o custo total do produto e o custo marginal.

9. (PETROBRAS – Contador Júnior/Fundação Cesgranrio) A Empresa Y, produzindo e vendendo 50.000 unidades do produto X, apresentou os custos abaixo.
- Custos fixos totais   R$ 1.100.000,00
- Custos variáveis totais   R$ 5.000.000,00
- Ponto de equilíbrio contábil   20%

Com base nesses dados, o preço de venda do produto X, em reais, é de:
a) 210,00
b) 200,00
c) 180,00
d) 175,00
e) 150,00

10. **(Analista de Planejamento e Orçamento/ESAF)** A margem de contribuição resulta das:
    a) Vendas Brutas menos Custos Fixos e Despesas Fixas.
    b) Vendas Realizadas menos Custos Fixos e Variáveis.
    c) Venda Líquida menos Custos Variáveis e Despesas Totais.
    d) Vendas Recebidas do período menos Custos Primários.
    e) Vendas Efetivas do período menos Custos e Despesas Variáveis.

11. **(TRANSPETRO – Administrador Júnior/Fundação Cesgranrio)** A Indústria Diamantina apresentou as informações relativas aos três produtos que fabrica, referentes ao mês de dezembro de 2005, com valores em reais.

Produto	Matéria-Prima	MOD	Custo Indireto Variável	Custo Fixo Indireto	Soma dos Custos	Preço de Venda	Lucro Unitário	Volume de Vendas
A	10,00	8,00	2,00	6,00	26,00	39,00	13,00	8.000
B	15,00	12,00	3,00	8,00	38,00	50,00	12,00	6.000
C	20,00	15,00	5,00	10,00	50,00	66,00	16,00	5.000

    Sabendo-se que a tabela acima corresponde a valores unitários, com base exclusivamente nesses dados, pode-se afirmar que a margem de contribuição unitária dos produtos, em reais, é:

	Produto A	Produto B	Produto C
a)	7,00	4,00	6,00
b)	13,00	12,00	16,00
c)	15,00	15,00	21,00
d)	18,00	27,00	35,00
e)	19,00	20,00	26,00

12. **(TRANSPETRO – Administrador Pleno/Fundação Cesgranrio)** A Cia. Beta, que fabrica 150.000 liquidificadores por mês, fez a seguinte estimativa de venda, com valores em reais:

Preço de venda unitário	Quantidade vendida
50,00	80% da produção mensal
48,00	mais 10% que a quantidade anterior
45,00	mais 10% que a quantidade anterior
44,00	mais 3% que a quantidade anterior
42,00	toda a quantidade produzida

    Sabe-se ainda que:
    - O custo variável unitário é de R$ 20,00;
    - A despesa variável "comissão de vendedores" é de 10% sobre o preço de venda;
    - Os custos fixos montam a R$ 1.200.000,00 mensais;
    - As despesas fixas totalizam R$ 800.000,00 mensais;

Com base em todas as informações acima, pode-se afirmar que o preço de venda, em reais, que apresenta o melhor resultado líquido para a empresa é:
a) 50,00
b) 48,00
c) 45,00
d) 44,00
e) 42,00

(Agente Fiscal de Rendas – SP/Vunesp) Para responder às questões de números 13 e 14, considere as informações a seguir.

No início de dezembro de 2001, a Gama & Gama foi convidada, pelas empresas A e B, a apresentar propostas para a prestação de serviços técnicos especializados. O departamento de custos preparou os seguintes orçamentos:

Custos e despesas variáveis orçados	Empresa A	Empresa B
Mão de obra direta e encargos	30.000	64.000
Materiais diretos	3.000	8.000
Outros custos indiretos	8.000	22.000
Despesas variáveis	4.000	8.000
Totais	45.000	102.000

Informações adicionais:
- Os custos fixos da Gama & Gama somam R$ 9.000 por semana, considerando-se sempre quatro semanas e meia por mês.
- As despesas fixas mensais somam R$ 8.500.
- Os preços de venda foram fixados em R$ 90.000 para a Empresa A e R$ 150.000 para a Empresa B.

Ao ser consultado, o chefe do departamento de produção da Gama & Gama informou que só havia a possibilidade de se aceitar um dos dois serviços, pois existiam, em dezembro de 2001, vários outros serviços em execução e, a partir de janeiro de 2002, todo o pessoal estaria trabalhando em serviços já contratados.

13. A Gama & Gama deve incentivar a venda do serviço para a Empresa
    a) A, pois os custos e despesas totais do serviço são menores.
    b) B, pois o valor da receita é maior.
    c) A, pois é o que proporciona melhor resultado, considerados os custos e despesas totais.
    d) B, pois é o que proporciona melhor resultado, considerados os custos e despesas totais.
    e) B, pois sua margem de contribuição é maior.

14. A margem de contribuição e os custos variáveis dos serviços solicitados são, respectivamente,
    a) Para a Empresa A: R$ 49.000 e R$ 41.000.
    b) Para a Empresa A: R$ 45.000 e R$ 41.000.
    c) Para a Empresa B: R$ 56.000 e R$ 72.000.

d) Para a Empresa B: R$ 48.000 e R$ 102.000.
e) Para a Empresa A: R$ 45.000 e R$ 45.000.

(Agente Fiscal de Rendas – SP/Vunesp) Para responder às questões de números 15 a 17, utilize as informações a seguir.

A Cia. Delta dedica-se à produção de um único tipo de veículo. Sua capacidade de produção é de 60 unidades por mês. Devido à acirrada concorrência, a entidade só conseguiu vender, no mês de fevereiro de 2002, 40 unidades. São os seguintes seus dados de custos, despesas e receitas:
- **custos fixos mensais de produção: R$ 1.150.000;**
- **mão de obra direta de cada veículo: R$ 9.000;**
- **despesas fixas mensais: R$ 150.000;**
- **materiais diretos de cada veículo: R$ 14.000;**
- **despesas variáveis de venda, por unidade: R$ 2.000;**
- **preço unitário de venda: R$ 60.000.**

Para fazer face à ociosidade de mão de obra, o diretor de planejamento propôs à diretoria plena a venda de 20 veículos pelo valor unitário de R$ 30.000.

15. A margem de contribuição unitária dos veículos já vendidos é de
    a) R$ 2.500
    b) R$ 13.333
    c) R$ 32.500
    d) R$ 35.000
    e) R$ 60.000

16. A proposta do diretor de planejamento
    a) deve ser aceita, pois contribuirá para a melhoria do lucro antes do imposto de renda e da contribuição social.
    b) não deve ser aceita, pois comprometerá a margem de contribuição unitária.
    c) não deve ser aceita, porque reduzirá o lucro antes do imposto de renda e da contribuição social.
    d) deve ser aceita, pois o nível dos gastos fixos permanecerá inalterado.
    e) não deve ser aceita, porque comprometerá o equilíbrio entre gastos fixos e variáveis.

17. **O preço unitário pelo qual deveriam ser vendidos os 20 veículos ainda não comercializados, para se atingir o ponto de equilíbrio contábil, antes do imposto de renda e da contribuição social, é**
    a) R$ 60.000
    b) R$ 50.000
    c) R$ 35.000
    d) R$ 25.000
    e) R$ 20.000

18. **(Agente Fiscal de Rendas – SP/Vunesp)** A Cia. Dzeta produz 100 unidades de determinado produto, incorrendo em custos e despesas fixos de R$ 2.000 e custos e despesas variáveis de R$ 6.000. O preço unitário de venda é de R$ 100. Indique, respectivamente,
    - o ponto de equilíbrio contábil (antes do imposto de renda e da contribuição social), em unidades, e
    - o valor da receita necessária para se obter um lucro (antes do imposto de renda e da contribuição social) de 30% sobre a receita de vendas.
    a) 100 unidades e R$ 10.000
    b) 100 unidades e R$ 6.000
    c) 65 unidades e R$ 6.500
    d) 50 unidades e R$ 20.000
    e) 50 unidades e R$ 5.000

19. **(PETROBRAS – Contador Pleno/Fundação Cesgranrio)** O Contador de custos da Cia. Planalto observou que a mesma vendeu, em média, nos últimos meses, 55.000 pacotes de algodão, por mês, a R$ 30,00 o pacote, e que os custos e despesas fixas vêm se mantendo em R$ 540.000,00 por mês, enquanto os custos e despesas variáveis alcançaram R$ 15,00 por pacote.
    Com base nesses dados, se a empresa deseja obter um lucro equivalente a 20% sobre suas receitas, de quantas unidades será o Ponto de Equilíbrio Econômico (PEE)?
    a) 44.000
    b) 60.000
    c) 61.600
    d) 66.000
    e) 70.000

(Auditor-Fiscal da Receita Estadual – CE/ESAF) Com base nas informações abaixo, responda as questões 20 e 21.

A empresa Boas Festas produz painéis artísticos natalinos que tradicionalmente são vendidos no final do ano, na loja da própria fábrica a R$ 700,00/ unidade. Para fabricar esse produto a empresa incorre nos seguintes custos e despesas:

Custos e Despesas Variáveis	R$ 500,00/ unidade
Custos e Despesas Fixas	R$ 400.000,00/ período

O produto tem excelente aceitação no mercado e normalmente a empresa produz e vende 2.500 unidades por período, com muita tranquilidade. Neste ano a empresa recebe uma proposta de vender também seus produtos em um shopping no centro da cidade e aumentar suas vendas em 40%. A plataforma produtiva existente na empresa é suficiente para suportar o aumento previsto, sem necessidade de alteração; no entanto é necessário investir em capital de giro, providenciar instalações comerciais e a locação por dois meses de um ponto comercial. O orçamento desses gastos adicionais é de R$ 100.000,00.

20. Aceitando a proposta, quantas unidades a empresa deverá vender para equilibrar o seu resultado?
    a) 3.500 unidades
    b) 3.000 unidades
    c) 2.500 unidades
    d) 1.000 unidades
    e) 500 unidades

21. Se a empresa restringisse suas vendas apenas à loja da fábrica, pode-se afirmar que
    a) operaria com uma margem de segurança de 20%.
    b) Apuraria um lucro de R$ 50.000.
    c) Registraria prejuízo, se vender 2.200 unidades.
    d) Trabalharia com equilíbrio, se vender 2.300 unidades.
    e) Obteria uma alavancagem operacional de 1,15 vezes.

22. (Analista de Finanças e Controle/ESAF) A Cia. Roupas de Festa coloca no mercado seu produto principal ao preço unitário de R$ 86,75, isento de IPI, mas com ICMS de 17%. O custo variável nessa produção alcança R$ 54,00.

    A Cia. está conseguindo vender 1.200 peças mensais, mas com isto não tem obtido lucros, apenas tem alcançado o ponto de equilíbrio.

    A firma acaba de obter uma redução de R$ 9,00 por unidade fabricada no custo da mão de obra direta, mas só conseguirá reduzir o preço de venda para R$ 79,52.

    Se esta empresa produzir e vender, no mesmo mês, duas mil unidades de seu produto nas condições especificadas, podemos dizer que obterá um lucro bruto de
    a) R$ 2.400,00
    b) R$ 20.400,00
    c) R$ 21.600,00
    d) R$ 29.440,00
    e) R$ 42.000,00

23. (Controladoria Geral do Município/RJ – TCI/Fundação João Goulart) No ponto de equilíbrio da empresa FFC, o valor de vendas é $ 182.000 e os custos variáveis $ 125.000. Se a margem de contribuição unitária é $ 3,00 o lucro líquido para 30.000 unidades de vendas corresponde a:
    a) $ 0,00
    b) $ 15.000,00
    c) $ 30.000,00
    d) $ 33.000,00

24. (CEDAE – Contador/CEPERJ) A Empresa Industrial ABC, para atender à demanda do mercado interno, realizou a produção de 10.000 unidades de um determinado produto, tendo incorrido custos variáveis totais de R$ 150.000,00 e custos fixos de R$ 90.000,00. Sabendo-se que o preço unitário de venda durante o período foi de R$ 25,00, a empresa, para atingir o seu ponto de equilíbrio, deveria vender a seguinte quantidade do seu produto:

a) 5.000
b) 6.000
c) 8.000
d) 9.000
e) 10.000

(Controladoria Geral do Município/RJ – TCI/Fundação João Goulart) Com base nos elementos a seguir, responda às perguntas de 25 a 27.

A Cia. "IMAGINAÇÃO" apresenta os seguintes saldos, em seus livros contábeis e registros auxiliares de custos:

- Custos e Despesas fixos durante o ano:
  – Depreciação de Equipamentos 18.000
  – Mão de Obra Direta e Indireta 70.000
  – Impostos e Seguros da Fábrica 7.000
  – Despesas com Vendas 25.000
- Custos de Despesas Variáveis por unidade:
  – Materiais Diretos 450
  – Embalagem 105
  – Comissões de Vendedores 30
  – Outros Custos e Despesas 15

O preço de venda de cada unidade é de $ 1.000.

25. O valor da Receita no Ponto de Equilíbrio é de
    a) $ 200.000
    b) $ 300.000
    c) $ 400.000
    d) $ 500.000
    e) $ 600.000

26. Caso a empresa queira obter um lucro de 25% sobre as Receitas Totais, quantas unidades deve produzir e vender durante o ano?
    a) 800
    b) 850
    c) 890
    d) 900
    e) 950

27. O lucro obtido de 25% sobre as Receitas Totais é de
    a) $ 62.500
    b) $ 93.750
    c) $ 187.500
    d) $ 200.000
    e) $ 300.000

28. A Indústria de Peças S/A fabrica e vende dois tipos de peças P1 e P2 para reparos de equipamentos de navegação, conforme informações no quadro abaixo (valores em $ por unidade produzida e vendida).

itens	P1	P2
Matéria-prima	180	240
Mão de obra Direta	78	120
Despesas Variáveis	32	60
Custos e Despesas Fixos	20	30
Custo Total Unitário	310	450
Preço de Venda Unitário	400	580

Sabe-se ainda que:
- Cada peça P1 necessita de 5 horas-máquina para a sua fabricação e cada peça P2 necessita de 8 horas-máquina para a sua fabricação.
- A empresa está limitada a uma capacidade mensal de 75.000 horas-máquina.
- A demanda para os dois produtos cresceu rapidamente, de tal forma que não é possível atender a demanda atual, que é de 9.000 unidades da peça P1 e 7.000 unidades da peça P2.

Desta forma, podemos afirmar que o MIX de produção que maximiza o lucro é de
a) 7.000 unidades de P1 e 5.500 de P2
b) 5.000 unidades de P1 e 7.000 de P2
c) 6.000 unidades de P1 e 4.500 de P2
d) 9.000 unidades de P1 e 3.750 de P2
e) 4.000 unidades de P1 e 5.500 de P2

29. Considerando a questão anterior, qual o custo de oportunidade associado a um pedido de 3.000 unidades da peça P2?
a) $ 870.000,00
b) $ 528.000,00
c) $ 960.000,00
d) $ 420.000,00
e) $ 560.000,00

30. Considerando ainda a questão 29, se a Indústria de Peças S/A receber um pedido extra de 3.000 unidades da peça P2 ao preço unitário de venda de $ 600,00, então:
a) A empresa deverá aceitar o pedido, pois obterá um lucro superior em $ 340.000,00 àquele referende ao MIX de produção que maximiza o seu lucro nas condições da questão anterior.
b) A empresa deverá aceitar o pedido, pois obterá um lucro superior em $ 12.000,00 àquele referende ao MIX de produção que maximiza o seu lucro nas condições da questão anterior.
c) A empresa deverá aceitar o pedido, pois obterá um lucro superior em $ 280.000,00 àquele referende ao MIX de produção que maximiza o seu lucro nas condições da questão anterior.

d) A empresa não deverá aceitar o pedido, pois terá uma perda de $ 60.000,00 em relação ao MIX de produção que maximiza o seu lucro.

e) A empresa não deverá aceitar o pedido, pois terá uma perda de $ 120.000,00 em relação ao MIX de produção que maximiza o seu lucro.

31. Determinada empresa industrial produz e vende somente três produtos diferentes: A, B e C, os quais são normalmente vendidos por R$ 24,00; R$ 18,00 e R$ 36,00, respectivamente.

    Os custos variáveis unitários dos produtos A, B e C costumam ser R$ 9,00; R$ 6,00 e R$ 15,00, respectivamente.

    A empresa ainda incorre em custos fixos de R$ 579,00 por mês; despesas fixas administrativas e de vendas no valor de R$ 412,00 por mês; comissão variável aos vendedores de 5% da receita auferida.

    O gerente da produção constatou, com o responsável pelo almoxarifado, que a matéria-prima X, comum aos três produtos, está com o estoque muito baixo – Só dispõe de 827kg desse recurso. Constatou-se, ainda, que só se dispõe de 73kg da matéria-prima Y.

    O gerente de produção sabe que cada unidade do produto A consome 2,5kg da matéria-prima X; que cada unidade do produto B consome 3kg da matéria-prima X e que cada unidade do produto C consome 6kg da matéria-prima X, além de consumir 3kg da matéria-prima Y (que é exclusiva do produto C).

    O gerente de produção verificou com a equipe de vendas que a demanda mensal pelos produtos da empresa tem se mantido em 340 unidades do produto A, 130 unidades do produto B e 170 unidades do produto C.

    O gerente de produção procurou a equipe de compras e verificou que não é viável adquirir mais matérias-primas até o fim deste mês.

    Sabe-se que no almoxarifado há 52 unidades da mercadoria A, 26 da mercadoria B e 41 da mercadoria C, prontas para serem vendidas.

    Para se maximizar o resultado da empresa neste período, devem ser produzidas, ainda este mês, das mercadorias A, B e C, respectivamente:

    a) 288 unidades, 104 unidades e 129 unidades
    b) 288 unidades, 104 unidades e zero unidade
    c) 21 unidades, zero unidade e 129 unidades
    d) 288 unidades, 35 unidades, zero unidade
    e) 206 unidades, 104 unidades, zero unidade

32. (Controladoria Geral do Município – TCI/ Fundação João Goulart) A Empresa Boca Produtos Ltda. tem disponíveis 3.600 horas de capacidade de produção para produzir dois produtos, H1J e K2K, com as seguintes características:

	H1J	K2K
Preço de venda por unidade	$ 40,00	$ 30,00
Custo variável por unidade	$ 30,00	$ 15,00
Volume de produção por hora	8 unidades	4 unidades

O produto a ser escolhido e a margem de contribuição para utilizar as 3.600 horas de produção, de forma a maximizar o lucro da empresa, estão indicados na seguinte alternativa:

a) H1J, $ 80 por hora
b) K2K, $ 60 por hora
c) H1J, $ 20 por unidade
d) K2K, $ 15 por unidade

33. **(Fiscal de Rendas – RJ/FGV)** Determinada empresa industrial produz e vende somente três produtos diferentes: A, B e C, os quais são normalmente vendidos por R$ 10,00; R$ 15,00 e R$ 20,00, respectivamente.

Os custos variáveis unitários dos produtos A, B e C costumam ser R$ 6,00; R$ 8,00 e R$ 15,00, respectivamente.

A empresa ainda incorre em custos fixos de R$ 400,00 por mês; despesas fixas administrativas e de vendas no valor de R$ 350,00 por mês; comissão variável dos vendedores de 3% da receita auferida.

O gerente de produção constatou, com o responsável pelo almoxarifado, que a matéria-prima X, comum aos três produtos, está com o estoque muito baixo – só se dispõe de 700kg desse recurso. Constatou-se, ainda, que só se dispõe de 60kg da matéria-prima Y.

O gerente da produção sabe que cada unidade do produto A consome 2kg da matéria-prima X; que cada unidade do produto B consome 3kg da matéria-prima X e que cada unidade do produto C consome 5kg da matéria-prima X, além de 4kg da matéria-prima Y (que é exclusiva do produto C).

O gerente de produção verificou com a equipe de vendas que a demanda mensal pelos produtos da empresa tem se mantido em 220 unidades do produto A, 100 unidades do produto B e 150 do produto C.

O gerente de produção procurou a equipe de compras e verificou que não é viável adquirir mais matérias-primas até o fim do mês.

Sabendo-se que no almoxarifado há 45 unidades da mercadoria A e 78 unidades da mercadoria C, prontas para serem vendidas, embora não haja qualquer unidade da mercadoria B.

Para se maximizar o resultado da empresa neste período, devem ser produzidas, ainda este mês, das mercadorias A, B e C, respectivamente:

a) 175 unidades, 100 unidades e 10 unidades
b) zero unidade, 100 unidades e 150 unidades
c) 175 unidades, 300 unidades e 72 unidades
d) 200 unidades, 100 unidades e zero unidade
e) 220 unidades, 100 unidades e 150 unidades

(Auditor-Fiscal da Receita Estadual – CE/ESAF) O enunciado a seguir se refere às questões de números 34 a 36.

A indústria Roma S/A produz e vende apenas dois tipos de produtos: "A" e "B". O produto "A" é vendido a R$ 60, sendo o custo e despesa variáveis por unidade igual a R$ 35. O produto "B" é vendido por R$ 73, sendo o custo e despesa variáveis por unidade de R$ 43. Os custos fixos mensais totalizam R$ 29.400, sendo rateados proporcionalmente à margem de contribuição total de cada produto.

A produção do mês de junho foi a seguinte:
Produto "A" .... 3.000 unidades
Produto "B" .... 2.000 unidades
Os volumes de vendas no mês de junho foram os seguintes:
Produto "A".................... 2.000 unidades
Produto "B".................... 1.600 unidades

34. **O ponto de equilíbrio de cada produto é de:**
    a) 500 unidades para o produto "A" e 580 unidades para o produto "B"
    b) 600 unidades para o produto "A" e 480 unidades do produto "B"
    c) 680 unidades para o produto "A" e 500 unidades do produto "B"
    d) 520 unidades para o produto "A" e 580 unidades para o produto "B"
    e) 650 unidades para o produto "A" e 550 unidades para o produto "B"

35. **O ponto de equilíbrio contábil da indústria Roma S/A é:**
    a) R$ 68.050,00
    b) R$ 69.000,00
    c) R$ 70.500,00
    d) R$ 71.040,00
    e) R$ 72.000,00

36. **O resultado que a indústria Roma S/A apurou em junho, pelo custeio por absorção foi:**
    a) R$ 72.250,00
    b) R$ 75.000,00
    c) R$ 76.480,00
    d) R$ 77.500,00
    e) R$ 81.999,99

37. **(Agente Fiscal de Rendas – ICMS – SP/FCC)** Para um ponto de equilíbrio financeiro de 2.000 unidades, na sequência, custos e despesas variáveis, custos e despesas fixas, preço unitário de venda, depreciação:
    a) R$ 700,00 unit.; R$ 4.000.000,00; R$ 1.200,00 unit.; R$ 800.000,00.
    b) R$ 725,00 unit.; R$ 2.500.000,00; R$ 1.500,00 unit.; R$ 950.000,00.
    c) R$ 650,00 unit.; R$ 3.900.000,00; R$ 1.225,00 unit.; R$ 625.000,00.
    d) R$ 600,00 unit.; R$ 2.600.000,00; R$ 1.350,00 unit.; R$ 750.000,00.
    e) R$ 750,00 unit.; R$ 1.400.000,00; R$ 1.050,00 unit.; R$ 845.000,00.

38. **(PETROBRAS – Contador(a) Júnior/Fundação Cesgranrio)** A Indústria MG Ltda. Fabrica 10.000 caixas de arruelas por mês. Através de uma pesquisa, verificou o seguinte: se vender a R$ 20,00 a caixa, conseguirá vender 80% da produção; se vender a R$ 19,00 a caixa, conseguirá vender 10% a mais; se vender a R$ 18,00, poderá vender 10% a mais do que o volume anterior; e, se vender a R$ 17,00, poderá vender toda a produção.

Verificou, também, que, se vier a vender a caixa por R$ 15,00, poderá vender 2.000 unidades a mais do que produz hoje. Sabendo-se que os custos e despesas variáveis somam R$ 10,00 por caixa e que os custos e despesas fixos totalizam R$ 50.000,00 por mês, o preço de venda que trará a maior lucratividade possível à empresa é, em reais, de
a) 15,00
b) 17,00
c) 18,00
d) 19,00
e) 20,00

39. (PETROBRAS – Contador(a) Júnior/Fundação Cesgranrio) A Ação Indústria de Aços Ltda. produz parafusos e porcas de aço de uma polegada, de alta resistência, com as mesmas máquinas, matéria-prima e mão de obra, nas seguintes condições:

Dados		Parafuso	Porca
Custo variável por unidade (R$)		2,50	0,76
Produto mensal (unidades)		800.000	800.000
Tempo de produção, por unidade (minutos)	24	32	24

Dados adicionais:
- Preço de venda de cada conjunto, formado por parafuso e porca, R$ 4,00.
- Custos fixos de produção R$ 85.000,00 por mês.

Com o mercado aquecido e com aumento das obras de grande porte que utilizam esse tipo de parafuso e porca, a empresa percebeu existir uma grande possibilidade de negócios e resolveu aceitar a oferta de porcas, ao custo de R$ 1,05 por unidade, feita por outra indústria que só produz as porcas, com qualidade idêntica à da sua produção. Considerando exclusivamente as informações acima e desconsiderando a incidência de qualquer tipo de imposto, o resultado mensal previsto pela empresa Ação, comprando as porcas e aproveitando a capacidade instalada para produzir somente os parafusos, em reais, é
a) 360.000,00
b) 507.000,00
c) 545.000,00
d) 592.000,00
e) 630.000,00

40. (Fiscal de Rendas – RJ/FGV)
- Gasto Fixo Total: $ 1.000
- Custo Variável Unitário: $ 5
- Preço de Venda Unitário: $ 10
- Gasto com Depreciação: $ 200
- Custo de Oportunidade: $ 200

Os Pontos de Equilíbrio Contábil, Financeiro e Econômico, considerando os dados acima, serão, respectivamente,

a) 160, 240 e 200 unidades
b) 240, 200 e 160 unidades
c) 200, 160 e 240 unidades
d) $ 200, $ 160 e $ 240
e) $ 240, $ 200 e $ 160

41. **(Fiscal de Rendas – RJ/FGV)**
    - Quantidade Produzida no período: 100 unidades
    - Quantidade Vendida: 60 unidades
    - Custo Fixo Total: $ 2.000
    - Custo Variável por Unidade: $ 10
    - Preço de Venda Unitário: $ 35

    Com base nos dados acima, o Estoque Final e o Resultado com Mercadorias utilizando o custeio por absorção serão, respectivamente,
    a) $ 1.200 e $ 300
    b) $ 600 e ($ 500)
    c) $ 1.500 e $ 300
    d) $ 600 e $ 300
    e) $ 1.200 e $ 500

42. **(PETROBRAS – Contador(a) Júnior/Fundação Cesgranrio)** A Indústria Santa Maria Ltda. fabrica 5 produtos. Para realizar essa produção, a empresa utiliza, habitualmente, 178.000 horas/máquina. Entretanto, em julho de 2010, ocorreu um defeito em uma das máquinas operadoras, reduzindo tal capacidade em 15%.
    Os dados dos produtos são os seguintes:

Modelos	Matéria-prima (R$)	Mão de obra direta (R$)	Custos indiretos variáveis (R$)	Horas máquina unitárias	Unidades vendidas	Preço de venda (R$)
Alfa	120,00	100,00	70,00	1,5 h/m	20.000	410,00
Beta	130,00	80,00	60,00	2,0 h/m	18.000	400,00
Gama	110,00	55,00	60,00	2,5 h/m	16.000	395,00
Delta	145,00	115,00	90,00	3,0 h/m	14.000	580,00
Eta	135,00	105,00	80,00	3,5 h/m	12.000	560,00

    Sabendo-se que os custos fixos montam a R$ 3.300.000,00 por mês, o produto que deve ter sua produção reduzida em função do defeito ocorrido, visando a maximizar o resultado da empresa, é o denominado
    a) Alfa
    b) Beta
    c) Gama
    d) Delta
    e) Eta

43. (PETROBRAS – Contador(a) Júnior/Fundação Cesgranrio) Analise os dados provenientes da Indústria de Baterias Montes Altos Ltda., em junho de 2010.
    * Fabricou 10.000 baterias por mês e conseguiu vender, em média, 80% da produção, por R$ 250,00 a unidade.
    * Caso vendesse cada unidade por R$ 240,00, poderia vender 10% a mais.
    * Caso vendesse por R$ 220,00 a unidade, poderia vender 9.680 unidades.
    * Caso vendesse por R$ 210,00 a unidade, poderia vender 9.800 unidades.
    * Caso vendesse cada unidade por R$ 200,00, poderia vender toda a produção.

    Considere, ainda, que
    * O custo variável unitário é de R$ 100,00;
    * A comissão dos vendedores é de 10% sobre o preço de venda;
    * Os custos fixos montam a R$ 300.000,00 mensais; e
    * As despesas fixas totalizam R$ 400.000,00 mensais.

    Considerando-se exclusivamente as informações acima, o preço que a empresa deve adotar, em reais, visando a maximizar o lucro, é de
    a) 200,00
    b) 210,00
    c) 220,00
    d) 240,00
    e) 250,00

44. (PETROBRAS – Contador(a) Júnior/Fundação Cesgranrio) A Indústria Serena Ltda. fabrica óculos de sol completos (armação e lentes). Sua produção é de 50.000 óculos completos por mês. Toda a produção é vendida, havendo meses em que há períodos por parte do comércio que não podem ser atendidos. Os custos fixos são apropriados à base de mão de obra e totalizam R$ 900.000,00 por mês; o tempo total de fabricação é de 40.000 horas, sendo o tempo de fabricação por produto de 0,30 por hora, para armação, e de 0,50 por hora, para lentes. O quadro de custos é o seguinte:

    Em reais

Armação		Lentes	
Custo Variável	18,00	Custo Variável	44,00
Custo Fixo		Custo Fixo	
900.000 × 0,30h / 40.000h	6,75	900.000 × 0,50h / 40.000h	11,25
Soma	24,75	Soma	55,25
		(+) Custo da Armação	24,75
		Custo dos Óculos	80,00

    Dados adicionais:
    * O preço de venda unitário é de R$ 120,00.
    * As despesas variáveis montam a 5% do preço de venda.
    * As despesas fixas são de R$ 1.100.000,00 por mês.
    * A empresa recebeu a proposta de um fornecedor oferecendo a armação a R$ 23,00.

- O tempo gasto na fabricação da armação pode ser utilizado para a produção de lentes, com um acréscimo no custo fixo de 5%.
- O mercado tem capacidade de absorver, no máximo, uma produção adicional de 15.000 unidades.

Considerando-se exclusivamente as informações acima, qual seria, em reais, o valor máximo que a empresa estaria disposta a pagar pela armação, sabendo-se que exige um lucro mínimo de R$ 717.500,00, já considerando os acréscimos de produção e custos?
a) 23,00
b) 23,50
c) 24,75
d) 26,25
e) 27,50

45. (Exame de Suficiência – Bacharel em Ciências Contábeis/CFC) Uma indústria produz e vende apenas dois tipos de lancheira. A do tipo exportação, apresenta uma contribuição unitária de R$ 30,00 e a do tipo nacional, de R$ 50,00. Os custos fixos totalizam R$ 2.100.000,00 por mês, rateados de acordo com a margem de contribuição total de cada tipo de produto. A indústria tem vendido seus produtos conjuntamente, nas seguintes quantidades mensais:

Lancheira tipo exportação .... 70.000 unidades
Lancheira tipo nacional .... 42.000 unidades

Considerando os dados acima, o ponto de equilíbrio de cada produto é:
a) Lancheira tipo exportação .... 14.000 unidades
   Lancheira tipo nacional .... 14.000 unidades
b) Lancheira tipo exportação .... 28.000 unidades
   Lancheira tipo nacional .... 8.750 unidades
c) Lancheira tipo exportação .... 21.000 unidades
   Lancheira tipo nacional .... 21.000 unidades
d) Lancheira tipo exportação .... 35.000 unidades
   Lancheira tipo nacional .... 21.000 unidades

46. (Exame de Suficiência – Bacharel em Ciências Contábeis/CFC) Considere uma empresa que fabrica 5.000 unidades mensais do produto X e que apresenta os seguintes custos unitários para esta produção:

Custos variáveis = R$ 18,00
Custos fixos = R$ 10,00
Custo total = R$ 28,00
O preço de venda unitário é R$ 35,00

Esta empresa, no início de março, recebe um pedido de 1.000 unidades deste produto de um cliente no exterior. No entanto, sua capacidade ociosa é de 800 unidades. Para atender esse pedido, teria que reduzir, temporariamente para 4.800 unidades as vendas no mercado interno, que não lhe comprometeria futuramente. O preço de venda que o cliente está disposto a pagar por este pedido é de R$ 25,00 a unidade. Caso aceite o pedido, o lucro do mês será:
a) R$ 35.000,00
b) R$ 45.600,00
c) R$ 38.600,00
d) R$ 31.200,00

47. (Nossa Caixa Desenvolvimento – Contador/FCC) Dados sobre uma mercadoria fabricada pela Cia. Miranda:

Ponto de equilíbrio mensal em unidades 20.000
Custo fixo mensal .... R$ 240.000,00
Preço unitário de venda da mercadoria .... R$ 28,00

O custo variável total correspondente ao número de unidades do ponto de equilíbrio mensal é, em R$,
a) 480.000,00
b) 380.000,00
c) 320.000,00
d) 560.000,00
e) 420.000,00

48. (Transpetro – Contador(a) Júnior/Fundação Cesgranrio) Em um determinado mês, uma indústria apresentou um volume de matéria-prima inferior ao volume médio mensal necessário para fabricação de seus quatro produtos.
Em decorrência disso, a decisão sobre qual (ou quais) produto(s) deve(m) ter sua produção sacrificada, total ou parcialmente, deverá ser adotada em função
a) dos custos variáveis unitários
b) dos custos e despesas variáveis totais
c) da margem de contribuição unitária média
d) da margem de contribuição pelo fator limitante
e) da margem de lucratividade operacional líquida total

(Departamento Nacional de Obras Contra as Secas – Contador/FCC) <u>Instruções</u>: Para responder às questões de números 49 a 51, considere as informações abaixo.

A Cia. Bela, fabricante de caixas, produziu 20.000 unidades no mês de início de suas atividades. Durante o período, foram vendidas 16.000 unidades ao preço de R$ 30,00 cada uma.
Os custos e despesas da companhia, no referido mês, foram:
Custos e despesas variáveis, por unidade:

- Matéria-prima .... R$ 8,00
- Mão de obra direta .... R$ 5,00
- CIF variáveis .... R$ 4,00
- Despesas variáveis .... 10% do preço de venda

Custos e despesas fixos totais do mês:
- Mão de obra indireta .... R$ 40.000,00
- Depreciação dos equipamentos industriais .... R$ 18.000,00
- Outros gastos de fabricação .... R$ 50.000,00
- Salários do pessoal da administração .... R$ 30.000,00
- Demais despesas administrativas .... R$ 20.000,00

A companhia estima que os custos fixos não se alterem até o nível máximo de produção de 50.000 unidades.

49. O lucro líquido do exercício, pelos sistemas de custeio por absorção e de custeio variável, respectivamente, em R$, equivale a
    a) 98.000,00 e 158.000,00
    b) 21.600,00 e 160.000,00
    c) 89.600,00 e 68.000,00
    d) 23.600,00 e 2.000,00
    e) 61.600,00 e 42.000,00

50. A margem de contribuição unitária, no sistema de custeio variável, em R$, é igual a
    a) 10,00
    b) 14,00
    c) 13,00
    d) 28,00
    e) 22,00

51. Assumindo o custeio variável, o ponto de equilíbrio da companhia, em unidades, corresponde a
    a) 50.000
    b) 12.153
    c) 5.000
    d) 15.800
    e) 10.800

52. (Ministério do Planejamento, Orçamento e Gestão – Contador/Esaf) Assinale abaixo a opção que contém uma assertiva verdadeira.
    a) Custeio direto é o sistema de custeamento que consiste em reconhecer como custo dos produtos ou serviços vendidos somente os custos variáveis, enquanto os custos fixos seriam estocados na produção do período.

b) Custo variável é o custo que varia linearmente com o nível de atividade, sendo nulo ou igual a zero no ponto de equilíbrio.

c) Custeio por absorção é o sistema de custeamento cuja característica básica consiste em separar os custos do período do custo do produto, no qual a avaliação recai apenas no custo dos produtos vendidos.

d) O ponto de equilíbrio corresponde ao nível mínimo de atividade da empresa em que suas receitas e custos variáveis se equilibram.

e) Custo fixo é o que independe do nível de atividade, mas que varia, em termos unitários, na proporção inversa à variação da quantidade produzida.

53. (Auditor Fiscal de Tributos Estaduais – Rondônia/FCC) A Cia. Belo Vale produz somente dois tipos de cachaça, Canoinha e Tucaninha, cujos preços de venda são R$ 12,00 e R$ 10,00 o litro, respectivamente. No mês de fevereiro de X1, a empresa produziu e vendeu 20.000 litros de Canoinha e 40.000 litros de Tucaninha, apresentando a seguinte estrutura de custos e despesas (em R$):

	Canoinha	Tucaninha
Matéria-prima	2,00/unidade	2,00/unidade
Material de embalagem	1,50/unidade	1,50/unidade
Mão de obra direta	3,00/unidade	2,80/unidade
Despesas variáveis	1,50/unidade	1,20/unidade
Custos fixos identificados	30.000,00/mês	37.500,00/mês
Custos e despesas fixos comuns	135.000,00/mês	

Com intuito de verificar quantos litros de cada tipo de cachaça devem ser produzidos e vendidos para que se alcance o Ponto de Equilíbrio Contábil, a administração da empresa determinou que cada produto deve cobrir seus custos fixos identificados, além de contribuir para a cobertura dos custos fixos comuns proporcionalmente à quantidade produzida atualmente. Sendo assim, a quantidade que deverá ser produzida e vendida da cachaça Canoinha é

a) 41.250
b) 18.750
c) 13.637
d) 11.250
e) 7.500

54. (Ministério do Planejamento, Orçamento e Gestão – Contador/Esaf) A empresa Querresse Ltda. tem vendido seu produto Tuv ao preço unitário de R$ 5,00, embora esse item venha suportando custos variáveis unitários de R$ 4,20.

Sabendo-se que os custos fixos e produção atingem R$ 20.000,00, pode-se dizer que a empresa alcança o ponto de equilíbrio quando produz

a) 2.174 unidades
b) 4.000 unidades
c) 4.762 unidades
d) 16.000 unidades
e) 25.000 unidades

55. (METRÔ – SP – Analista Trainee – Ciências Contábeis/FCC) A Cia. Industrial Piracema, ao planejar o início de suas atividades, fez as seguintes projeções anuais de custos e despesas:
    Custos e despesas fixos .... R$ 280.000,00
    Custos e despesas variáveis por unidade produzida .... R$ 10,00
    Preço de venda do produto no mercado .... R$ 15,00
    Utilizando-se a análise das relações custo-volume-lucro, o ponto de equilíbrio da empresa corresponderá ao volume de faturamento anual, em R$, de
    a) 840.000,00
    b) 800.000,00
    c) 720.000
    d) 640.000
    e) 560.000

56. (INFRAERO – Contador/FCC) Dados da Cia. Mongaguá, fabricante do produto X:
    Preço unitário de venda .... R$ 250,00
    Custos e despesas unitários de venda .... R$ 175,00
    Custos e despesas fixos .... R$ 225.000,00
    Se a companhia tiver como objetivo obter um lucro total de R$ 325.050,00, ela deverá produzir e vender, em unidades do produto X, a quantidade equivalente a
    a) 4.334
    b) 3.000
    c) 6.228
    d) 7.334
    e) 7.925

57. (TRE – AM – Contador/FCC) A empresa Mogno produz quatro produtos, A, B, C e D. As informações referentes a cada produto são apresentadas a seguir:

Produtos	A	B	C	D
Preço de venda (unitário)	$ 60	$ 50	$ 70	$ 40
Custos variáveis (unitário)	$ 18	$ 10	$ 18	$ 6
Custos fixos (unitário)	$ 9	$ 5	$ 9	$ 3
Despesas variáveis (unitário)	$ 10	$ 10	$ 22	$ 2
Despesas fixas (unitário)	$ 5	$ 5	$ 11	$ 1

    Os custos fixos são comuns aos quatro tipos de produtos e alocados com base nos custos variáveis unitários. As despesas fixas são alocadas em função das despesas variáveis unitárias. Sabendo que a empresa tem recursos para investir em propaganda de dois produtos e que o objetivo seja a maximização do lucro, os produtos que deverão ter sua venda incentivada são
    a) A e B
    b) C e A

c) C e B
d) D e B
e) A e D

58. **(TRE – AM – Contador/FCC)** A empresa JJ produz um único produto, cujos custos incorridos durante o mês de agosto de X9 para a produção de 300 unidades foram:

Custos fixos	R$ 12.000,00
Custos variáveis	R$ 50,00/unidade
Despesas fixas	R$ 6.000,00
Despesas variáveis	R$ 30,00/unidade

Sabendo que o preço de venda é de R$ 200,00 por unidade, que a empresa adota o custeio por absorção e não existiam estoques iniciais de produtos acabados e em elaboração, o lucro da empresa é igual a zero, quando ela vender

a) 150 unidades
b) 100 unidades
c) 80 unidades
d) 75 unidades
e) 50 unidades

59. **(LIQUIGÁS – Petrobras – Contador Júnior/Fundação Cesgranrio)** A indústria Virdes S/A produz, com o mesmo tipo de matéria-prima e mesma mão de obra, 6.000 conjuntos formados por uma xícara e um pires de vidro refratário, vendendo exclusivamente o conjunto por R$ 14,50 cada um, cujos custos de produção são os seguintes:

Elementos	Xícara	Pires
Matéria-prima (R$ por unidade)	5,00	2,00
Mão de obra direta (R$ por unidade)	1,00	0,50
Tempo MOD (consumido por unidade)	24 minutos	18 minutos

Outra indústria de vidros propôs vender o pires para a Virdes, com a mesma qualidade técnica dos que ela produz, por R$ 3,50 cada unidade.

Considerando as informações disponíveis, a melhor decisão a ser tomada pela Virdes é

a) aceitar a proposta, pois o resultado aumenta R$ 16.500,00.
b) aceitar a proposta, pois o resultado aumenta R$ 22.500,00.
c) aceitar a proposta, pois a margem unitária aumenta R$ 6,00.
d) recusar a proposta, pois a margem unitária reduz R$ 5,00.
e) recusar a proposta, pois o resultado reduz R$ 6.000,00.

60. **(LIQUIGÁS – Petrobras – Contador Júnior/Fundação Cesgranrio)** Uma indústria que tem na sua linha um produto de alta demanda, com três modelos diferentes, fez as seguintes anotações durante o período produtivo:
Matéria-prima consumida no processo produtivo: 17.000 quilos
Anotações técnicas da produção:

Elementos	Modelo A	Modelo B	Modelo C
Produção (em unidades)	2.000	3.000	5.000
Matéria-prima			
Consumo: quilos por unidade	3	2	1
Custo: R$/kg	2,00	2,00	2,00
Mão de obra direta			
Consumo: hora por unidade	4	2	3
Custo: R$ por hora	5,00	6,00	4,00
CIF (custo fixo): R$ por unidade	4,50	2,00	3,00
Preço de venda R$ por unidade	53,00	36,00	25,00

Informações adicionais:
- Estoques finais: saldo de todos os estoques ao final do período produtivo anterior: 0 (zero).
- Estrutura de custos para o próximo período produtivo: será rigorosamente igual.
- Preços de venda unitários: serão os mesmos praticados no período anterior.
- Por questões de ordem técnica, a indústria só conseguiu comprar 10.200 quilos de matéria-prima, para o próximo período produtivo.

Considerando exclusivamente as informações recebidas e em decorrência da restrição na quantidade da matéria-prima, o lucro bruto máximo que a indústria poderá obter, em reais, é

a) 77.000,00
b) 93.600,00
c) 107.000,00
d) 125.000,00
e) 218.000,00

(Fiscal de Rendas – SP/FCC) Instruções: Para responder às questões de números 61 e 62, considere os dados a seguir:

A administração da Empresa Beta realizou um levantamento de informações sobre o seu principal produto, conforme apresentado no quadro:

Itens	Valores
Preço líquido de venda	R$ 210,00 por unidade
Custos variáveis	R$ 110,00 por unidade
Despesas variáveis	R$ 20,00 por unidade
Custos e Despesas fixos identificados com o principal produto	R$ 360.000,00 por período
Investimentos identificados com o principal produto	R$ 500.000,00
Lucro mínimo desejável sobre os investimentos identificados com o produto	8% ao período

61. O valor do ponto de equilíbrio contábil do principal produto da empresa, considerando APENAS os custos e despesas fixos identificados, em unidades, é
   a) 3.600
   b) 4.500
   c) 5.000
   d) 6.250
   e) 10.750

62. O valor do ponto de equilíbrio econômico do principal produto da empresa, considerando APENAS os custos e despesas fixos identificados, em unidades, é
   a) 500
   b) 4.000
   c) 4.500
   d) 5.000
   e) 6.750

Com base nos dados, responda às questões 63 a 69 (Academia do Concurso Público – Simulado de Contabilidade/Prof. Ed Luiz): A indústria de peças Anil S/A só fabrica um tipo de peça. Nos meses de maio e junho passados, apurou o seguinte:

	maio	junho
Estoque inicial (em unidades)	-	-
Produção (em unidades)	1.500	1.800
Vendas (em unidades)	1.500	1.500
Custo total de fabricação (em R$)	22.500,00	25.500,00
Receita bruta de vendas (em R$)	37.500,00	37.500,00

Sabe-se ainda que:
- a empresa controla seus estoques permanentemente e os avalia pelo método PEPS;
- a empresa incorre, ainda, em despesas fixas de R$ 4.500,00 por mês e em despesas variáveis equivalentes a 10% da receita bruta mensal.
- a empresa não pretende acabar o mês de julho com produtos acabados em estoque;
- a empresa é contribuinte do imposto de renda sobre o lucro à alíquota de 20%; e
- não houve variação de preços no período.

Nota: Tendo em vista que a legislação tributária não permite o custeio variável para fins de apuração do lucro tributável, desconsidere a existência do IR nesse sistema.

63. O lucro operacional obtido em junho pelo custeio por absorção foi:
   a) Maior que R$ 7.000,00
   b) Entre R$ 6.000,00 e R$ 7.000,01
   c) Entre R$ 5.000,00 e R$ 6.000,01
   d) Entre R$ 4.000,00 e R$ 5.000,01
   e) Menor que R$ 4.000,01

64. **A margem de contribuição obtida em junho foi:**
    a) Menor que R$ 15.000,00
    b) Entre R$ 14.999,99 e R$ 16.000,00
    c) Entre R$ 15.999,99 e R$ 17.000,00
    d) Entre R$ 16.999,99 e R$ 18.000,00
    e) Maior que R$ 18.000,00

65. **A quantidade que a empresa precisaria produzir e vender no mês de junho para atingir o ponto de equilíbrio contábil seria:**
    a) Mais de 900 unidades
    b) Entre 800 unidades e 900,01 unidades
    c) Entre 700 unidades e 800,01 unidades
    d) Entre 600 unidades e 700,01 unidades
    e) Menos de 600,01 unidades

66. **A margem de segurança das 1.500 unidades vendidas no mês de junho foi:**
    a) Maior que 40%
    b) Entre 30% e 40,01%
    c) Entre 20% e 30,01%
    d) Entre 10% e 20,01%
    e) Menor que 10,01%

67. **O lucro operacional obtido em junho pelo custeio variável foi:**
    a) Maior que R$ 8.000,00
    b) Entre R$ 7.000,00 e R$ 8.000,01
    c) Entre R$ 6.000,00 e R$ 7.000,01
    d) Entre R$ 5.000,00 e R$ 6.000,01
    e) Menor que R$ 5.000,01

68. **Assinale a alternativa que indique quantas unidades a empresa precisa produzir em julho para que o lucro líquido desse mês, pelo custeio por absorção, seja de R$ 7.500,00.**
    a) Mais de 1.700 u
    b) Entre 1.650 u e 1.700,01 u
    c) Entre 1.600 u e 1.650,01 u
    d) Entre 1.550 u e 1.600,01 u
    e) Menos de 1.550,01 u

69. **Assinale a alternativa que indique quantas unidades a empresa precisa produzir em julho para que o lucro líquido desse mês, pelo custeio variável, seja de R$ 7.500,00.**
    a) Mais de 1.500 u
    b) Entre 1.400 u e 1.500,01 u.
    c) Entre 1.300 u e 1.400,01 u
    d) Entre 1.200 u e 1.300,01 u
    e) Menos de 1.200,01 u

(Auditor Fiscal da Receita Estadual – RJ/FCC) **Instruções:** Considere as informações, a seguir, para responder às questões de números 70 a 72.

A empresa Industrial produz um único produto e para produzir integralmente 1.000 unidades desse produto incorreu nos seguintes gastos durante o mês de junho de 2013:

Custos fixos:	R$ 21.000,00/mês
Custos variáveis:	
Matéria-prima:	R$ 9,00/unidade
Mão de obra direta:	R$ 4,00/unidade
Despesas fixas:	R$ 5.000,00/mês
Despesas variáveis	R$ 2,00/unidade
Comissões sobre venda:	10% do preço de venda
Informações adicionais:	
Preço de venda:	R$ 100,00/unidade
Impostos sobre a venda:	10% da receita de vendas
Quantidade vendida:	700 unidades

70. Sabendo que a empresa Industrial utiliza o Custeio por Absorção, o custo unitário da produção do período foi
    a) R$ 51,00
    b) R$ 13,00
    c) R$ 15,00
    d) R$ 34,00
    e) R$ 41,00

71. Em junho de 2013, o ponto de equilíbrio contábil da empresa Industrial, em quantidade, foi
    a) 347
    b) 323
    c) 400
    d) 280
    e) 306

72. Caso a empresa Industrial adotasse o Custeio Variável, o custo unitário da produção do período teria sido
    a) R$ 35,00
    b) R$ 25,00
    c) R$ 23,00
    d) R$ 15,00
    e) R$ 13,00

73. (Auditor Fiscal da Receita Estadual – RJ/FCC) A empresa Fábrica dos Sonhos produz quatro produtos, A, B, C e D, cujas informações referentes a cada um deles estão apresentadas a seguir:

Produtos	A	B	C	D
Preço de venda (por unidade)	R$ 100,00	R$ 90,00	R$ 120,00	R$ 130,00
Custos variáveis (por unidade)	R$ 25,00	R$ 10,00	R$ 40,00	R$ 50,00
Custos fixos (por unidade)	R$ 10,00	R$ 4,00	R$ 16,00	R$ 20,00
Despesas variáveis (por unidade)	R$ 10,00	R$ 9,00	R$ 13,00	R$ 14,00
Despesas fixas (por unidade)	R$ 3,00	R$ 10,00	R$ 11,00	R$ 2,00

Os custos e despesas fixos são comuns aos quatro tipos de produtos, sendo os custos fixos alocados com base nos custos variáveis de cada produto e as despesas fixas alocadas em função da área utilizada para estocar cada produto. A empresa tem recursos orçamentários para investir em propaganda de apenas dois produtos. Supondo que o objetivo seja a maximização do lucro da empresa Fábrica dos Sonhos, os produtos que deverão ter sua venda incentivada são:
a) A e C
b) C e D
c) B e D
d) A e B
e) B e C

Gabarito

1. e	11. e	21. a	31. d	41. a	51. d	61. b	71. b
2. a	12. b	22. b	32. a	42. b	52. e	62. d	72. e
3. a	13. e	23. d	33. a	43. d	53. b	63. a	73. e
4. a	14. b	24. d	34. b	44. e	54. e	64. e	
5. e	15. d	25. b	35. d	45. d	55. a	65. a	
6. b	16. a	26. a	36. c	46. c	56. d	66. b	
7. c	17. e	27. d	37. b	47. c	57. e	67. c	
8. c	18. d	28. d	38. e	48. d	58. d	68. e	
9. a	19. b	29. b	39. c	49. d	59. a	69. d	
10. e	20. c	30. b	40. c	50. a	60. c	70. d	

Soluções Comentadas

Exercício 1

O ***custo econômico*** representa os gastos totais com bens e serviços. Desta forma, seu valor será de R$ 130,00 × 2 + R$ 35,00 + R$ 3 × 60, isto é, R$ 475,00.

A ***despesa efetiva*** representará os gastos na utilização dos serviços de ensino, do serviço da condução e no consumo de alimentos, isto é, R$ 130,00 × 2 + R$ 3 × 60, isto é, R$ 440,00.

O ***custo de oportunidade*** não representa um gasto e sim aquilo que se deixa de ganhar ao se optar por uma outra situação. Desta forma, ao abandonar o emprego, o garoto deixou de ganhar R$ 180 × 2, ou seja, R$ 360,00.

Exercício 2

Sejam:

P = Prejuízo

Q = Volume de vendas

V = Preço unitário de venda

C = Custos e despesas variáveis por unidade

F = Custos e despesas fixas totais

$P = F + QC - QV \rightarrow 300 = 1.800 + 600C - 600V \rightarrow V - C = 2,50$

Lembrando que V – C = Margem de contribuição unitária

Nota: *Observemos que, apesar de haver estoque de 200 unidades no 1º mês, todo custo fixo foi para a apuração do prejuízo, pois, no custeio variável, ao contrário do custeio por absorção, só* os custos variáveis integrarão os estoques. No custeio por absorção, por exemplo, ao montarmos a equação P = F + QC − QV, o valor de F não seria de R$ 1.800,00 e sim de R$ 1.800 ÷ 800 ×600, ou seja, proporcional à quantidade vendida, pois R$ 1.800,00 ÷ 800 × 200 integrariam o custo das 200 unidades no estoque, além do custo variável de 200C.

A quantidade no ponto de equilíbrio no 2º mês é a mesma que no 1º mês, pois os custos e despesas fixas totais não variam e a margem de contribuição foi mantida. Assim:

$$Qc = \frac{F}{V - C\,2{,}5} = \frac{1.800}{2{,}5} = 720 \text{ unidades}$$

Se a quantidade no estoque equivale a 25% da produção, então a quantidade produzida e vendida, que no caso do ponto de equilíbrio é de 720 unidades, equivale a 75% da produção. Logo, a produção total do último mês (2º mês) é de 720 ÷ 0,75 = 960 unidades.

Exercício 3

Visto que a capacidade de produção é de 320.000 bolsas e a demanda nacional é de 200.000, a empresa ainda tem uma capacidade ociosa de 120.000 bolsas.

Nesse caso, uma demanda adicional de 80.000 bolsas não excederá a capacidade ociosa de modo que a única coisa que poderia ocasionar a rejeição do pedido seria uma margem de contribuição unitária negativa.

Assim, tudo que devemos fazer é calcular a Margem de Contribuição Unitária (MC/u) dessa demanda adicional e verificar se ela é positiva ou negativa:

MC/u = Preço unitário de venda − Custos e despesas variáveis por unidade

MC/u = R$ 72 − (R$ 44 + R$ 4 + R$ 6) = R$ 18

Por fim, a empresa deverá ACEITAR o pedido visto que a MC/u é POSITIVA de R$ 18.

Exercício 4

Custo variável unitário = R$ 300.000/1.000 = R$ 300

Quantidade no ponto de equilíbrio contábil (Qc): = $\dfrac{R\$\ 400.000}{R\$\ 500 - R\$\ 300{,}00}$ = 2.000 u

----

Receita no ponto de equilíbrio = R$ 500 × 2.000 = R$ 1.000.000

Exercício 5

No ponto de equilíbrio FINANCEIRO, os custos e despesas fixas totais deduzidos dos custos e despesas que não expressam dinheiro, normalmente a depreciação, se igualam à margem de contribuição total.

Exercício 6

Contratando representantes de vendas:

$$Qc = \frac{R\$ \ 700.000}{R\$ \ 20 - (R\$ \ 8 + 20\%R\$ \ 20)} = 87.500 \text{ unidades}$$

Pela rede própria:

$$Qc = \frac{R\$ \ 700.000 + R\$ \ 50.000}{R\$ \ 20 - (R\$ \ 8 + 10\%R\$ \ 20)} = 75.000 \text{ unidades}$$

Exercício 7

Lembrando do cálculo da quantidade no ponto de equilíbrio contábil (Qc):

$$Qc = \frac{CDF}{MC/u}$$

Observamos na fórmula acima que "Qo" é DIRETAMENTE PROPORCIONAL a CDF (Custos e Despesas Fixas)

Exercício 8

Suponhamos, por exemplo, que se determinado investidor aplicasse seu dinheiro num fundo de aplicação "X" ganharia R$ 12.000 de lucro, mas, se aplicasse seu dinheiro num fundo de aplicação "Y" ganharia somente R$ 9.000,00.

Assim, o CUSTO DE OPORTUNIDADE de investir em "X" é o que deixaria de ganhar por não aplicar em "Y" (R$ 9.000) e o CUSTO DE OPORTUNIDADE de investir em "Y" é o que deixaria de ganhar por não aplicar em "X" (R$ 12.000).

Exercício 9

$$20\% \ 50.000 = \frac{1.100.000}{V - 5.000.000/50.000}$$

$10.000 \times (V - 100) = 1.100.000$

$V - 100 = 110 \longrightarrow V = 210$

Exercício 10

Margem de Contribuição = Vendas (recebidas ou não) − Custos e Despesas Variáveis

Exercício 11

MC/u (A) = 39,00 − (10,00 + 8,00 + 2,00) = 19,00

MC/u (B) = 50,00 − (15,00 + 12,00 + 3,00) = 20,00

MC/u (C) = 66,00 − (20,00 + 15,00 + 5,00) = 26,00

Exercício 12

Tendo em vista que a quantidade total vendida aumenta em função da redução do preço de venda, o preço de venda ideal, que é aquele que acarretará no melhor resultado para a empresa será o que gerar a MAIOR MARGEM DE CONTRIBUIÇÃO TOTAL. Assim, teremos:

- MC (50,00) = 120.000 × (50,00 − 20,00 − 10% 50,00) = 3.000.000,00
- **MC (48,00) = 132.000 × (48,00 − 20,00 − 10% 48,00) = 3.062.400,00**
- MC (45,00) = 145.200 × (45,00 − 20,00 − 10% 45,00) = 2.976.600,00
- MC (44,00) = 149.556 × (44,00 − 20,00 − 10% 44,00) = 2.931.297,60
- MC (42,00) = 150.000 × (42,00 − 20,00 − 10% 42,00) = 2.670.000,00

Exercício 13

MC (A) = 90.000 − 45.000 = 45.000

MC (B) = 150.000 − 102.000 = 48.000

Logo, a empresa deve incentivar a venda do serviço para a empresa B, visto que tem a maior Margem de Contribuição (MC).

Exercício 14

MC (A) = 45.000

Despesas Variáveis (A) = 30.000 + 3.000 + 8.000 = 41.000

Exercício 15

MC/u (40) = R$ 60.000 − (R$ 9.000 + R$ 14.000 + R$ 2.000) = R$ 35.000

Exercício 16

Uma razão que justificaria a não aceitação da venda dos 20 veículos restantes seria um valor negativo da margem de contribuição unitária. Assim, tudo que devemos fazer é calcular o valor dessa margem e verificar se é positiva ou negativa:

MC/u (20) = R$ 30.000 − (R$ 9.000 + R$ 14.000 + R$ 2.000) = R$ 5.000

Logo, a empresa deverá aceitar a referida proposta, visto que a venda dos 20 veículos contribuirá com um aumento de 20 × R$ 5.000, ou seja, R$ 100.000 no lucro antes do imposto de renda e contribuição social.

Exercício 17

No ponto de equilíbrio contábil, a empresa não terá lucro ou prejuízo. Para tanto, é necessário que a margem de contribuição total seja igual aos custos e despesas fixas totais. Assim, efetuaremos os seguintes cálculos:

MC/u (40) × 40 = 35.000 × 40 = 1.400.000

MC/u (20) × 20 = (V − 25.000) × 20 *("V" é o preço de venda de cada um dos 20 veículos)*

Margem de Contribuição TOTAL = 1.400.000 + (V − 25.000) × 20 = 20V + 900.000

Igualando a Margem de Contribuição total aos custos e despesas fixos totais, teremos:

20V + 900.000 = 1.150.000 + 150.000

V = (1.300.000 − 900.000)/20 = 20.000

Exercício 18

CDV/u (Custos e Despesas Variáveis unitários) = R$ 6.000/100 = R$ 60

$$Qc = \frac{R\$ \ 2.000}{R\$ \ 100 - R\$ \ 60} = 50 \text{ unidades}$$

Admitindo que "Q" seja a quantidade vendida a um preço unitário de R$ 100 para que o lucro seja de 30% sobre a receita total, o valor dessa receita será de "100Q" e o valor do lucro será de "30Q". Nesse caso, podemos utilizar a fórmula do ponto de equilíbrio ECONÔMICO (Qe), onde "30Q" seria o Custo de Oportunidade (CO):

$$Q = \frac{CDF + CO}{MC/u}$$

$$Q = \frac{2.000 + 30Q}{100 - 60}$$

40Q = 2.000 + 30Q ⟶ Q = 200 unidades

Receita total = 100Q = R$ 100 × 200 = R$ 20.000

Exercício 19

$$Q = \frac{CDF + CO}{MC/u}$$

$$Q = \frac{540.000 + 20\% \ 30Q}{30 - 15}$$ ⟶ 15Q = 540.000 + 6Q ⟶ Q = 60.000

Exercício 20

$$Qc = \frac{R\$ \ 400.000 + R\$ \ 100.000}{R\$ \ 700 - R\$ \ 500} = 2.500 \text{ unidades}$$

Exercício 21

Se as vendas se limitarem apenas à loja, teremos um outro ponto de equilíbrio:

$$Qc = \frac{R\$ \ 400.000}{R\$ \ 700 - R\$ \ 500} = 2.000 \text{ unidades}$$

$$MS = \frac{Q - Qc}{Q} = \frac{2.500 - 2.000}{2.500} = 20\%$$

Exercício 22

$$1.200 = \frac{CF}{86,75 - 17\% \ 86,75 - 54} \longrightarrow CF = 21.603$$

- -

Lucro Bruto (2.000 u) = 2.000 × (R$ 79,52 – 17%79,72 – 45) – 21.603 = 20.400

Exercício 23

$ 182.000 – $ 125.000 – CF = 0 $\longrightarrow$ CF = $ 57.000

Lucro (30.000 u) = $ 3× 30.000 – $ 57.000 = $ 33.000

Exercício 24

Qc = $ 90.000/(R$ 25 – R$15) = 9.000 unidades

Exercício 25

Qc = $ 120.000/($ 1.000 – $ 600) = 300 unidades

Receita no ponto de equilíbrio = $ 1.000 × 300 = $ 300.000

Exercício 26

Trata-se de ponto de equilíbrio ECONÔMICO, onde o Custo de Oportunidade (CO) é 25% sobre a receita total. Sendo 1.000 o preço unitário de venda e "Q" a quantidade no ponto de equilíbrio econômico, então a receita total é de 1.000Q e o lucro será de 250Q. Lembrando da fórmula do referido ponto:

$$Q = \frac{CDF + CO}{MC/u}$$

Montaremos a seguinte equação:

$$Q = \frac{120.000 + 250Q}{400} \longrightarrow 400Q - 250Q = 120.000 \longrightarrow Q = 800 \text{ unidades}$$

Exercício 27

Lucro = $ 250 × 800 = $ 200.000

Exercício 28

Inicialmente, iremos calcular a Margem de Contribuição Unitária (MCu) de cada produto:

MCu (P1) = $ 400 − $ 290 = $ 110

MCu (P2) = $ 580 − $ 420 = $ 160

Aparentemente, deve-se priorizar a produção de P2, pois possui maior margem de contribuição unitária. No entanto, isso pode mudar. Tendo em vista que há limitação da capacidade produtiva, devemos agora calcular a Margem de Contribuição Unitária por Fator de Limitação da Capacidade Produtiva, que, no caso, é o total de horas-máquina despendidas por cada produto:

MCu/ h (P1) = $ 110 ÷ 5 h = $ 22/ h

MCu/ h (P2) = $ 160 ÷ 8 h = $ 20/ h

De fato, mudou. Agora, concluímos que se deve priorizar a produção de P1, pois possui maior margem de contribuição por horas-máquina. Desta forma, ao se atender a produção de 9.000 peças P1, serão despendidas 9.000 × 5 h, isto é, 45.000 h.

Tendo em vista que o total de horas-máquina disponíveis é de 75.000 h, e 45.000 h serão consumidas por P1, então o tempo para P2 será de 30.000 h.

Como cada peça P2 despende 8 h, o total de peças P2 será de 30.000 h ÷ 8 h, ou seja, 3.750.

Assim, o MIX que maximiza o lucro é de 9.000 peças P1 e 3.750 peças P2.

Exercício 29

Para atender a um pedido de 3.000 peças P2, serão despendidas 3.000 X 8 h, ou seja, 24.000 h. Neste caso, deixaria de ser atendida a produção de 24.000 h ÷ 5 h, isto é, 4.800 peças P1. O **Custo de Oportunidade** é o que se deixaria de ganhar pelo abandono do pedido dessas peças P1.

Como a margem de contribuição por unidade de peça P1 é de $ 110, então o abandono das 4.800 peças P1 faria com que a empresa deixasse de ganhar 4.800 × $ 110, isto é, $ 528.000.

Exercício 30

Evidentemente, se o preço unitário de cada uma dessas peças P2 fosse o mesmo indicado na tabela ($ 580) o pedido com certeza não deveria ser aceito, pois o MIX que maximiza o lucro é de 9.000 peças P1 e para atender tal pedido, conforme visto na questão anterior, a empresa abriria mão de 4.800 peças P1.

No entanto, a realidade agora é outra. No novo pedido, cada uma das 3.000 peças P2 é vendida por $ 600 e não $ 580. Desta forma, ao abrir mão das 4.800 peças P1, pode ser que o lucro seja maior. Isto acontecerá se a receita de venda dessas 3.000 peças ultrapassar o somatório dos custos e despesas variáveis das mesmas com o custo de oportunidade já calculado na questão anterior. Assim:

Receita de Vendas ($ 600 × 3.000) .... $ 1.800.000

(–) Custos e Despesas Variáveis ($ 420 × 3.000) .... ($ 1.260.000)

(–) Custo de Oportunidade .... ($ 528.000)

(=) Lucro .... $ 12.000

Exercício 31

Em primeiro lugar, iremos calcular a Margem de Contribuição Unitária (MC/u) de cada produto:

- MC/u(A) = R$ 24,00 – (R$ 9,00 + 5%R$ 24,00) = R$ 13,80
- MC/u(B) = R$ 18,00 – (R$ 6,00 + 5%R$ 18,00) = R$ 11,10
- MC/u(C) = R$ 36,00 – (R$ 15,00 + 5%R$ 36,00) = R$ 19,20

Desta forma, em princípio, devemos priorizar a produção de C. Em segundo lugar, devemos priorizar a produção de A. Por último, a produção de B.

No entanto, isso pode mudar, pois agora iremos calcular a Margem de Contribuição Unitária por Fator de Limitação da Capacidade Produtiva, que, no caso, é o total da matéria-prima disponível para a produção.

- MC//kg(A) = R$ 13,80 ÷ 2,5kg = R$ 5,52/kg
- MC/kg(B) = R$ 11,10 ÷ 3kg = R$ 3,70/kg
- MC/kg(C) = R$ 19,20 ÷ 6kg = R$ 3,20/kg

Logo, devemos priorizar a produção de A, pois possui maior margem de contribuição por kg de matéria-prima. Em segundo lugar, a produção de B. Em terceiro lugar, a produção de C.

Finalmente, teremos o seguinte:

Produto A = (340 – 52) × 2,5 kg = 720kg

Quantidade remanescente de matéria-prima = 827 kg – 720 kg = 107 kg

Quantidade produzida de B = 107 kg ÷ 3 = 35,66 unidades, ou seja, 35 unidades, pois não se pode fabricar 0,66 unidades de B. Desta forma, não sobra nada para C. Assim, para maximizar o lucro, deverão ser produzidas:

288 unidades de A

35 unidades de B

Zero unidade de C

Exercício 32

Margem de Contribuição por hora (**H1J**) = (**$ 40 – $ 30**) × 8 = $ 80/h

Margem de Contribuição por hora (K2K) = ($ 30 – $ 15) × 4 = $ 60/h

Logo, dentro das 3.600 horas a empresa deverá escolher o produto H1J, visto que dentro das 3.600 h dará uma margem de contribuição total de 3.600 × $ 80 = $ 288.000

Exercício 33

MARGEM DE CONTRIBUIÇÃO UNITÁRIA (MC/u):

MC/u (A) = R$ 10 − (R$ 6 +3%R$ 10) = R$ 3,70

MC/u (B) = R$ 15 − (R$ 8 + 3% R$ 15) = R$ 6,55

MC/u (C) = R$ 20 − (R$ 15 + 3% R$ 20) = R$ 4,40

Visto que há limitação da matéria-prima X, então devemos calcular a Margem de Contribuição unitária por quilograma da matéria prima X:

MC (A)/kg = R$ 3,70/2kg = R$ 1,85/kg

MC (B)/kg = R$ 6,55/3kg = R$ 2,183/kg

MC (C)/kg = R$ 4,40/5kg = R$ 0,88/kg

Assim, para maximizar o lucro, a empresa deverá utilizar a seguinte ordem de prioridade de produção: B, A, C.

Para atender a demanda de 100 unidades de B, serão necessários 100 × 3kg = 300kg da matéria-prima X, de modo que ainda restarão para a produção de A e C 700kg − 300kg = 400kg dessa matéria-prima.

Como já existem no estoque de A 45 unidades e a demanda é de 220 unidades, então será necessária a produção de mais 175 unidades de A, as quais consumirão 175 × 2kg = 350 kg, restando para C 400kg − 350kg = 50kg, sendo que estas possibilitarão a produção de 50kg ÷ 5kg = 10 unidades de C

Resumindo tudo, para maximizar o lucro serão produzidas 175 unidades de A, 100 de B e 10 de C.

Exercício 34

MC (A) = 2.000 × (R$ 60 − R$ 35) = R$ 50.000

MC (B) = 1.600 × (R$ 73 − R$ 43) = R$ 48.000

CF (A) = $\frac{R\$29.400}{98.000}$ × 50.000 = R$ 15.000

CF (B) = $\frac{R\$29.400}{98.000}$ × 48.000 = R$ 14.400

Q (A) = $\frac{R\$\ 15.000}{R\$\ 25}$ = 600 unidades

Q (B) = $\frac{R\$\ 14.400}{R\$\ 30}$ = 480 unidades

Exercício 35
600 × R$ 60 + 480 × R$ 73 = R$ 71.040

Exercício 36
Custo dos Produtos Vendidos + Despesas Variáveis:

Produto A = 2.000 × R$ 35 + (R$ 15.000 ÷ 3.000) × 2.000 = R$ 80.000

Produto B = 1.600 × R$ 43 + (R$ 14.400 ÷ 2.000) × 1.600 = R$ 80.320

Total (A e B) .... R$ 160.320

Receita de Vendas:

Produto A = 2.000 × R$ 60 = R$ 120.000

Produto B = 1.600 × R$ 73 = R$ 116.800

Total (A e B) .... R$ 236.800

Lucro = R$ 236.800 – R$ 160.320 = R$ 76.480

Exercício 37
Quantidade no ponto e equilíbrio FINANCEIRO (Qf):

Qf = $\frac{CDF - Depreciação}{Preço\ unitário\ de\ venda - Custos\ e\ desp.\ Variáveis}$.

$\frac{R\$\ 2.500.000 - R\$\ 950.000}{R\$\ 1.500 - R\$\ 725}$ = $\frac{R\$\ 1.550.000}{R\$\ 775}$ = 2.000 unidades

Exercício 38
A maior lucratividade virá do preço de venda que gerar a **maior** Margem de Contribuição total (MC):

MC (R$ 20) = (R$ 20 – R$ 10) × 8.000 = R$ 80.000

MC (R$ 19) = (R$ 19 – R$ 10) × 8.800 = R$ 79.200

MC (R$ 18) = (R$ 18 – R$ 10) × 9.680 = R$ 74.440

MC (R$ 17) = (R$ 17 – R$ 10) × 10.000 = R$ 70.000

MC (R$ 15) = (R$ 15 – R$ 10) × 12.000 = R$ 60.000

Logo, concluímos que o preço de venda que maximiza o lucro é de R$ 20.

Exercício 39

Visto que a empresa pretende fabricar apenas parafusos, o tempo total de produção de porcas que será utilizado para os parafusos será de 800.000 × 24 min.

Visto que cada parafuso utiliza 32 minutos, então o total de parafusos a ser acrescentado à produção atual será de 800.000 × 24 min ÷ 32 min = 600.000 parafusos. Dessa forma, o novo total de parafusos será de 800.000 + 600.000 = 1.400.000 parafusos.

Dado que a empresa deverá vender o "conjunto", ou seja, parafuso + porca, então deverá comprar 1.400.000 porcas a R$ 1,05 para fazer o conjunto com 1.400.000 parafusos.

Por fim, teremos o seguinte:

Receita total de parafusos + porcas (1.400.000 × R$ 4) .... R$ 5.600.000
(–) Custo variável
      parafusos + porcas [1.400.000 × (R$ 2,50 + R$ 1,05)]..................... (R$ 4.970.000)
(–) Custos fixos .... (R$ 85.000)
(=) Lucro .... R$ 545.000

Exercício 40

Quantidade no ponto de equilíbrio contábil (Qc):

$$Qc = \frac{CDF}{MC/u} = \frac{\$ 1.000}{\$ 10 - \$ 5} = 200 \text{ unidades}$$

Quantidade no ponto de equilíbrio financeiro (Qf):

$$Qf = \frac{CDF - Depreciação}{MC/u} = \frac{\$ 1.000 - \$ 200}{\$ 10 - \$ 5} = 160 \text{ unidades}$$

Quantidade no ponto de equilíbrio econômico (Qe):

$$Qe = \frac{CDF + CO}{MC/u} = \frac{\$ 1.000 + \$ 200}{\$ 10 - \$ 5} = 240 \text{ unidades}$$

Exercício 41

$$EF = \$ 10 \times 40 + \frac{\$ 2.000}{100} \times 40 = \$ 1.200$$

$$Resultado = \$ 35 \times 60 - [\$ 10 + \frac{\$ 2.000}{100}] \times 60 = \$ 300$$

Exercício 42

Visto que há limitação das horas máquina, o produto que deverá ser reduzido em 1º lugar para a maximização do lucro será aquele que possuir a **menor** Margem de Contribuição unitária por horas máquina. Assim, teremos:

Alfa = (R$ 410 – R$ 290)/1,5hm = R$ 80/hm

Beta = (R$ 400 – R$ 270)/2,0hm = R$ 65/hm (menor de todos)

Gama = (R$ 395 – R$ 225)/2,5hm = R$ 68/hm

Delta = (R$ 580 – R$ 350)/3,0hm = R$ 76,77/hm

Eta = (R$ 560 – R$ 320)/3,5hm = R$ 68,57/hm

Exercício 43

O preço que irá maximizar o lucro é aquele que gerar a maior Margem de Contribuição total (MC). Assim, teremos:

- MC (250,00) = (250,00 – 10% 250 – 100) × 8.000 = 1.000.000
- **MC (240,00) = (240,00 – 10% 240 – 100) × 8.800 = 1.020.800** (maior MC)
- MC (220,00) = (220,00 – 10% 220 – 100) × 9.680 = 948.640
- MC (210,00) = (210,00 – 10% 210 – 100) × 9.800 = 872.200
- MC (200,00) = (200,00 – 10% 200 – 100) × 10.000 = 800.000

Exercício 44

O tempo das 50.000 armações, que agora será utilizado para a fabricação de par de lentes, será de 50.000 × 0,30 h = 15.000 h. Esse tempo irá possibilitar a fabricação de mais 15.000 h ÷ 0,50 h = 30.000 pares de lentes.

No entanto, visto que o mercado só pode absorver mais 15.000 unidades de óculos, então a empresa só irá fabricar um total de 65.000 pares de lentes, os quais irão requerer a compra de 65.000 armações para a fabricação de 65.000 óculos.

Admitindo que o custo de cada armação adquirida seja "C", então o custo variável unitário de cada óculos (armação + par de lentes) será de "C + 44".

Dado que as despesas variáveis são de 5% do preço de venda, ou seja, 5% de 120 = 6, então os Custos e Despesas Variáveis por unidade (CDV/u) serão de "C + 44 + 6", isto é, "C + 50". Desse modo, a Margem de Contribuição unitária (MC/u) será de "120 – (C + 50)", ou seja, "70 – C".

Os Custos e Despesas Fixas totais (CDF) serão de 900.000 + 5% 900.000 + 1.100.000 = 2.045.000.

Visto que a empresa deseja um lucro mínimo de R$ 717.500, esse valor será o Custo de Oportunidade (CO), de modo que para solucionarmos o problema basta utilizarmos o conceito de **Quantidade no Ponto de Equilíbrio ECONÔMICO** (Qe), a qual poderá ser determinada pela seguinte fórmula:

$$Qe = \frac{CDF + CO}{MC/u}$$

Por fim, teremos:

$$65.000 = \frac{2.045.000 + 717.500}{70 - C}$$

$$65.000 \,(70 - C) = 2.762.500 \quad\rightarrow\quad 70 - C = \frac{2.762.500}{65.000} = 42,50 \quad\rightarrow\quad C = 27,50$$

Exercício 45

O primeiro passo é determinarmos a Margem de Contribuição total (MC) de cada produto separadamente:

MC (Lancheira Exportação) = 30 × 70.000 = 2.100.000

MC (Lancheira Nacional) = 50 × 42.000 = 2.100.000

Agora, iremos ratear os Custos Fixos (CF) no valor de R$ 2.100.000,00 proporcionalmente às MC de cada produto:

CF (Lancheira Exportação) = $\dfrac{R\$\ 2.100.000}{2.100.000 + 2.100.000}$ × 2.100.000 = R$ 1.050.000,00

CF (Lancheira Nacional) = $\dfrac{R\$\ 2.100.000}{2.100.000 + 2.100.000}$ × 2.100.000 = R$ 1.050.000,00

Finalmente, teremos as seguintes quantidades no ponto de equilíbrio contábil (Qc):

Qc (Lancheira Exportação) = $\dfrac{R\$\ 1.050.000}{30}$ = 35.000 unidades

Qc (Lancheira Nacional) = $\dfrac{R\$\ 1.050.000}{50}$ = 21.000 unidades

Exercício 46

Custo Fixo total (CF) = R$ 10 × 5.000 = R$ 50.000

Custo das 5.800 unidades = R$ 18 × 5.800 + R$ 50.000 = R$ 154.400

Receita da venda das 5.800 unidades = R$ 35 × 4.800 + R$ 25 × 1.000 = R$ 193.000

Lucro na venda das 5.800 unidades = R$ 193.000 − R$ 154.400 = R$ 38.600

Exercício 47

$$20.000 = \frac{240.000}{28 - CV/u}$$

28 − CV/u = 12 ⟶ CV/u = 16

Por fim, o Custo Variável total será igual ao Custo Variável unitário (CV/u) multiplicado pela quantidade no ponto equilíbrio, ou seja, R$ 16 × 20.000 = R$ 320.000.

Exercício 48

Não havendo limitação na capacidade produtiva da empresa, o produto menos rentável para a empresa será aquele que apresentar a menor margem de contribuição unitária.

Havendo limitação, o produto menos rentável será aquele que apresentar a menor margem de contribuição unitária dividida pelo fator limitante.

Exercício 49

CUSTEIO POR ABSORÇÃO	
Receita de Vendas (30 × 16.000)	480.000
(−) CPV [(8 + 5 + 4) + (40.000 + 18.000 + 50.000) ÷ 20.000] × 16.000	(358.400)
(−) Despesas Variáveis (10% 480.000)	(48.000)
(−) Despesas Fixas (30.000 + 20.000)	(50.000)
(=) Lucro Líquido	23.600
CUSTEIO VARIÁVEL	
Receita de Vendas (30 × 16.000)	480.000
(−) Custos e Despesas Variáveis (8 + 5 + 4 + 10% 30) × 16.000	(320.000)
(=) Margem de Contribuição	160.000
(−) Custos e Despesas Fixas	(158.000)
(=) Lucro Líquido	2.000

Exercício 50

MC/u = R$ 160.000 ÷ 16.000 = R$ 10

Exercício 51

Qc = R$ 158.000 ÷ R$ 10 = 15.800 unidades

Exercício 52

Opção a: INCORRETA. Embora no Custeio Direto, também chamado de Custeio Variável, somente os custos variáveis sejam integrantes do custo de fabricação dos produtos, os custos fixos, juntamente com as despesas fixas, são todos apropriados ao resultado, independentemente da venda dos produtos.

Opção b: INCORRETA. Embora o custo variável, em regra, varie linearmente com o nível de atividade, no ponto de equilíbrio contábil poderá ter qualquer valor diferente de zero.

Opção c: INCORRETA. No Custeio por Absorção são considerados integrantes do custo de fabricação dos produtos todos os custos, sejam fixos ou variáveis.

Opção d: INCORRETA. No ponto de equilíbrio, a receita total de vendas terá o mesmo valor da soma dos custos variáveis com os custos fixos.

Opção e: CORRETA. Ao passo que o custo fixo total é constante, o custo fixo unitário varia em razão inversa à quantidade produzida.

Exercício 53

CANOINHA

$$\text{Custos e Despesas Fixos (CDF)} = R\$\ 30.000 + \frac{R\$\ 135.000}{20.000 + 40.000} \times 20.000 = R\$\ 75.000$$

MC/u = R$ 12 − (R$ 2 + R$ 1,50 + R$ 3 + R$ 1,50) = R$ 4

Qc = $\dfrac{R\$\ 75.000}{R\$\ 4}$ = 18.750 unidades

Exercício 54

Qc = $\dfrac{R\$\ 20.000}{R\$\ 5,00 - R\$\ 4,20}$ = 25.000 unidades

Exercício 55

$$Qc = \frac{R\$ 280.000}{R\$ 15 - R\$ 10} = 56.000 \text{ unidades}$$

Faturamento = R$ 15 × 56.000 = R$ 840.000

Exercício 56

PONTO DE EQUILÍBRIO ECONÔMICO (Qe):

$$Qe = \frac{R\$ 225.000 + R\$ 325.050}{R\$ 250 - R\$ 175} = 7.334 \text{ unidades}$$

Exercício 57

Os produtos que irão gerar a maior contribuição para o aumento do lucro da empresa serão aqueles que possuírem a maior Margem de Contribuição Unitária (MC/u), que é a diferença entre o preço unitário de venda e os custos e despesas variáveis por unidade. Assim, teremos:

Produto A = $ 60 – ($ 18 + $ 10) = $ 32
Produto B = $ 50 – ($ 10 + $ 10) = $ 30
Produto C = $ 70 – ($ 18 + $ 22) = $ 30
Produto D = $ 40 – ($ 6 + $ 2) = $ 32

Logo, os produtos que deverão ter a suas vendas incentivadas serão o A e D.

Exercício 58

Devemos ter o cuidado de atentar para o detalhe de que não se trata do ponto de equilíbrio tradicional, visto que o enunciado informa que a empresa adota o custeio por ABSORÇÃO.

Sendo "Q" a quantidade produzida e vendida, temos as seguintes equações:

CPV (Custo dos Produtos Vendidos) = $50Q + \frac{12.000}{300} \times Q = 90Q$

Despesa Total = 6.000 + 30Q

Receita Total = 200Q

Para que o lucro seja ZERO, é necessário que a Receita Total seja igual ao somatório do CPV com as Despesas Totais:

200 Q = 90Q + 6.000 + 30Q

80Q = 6.000 ⟶ Q = 75 unidades

Exercício 59

MARGEM DE CONTRIBUIÇÃO TOTAL COM A FABRICAÇÃO DOS PIRES (MC):

MC = [R$ 14,50 − (R$ 6 + R$ 2,50)] × 6.000 = R$ 36.000

Na hipótese de a empresa ACEITAR a compra dos pires de um fornecedor pelo valor de R$ 3,50, a empresa teria um tempo ocioso de MOD de (18 min × 6.000) = 108.000 min, tempo esse que poderia ser utilizado para a fabricação de mais 108.000 min ÷ 24 min = 4.500 unidades de xícaras.

Com isso, a empresa poderia fabricar agora 10.500 unidades de xícaras e comprar 10.500 unidades de pires, de modo que o novo volume de vendas seria de 10.500 conjuntos, gerando a seguinte Margem de Contribuição TOTAL:

MC = [R$ 14,50 − (R$ 6 + R$ 3,50)] ×10.500 = R$ 52.500

Por fim, a proposta deverá ser aceita, visto que uma Margem de Contribuição superior em R$ 52.500 − R$ 36.000 = R$ 16.500 aumentaria o Resultado final da empresa nesse valor, admitindo que os custos e despesas fixos totais não se alterassem com essa nova realidade.

Comentário extra: Houve uma falha no enunciado dessa questão, em função de omitir a informação de que o mercado poderá absorver **toda** a nova produção (10.500 conjuntos de xícaras com pires), coisa que nem sempre acontece.

Exercício 60

Margem de Contribuição Unitária por fator de limitação (kg de matéria-prima):

- MCu/kg (A) = [R$ 53 − (R$ 6 + R$ 20)] ÷ 3kg = R$ 9/kg
- MCu/kg (B) = [R$ 36 − (R$ 4 + R$ 12)] ÷ 2kg = R$ 10/kg
- MCu/kg (C) = [R$ 25 − (R$ 12 + R$ 2)] ÷ 1kg = R$ 11/kg

Assim, a ordem de prioridades na fabricação é C, B, A.

As 5.000 unidades de C consumirão 5.000 × 1kg = 5.000 kg, sobrando 10.200 kg − 5.000 kg, ou seja, 5.200 kg para B para fabricar somente B, visto que nada sobrará para fabricar A. Nesse caso, serão fabricadas apenas 5.200 kg ÷ 2 kg = 2.600 unidades de B.

Os Custos Variáveis (CV) e a Receita de Vendas (V) na venda de 5.000 unidades de C e 2.600 unidades de B serão o seguinte:

CV = R$ 14 × 5.000 + R$ 16 × 2.600 = R$ 111.600

Receita de Vendas = 5.000 × R$ 25 + 2.600 × R$ 36 = R$ 218.600

Por fim, a MARGEM DE CONTRIBUIÇÃO MÁXIMA que a empresa terá será a obtida pela venda das 5.000 unidades de C e das 2.600 de B será de R$ 218.600 − R$ 111.600 = **R$ 107.000**.

Comentário extra: Houve falha no enunciado da questão por induzir de forma "desleal" os candidatos ao erro, quando utilizou a expressão "LUCRO BRUTO MÁXIMO", expressão essa utilizada no Custeio por Absorção e não no Custeio Variável.

Na realidade, o que se queria que se calculasse na questão era a MARGEM DE CONTRIBUIÇÃO MÁXIMA, expressão essa típica do Custeio Variável.

Exercício 61

$$Qc = \frac{R\$ 360.000}{R\$ 210 - (R\$ 110 + R\$ 20)} = 4.500 \text{ unidades}$$

Exercício 62

$$Qe = \frac{R\$ 360.000 + 8\% \; R\$ 500.000}{R\$ 210 - (R\$ 110 + R\$ 20)} = 5.000 \text{ unidades}$$

Exercício 63

Custo Variável Unitário (CV/u):

CV/u = (R$ 25.500 − R$ 22.500) ÷ (1.800 − 1.500) = R$ 10

CP (Custo de Produção ou Fabricação) = Q × CV/u + CF   CF = CP − Q × CV/u

CF = R$ 25.500 − 1.800 × R$ 10 = R$ 7.500

$$CPV = \left(R\$ 10 + \frac{R\$ 7.500}{1.800}\right) \times 1.500 = R\$ 21.250$$

LOP = V − CPV − DOP

LOP = R$ 37.500 − R$ 21.250 − (R$ 4.500 + 10% R$ 37.500) = R$ 8.000

Exercício 64

MC = V − CDV

MC = R$ 37.500 − (R$ 10 × 1.500 + 10% R$ 37.500) = R$ 18.750

Exercício 65

CDF = R$ 7.500 + R$ 4.500 = R$ 12.000

Vu = R$ 37.500 ÷ 1.500 = R$ 25

MC/u = Vu − CDV/u

MC/u = R$ 25 − (R$ 10 + 10% R$ 25) = R$ 12,50

- -

$$Q = \frac{CDF}{MC/u} = \frac{R\$\ 12.000}{R\$\ 12,50} = 960 \text{ unidades}$$

Exercício 66

$$MS = \frac{1.500\ u - 960\ u}{1.500\ u} = 36\%$$

Exercício 67

LOP = MC − CDF = R$ 18.750 − R$ 12.000 = R$ 6.750

Exercício 68

[(Q + 300) × (R$ 25 − R$ 10 − 10% R$ 25) − R$ 7.500 ÷ 1.800 × 300 − R$ 7.500 − R$ 4.500] × 0,8 = R$ 7.500

(Q + 300) × 12,50 − 1.250 − 7.500 − 4.500 = 7.500 ÷ 0,8 = 9.375

$$Q = \frac{9.375 + 1.250 + 7.500 + 4.500}{12,5} - 300 = 1.510 \text{ unidades}$$

Exercício 69

(Q + 300) × (R$ 25 − R$ 10 − 10% R$ 25) − R$ 7.500 − R$ 4.500 = R$ 7.500

(Q + 300) × 12,50 − 7.500 − 4.500 = 7.500

$$Q = \frac{7.500 + 7.500 + 4.500}{12,5} - 300 = 1.260 \text{ unidades}$$

Exercício 70

Custo Total Unitário (CT/u):

CT/u = R$ 9 + R$ 4 + R$ 21.000/1.000 = R$ 34

Exercício 71

$$Qc = \frac{R\$\ 21.000}{R\$\ 100 - (R\$\ 9 + R\$\ 4 + R\$\ 2 + 10\%\ R\$\ 100 + 10\%\ R\$\ 100)} = 323 \text{ unidades}$$

Exercício 72

O Custo Total Unitário (CT/u) de produção pelo Custeio Variável será aquele obtido considerando apenas os custos variáveis unitários de produção, que são a matéria-prima aplicada e a mão de obra direta. Assim, teremos:

CT/u = R$ 9 + R$ 4 = R$ 13

Exercício 73

Os dois produtos que mais "contribuirão" para o resultado da empresa serão aqueles que possuírem a maior Margem de Contribuição Unitária (MC/u):

MC/u (**A**) = R$ 100 – (R$ 25 + R$ 10) = R$ 65

MC/u (**B**) = R$ 90 – (R$ 10 + R$ 9) = **R$ 71**

MC/u (**C**) = R$ 120 – (R$ 40 + R$ 13) = **R$ 67**

MC/u (**D**) = R$ 130 – (R$ 50 + R$ 14) = R$ 66

Logo, serão os produtos **B** e **C**.

Capítulo 9

Custo Padrão

1. Significado

Ao passo que o CUSTO REAL é aquele conhecido apenas <u>após</u> a fabricação dos produtos (custos pós-determinados), o CUSTO PADRÃO é <u>prefixado</u> por uma empresa como alvo a ser atingido a curto, médio ou longo prazo, dependendo do caso.

Existem três tipos de Custo Padrão:

- Ideal
- Estimado
- Corrente

Nota: Sempre que houver menção a CUSTO PADRÃO sem especificar o tipo, a convenção geral é que seja o "CORRENTE", visto que na prática é aquele utilizado praticamente por todas as empresas que utilização o custo padrão para controle e planejamento de seus custos de produção.

O CUSTO PADRÃO IDEAL é o determinado pela Engenharia de Produção, considerando condições ideais dos processos de produção, com o mínimo desperdício de materiais e o máximo aproveitamento da mão de obra, sendo uma meta a ser alcançada somente a longo prazo, embora na prática seja praticamente impossível atingir a perfeição total, dado que há várias imperfeições na utilização dos insumos. Dificilmente, as empresas em geral trabalham com o conceito de custo padrão ideal, mesmo porque esse tipo de custo padrão é totalmente teórico, não possuindo nenhum aspecto prático.

O CUSTO PADRÃO ESTIMADO é o esperado para o <u>próximo período</u> com base em custos incorridos em períodos passados, não havendo na sua apuração o interesse de aferir as deficiências na produção, como, por exemplo, se as perdas de materiais poderiam ser diminuídas, se o preço pago na aquisição dos insumos poderia ser menor, se poderia haver melhor aproveitamento da mão de obra etc. Embora seja o oposto do custo padrão ideal, dado que é totalmente prático, ao contrário do ideal, que é totalmente científico, também é muito pouco utilizado pelas empresas em geral, sobretudo pelo fato de não levar em consideração nenhum aspecto científico, aspecto este fundamental para que as empresas possam diminuir suas ineficiências.

O CUSTO PADRÃO CORRENTE é uma espécie de "mix" entre o custo padrão ideal e o estimado, pois, ao mesmo tempo que visa uma estimativa de custos para o próximo período, também procura formas de diminuir as deficiências não consideradas na fixação do custo padrão estimado. Assim, pode-se dizer que o custo padrão ESTIMADO é aquele que <u>deverá</u> ser para o próximo período, ao passo que o custo padrão CORRENTE é aquele que <u>deveria</u> ser para o próximo período.

Fazendo uma breve comparação entre os três tipos de custo padrão mencionados acima, podemos inferir que num dos extremos estaria o custo padrão IDEAL, o qual é <u>totalmente científico</u>, desprovido de qualquer aspecto de estimativa, sempre indicando uma meta a ser alcançada a longo prazo, mas que na prática muito dificilmente seria alcançada por completo, em função das limitações humanas e tecnológicas, ao passo que no outro extremo estaria o custo padrão ESTIMADO, o qual é <u>totalmente prático</u>, desprovido de qualquer aspecto científico, dado que visa exclusivamente uma estimativa futura, com base em dados passados, sem a preocupação de melhorias com a redução de ineficiências e perdas. Finalmente, entre os dois extremos, estaria o custo padrão CORRENTE, que é um <u>intermediário</u> entre o ideal e o estimado, visto que possui o seu aspecto prático, em função de fazer estimativas de custos do que se espera alcançar a curto e médio prazos, e, ao mesmo tempo, seu aspecto científico, dado que procura a curto e médio prazos soluções para redução de perdas e ineficiências na produção.

Em geral, a concepção de custo padrão CORRENTE é a **mais aceita** na prática, principalmente pelo fato de conciliar os aspectos científico e prático relacionados à produção esperada para os próximos períodos, prefixando o montante que um produto <u>deveria</u> custar, com base em certas condições presumidas de eficiência, de situações econômicas e de outros fatores. Daí, quando utilizamos a expressão CUSTO PADRÃO, sem especificar de que tipo é, estamos nos referindo ao **custo corrente**, o qual não deve ser confundido com o custo orçado (ou estimado).

Outrossim, a adoção do custo puramente estimado seria de pouquíssima ou nenhuma utilidade, principalmente pelo fator psicológico dos responsáveis pela produção, dado que esses deixariam de exercer a função de controle, a qual tem por meta principal a redução de custos e ineficiências na produção, e não puramente a elaboração de relatórios de divergências de custos reais em relação ao padrão.

2. Necessidade do custo real para o uso do custo padrão

Antes de mais nada, deve ficar claro que a adoção do custo padrão não elimina de modo algum o uso do custo real. Muito pelo contrário: O custo padrão, o qual apenas serve de base de comparação, só pode ser utilizado por uma empresa que tenha um bom sistema de apuração dos seus custos REALMENTE incorridos. Desse modo, não adiantaria nada para uma empresa a adoção do custo padrão se os custos reais incorridos não fossem adequadamente apurados.

Cabe mencionar que a adoção do custo padrão, a qual exige um bom sistema de custeamento real, poderá ser analisada tanto sob a ótica do custeio variável, quanto sob a ótica do custeio por absorção, dado que o custeio real também poderá ser analisado por esses dois critérios.

Obs.: Lembrando do que já foi estudado nesta obra, basicamente, no custeio VARIÁVEL, apenas são considerados os custos variáveis, os quais, em geral, são os materiais aplicados e a mão de obra direta, ao passo que no custeio POR ABSORÇÃO são considerados todos os custos, sejam fixos ou variáveis, ou seja, os materiais aplicados, a mão de obra direta e os custos indiretos de fabricação, podendo estes últimos serem fixos ou variáveis, isto é, há custos indiretos fixos e custos indiretos variáveis.

Com relação à fixação do custo padrão, esta pode ser tanto em relação a **valores monetários** quanto em relação às **quantidades físicas**, todos referentes a materiais aplicados, mão de obra direta aplicada, horas-máquina, metros, quilogramas, kwh etc., ressaltando que tais fixações estão muito mais ligadas à **Engenharia de Produção** do que à **Contabilidade de Custos**, embora tenha que ser feito um trabalho conjunto e coordenado de ambas essas áreas, sendo aquela responsável pela determinação das quantidades físicas de horas de máquina, mão de obra, materiais aplicados, energia elétrica etc., e essa pela quantificação desses insumos em moeda.

3. ANÁLISE DAS VARIAÇÕES ENTRE O CUSTO PADRÃO E O CUSTO REAL

A diferença algébrica entre o valor do Custo Real (CR) e o do Custo Padrão (CP) poderá ser FAVORÁVEL (quando negativa) ou DESFAVORÁVEL (quando positiva). Será favorável, se aquele for inferior a este (CR < CP, ou seja, CR – CP < 0). Será desfavorável, caso contrário, isto é, se o valor do Custo Real for superior ao valor do Custo Padrão (CR > CP, ou seja, CR – CP > 0).

Isso se explica pelo seguinte raciocínio: Se o Custo Real for menor do que o Custo Padrão (CR < CP, ou seja, CR – CP < 0), é porque gastou-se menos do que se esperava. Logo, isso é FAVORÁVEL. Ao contrário, se o Custo Real for maior do que o Custo Padrão (CR > CP, ou seja, CR – CP > 0), é porque gastou-se mais do que se esperava. Logo, isso é DESFAVORÁVEL.

Exemplo: Suponhamos que a Indústria Pérola S/A, a qual apura seus custos real e padrão pelo custeio por absorção, obtivesse os seguintes valores na fabricação de **uma** unidade do produto "P" no mês de março de 20X1:

- Custo Padrão Total Unitário = R$ 1.200
- Custo Real Total Unitário = R$ 1.699

Assim:

CR – CP = + R$ 499 (Desfavorável)

Observemos que o sinal positivo da diferença acima (CR – CP > 0) indica que o custo real foi maior que o custo padrão, ou seja, gastou-se mais para fabricar o produto "P" do que foi estimado, razão pela qual o valor POSITIVO indica uma situação DESFAVORÁVEL. Caso, por exemplo, o sinal da diferença fosse NEGATIVO (CR – CP < 0), isso se traduziria em dizer que o custo real teria sido menor do que o custo padrão, ou seja, teria sido gasto menos para fabricar o produto do que havia sido estimado, retratando assim uma situação FAVORÁVEL.

No entanto, o fato de simplesmente sabermos a diferença entre o real e o padrão ainda não é o suficiente. Nesse caso, para fazermos uma análise de variações satisfatória, é necessário decompormos os custos real e padrão nos seus componentes e, posteriormente, fazermos uma decomposição mais detalhada ainda desses componentes.

Assim, suponhamos que a referida variação positiva de R$ 499 por unidade adviesse dos seguintes componentes:

Custo Padrão (CP):	
• Materiais Diretos Aplicados	R$ 700
• Mão de Obra Direta	R$ 300
• Custos Indiretos de Fabricação	R$ 200
	R$ 1.200
Custo Real (CR):	
• Materiais Diretos Aplicados	R$ 970
• Mão de Obra Direta	R$ 510
• Custos Indiretos de Fabricação	R$ 219
	R$ 1.699
Variação Total (CR – CP):	
• Materiais Diretos Aplicados	+ R$ 270 (Desfavorável)
• Mão de Obra Direta	+ R$ 210 (Desfavorável)
• Custos Indiretos de Fabricação	+ R$ 19 (Desfavorável)
	+ R$ 499 (Desfavorável)

Contudo, conforme já mencionado antes, o nível de decomposição indicado na tabela acima ainda não é o definitivo para uma análise mais apurada das principais causas das referidas variações, razão pela qual nos próximos tópicos iremos detalhar mais os valores e diferenças acima.

3.1. Análise das Variações dos Materiais Diretos

Na tabela anterior, apuramos o valor total da variação dos Materiais Diretos Aplicados de + R$ 270 (Desfavorável). Iremos admitir na próxima tabela os seguintes tipos de materiais decompostos em quantidades físicas e valores em reais:

Custo Padrão (CP):		
Matéria-Prima A	22 kg × R$ 20/kg	= R$ 440
Matéria-Prima B	37,2 m × R$ 5/m	= R$ 186
Embalagem	37 fl × R$ 2/fl	= R$ 74
		R$ 700

Custo Real (CR):	
Matéria-Prima A	25 kg × R$ 28,08/kg = R$ 702
Matéria-Prima B	29 m × R$ 6/m = R$ 174
Embalagem	40 fl × R$ 2,35/fl = R$ 94
	R$ 970
Variação Total (CR – CP):	
Matéria-Prima A	R$ 702 – R$ 440 = + R$ 262 (D)
Matéria-Prima B	R$ 174 – R$ 186 = – R$ 12 (F)
Embalagem	R$ 94 – R$ 74 = + R$ 20 (D)
	+ R$ 270 (D)
	Legenda: D = Desfavorável; F = Favorável

Observemos na tabela acima que o material que mais contribuiu para a variação desfavorável total (+ R$ 270) foi a matéria-prima "A", com uma variação desfavorável de R$ 262. Nessa matéria-prima não só houve a diferença de quantidade (25 kg – 22 kg = 3 kg), como também diferença de preço (R$ 28,08/kg – R$ 20/kg = R$ 8,08/kg).

Nos próximos tópicos, iremos estudar quanto da variação total de + R$ 262 na Matéria-Prima "A" foi devido à VARIAÇÃO DE QUANTIDADE e quanto daquela mesma variação total de + R$ 262 foi devido à VARIAÇÃO DE PREÇO. Da mesma forma, nos próximos itens também iremos estudar a mesma coisa com relação à variação total na matéria-prima "B" (– R$ 12) e à variação total nos materiais de embalagem (+ R$ 20).

3.1.1. Variação de Quantidade - VQ (ou Variação de Consumo)

Considerando o exemplo anterior da Indústria Pérola S/A e tomando por base, por exemplo, a Variação Total da Matéria-Prima "A" no valor de + R$262, variação esta que se deu tanto em função da diferença de quantidade (22 kg para 25 kg = 3 kg), quanto em função da diferença de preço (R$ 20/kg para R$ 28,08/kg = R$ 8,08/kg), mediremos exclusivamente a Variação de Quantidade (VQ), também chamada de Variação de Consumo, pelo seguinte raciocínio: Qual teria sido a diferença de valor entre o Custo Padrão e o Custo Real se só tivesse havido a diferença na quantidade no valor de 3 kg (22 kg para 25 kg), de modo que não houvesse variação de preço, ou seja, o Preço Real fosse exatamente igual ao Preço Padrão (R$ 20/kg)?

Resposta: Seria igual ao que definiremos como <u>Variação de Quantidade</u> (VQ), que é o Padrão (PP = R$ 20/kg). Assim, podemos estabelecer a seguinte relação:

$$VQ = (QR - QP) \times PP$$

Legenda:
VQ: Variação de Quantidade
QR: Quantidade Real

QP: Quantidade Padrão

PP: Preço Padrão

Finalmente, no caso da Indústria Pérola S/A, a Variação de Quantidade da Matéria-Prima "A" (VQ_A) seria:

VQ_A = (25 kg – 22 kg) × R$ 20/kg = + R$ 60 (Desfavorável)

Usando a mesma relação acima, também iremos calcular a Variação de Quantidade da Matéria-Prima "B" (VQ_B) e a Variação de Quantidade da Embalagem (VQ_E):

- VQ_B = (29 m – 37,2 m) × R$ 5/m = – R$ 41 (Favorável)
- VQ_E = (40 fl – 37 fl) × R$ 2/fl = + R$ 6 (Desfavorável)

3.1.2. Variação de Preço (VP)

Considerando ainda o exemplo anterior da Indústria Pérola S/A e tomando por base, por exemplo, a Variação Total da Matéria-Prima "A" no valor de + R$262, variação esta que se deu tanto em função da diferença de quantidade (22 kg para 25 kg = 3 kg), quanto em função da diferença de preço (R$ 20/kg para R$ 28,08/kg = R$ 8,08/kg), mediremos exclusivamente a Variação de Preço (VP), mediante o seguinte raciocínio: Qual teria sido a diferença de valor entre o Custo Padrão e o Custo Real se só tivesse havido a diferença no preço no valor de R$ 8,08/kg (R$ 20/kg para R$ 28,08/kg), de modo que não houvesse variação de quantidade, ou seja, a Quantidade Real (QR) fosse exatamente igual à Quantidade Padrão (22 kg)?

Resposta: Seria igual ao que definiremos como Variação de Preço (VP), que é o produto da diferença de preço (PR – PP = R$ 28,08/kg – R$ 20/kg = R$ 8,08/kg) pela Quantidade Padrão (QP = 22 kg). Desse modo, podemos estabelecer a seguinte relação:

$$VP = (PR - PP) \times QP$$

Legenda:

VP: Variação de Preço

PR: Preço Real

PP: Preço Padrão

QP: Quantidade Padrão

No caso da Indústria Pérola S/A, a Variação de Preço da Matéria-Prima "A" (VP_A) seria:

VP_A = (R$ 28,08/kg – R$ 20/kg) × 22 kg = + R$ 177,76 (Desfavorável)

Usando a mesma relação acima, também iremos calcular a Variação de Preço da Matéria-Prima "B" (VP_B) e a Variação de Preço da Embalagem (VP_E):

- VP_B = (R$ 6/m – R$ 5/m) × 37,2 m = + R$ 37,2 (Desfavorável)
- VP_E = (R$ 2,35/fl – R$ 2/fl) × 37 fl = + R$ 12,95 (Desfavorável)

3.1.3. Variação Mista (VM)

Considerando ainda o exemplo da Indústria Pérola S/A, se somarmos a Variação de Quantidade da Matéria-Prima "A" no valor de R$ 60 desfavorável com a Variação de Preço da Matéria-Prima "A" no valor de R$ 177,76 desfavorável, obteremos uma variação total de **R$ 237,76** desfavorável, valor este inferior em **R$ 24,24** à da variação total já calculada no valor de **R$ 262** desfavorável. O porquê, então, dessa diferença? A resposta podemos extrair do gráfico seguinte:

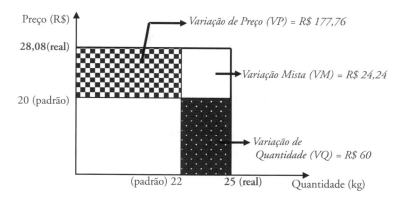

Observando o gráfico acima, concluímos que a soma VP + VQ + VM = R$ 262 é exatamente a diferença entre o Custo Real Total da Matéria-Prima "A" e o Custo Padrão Total dessa mesma matéria-prima.

A fim de facilitar mais ainda esse entendimento, e lembrando que a área de um retângulo é o produto do valor de sua base pelo valor de sua altura, podemos decompor o gráfico acima da seguinte forma:

(1) A área que representa o valor do CUSTO REAL total de cada unidade fabricada do produto "P", ou seja, 25 kg × R$ 28,08/kg = R$ 702 é indicada no gráfico abaixo:

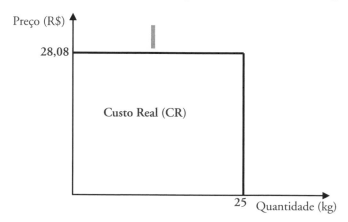

(2) A área que representa o valor do CUSTO PADRÃO total de cada unidade fabricada do produto "P", ou seja, 22 kg × R$ 20/kg = R$ 440, está indicada no gráfico seguinte:

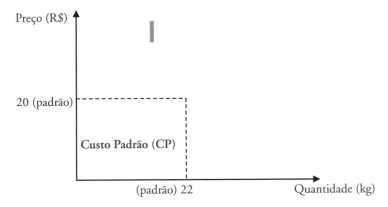

(3) A área que representa a VARIAÇÃO TOTAL de custo de cada unidade, ou seja, a diferença entre o custo real total e o custo padrão total, que é igual a R$ 702 – R$ 440 = R$ 262, que é exatamente igual à soma da Variação de Preço (VP = R$ 177,76) com a Variação de Quantidade (VQ = R$ 60) com a **Variação Mista** (VM = (25 kg – 22 kg) × (R$ 28,08/kg – R$ 20/kg) = R$ 24,24), está representada pela área pontilhada abaixo:

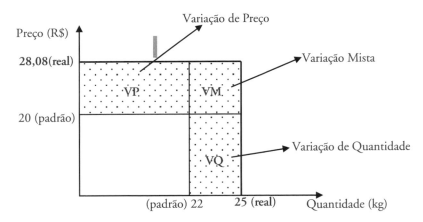

Assim, concluímos que a VARIAÇÃO MISTA, que corresponde à área do retângulo VM, cuja base é igual a QR – QP e a altura é igual a PR – PP, pode ser calculada da seguinte forma:

$$VM = (QR - QP) \times (PR - PP)$$

Um dos objetivos da análise das variações é definir de quem são as respectivas responsabilidades. Sendo assim, ao agente responsável pela produção seria atribuída a Variação de Quantidade, já que houve o consumo na produção de 3kg a mais da Matéria-Prima "A" do que o padrão previa, ao passo que ao agente responsável pelas compras seria atribuída a Variação de Preço, dado que o preço do kg dessa matéria-prima foi maior em R$ 8,08 do que o padrão previa. Mas, então, de quem seria a responsabilidade da Variação Mista, dado que o seu cálculo engloba, simultaneamente, a diferença de preço e a diferença de quantidade? A resposta não é simples, visto que essa variação é de difícil interpretação. Um raciocínio razoável e muito utilizado é o seguinte: Levando em consideração que a Variação de Preço normalmente foge ao controle da empresa, dado que depende mais de fatores externos do que internos, pode-se, opcionalmente, atribuir a Variação Mista a essa variação. Nessa última hipótese, a fórmula para o cálculo da Variação da Quantidade seria mantida, mas a fórmula para o cálculo da Variação de Preço passaria a ser a seguinte:

$$VP = (PR - PP) \times QR$$

Legenda:

VP: *Variação de Preço*

PR: *Preço Real*

PP: *Preço Padrão*

QR: *Quantidade Real*

Comparando com a fórmula original (VP = (PR – PP) × QP), observamos que, em vez de multiplicarmos pela Quantidade Padrão (QP), multiplicamos pela Quantidade Real (QR). Isso também pode ser visto no gráfico abaixo:

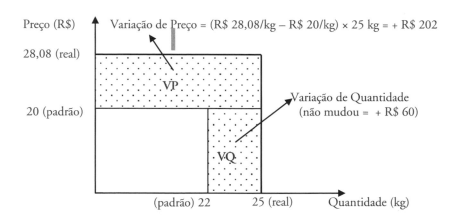

Nessa última hipótese (Variação Mista sendo parte da Variação de Preço), observemos que a soma das duas variações (de preço e de quantidade) agora, de fato, seria igual à Variação Total da Matéria-Prima "A", ou seja, R$ 202 + R$ 60 = R$ 262.

Obs. 1: Em questões de concursos públicos, quando não vier "explícito" no enunciado que a Variação Mista foi considerada parte da Variação de Preço, a regra geral é que não seja, isto é, a Variação Mista <u>NÃO</u> deve ser considerada como parte da Variação de Preço, devendo, portanto, ser calculada separadamente.

Obs. 2: Todos os cálculos referentes à análise das variações dos materiais foram feitos em relação a <u>UMA (01)</u> unidade de produto fabricado. Em geral, nas questões de concursos públicos, todas as variações são calculadas em relação à produção TOTAL e não somente em relação a uma unidade. Dessa forma, admitindo que a quantidade padrão na Indústria Pérola S/A fosse de 1.000 unidades e a quantidade real fosse de 1.200 unidades, teríamos, por exemplo, em relação à Matéria-Prima "A", o seguinte:

- QR = 25 kg × 1.200 = 30.000 kg
- QP = 22kg × 1.000 = 22.000 kg
- PP = R$ 20/kg
- PR = R$ 28,08/kg

VARIAÇÃO DE QUANTIDADE: VQ = (QR – QP) × PP

VQ = (30.000 kg – 22.000 kg) × R$ 20/kg = + R$ 160.000 (Positivo ou Desfav.)

VARIAÇÃO DE PREÇO: VP = (PR – PP) × QP

VP = (R$ 28,08/kg – R$ 20/kg) × 22.000 kg = + R$ 177.760 (Positiva ou Desfav.)

VARIAÇÃO MISTA: VM = (QR – QP) × (PR – PP)

VM = (30.000 kg – 22.000 kg) × (R$ 28,08/kg – R$ 20/kg) = + R$ 64.640

VARIAÇÃO TOTAL: VT = QR × PR – QP × PP

VT = 30.000 kg × R$ 28,08/kg – 22.000 kg × R$ 20/kg = R$ 402.400

Nota: Também podemos achar a Variação Total somando as variações de quantidade de preço e mista, ou seja, VT = R$160.000 + R$ 177.760 + R$ 64.640 = R$ 402.400.

3.2. Análise das Variações da Mão de Obra Direta

Todo raciocínio utilizado nos itens anteriores na análise das variações dos materiais é análogo para o estudo da análise das variações da mão de obra direta. A única diferença se dá nas nomenclaturas utilizadas.

Na tabela abaixo, indicamos as equivalências na análise das variações dos materiais e da mão de obra direta:

Análise das Variações dos Materiais	Análise das Variações da Mão de Obra Direta
Variação de Quantidade	Variação de Eficiência
Variação de Preço	Variação de Taxa
Variação Mista	Variação Mista

Na tabela acima, observamos que a expressão "Variação de Quantidade" (ou Variação de Consumo), na análise das variações da mão de obra direta, é denominada de "Variação de Eficiência" (ou Variação da Ociosidade ou Variação de Uso); a "Variação de Preço" é denominada, na análise das variações da mão de obra direta, "Variação de Taxa"; a expressão "Variação Mista" não se altera, ou seja, tanto é utilizada na análise das variações dos materiais, quanto na análise das variações da mão de obra direta.

Considerando ainda o exemplo anterior da Indústria Pérola S/A, e lembrando que a variação da mão de obra direta foi desfavorável (positiva) de R$ 210 (= R$ 510 − R$ 300), iremos admitir que essa variação se deu em função dos seguintes fatos indicados na tabela abaixo:

	Custo Padrão	**Custo Real**
Departamento X	15 h × R$ 13/h = R$ 195	24 h × R$ 11/h = R$ 264
Departamento Y	21 h × R$ 5/h = R$ 105	20,5 h × R$ 12/h = R$ 246
TOTAL	R$ 300	R$ 510

3.2.1. Variação de Eficiência

Considerando o exemplo Indústria Pérola S/A e tomando por base, por exemplo, a Variação Total da Mão de Obra Direta no Departamento X no valor de + R$ 69, variação esta que se deu tanto em função da diferença de horas (15 h para 24 h = 9 h), quanto em função da diferença de taxa (R$ 13/h para R$ 11/h = − R$ 2/h), mediremos exclusivamente a Variação de Eficiência (VE), também chamada de Variação de Ociosidade, pelo seguinte raciocínio: Qual teria sido a diferença de valor entre o Custo Padrão e o Custo Real se só tivesse havido a diferença número de horas no valor de 9 h, de modo que não houvesse variação de taxa, ou seja, a Taxa Real fosse exatamente igual à Taxa Padrão (R$ 13/h)?

Resposta: Seria igual ao que definiremos como <u>Variação de Eficiência</u> (VE), que é o produto da diferença de horas (HR − HP = 24 h − 15 h = 9 h) pela Taxa Padrão (TP = R$ 13/h). Assim, podemos estabelecer a seguinte relação:

$$VE = (HR - HP) \times TP$$

Legenda:

VE: Variação de Eficiência

HR: Horas Reais

QP: Horas Padrão

TP: Taxa Padrão

Finalmente, no caso da Indústria Pérola S/A, a Variação de Eficiência do Departamento X (VE_X) seria:

VE_X = (24 h − 15 h) × R$ 13/h = + R$ 117 (Positiva ou Desfavorável)

Usando a mesma relação acima, também iremos calcular a Variação de Eficiência do Departamento Y (VE$_Y$):

- VE$_Y$ = (20,5 h – 21 h) × R$ 5/h = – R$ 2,5 (Negativa ou Favorável)

3.2.2. Variação de Taxa

No exemplo Indústria Pérola S/A e tomando por base, por exemplo, a Variação Total da Mão de Obra Direta no Departamento X no valor de + R$ 69, variação esta que se deu tanto em função da diferença de horas (15 h para 24 h = 9 h), quanto em função da diferença de taxa (R$ 13/h para R$ 11/h = – R$ 2/h), mediremos exclusivamente a Variação de Taxa (VT) pelo seguinte raciocínio: Qual teria sido a diferença de valor entre o Custo Padrão e o Custo Real se só tivesse havido a diferença na taxa da mão de obra direta, de modo que não houvesse variação de horas de mão de obra direta, ou seja, as Horas Reais gastas de mão de obra direta no departamento X fossem exatamente igual às Horas Padrão (15 h)?

Resposta: Seria igual ao que definiremos como <u>Variação de Taxa</u> (VT), que é o produto da diferença de taxas da mão de obra direta no Departamento X (TR – TP = R$ 13/h – R$ 11/h = R$ 2/h) pelo número de Horas Padrão (HP = 15 h). Assim, podemos estabelecer a seguinte relação:

$$\boxed{VT = (TR - TP) \times HP}$$

Legenda:
VT: Variação de Taxa
TR: Taxa Real
TP: Taxa Padrão
HP: Horas Padrão

Finalmente, no caso da Indústria Pérola S/A, a Variação de Taxa do Departamento X (VT$_X$) seria:

VT$_X$ = (R$ 11/h – R$ 13/h) × 15 h = – R$ 30 (Negativa ou Favorável)

Usando a mesma relação acima, também iremos calcular a Variação de Taxa do Departamento Y (VT$_Y$):

VT$_Y$ = (R$ 12/h – R$ 5/h) × 21 h = + R$ 147 (Positiva ou Desfavorável)

3.2.3. Variação Mista

Com raciocínio totalmente análogo ao da Variação Mista dos Materiais Diretos Aplicados no exemplo da Indústria Pérola S/A, podemos estabelecer a seguinte relação para o cálculo da Variação Mista da Mão de Obra Direta:

$$VM = (HR - HP) \times (TR - TP)$$

Legenda:

VM: *Variação Mista*

HR: *Horas Reais*

HP: *Horas Padrão*

TR: *Taxa Real*

TP: *Taxa Padrão*

Assim, a Variação Mista da Mão de Obra Direta da Indústria Pérola S/A será calculada da seguinte forma:

- No Departamento X: VM_X = (24 h – 15 h) × (R$ 11/h – R$ 13/h) = – R$ 18 F
- No Departamento Y: VM_Y = (20,5 h – 21 h) × (R$ 12/h – R$ 5/h) = – R$ 3,50 F

Nota: *"– R$ 18 F" significa variação mista "Favorável de R$ 18" e "– R$ 3,50 F" significa variação mista "Favorável de R$ 3,50".*

Por fim, podemos corroborar a Variação Total da Mão de Obra Direta na Indústria Pérola S/A no valor de R$ 210 (= R$ 510 – R$ 300) da seguinte forma:

Variação de Eficiência Total (X e Y) = R$ 117 – R$ 2,5 .... + R$ 114,50 D

(+) Variação de Taxa Total (X e Y) = – R$ 30 + R$ 147 ....+ R$ 117,00 D

(+) Variação Mista Total = – R$ 18 – R$ 3,50 ....– R$ 21,50 F

(=) Variação Total .... **+ R$ 210,00 D**

Legenda: D – Desfavorável (Positiva); F – Favorável (Negativa)

Obs. 1: Da mesma forma que a análise das variações dos materiais poderá ser feita em relação a uma unidade ou em relação ao total da produção, a análise das variações da mão de obra também poderá ser em relação à unidade ou em relação ao total da produção. Conforme já mencionado, a regra geral em questões de concursos públicos é que tal análise seja em relação ao TOTAL e não somente a uma unidade.

Obs. 2: Analogamente à análise das variações dos materiais, onde, opcionalmente, a variação mista poderia ser considerada parte da variação de preço, na análise das variações da mão de obra, pode-se também, opcionalmente, considerar a variação mista como parte da variação de taxa. Assim, teremos:

(1) Cálculo da Variação de Taxa (VT), <u>não considerando</u> a variação mista como integrante de seu valor:

$$VT = (TR - TP) \times HP$$

HP: *Número de Horas Padrão*

(2) Cálculo da Variação de Taxa (VT), <u>considerando</u> a variação mista como integrante de seu valor:

$$VT = (TR - TP) \times HR$$

HR: Número de Horas Reais

3.3. Análise das Variações dos Custos Indiretos de Fabricação

Conforme já comentado antes, a análise do Custo Padrão poderá ser feita pela ótica do custeio variável ou pela ótica do custeio por absorção.

Desse modo, nesse último caso (custeio por absorção), também é necessário fazermos uma análise das variações dos Custos Indiretos de Fabricação (CIF), além da análise das variações dos materiais e da mão de obra direta.

Considerando o exemplo anterior da Indústria Pérola S/A, onde os CIF Padrão foram de R$ 200/un., admitiremos que este valor foi apurado da seguinte forma:

- CIF Variável Padrão (unitário) .... R$ 140/un.
- CIF Fixo Padrão (total) .... R$ 60.000/mês
- Volume Padrão de Produção .... 1.000 un./mês

CIF Padrão (total):

CIF Variável Padrão (total) = R$ 140/un. × 1.000 un./mês .... R$ 140.000/mês

(+) CIF Fixo Padrão (total) .... R$ 60.000/mês

(=) CIF Padrão (total) .... R$ 200.000/mês

CIF Padrão (unitário) = R$ 200.000 ÷ 1.000 un. = R$ 200/un.

Lembrando que o CIF Real da referida empresa foi de R$ 219/un., iremos supor que esse valor tenha sido apurado da seguinte forma:

CIF Real (total) .... R$ 175.200

Volume Real de Produção .... 800 un./mês

Logo:

CIF Real (unitário) = R$ 175.200 ÷ 800 un. = R$ 219/un.

3.3.1. Variação de Volume dos CIF (VV CIF)

No exemplo da Indústria Pérola S/A, podemos agora fazer a seguinte pergunta: Quanto da diferença nos CIF de + R$ 19/un. (= R$ 219/un. – R$ 200/un.) é atribuível <u>somente</u> à variação do volume de produção (1.000 un. para 800 un.)?

Para respondermos isso, utilizaremos o seguinte raciocínio: Caso não tivesse havido variação no CIF Variável Padrão (R$ 140/un.) e no CIF Fixo Padrão total (R$ 60.000/mês), quanto teria sido o CIF Padrão unitário para uma produção 800 un./mês, ou seja, para um <u>nível real</u> de produção de 800 unidades mensais?

Solução:

CIF Variável Padrão total (= R$ 140 × 800) .... R$ 112.000

(+) CIF Fixo Padrão total .... R$ 60.000

(=) CIF Padrão total .... R$ 172.000

(÷) 800

(=) CIF Padrão (unitário) .... R$ 215/un.

Assim, somente pela redução de um padrão de 1.000 un. mensais para 800 un. mensais, o CIF Padrão aumentaria de R$ 200/un. para R$ 215/un., importando numa <u>VARIAÇÃO DE VOLUME</u> de + R$ 15/um (Positiva ou Desfavorável)

Generalizando, podemos estabelecer a seguinte relação:

> VV CIF = CIF Padrão ao nível Real − CIF Padrão ao nível Padrão

- VV CIF (por unidade) = R$ 215/un. − R$ 200/un. = + R$ 15/un. (Desfavorável)
- VV CIF (total) = R$ 172.000 − R$ 200.000 = − R$ 28.000 (Favorável)

Obs. 1: Observemos que, embora a variação de volume <u>total</u> seja favorável, dado que o CIF padrão ao nível real é inferior em R$ 28.000 ao CIF padrão ao nível padrão, a variação de volume <u>por unidade</u> é desfavorável, dado que o CIF unitário padrão ao nível real é superior em R$ 15 ao CIF unitário padrão ao nível padrão. Isso se explica pelo fato de que os CIF fixos unitários variam em <u>razão inversa</u> à quantidade produzida, ou seja, a queda de 1.000 unidades para 800 unidades acarretou um aumento do custo unitário de R$ 200 para R$ 215.

Obs. 2: Conforme já calculado anteriormente, a variação de volume total dos CIF foi negativa (favorável) em R$ 28.000. No entanto, em algumas questões de concursos públicos tem-se observado que tal variação é calculada multiplicando-se a variação de volume unitária dos CIF pela quantidade total produzida. Nesse caso, essa variação referente às 800 unidades produzidas no exemplo em análise seria de + R$ 15 × 800 = + R$ 12.000 (Desfavorável), resultado este TOTALMENTE DIFERENTE do encontrado acima. Consideramos essa última alternativa de cálculo <u>incorreta</u> pela seguinte razão: Ao multiplicarmos R$ 15 por 800, estamos multiplicando a diferença entre R$ 215 e R$ 200 por 800, de sorte que isso também equivale à expressão R$ 215 × 800 − R$ 200 × 800. Nesse caso, o certo seria R$ 215 × 800 − R$ 200 × 1.000, ou seja, os R$ 200 (padrão unitário) deveriam ser multiplicados por 1.000 unidades (quantidade padrão) e <u>não</u> por 800 unidades (quantidade real). Infelizmente, tal forma incorreta de cálculo da variação total dos CIF tem sido consagrada por diversos doutrinadores e utilizadas por comentaristas de questões de concursos para justificar os gabaritos equivocados, os quais, lamentavelmente, temos que reputar por corretos, mesmo não concordando, visto que, em geral, as bancas não aceitam recursos contestando suas bases doutrinárias. Na resolução do EXERCÍCIO RESOLVIDO 3 mais adiante, por exemplo, utilizamos essa forma "incorreta" de cálculo para justificar de forma "inadequada" o gabarito da respectiva banca elaboradora (Fundação Carlos Chagas), a qual não anulou a questão e tudo indica que manterá e apoiará tal forma de cálculo em concursos vindouros. De forma diferente, o exercício de fixação número 7 elaborado pela banca Fundação Cesgranrio, por exemplo, tem sua solução para o cálculo da variação de volume da forma CORRETA, a qual apoiamos na presente obra. Por fim, recomendamos àqueles que desejam realizar concursos públicos o conhecimento da posição doutrinária apoiada pela respectiva banca elaboradora, mesmo que seja diferente da "boa" doutrina.

Obs. 3: É possível entre os diversos autores e doutrinadores a apresentação das fórmulas de cálculo das variações de forma invertida do seguinte modo, por exemplo: VV CIF = CIF Padrão ao nível Padrão – CIF Padrão ao nível Real. Tal colocação não é incorreta e nem muda a essência de nossa análise, desde que também sejam feitas as "devidas" interpretações e inversões nas fórmulas referentes aos demais tipos de variações.

3.3.2. Variação de Custo dos CIF (VC CIF)

Como visto anteriormente, o CIF Real foi de R$ 219/un. e não R$ 215/un., valor este que seria se apenas houvesse variação de volume. Então, qual seria o porquê dessa diferença de R$ 4/un.? A resposta está relacionada ao CIF Variável Padrão (R$ 140/un.) e ao CIF Fixo Padrão total (R$ 60.000/mês), os quais ao nível de produção REAL de 800 unidades foram de R$ 175.200, quando na verdade seriam apenas de R$ 172.000 se houvesse tão somente variação de volume.

Desse modo, a Variação de Custo TOTAL seria de R$ 175.200 – R$ 172.000 = + R$ 3.200 (desfavorável) e a Variação de Custo UNITÁRIA seria de R$ 3.200 ÷ 800 = R$ 4/un. (ou R$ 219/un. – R$ 215/un.)

Generalizando, podemos estabelecer a seguinte relação:

> VC CIF = CIF Real – CIF Padrão ao nível Real

Por fim, resumindo os exemplos dos itens 3.3.1. e 3.3.2, teremos:

A) VARIAÇÃO TOTAL UNITÁRIA:

CIF Padrão unitário .... R$ 200/un.

(+) **Variação de Volume (VV CIF)** .... **R$ 15/un.**

(=) CIF Padrão ao nível Real de produção .... R$ 215/un.

(+) **Variação de Custo (VC CIF)** .... **R$ 4/un.**

CIF Real unitário .... R$ 219/un.

Generalizando, podemos estabelecer a seguinte relação:

> Variação Total = VV CIF + VC CIF

No caso da Indústria Pérola S/A, teríamos:

Variação Total = + R$ 15/un. + R$ 4/un. = + R$ 19/un. (Desfavorável)

B)   VARIAÇÃO TOTAL DE TODA A PRODUÇÃO:

CIF Padrão (total) .... R$ 200.000

(–) **Variação de Volume (total)** .... **(R$ 28.000)**

(=) CIF Padrão ajustado ao nível Real .... R$ 172.000

(+) **Variação de Custo (total)** .... **R$ 3.200**

(=) CIF Real (total) .... R$ 175.200

> Variação Total = VV CIF + VC CIF

No caso da Indústria Pérola S/A, teríamos:

Variação Total = – R$ 28.000 + R$ 3.200 = – R$ 24.800 (Negativa ou Favorável)

3.3.3. Variação de Eficiência dos CIF (VE CIF)

No exemplo da Indústria Pérola S/A, o cálculo da variação de custos levou em consideração apenas a diferença entre o número de unidades padronizadas (1.000 unidades) e o número de unidades realmente produzidas (800 unidades). No entanto, numa análise mais apurada, é possível que existam outras variáveis que possam modificar o cálculo da variação de custos, servindo também como nova base de alocação dos CIF, tais como horas de mão de obra, horas máquinas, quantidade de matéria-prima processada etc. Assim, há também a possibilidade de a empresa estabelecer um <u>padrão extra</u> que relaciona a produção acabada e a atividade exigida para essa produção.

Suponhamos, ainda no mesmo exemplo da Indústria Pérola S/A, que o padrão de R$ 200/un. tenha sido calculado do seguinte modo:

- Padrão de CIF Variável = R$ 140/hm (hm: hora-máquina)
- Padrão de Produtividade = 1 hm/un.
- CIF Fixo Padrão total = R$ 60.000
- Padrão mensal de produção = 1.000 unidades

Assim, teríamos:

> CIF Padrão ao nível Padrão = [R$ 140/hm × 1hm/un. × 1.000 un. + R$ 60.000] ÷ 1.000 un. = R$ 200/un.

> CIF Padrão ao nível Real = [R$ 140/hm × 1hm/un. × 800 un. + R$ 60.000] ÷ 800 un. = R$ 215/un.

Com relação à **Variação de Volume dos CIF (VV CIF)** já calculada no item 3.3.1, essa seria a mesma, ou seja, + R$ 15/un.

Já com relação à **Variação de Custo dos CIF (VC CIF)** já calculada no item 3.3.2, essa só seria a mesma se o padrão de 1 hm/un. se mantivesse na produção das 800 unidades. No entanto, suponhamos que na produção das 800 unidades tivessem sido gastos 1,02 hm/un. (ineficiência de 2%). Assim, teríamos:

CIF Padrão ao nível Real ajustado pela ineficiência = [R$ 140/hm × 1,02hm/un. × 800 un. + R$ 60.000] ÷ 800 un. = R$ 174.240 ÷ 800 un. = R$ 217,80/un.

Desse modo, a Variação da Eficiência dos CIF (VE CIF), seria calculada da seguinte forma:

VE CIF = CIF Padrão a nível Real ajustado − CIF Padrão ao nível Real
---

> VE CIF (unitária) = R$ 217,80/un. − R$ 215/un. = R$ 2,80/un. (Desfavorável)
> VE CIF (total) = R$ 174.240 − R$ 172.000 = R$ 2.240 (Desfavorável)

Com isso, os R$ 4/un. deixariam de ser exclusivamente atribuídos à Variação de Custos, a qual cairia para R$ 1,2/un., sendo os R$ 2,80/un. atribuídos à Variação de Eficiência.

Desse modo, a NOVA Variação de Custos dos CIF poderia ser calculada da seguinte forma:

VC CIF = CIF Real − CIF Padrão ao nível Real ajustado

> VC CIF (unitária) = R$ 219/un. − R$ 217,8/un. = R$ 1,2/un. (Desfavorável)
> VC CIF (total) = R$ 200.000 − R$ 174.240 = R$ 25.760 (Desfavorável)

Resumindo tudo, nessa nova hipótese (ineficiência de 2%), teríamos:

CIF Padrão unitário .... R$ 200/un.

(+) Variação de Volume (VV CIF) .... **R$ 15/un.**

(=) CIF Padrão ajustado ao nível real .... R$ 215/un.

(+) Variação de Eficiência dos CIF .... **R$ 2,8/un.**

(=) CIF Padrão ao nível real ajustado .... R$ 217,8/un.

(+) Variação de Custo (VC CIF) .... **R$ 1,2/un.**

(=) CIF Real unitário .... R$ 219/un.

Obs.: Uma outra forma de calcularmos a VE CIF é partindo do conceito de que tal variação é igual à diferença entre o nível de atividade real (horas de MOD, horas-máquina, outra base) e o nível de atividade padrão permitido, MULTIPLICADA pela parte variável da taxa predeterminada de custos indiretos. Assim, no exemplo em análise, teremos:

- Nível de atividade real = 1,02 hm/un.
- Nível de atividade padrão = 1 hm/un.
- Parte variável da taxa predeterminada de custos indiretos = R$ 140/hm
  VE CIF = (1,02 hm/un. − 1 hm/un.) × R$ 140/hm = R$ 2,8/un.

4. Controle do custo padrão

Para a otimização dos custos reais de produção, é necessário a utilização do custeio padrão como parâmetro de controle. Tal controle pode ser realizado de duas formas opcionais:

(1) Extra-contabilmente, com a utilização de relatórios de apuração de custos;

(2) Contabilmente, por meio de escrituração contábil nos livros diário e razão.

No caso do controle CONTÁBIL, o custo padrão dos materiais diretos aplicados, da mão de obra direta e dos custos indiretos de fabricação são lançados na conta Produtos em Elaboração, sendo as variações controladas em contas específicas.

A transferência da conta Produtos em Elaboração para a conta Produtos Prontos se faz pelo custo padrão. A transferência da conta Produtos Prontos para a conta CPV também se faz pelo custo padrão.

Finalmente, as contas das variações (Variação dos MDA, Variação da MOD e Variação do CIF) são encerradas, nas respectivas proporções, contra as contas CPV e Produtos Prontos.

Regra geral, supondo que toda a produção esteja acabada ao fim do período, ao todo, são quatro lançamentos contábeis, onde as contas de variações aparecem somente no primeiro lançamento e no quarto lançamento invertidas em relação ao primeiro lançamento, ou seja, se, por exemplo, a Variação da MOD foi debitada no primeiro lançamento, no quarto, será creditada pelo mesmo valor, pois deverá ser encerrada, e assim por diante.

Reiterando tudo isso, abaixo reproduzimos o item 21 do Pronunciamento Técnico CPC 16 (R1) – Estoques:

> *Item 21. Outras formas para mensuração do custo de estoque, tais como o custo-padrão ou o método de varejo, podem ser usadas por conveniência se os resultados se aproximarem do custo. O custo-padrão leva em consideração os níveis normais de utilização dos materiais e bens de consumo, da mão de obra e da eficiência na utilização da capacidade produtiva. Ele deve ser regularmente revisto à luz das condições correntes. As variações relevantes do custo-padrão em relação ao custo devem ser alocadas nas contas e nos períodos adequados de forma a se ter os estoques de volta a seu custo.*

Exemplo prático: A Indústria Solar S/A, para a fabricação de 5.000 unidades do produto "P" num determinado mês, estabeleceu os seguintes custos padrões unitários desse produto:

– Materiais Diretos Aplicados (MDA) .... R$ 190,00
– Mão de Obra Direta (MOD) .... R$ 120,00
– Custos Indiretos de Fabricação (CIF) .... R$ 50,00

Consequentemente, os custos TOTAIS PADRÕES das 5.000 unidades fabricadas seriam os seguintes:

- Materiais Diretos (= R$ 190,00 × 5.000) .... R$ 950.000,00
- Mão de Obra Direta (= R$ 120,00 × 5.000,00) .... R$ 600.000,00
- Custos Indiretos de Fabricação (= R$ 50,00 × 5.000,00) .... R$ 250.000,00
- TOTAL .... R$ 1.800.000,00

Considerando que no respectivo mês não havia estoques iniciais de produtos e que das 5.000 unidades totalmente acabadas, 3.000 foram vendidas, permanecendo 2.000 no estoque ao final do mês, ou seja, 60% foram vendidas e 40% ficaram no estoque de produtos acabados, os seguintes custos TOTAIS REAIS foram apurados no final do mesmo mês para a fabricação das 5.000 unidades:

- Materiais Diretos Aplicados (MDA) .... R$ 980.000,00
- Mão de Obra Direta (MOD) .... R$ 550.000,00
- Custos Indiretos de Fabricação (CIF) .... R$ 290.000,00
- TOTAL .... R$ 1.820.000,00

Assim, teremos as seguintes formas de controle:

1ª FORMA) CONTROLE DO CUSTO PADRÃO EXTRA-CONTABILMENTE (em R$), onde D – Desfavorável (ou Positivo) e F – Favorável (ou Negativo):

Item	CUSTO REAL (CR)	CUSTO PADRÃO (CP)	VARIAÇÃO (CR – CP)
MDA	980.000,00	950.000,00	+ 30.000,00 D
MOD	550.000,00	600.000,00	– 50.000,00 F
CIF	290.000,00	250.000,00	+ 40.000,00 D
TOTAL	1.820.000,00	1.800.000,00	+ 20.000,00 D

2ª FORMA) CONTROLE DO CUSTO PADRÃO CONTABILMENTE (em R$): Serão feitos 4 (quatro) lançamentos contábeis:

(1) A conta "Produtos em Elaboração" será debitada pelo seu valor PADRÃO total (R$ 1.800.000,00), as contas "MD" (Materiais Diretos), "MOD" (Mão de Obra Direta) e "CIF" (Custos Indiretos de Fabricação) serão creditadas pelos seus valores REAIS. No caso das contas das Variações (Variação MD, Variação MOD e Variação CIF), se <u>desfavoráveis</u>, serão DEBITADAS e, se <u>favoráveis</u>, serão CREDITADAS:

D – Produtos em Elaboração 1.800.000,00
D – Variação MD 30.000,00
D – Variação CIF 40.000,00
C – MD 980.000,00
C – MOD 550.000,00

C – CIF 290.000,00
C – Variação MOD 50.000,00

Obs.: Caso o valor da <u>variação total</u> fosse NEGATIVA (ou FAVORÁVEL), como, por exemplo, se as variações dos MDA, da MOD e dos CIF fossem, respectivamente, de "– 30.000,00", "+ 50.000,00" e "– 40.000,00", importando numa soma TOTAL de "– 20.000,00", haveria inversão dos saldos das variações, isto é, as variações desfavoráveis seriam creditadas e as variações favoráveis seriam debitadas.

(2) Transferência de saldo da conta "Produtos em Elaboração" para "Produtos Acabados" pelo PADRÃO TOTAL (1.800.000,00):

D – Produtos Acabados 1.800.000,00
C – Produtos em Elaboração 1.800.000,00

(3) Transferência de valor da conta "Produtos Acabados" para "CPV" (Custos dos Produtos Vendidos) pelo valor de 60% do PADRÃO TOTAL (60% 1.800.000,00 = 1.080.000,00):

D – CPV 1.080.000,00
C – Produtos Acabados 1.080.000,00

(4) Encerramento, no final do mês, das contas das variações, de modo que as desfavoráveis agora serão CREDITADAS e as favoráveis agora serão DEBITADAS, sendo que 60% da Variação Total (+ 20.000,00) será <u>debitada</u> em "CPV" (60% 20.000,00 = 12.000,00) e 40%, <u>debitada</u> em "Produtos Acabados" (40% 20.000,00 = 8.000,00):

D – CPV 12.000,00
D – Produtos Acabados 8.000,00
D – Variação MOD 50.000,00
C – Variação MD 30.000,00
C – Variação CIF 40.000,00

Obs.: Caso o valor da Variação total fosse NEGATIVO (ou FAVORÁVEL), como, por exemplo, se as variações dos MDA, da MOD e dos CIF fossem, respectivamente, de "– 30.000,00", "+ 50.000,00" e "– 40.000,00", dando um valor TOTAL de "– 20.000,00", então as contas "CPV" e "Produtos Acabados" seriam CREDITADAS, respectivamente, em 12.000,00 e 8.000,00, de modo que o lançamento de encerramento das variações seria exatamente o oposto do anterior:

D – Variação MD 30.000,00
D – Variação CIF 40.000,00
C – CPV 12.000,00
C – Produtos Acabados 8.000,00
C – Variação MOD 50.000,00

Lançamentos nos RAZONETES:

MD		MOD		CIF	
980.000	80.000 (1)	550.000	550.000 (1)	290.000	290.000 (1)

Variação MD		Variação MOD		Variação CIF	
(1) 30.000	30.000 (4)	(4) 50.000	50.000 (1)	(1) 40.000	40.000 (4)

Produtos em Elaboração		Produtos Acabados		CPV	
(1) 1.800.000	1.800.000 (2)	(2) 1.800.000	1.080.000 (3)	(4) 8.000	(4) 12.000
		728.000		**1.092.000**	

Observemos que ao final do período as contas "Produtos Acabados" e "CPV" ficaram com seus saldos, respectivamente, de 40% do custo real total (40% 1.820.000) e de 60% do custo real total (60% 1.820.000).

EXERCÍCIO RESOLVIDO 1: Uma empresa utiliza em sua contabilidade o sistema de Custo Padrão. Ao final do mês de junho, realizou a análise das variações da mão de obra direta com base nas informações do quadro abaixo:

Itens	Custo padrão	Custo real
Capacidade instalada	18.000 horas	
Consumo de horas p/ unidade	4 horas	3,25 horas
Taxa horária	R$ 6,00	R$ 5,80
Produção planejada	4.500 unidades	
Produção real		6.000 unidades
Total de gastos planejados	R$ 108.000,00	
Total de gastos reais		R$ 113.100,00

Assim, com base exclusivamente nas informações acima, apure:

(1) Variação de Eficiência

(2) Variação de Taxa

(3) Variação Mista

(4) Variação Total

(SOLUÇÃO)

Considerando:

HR (Quantidade "total" de Horas Reais) = 6.000 × 3,25h = 19.500 h

HP (Quantidade "total" de Horas Padrão) = 18.000 h

TR (Taxa Real) = R$ 5,80/h

TP (Taxa Padrão) = R$ 6,00/h

Teremos:

(1) VARIAÇÃO DE EFICIÊNCIA (VE):

VE = (HR – HP)× TP = (19.500 h – 18.000 h) × R$ 6/h = + R$ 9.000 *(Positiva ou Desfavorável)*

---

(2) VARIAÇÃO DE TAXA (VT):

VT = (TR – TP) × HP = (R$ 5,80/h – R$ 6,00/h) × 18.000 h = – R$ 3.600,00 *(Negativa ou Favorável)*

---

(3) VARIAÇÃO MISTA (VM):

VM = (HR – HP) × (TR – TP) = (19.500 h – 18.000 h) × (R$ 5,80/h – R$ 6,00/h) = – R$ 300 *(Negativa ou Favorável)*

---

(4) VARIAÇÃO TOTAL (VT):

VT = HR × TR – HP × TP = 19.500 h × R$ 5,80/h – 18.000 h × 6,00/h = R$ 113.100 – R$ 108.000 = + R$ 5.100 *(Positiva ou Desfavorável)*

Nota: *Também podemos calcular a variação total somando as variações de eficiência de taxa e mista:* VT = VE + VT + VM = R$ 9.000 – R$ 3.600 – R$ 300 = + R$ 5.100

EXERCÍCIO RESOLVIDO 2: (ENADE 2012 – Ciências Contábeis/Inep) O Departamento de Orçamento da Indústria de Bebidas Figueira S.A., com base em seus custos reais do ano de 2010, estabeleceu padrões de custos de produção que formam os custos de seu único produto para o ano de 2011, conforme tabela a seguir:

	Custo padrão	
Item	Quantidade	Preço unitário
Matéria-prima	2 kg	$ 3
Material secundário	1 litro	$ 1
Mão de obra direta	2 horas	$ 5

No final do ano de 2011, foram constatados os seguintes custos reais:

	Custo real	
Item	Quantidade	Preço unitário
Matéria-prima	4 kg	$ 2
Material secundário	1,5 litro	$ 2
Mão de obra direta	1,5 horas	$ 6

Diante das informações acerca do custo real, percebe-se que ocorreu grande variação nos custos.

Nessa situação, as variações da matéria-prima em quantidade, em preço e em quantidade e preço (mista) foram, respectivamente,

a) $ 6 desfavorável, $ 2 favorável e $ 2 favorável..
b) $ 2 desfavorável, $ 2 desfavorável e $ 1 favorável.
c) $ 4 desfavorável, $ 4 favorável e $ 2 desfavorável.
d) $ 6 favorável, $ 8 desfavorável e $ 2 desfavorável.
e) $ 3 favorável, $ 0,50 desfavorável e $ 4,50 desfavorável.

(SOLUÇÃO)
MATÉRIA-PRIMA:

- *Variação de quantidade = (4 kg – 2 kg) × $ 3/ kg = + $ 6 (desfavorável)*
- *Variação de preço = ($ 2/ kg – $ 3/ kg) × 2 kg = – $ 2 (favorável)*
- *Variação mista = (4 kg – 2 kg) × ($ 2/ kg – $ 3/ kg) = – $ 2 (favorável)*

(Resposta: opção a)

EXERCÍCIO RESOLVIDO 3: (TRE – AM – Contador/FCC) A empresa Ferradura utiliza o custo-padrão para acompanhar o desempenho operacional do setor produtivo. O custeio por absorção é utilizado tanto para a apuração do custo real quanto para a determinação do custo-padrão. Em determinado mês a empresa obteve as seguintes informações:

Insumo	Custo padrão	Custo real
Matéria-prima	R$60,00/unidade (2 kg × R$30,00)	R$68,20/unidade (2,2 kg × R$ 31,00)
Custos indiretos fixos	**R$ 276.000,00**	**R$ 280.000,00**

Para a determinação dos padrões a empresa estimou uma produção de 12.000 unidades e, de fato, produziu 10.000 unidades.

Sabendo que a empresa considera a variação mista como parte da variação do preço, com base nas informações acima, é correto afirmar que a variação

a) dos custos indiretos fixos devido à variação de volume é de R$ 46.000,00 desfavorável.
b) de preço da matéria-prima é de R$ 20.000,00 favorável.
c) dos custos indiretos devido ao preço é de R$ 4.000,00 favorável.
d) de preço da matéria-prima é de R$ 82.000,00 desfavorável.
e) de quantidade de matéria-prima é de R$ 62.000,00 desfavorável.

(SOLUÇÃO)
Cálculo da variação de volume dos CIF (VV CIF):

> VV CIF = CIF Padrão ao nível Real – CIF Padrão ao nível Padrão

VV CIF/un = $\dfrac{R\$\ 276.000,00}{10.000} - \dfrac{R\$\ 276.000,00}{12.000}$ = R$ 27,60 – R$ 23,00 = +R$ 4,60

VV CIF (10.000 unidades) = + R$ 4,60 × 10.000 unidades = + R$ 46.000,00 D

(Resposta: opção a)

Comentário extra 1: Com base no que já foi comentado na observação 2 do item 3.3.1, o valor da variação de volume <u>total</u> "corretamente" calculado seria de R$ 276.000 – R$ 276.000 = "ZERO" (e não R$ 46.000), dado que a redução do volume de 12.000 unidades para 10.000 unidades NÃO AFETARIA OS CIF FIXOS TOTAIS (afetaria <u>somente</u> os CIF fixos UNITÁRIOS), isto é, os CIF totais permaneceriam no valor de R$ 276.000, mesmo havendo variação de volume de 12.000 unidades para 10.000 unidades.

Comentário extra 2: Os cálculos de todas as variações referentes à matéria-prima aplicada (VQ – Variação de Quantidade, VP – Variação de Preço, VM – Variação Mista e VT – Variação Total) serão feitos a seguir:

- QR (Quantidade Real) = 2,2 kg

- QP (Quantidade Padrão) = 2,0 kg

- PR (Preço Real) = R$ 31/kg

- PP (Preço Padrão) = R$ 30/kg

- VQ = (QR – QP) × PP = (2,2 kg – 2,0 kg) × R$ 30/kg = + R$ 6 D
- VQ (10.000 un.) = + R$ 6 × 10.000 = + R$ 60.000 D

Cálculo da Variação de Preço (VP) **sem** considerar a Variação Mista como sua integrante:

- VP = (PR – PP) × QP = (R$ 31/kg – R$ 30/kg) × 2,0 kg = + R$ 2,0 D
- VP (10.000 un.) = + R$ 2 × 10.000 = + R$ 20.000 D

- $VM = (QR - QP) \times (PR - PP) = (2{,}2 \text{ kg} - 2{,}0 \text{ kg}) \times (R\$ \ 31/kg - R\$ \ 30/kg) = + R\$ \ 0{,}2 \ D$
- $VM \ (10.000 \ un.) = +R\$ \ 0{,}2 \times 10.000 = + R\$ \ 2.000 \ D$

- $VT = VQ + VP + VM = R\$ \ 6 + R\$ \ 2 + R\$ \ 0{,}2 = + R\$ \ 8{,}2 \ D$

Ou

- $VT = [QR \times PR] - [QP \times PP] = [2{,}2 \text{ kg} \times R\$ \ 31/kg] - [2{,}0 \text{ kg} \times R\$ \ 30/kg] = R\$ \ 68{,}2 - R\$ \ 60 = + R\$ \ 8{,}2 \ D$
- $VT \ (10.000 \ un.) = + R\$ \ 8{,}2 \times 10.000 = + R\$ \ 82.000 \ D$

Cálculo da Variação de Preço (VP) **considerando** *a Variação Mista como sua integrante:*

- $VP = R\$ \ 2 + R\$ \ 0{,}2 = + R\$ \ 2{,}2 \ D$

Ou

- $VP = (PR - PP) \times QR = (R\$ \ 31/kg - R\$ \ 30/kg) \times 2{,}2 \text{ kg} = + R\$ \ 2{,}2 \ D$
- $VP \ (10.000 \ un.) = + R\$ \ 2{,}2 \times 10.000 = + R\$ \ 22.000 \ D$

Exercícios de Fixação

1. (Auditor-Fiscal Receita Federal/ESAF) Numa empresa fabril que trabalha com custo-padrão, a variação do tempo da mão de obra direta, em certo período, foi de 100 (cem) horas acima do número previsto, que foi de 1.000 horas.

   No mesmo período, a variação do custo da mão de obra direta por unidade de tempo foi de R$ 0,10 (dez centavos) abaixo do valor orçado, que foi de R$ 1,00 (um real) por hora.

   O valor da variação total entre custo-padrão (CP) e custo real (CR) foi de:
   a) CP > R$ 110,00
   b) CP < R$ 110,00
   c) CP > 10,00
   d) CP < R$ 10,00
   e) CP > R$ 100,00

2. (Analista de Finanças e Controle/ESAF) A empresa Ferraço S/A fabrica canivetes e registra na Contabilidade todos os custos por valores-padrão, controlando as variações do custo efetivo em contas específicas, encerradas ao fim de cada período mensal.

   Em outubro, o custo-padrão unitário foi estabelecido em:

Material direto	R$ 50,00
Mão de obra direta	R$ 40,00
Custos indiretos	R$ 35,00

   No mês de referência foram produzidos dois mil canivetes e vendidos um mil e seiscentos, ao preço unitário de R$ 160,00, com tributação de IPI a 10% e ICMS a 12%.

   Em 31 de outubro foram apurados os seguintes custos realmente praticados no período:

Material direto	R$ 102.000,00
Mão de obra direta	R$ 77.500,00
Custos indiretos	R$ 75.000,00

   Assinale o lançamento que contabiliza corretamente o encerramento das variações entre o custo real e o custo-padrão, no mês de outubro, a partir dos dados exemplificados (o histórico foi omitido).

   a) Diversos
      a Diversos

Custo do Produto Vendido	R$ 3.600,00	
Produtos Acabados	R$ 900,00	
Variação da Mão de Obra Direta	R$ 2.500,00	R$ 7.000,00
a Variação do Material Direto	R$ 2.000,00	
a Variação de Custos Indiretos	R$ 5.000,00	R$ 7.000,00

b) Diversos
   a Diversos
Variação do Material Direto	R$ 2.000,00	
Variação de Custos Indiretos	R$ 5.000,00	R$ 7.000,00
a Custo do Produto Vendido	R$ 3.600,00	
a Produtos Acabados	R$ 900,00	
a Variação da Mão de Obra Direta	R$ 2.500,00	R$ 7.000,00

c) Diversos
   a Diversos
Produtos Acabados	R$ 4.500,00	
Variação da Mão de Obra Direta	R$ 2.500,00	R$ 7.000,00
a Variação do Material Direto	R$ 2.000,00	
a Variação de Custos Indiretos	R$ 5.000,00	R$ 7.000,00

d) Diversos
   a Diversos
Custo do Produto Vendido	R$ 4.500,00	
Variação da Mão de Obra Direta	R$ 2.500,00	R$ 7.000,00
a Variação do Material Direto	R$ 2.000,00	
a Variação de Custos Indiretos	R$ 5.000,00	R$ 7.000,00

e) Diversos
   a Diversos
Custo do Produto Vendido	R$ 5.100,00	
Produtos Acabados	R$ 1.900,00	R$ 7.000,00
Variação da Mão de Obra Direta	R$ 2.500,00	
a Variação do Material Direto	R$ 2.000,00	
a Variação de Custos Indiretos	R$ 2.500,00	R$ 7.000,00

3. (INFRAERO – Contador/Fundação Carlos Chagas) A empresa ASA utiliza o sistema de custo padrão. No último mês, os valores apurados foram os seguintes:

Consumo real de matéria-prima por unidade	50kg
Preço unitário real da matéria-prima utilizada na produção	R$ 10,00 por kg
Unidades produzidas	20
Consumo unitário planejado no padrão	60kg
Custo da matéria-prima (planejada no padrão)	R$ 8,00 por kg

Com base nos dados acima, as variações de consumo, preço e mista, em relação ao padrão são, respectivamente:
a) R$ 1.600,00 desfavorável, R$ 2.200,00 favorável e R$ 200,00 desfavorável.
b) R$ 1.600,00 favorável, R$ 2.400,00 desfavorável e R$ 400, 00 favorável.
c) R$ 2.400,00 favorável, R$ 1.600,00 desfavorável e R$ 800,00 desfavorável.
d) R$ 3.800,00 favorável, R$ 2.400,00 desfavorável e R$ 1.400,00 desfavorável.
e) R$ 4.000,00 desfavorável, R$ 3.000,00 favorável e R$ 1.000,00 favorável.

4. (Agência Nacional de Petróleo/Fundação Cesgranrio – Questão Retificada) A Alva Indústria de Roupas Ltda., que adota o custo padrão, verificou, em fevereiro de 2004, que a mão de obra direta efetivamente consumida foi de 100 horas superior ao padrão estabelecido de 1.200 horas, e que o custo despendido com essa mesma mão de obra direta, por unidade de tempo, ficou R$ 25,00 abaixo do valor previsto de R$ 145,00 por hora. Considerando as anotações da produção, feitas pela Alva Indústria de Roupas, a variação de eficiência ocorrida, em fevereiro de 2004, em reais foi:
   a) 18.000,00 desfavorável
   b) 14.500,00 desfavorável
   c) 12.000,00 desfavorável
   d) 2.500,00 favorável
   e) 30.000,00 favorável

5. (INFRAERO – Contador/Fundação Carlos Chagas) Não deve ser confundido com o custo orçado ou estimado o montante que a empresa determina que um produto ou a operação de um processo por um período de tempo deveria custar, com base em certas condições presumidas de eficiência, de situações econômicas e de outros fatores. Esta afirmação refere-se ao sistema de custeio
   a) Por absorção
   b) Variável direto
   c) Por atividade
   d) Médio
   e) padrão

6. (PETROBRAS – Contador(a) Júnior/Fundação Cesgranrio) A Cia. Chicago Celulose S.A. utiliza o sistema de controle denominado Custo-padrão. No mês de maio de 2009 apresentou, em reais, os seguintes resultados:

ITENS	CUSTO-PADRÃO (previsão)	CUSTO REAL
Matéria-prima	0,20 kg a 8,00/kg = 1,60	0,19 kg a 8,50/kg = 1,615
Mão de Obra Direta	0,8 h a 20,00/h = 16,00	0,9 h a 20,10/h = 18,09
CIF Variáveis	1,20	1,25
CIF Fixos	22.200,00	22.848,00
Unidades Produzidas	12.000 u	11.900 u

Informações adicionais:
- A empresa adota a análise de variações de matéria-prima em quantidade, preço e mista, e na mão de obra direta em eficiência, taxa e mista.
- As variações devem ser apresentadas em valores unitários.
- As variações podem ser favoráveis ou desfavoráveis.

Considerando apenas as informações dadas, a variação de preço da matéria-prima montou, em reais, a
   a) 0,15 desfavorável
   b) 0,12 desfavorável
   c) 0,10 desfavorável
   d) 0,08 favorável
   e) 0,10 favorável

7. (Agência Nacional do Petróleo/Fundação Cesgranrio) Dados extraídos da contabilidade de custos da Empresa Neve & Geada Ltda.:

ITENS	CUSTO PADRÃO	CUSTO REAL
Matéria-prima X	2,50kg a 3,00/kg = 7,50	2,55kg a 3,10/kg =7,905
Mão de Obra Direta	0,5h a 8,00/h = 4,00	0,6h a 7,90/h = 4,74
Custos Indiretos de Produção Variáveis	2,00 por unidade	2,10 por unidade
Custos Indiretos de Produção Fixos	1.200.000,00	1.150.000,00
Unidades Produzidas	60.000 u	58.500 u

Sabe-se que o estudo das variações do custo padrão em relação aos custos indiretos de produção (CIP) contempla a variação de volume e a variação de custos.

Com base nos dados acima, a variação de volume, identificada nos custos indiretos de produção variáveis, em reais, foi
a) 3.000,00 desfavorável
b) 2.850,00 desfavorável
c) 2.850,00 favorável
d) 3.000,00 favorável
e) 5.850,00 favorável

8. (PETROBRAS – Contador(a) Júnior/Fundação Cesgranrio) A Indústria de Perfumes Bom Odor Ltda. utiliza o custo padrão para controle de seus custos. Em maio de 2010, foram extraídos os seguintes dados de sua contabilidade de custos:

Produção prevista:	500.000 unidades
Custos fixos previstos:	R$ 1.000.000,00
Unidades produzidas:	490.500 unidades
Custos fixos incorridos:	R$ 975.000,00

Considerando-se exclusivamente as informações acima, a variação de custo entre custo padrão e o realizado foi, em reais, de
a) 19.000,00 D
b) 19.000,00 F
c) 11.000,00 D
d) 6.000,00 D
e) 6.000,00 F

9. (Transpetro – Contador(a) Júnior/Fundação Cesgranrio) Determinada indústria, que planeja e controla seus custos utilizando o custo padrão, apresentou as seguintes informações referentes a um determinado período produtivo:

Elementos	Custo padrão por unidade		Custo total por unidade	
Matéria-prima	12 kg	R$ 15,00	11 kg	R$ 17,00
Mão de obra direta	2 h	R$ 8,00	3 h	R$ 7,00
Embalagens	10 fl	R$ 1,20	9 fl	R$ 1,25

Considerando exclusivamente as informações recebidas e a boa técnica conceitual do custeio padrão, constata-se que, pelo método das três variáveis, a variação de preço da matéria-prima foi, em reais, de
a) 7,00 desfavoráveis
b) 15,00 desfavoráveis
c) 24,00 desfavoráveis
d) 15,00 favoráveis
e) 24,00 favoráveis

10. (Auditor Fiscal de Tributos Estaduais – Rondônia/FCC) A empresa Utilidades é produtora de vasilhas plásticas. Para sua linha de baldes de 10 litros, foi estabelecido um padrão de 600 gramas de matéria-prima a um preço de R$ 3,00/kg para cada unidade de balde produzida. Em determinado mês, apurou-se que, para cada balde foram usados 650 gramas de matéria-prima a um preço de R$ 2,80 cada quilo. Na compensação entre padrão e real, a empresa apura três tipos de variações: quantidade, preço e mista. Sendo assim, pode-se afirmar que a variação de quantidade da matéria-prima, em reais, foi
a) 0,01 favorável
b) 0,12 favorável
c) 0,14 desfavorável
d) 0,14 favorável
e) 0,15 desfavorável

11. (Ministério das Cidades/NCE – UFRJ) Observe as afirmativas a seguir:
I. A elaboração de um custo-padrão ideal parte do pressuposto de que não deve haver nenhuma ineficiência.
II. O custo-padrão serve, se bem utilizado, de instrumento psicológico para melhoria do desempenho do pessoal.
III. O sistema por ordem de produção atua na produção em série, em grande quantidade.
Estão corretas:
a) I apenas
b) I e II apenas
c) III apenas
d) I e III apenas
e) II e III apenas

12. (IBGE – Contador/NCE – UFRJ) Quanto ao Custo-Padrão, pode-se afirmar que:
a) Não pode ser utilizado com os custeios por absorção e variável (direto);
b) Não pode ser utilizado com o custeio por absorção;
c) Não pode ser utilizado com o custeio variável (direto);
d) Não precisa necessariamente ser inserido na contabilidade quando a mesma apura o custo real, sendo o custo-padrão comparado com o real extracontabilmente em relatórios especiais;
e) Precisa necessariamente ser inserido na contabilidade quando esta apura o custo real, para que a Receita Federal possa comparar os resultados de ambos.

13. (ELETRONUCLEAR – Auditor/NCE – UFRJ) O Custo Padrão:
    a) Não apresenta diferença para o Custo Real;
    b) Não apresenta diferença para o Custo RKW;
    c) Não apresenta diferença para o Custeio por Absorção;
    d) Pode ser usado com o Custeio por Absorção e o Custeio Variável;
    e) Pode ser usado com o Custeio Real e o RKW.

(Porto de Santos – Contador/Vunesp) Considere os dados a seguir para responder às questões de números 14 e 15.

Considere que a Indústria Vai Vai, para ter controle sobre suas ordens de produção e entrega parcelada, utiliza custo padrão e tem os seguintes registros padrões para um de seus produtos: Materiais diretos (2 unidades a $ 5) $ 10; Mão de obra direta (0,5 hora a $ 10) $ 5; Custos Indiretos de Fabricação (CIF) fixos (0,5 hora a $ 2) $ 1; CIF variáveis (0,5 hora a $ 4) $ 2; Custo unitário padrão $ 18, estimado a taxa de mão de obra a uma atividade esperada de 2.500 horas. Os registros de resultados reais para o período considerados foram: Produção 6.000 unidades; CIF fixos $ 6.000; CIF variáveis $ 10.500; Materiais diretos (11.750 unidades compradas e consumidas) $ 61.100; Mão de obra direta (2.900 horas) $ 29.580.

14. A variação de preço de materiais foi de $
    a) 3.100 favorável
    b) 2.800 desfavorável
    c) 2.550 favorável
    d) 2.350 desfavorável
    e) 1.850 favorável

15. A variação de taxa de mão de obra foi de $
    a) 440 desfavorável
    b) 490 favorável
    c) 530 favorável
    d) 580 desfavorável
    e) 820 favorável

16. (METRÔ – SP – Analista Trainee – Ciências Contábeis/FCC) A Cia. Industrial Nova Esperança utiliza o método do custo padrão. No final do exercício, foi apurado que o preço efetivo de uma matéria-prima foi 5% superior ao padrão e a quantidade utilizada foi 5% inferior ao padrão. É correto afirmar que o custo efetivo
    a) e o custo padrão foram iguais
    b) foi maior que o custo padrão em 5%
    c) foi menor que o custo padrão em 5%
    d) foi maior que o custo padrão em 0,25%
    e) foi menor que o custo padrão em 0,25%

17. **(INFRAERO – Auditor/FCC)** Considere as informações a seguir, relativas aos métodos de custeio:
    I. Se, em um determinado exercício social, uma empresa industrial vender menos unidades do que fabricou nesse período, o lucro obtido pelo método do custeio variável será menor do que pelo método do custeio por absorção.
    II. Em uma determinada empresa industrial que adota o custo-padrão, se a quantidade adquirida de matéria-prima for 10% menor que a estimada e o preço unitário for 10% maior do que o estimado, o custo real da matéria-prima será igual ao custo-padrão.
    III. No custeio por absorção, os custos fixos são lançados diretamente em conta de resultado.
    IV. A legislação do imposto de renda não permite a utilização do método do custeio variável para a determinação do custo dos produtos vendidos das pessoas jurídicas que optarem pela tributação com base no lucro real.

    Está correto o que se afirma APENAS em
    a) I e II
    b) I e IV
    c) II e III
    d) II e IV
    e) III e IV

18. **(METRÔ – SP – Ciências Contábeis/FCC)** A Cia. Industrial Nova Esperança utiliza o método do custo padrão. No final do exercício, foi apurado que o preço efetivo de uma matéria-prima foi 5% superior ao padrão e a quantidade utilizada foi 5% inferior ao padrão. É correto afirmar que o custo efetivo
    a) e o custo padrão foram iguais.
    b) foi maior que o custo padrão em 5%.
    c) foi menor que o custo padrão em 5%.
    d) foi maior que o custo padrão em 0,25%.
    e) foi menor que o custo padrão em 0,25%.

19. **(Fiscal de Rendas – SP/FCC)** A empresa BRfone Ltda. produz somente dois tipos de aparelhos de telefone, telefone preto sem fio e telefone vermelho com fio, cujos preços de venda por unidade, líquidos de tributos, são $60 e $40, respectivamente. Para a produção, a empresa incorre nos seguintes custos:

Custos	Quantidade Consumida	
	Telefone preto	Telefone vermelho
Mão de Obra Direta: $ 10/hora	0,50 hora por unidade	0,35 hora por unidade
Materiais diretos: $ 4/kg	2 kg por unidade	1 kg por unidade

    Sabe-se que a empresa paga comissões de 5% sobre o preço líquido de vendas aos vendedores. Com base nessas informações, a soma dos custos e despesas variáveis incorridos para a produção de cada unidade dos produtos telefone preto e telefone vermelho, respectivamente, é, em $,
    a) 8,00 e 5,50.
    b) 11,00 e 6,00.
    c) 13,00 e 7,50.
    d) 16,00 e 9,50.
    e) 17,00 e 16,00.

20. **(Fiscal de Rendas – SP/FCC)** Considere as seguintes equações:

    Equação 1 – Quantidade Padrão × Preço Real

    Equação 2 – Quantidade Padrão × Preço Padrão

    Na análise de variações dos materiais diretos, pelo critério que se quantifica a variação mista, uma terceira Equação resultante da subtração da Equação 1 pela Equação 2, nesta ordem, indica

    a) a variação de preço
    b) a variação de quantidade
    c) a variação de consumo
    d) o custo real
    e) a identificação do consumo

21. **(Agente Fiscal de Rendas – SP/Fundação Carlos Chagas)** Uma empresa utiliza em sua contabilidade o sistema de Custo Padrão. Ao final do mês, apurou uma variação de ociosidade de mão-de-obra direta.

Itens	Custo padrão	Custo real
Capacidade instalada	15.000 horas	
Consumo de horas p/ unidade	3 horas	2,5 horas
Taxa horária	R$ 4,00	R$ 5,50
Produção planejada	5.000 unidades	
Produção real		4.000 unidades
Total de gastos planejados	R$ 60.000,00	
Total de gastos reais		R$ 55.000,00

    Tomando como base as informações contidas no quadro acima, o valor da variação de ociosidade, em R$, foi

    a) 5.000 positiva
    b) 5.000 negativa
    c) 10.000 negativa
    d) 15.000 negativa
    e) 20.000 negativa

22. **(PETROBRAS – Contador(a) Júnior/Fundação Cesgranrio)** Um dos critérios mais eficientes de controle de custos é o custo padrão, em virtude do detalhamento com que é determinado e verificado após a apuração dos custos reais. Na fase de comparação entre padrão e real, a mão de obra direta deve ser analisada em relação a três variações. Essas variações são

    a) quantidade, preço e mista
    b) quantidade, eficiência e volume
    c) quantidade, preço e volume
    d) eficiência, taxa e mista
    e) volume, eficiência e custo

23. **(Cursos de Formação de Oficiais do QC – Contador/Escola de Administração do Exército)** A Empresa ALFA fixou o custo-padrão da matéria-prima de seu novo produto alimentício conforme detalhado abaixo:

    Matéria-prima 55 kg/caixa × R$ 8,00/ kg = R$ 440,00.

    O produto foi lançado no mercado e no final do mês apurou-se, quanto ao gasto real de matéria-prima, o seguinte:

    Matéria-prima 60 kg/caixa × R$ 7,80/kg = R$ 468,00.

    Com base nos dados acima, pode-se afirmar que a variação do custo, tendo em vista a quantidade de matéria-prima, foi de:

    a) R$ 0,00 (zero).
    b) favorável de R$ 40,00.
    c) favorável de R$ 39,00.
    d) desfavorável de R$ 39,00.
    e) desfavorável de R$ 40,00.

24. **(Cursos de Formação de Oficiais do QC – Contador/Escola de Administração do Exército)** Com relação à questão anterior, pode-se afirmar que a variação mista foi de:

    a) R$ 0,00 (zero).
    b) favorável de R$ 1,00.
    c) favorável de R$ 2,00.
    d) desfavorável de R$ 2,00.
    e) desfavorável de R$ 3,00.

Gabarito

1.c	7.d	13.d	19.d
2.a	8.e	14.d	20.a
3.b	9.c	15.d	21.e
4.b	10.e	16.e	22.d
5.e	11.b	17.b	23.e
6.c	12.d	18.e	24.b

Soluções Comentadas

Exercício 1

CP = 1.000 h × R$ 1,00/h = R$ 1.000,00

CR = 1.100 h × R$ 0,90/h = R$ 990,00

Variação Total = CP – CR = R$ 1.000,00 – R$ 990,00 = R$ 10,00

Exercício 2

Item	CUSTO REAL (CR)	CUSTO PADRÃO (CP)	VARIAÇÃO (CR – CP)
MDA	102.000,00	2.000 × 50,00 = 100.000,00	+ 2.000,00 D
MOD	77.500,00	2.000 × 40,00 = 80.000,00	– 2.500,00 F
CIF	75.000,00	2.000 × 35,00 = 70.000,00	+ 5.000,00 D
TOTAL	254.500,00	250.000,00	+ 4.500,00 D

Visto que a VARIAÇÃO TOTAL foi positiva em R$ 4.500,00, ou seja, desfavorável em 4.500,00, os saldos das contas de variações, se desfavoráveis, serão devedores e, se favoráveis, serão credores. Logo para o ENCERRAMENTO dessas contas, deve-se creditar as contas de variações desfavoráveis e debitar as contas de variações favoráveis. Dessa forma, no encerramento, a conta "Variação do Material Direto" será creditada em 2.000,00, a conta "Variação da Mão de Obra Direta" será debitada de 2.500,00 e a conta "Variação dos Custos Indiretos" será creditada de 5.000,00.

Com relação às contas "Produtos Acabados" e "Custo do Produto Vendido", dado que a VARIAÇÃO TOTAL é positiva (desfavorável) de 4.500,00, essas serão debitadas nas respectivas proporções. Assim, visto que foram produzidos 2.000 canivetes e vendidos 1.600, sobraram no estoque 400. Logo, 80% da variação total (80% 4.500,00 = 3.600,00) serão debitados na conta "Custo do Produto Vendido" e 20% de 4.500 = 900,00 serão debitados na conta "Produtos Acabados". Por fim, teremos o seguinte lançamento de encerramento das variações:

D – Custo do Produto Vendido 3.600,00
D – Produtos Acabados 900,00
D – Variação da Mão de Obra Direta 2.500,00
C – Variação do Material Direto 2.000,00
C – Variação dos Custos Indiretos 5.000,00

Ou

Diversos
a Diversos
Custo do Produto Vendido 3.600,00
Produtos Acabados 900,00
Variação da Mão de Obra Direta . . . . 2.500,00 .... 7.000,00
a Variação do Material Direto.. 2.000,00
a Variação dos Custos Indiretos . . . . 5.000,00 .... 7.000,00

Exercício 3
- VQ (20 un.) = (20 × 50 kg – 20 × 60 kg) × R$ 8,00/kg = – R$ 1.600,00 F
- VP (20 un.) = (R$ 10,00/kg – R$ 8,00/kg) × 20 × 60kg = + R$ 2.400 D
- VM (20 un.) = (20 × 50 kg – 20 × 60 kg) × (R$ 10,00/kg – R$ 8,00/kg) = – R$ 400 F

Exercício 4
VE = (HR – HP) × TP = (1.300 h – 1.200 h) × R$ 145,00/h = + R$ 14.500,00 D

Exercício 5
Embora existam 3 tipos de CUSTO PADRÃO (ideal, estimado e corrente), o custo padrão propriamente dito é o CORRENTE, dado que é aquele estabelecido como meta a ser atingida a curto e médio prazos. No caso do custo estimado, também chamado orçado, apesar de ser um tipo de custo padrão, não é o que se pode chamar de custo padrão propriamente dito.

Exercício 6
VP = (PR – PP) × QP = (8,50 – 8,00) × 0,2 = 0,10 (positiva ou desfavorável)

(Resposta: opção c)

Comentário extra: A VP das 11.900 unidades seria de 0,10 × 11.900 = 1.190 D

Exercício 7
- CIF Padrão ao nível Real = 2,00 × 58.500 + 1.200.000 = 1.317.000
- CIF Padrão ao nível Padrão = 2,00 × 60.000 + 1.200.000 = 1.320.000

> VV CIF = CIF Padrão ao nível Real − CIF Padrão ao nível Padrão

VV CIF = 1.317.000 − 1.320.000 = − 3.000 (negativa ou favorável)

Exercício 8
CIF Real = 975.000,00

CIF Padrão ao nível Real = (1.000.000,00 ÷ 500.000) × 490.500 = 981.000,00

> VC CIF = CIF Real − CIF Padrão ao nível Real

VC CIF: Variação de Custo dos Custos Indiretos de Fabricação

VC CIF = 975.000,00 − 981.000,00 = − 6.000,00 ou 6.000,00 F (Favorável)

Exercício 9
VP = (PR − PP) × QP = (R$ 17/kg − R$ 15/kg) × 12kg = + R$ 24 D

Exercício 10
VQ = (QR − QP) × PP = (0,65 kg − 0,60 kg) × R$ 3/kg = + R$ 0,15 D

Exercício 11
I. CERTO. Como o nome já sugere, o custo padrão IDEAL é aquele que pressupõe a eficiência total, como o mínimo de desperdício de materiais e máximo aproveitamento da mão de obra.

II. CERTO. Segundo Eliseu Martins em sua obra Contabilidade de Custos 9ª edição, uma outra grande finalidade do custo padrão, decorrente da adoção de qualquer base de comparação fixada para efeito de controle, é o efeito psicológico sobre o pessoal. Assim, por exemplo, as pessoas responsáveis pela análise da diferença entre o custo padrão e o custo real, conscientes de que aquele é passível de ser obtido, estarão provavelmente interessadas (psicologicamente estimuladas) na averiguação das divergências e sua eliminação.

III. ERRADO. O sistema por PROCESSO de produção (e não por ordem de produção) atua na produção em série, em grande quantidade.

Exercício 12

O custo padrão pode ser analisado pela ótica do custeio por absorção ou do custeio variável, podendo ser controlado contabilmente ou extracontabilmente.

Exercício 13

O custo padrão exige que a empresa tenha um bom sistema de custo real, sendo este apurado com base no custeio por absorção ou no custeio variável, conforme a opção da empresa.

Exercício 14

Embora o enunciado da questão não tenha deixado claro se a variação mista foi considerada parte da Variação de Preço (VP) ou não, o gabarito considerou que sim. Desse modo, utilizaremos a seguinte relação:

VP = (PR – PP) × QR

- -

PR: Preço Real = $ 61.100 ÷ 11.750 = $ 5,20

PP: Preço Padrão = $ 5,00

QR: Quantidade Real = 11.750 unidades

Nota: Caso não fosse considerada a variação mista como parte da variação de preço, então a diferença PR – PP seria multiplicada pela Quantidade Padrão (QP), em vez da Quantidade Real (QR).

VP = ($ 5,20 – $ 5,00) × 11.750 = + $ 2.350 (positiva ou desfavorável)

Exercício 15

Do mesmo modo que na questão anterior, no cálculo da Variação de Taxa (VT) foi considerada a variação mista como integrante da VT. Desse modo, utilizaremos a seguinte relação:

VT = (TR – TP) × HR

TR: Taxa Real = $ 29.580 ÷ 2.900 = $ 10,20/h

TP: Taxa Padrão = $ 10,00/h

HR: Quantidade de Horas Reais = 2.900 h

Nota: Caso não fosse considerada a variação mista como parte da variação de taxa, então a diferença TR – TP seria multiplicada pela Quantidade de Horas Padrão (HP), em vez da Quantidade de Horas Reais (HR).

VT = ($ 10,20/h – $ 10,00/h) × 2.900 h = + $ 580 (positiva ou desfavorável)

Exercício 16

Sendo P = Preço e Q = Quantidade, teremos:

- CUSTO PADRÃO (total) = P × Q
- CUSTO REAL (total) = 1,05P × 0,95Q = 0,9975P × Q = 99,75% CUSTO PADRÃO

Por fim, concluímos que se o Custo Real é 99,75% do Custo Padrão, então aquele é 0,25% menor que este.

Exercício 17

I. CERTO. Se, por exemplo, para fabricar 10 unidades de determinado produto, gastou-se R$ 300 e custos variáveis e R$ 100 de custos fixos, caso fossem vendidas apenas 4 unidades do produto a R$ 65 cada, teríamos:
- Pelo custeio por absorção: Lucro = 65 × 4 – [300 + 100] ÷ 10 × 4 = 200
- Pelo custeio variável: Lucro = 65 × 4 – [300] ÷ 10 × 4 – 100 = 140

Observemos que no custeio por absorção os custos fixos são apropriados ao resultado proporcionalmente à quantidade vendida, ao passo que no custeio variável tais custos são integralmente apropriados ao resultado como despesas, mesmo não sendo todas as unidades vendidas, razão pela qual o lucro no custeio variável é o menor.

II. ERRADO. Admitindo que Custo Padrão = Preço × Quantidade (CP = P × Q), caso haja uma quantidade 10% menor (0,9Q) e um preço 10% maior (1,1P), o Custo Real seria 1,1P × 0,9Q = 0,99 P × Q = 99% P × Q, ou seja, 1% menor que o Custo Padrão.

III. ERRADO. Conforme já comentado no item I, é no custeio por VARIÁVEL que os custos fixos são lançados diretamente em conta de resultado.

IV. CERTO. O custeio variável, além de subavaliar o resultado, dado que os custos fixos são integralmente apropriados como despesas independentemente da venda dos produtos, subavaliando, assim, o imposto de renda, também contraria o princípio contábil da confrontação das despesas com as receitas, visto que mesmo não havendo a receita de venda dos produtos, as despesas são apropriadas ao resultado.

Exercício 18

- HR (Horas Reais) = 2,5 h × 4.000 = 10.000 h
- HP (Horas Padrão) = 3 h × 5.000 = 15.000 h
- TP (Taxa Padrão) = R$ 4/h

Variação de Ociosidade (ou de Eficiência) = (HR – HP) × TP

= (10.000 – 15.000) × 4 = – 20.000

Exercício 19

- Custos e despesas variáveis (preto) = ($ 10 × 0,5) + ($ 4 × 2) + 5% $ 60 = $ 16
- Custos e despesas variáveis (vermelho) = ($ 10 × 0,35) + ($ 4 × 1) + 5% $ 40 = $ 9,5

Exercício 20

Equação 1 – Equação 2 = QP × PR – QP × PP = (PR – PP) × QP = Variação de Preço

Exercício 21

CP = P × Q

CR = 1,05P × 0,95Q = 0,9975P × Q = 99,75% P × Q (0,25% menor ao CP)

Exercício 22

O que na análise das variações dos MATERIAIS chamamos de variação de QUANTIDADE, variação de PREÇO e variação MISTA, na análise das variações da MÃO DE OBRA chamamos, respectivamente, de variação de EFICIÊNCIA (ou Ociosidade), variação de TAXA e variação MISTA (essa última tem o mesmo nome).

Análise das Variações dos Materiais	Análise das Variações da Mão de Obra Direta
Variação de Quantidade	Variação de Eficiência
Variação de Preço	Variação de Taxa
Variação Mista	Variação Mista

Exercício 23

VQ = (QR − QP) × PP

- - - - - - - - - - - - - - - -

VQ = (60 kg − 55 kg) × R$ 8,00/kg = + R$ 40 (Desfavorável)

Exercício 24

VM = (PR − PP) × (QR − QP)

- - - - - - - - - - - - - - - - - - - -

VM = (R$ 7,80/kg − R$ 8,00/kg) × (60 kg − 55 kg) = − R$ 1,00 (Favorável)

Capítulo 10

Questões do Cespe/UnB

(Auditor-Fiscal da Previdência Social – Itens 1 a 5) Julgue os seguintes conceitos aplicados à área de custos.

1. Gasto é o sacrifício financeiro com que a entidade arca para a obtenção de um produto ou serviço qualquer, sacrifício este representado pela entrega ou promessa de entrega de ativos.

2. Custeio por absorção é o método que consiste na apropriação de todos os custos de produção aos bens elaborados, e somente os de produção.

3. Custo indireto de fabricação é o custo que não depende de critério de rateio ou outro estimativo para sua apropriação ao custo do produto.

4. Todos os custos diretos são custos primários.

5. O RKW é o método de alocação de custos aos produtos o qual considera todos os custos, diretos e indiretos, e as despesas, exceto as de vendas e as financeiras.

(Auditor-Fiscal da Previdência Social – Itens 6 a 10) Com relação aos custos para a decisão, julgue os itens que se seguem.

6. O custeio variável é a forma de apropriação de custo aos produtos que considera apenas os custos variáveis, de maneira que a depreciação ou aluguel do prédio da fábrica deve ser registrado diretamente como despesa.

7. O conceito de margem de contribuição é importante para auxiliar a gerência na identificação da real rentabilidade de um produto, entre outros, em uma mesma linha de produção, considerando todos os custos envolvidos, inclusive os da administração geral.

8. O conceito de margem de contribuição é de grande importância para a administração nas decisões sobre o preço de um produto e o melhor aproveitamento da capacidade instalada.

9. Quando não há limitação na capacidade produtiva, o produto mais rentável é o que apresentar maior margem de contribuição por unidade.

10. Havendo limitação na capacidade produtiva, os custos fixos não produzem valores finais de lucros unitários válidos para a decisão, se forem alocados em proporção ao que cada produto utilizar do fator de limitação da capacidade produtiva.

(Auditor-Fiscal da Previdência Social – Itens 11 a 15) Acerca de produção por ordem e produção contínua, julgue os itens a seguir.

11. As empresas de telefonia, de energia elétrica e petroquímicas, nas suas atividades operacionais de prestação de serviços ou industriais, são clássicos exemplos de produção por ordem.

12. Tanto na produção por ordem como na produção contínua, os custos indiretos são acumulados nos diversos departamentos para depois serem alocados aos produtos.

13. Havendo danificação e perda de uma ordem de produção inteira ou em estado adiantado de produção, de valor relevante, o tratamento contábil mais adequado é a baixa direta para a perda do período.

14. O conceito de equivalente de produção é utilizado para apuração dos custos unitários na produção por ordem.

15. As perdas normais dos processos produtivos devem ser separadas contabilmente, para apropriação como retificação das receitas em cada período, permitindo uma avaliação mais adequada dos resultados pela gerência.

(Auditor-Fiscal da Previdência Social – Itens 16 a 20) Os conceitos de custos para a avaliação dos estoques consagram o custeamento por meio de dois métodos: o custeio por absorção e o variável (também chamado de custeio direto), que se diferenciam no reconhecimento dos custos fixos de produção. Em consonância com esse entendimento, é correto afirmar-se que

16. Custeio por absorção engloba todos os custos variáveis, tratando os custos fixos como despesas.

17. Custeio direto fere os princípios fundamentais de contabilidade, em especial, o regime de competência.

18. Custeio direto não é aceito pelo fisco, por antecipar o reconhecimento de despesas.

19. Custeio por absorção não é aceito pelo fisco, por postergar o reconhecimento de receitas.

20. Custeio por absorção atende os princípios fundamentais de contabilidade, por incluir todos dos custos necessários para serem confrontados com a receita, por ocasião da venda do produto.

(Auditor-Fiscal da Previdência Social – Item 21)

21. Os encargos financeiros, apurados segundo o regime de competência, decorrentes de financiamentos para aquisição de matérias-primas devem ser apropriados diretamente aos custos de produção.

(Fiscal de Tributos Estaduais – Alagoas) – Itens 22 a 25.

Empresa Z	
capacidade de produção (em unidades)	400.000
nível de produção atual (em unidades)	350.000
custo e despesas unitários variáveis (em R$)	2,80
custo e despesas fixos total (em R$)	320.000
Preço de venda (em R$)	4,20

A respeito de contabilidade avançada e dos dados da empresa Z, apresentados no quadro acima, julgue os itens que se seguem.

22. A margem de contribuição unitária para a empresa Z é menor que R$ 1,30.

23. Para a empresa Z, o ponto de equilíbrio é alcançado com menos de 230.000 unidades.

24. Caso a empresa Z apresente um crescimento em 20% nas suas vendas e de 10% nas suas despesas, deverá, certamente, apresentar lucro no período.

25. A empresa Z poderia vender as 50.000 unidades correspondentes à sua capacidade ociosa por R$ 3,00 e, ainda sim, aumentaria o seu resultado positivo.

(Fiscal de Tributos Estaduais – Alagoas) – Itens 26 a 30

A respeito da contabilidade de custos, julgue os itens subsequentes.

26. Aluguel e depreciação pelo método linear são dois exemplos de custos indiretos, incluídos nos gastos gerais de fabricação, para apropriação aos produtos por meio de critério de rateio.

27. O custo departamental é relevante para a qualidade do rateio de gastos indiretos de fabricação de produtos diversos, quando se tratar de uma indústria com mais de um processo de fabricação.

28. Em um período de inflação elevada, o custo das mercadorias vendidas apurado segundo o critério de avaliação de estoques PEPS deve apresentar valor maior do que aquele que seria apurado, caso se adotasse o critério UEPS.

29. Um produto que receba mais custo de mão de obra direta que outro em um mesmo processo deverá, obrigatoriamente, receber proporção maior de gastos indiretos de fabricação.

30. O sistema de custeio por absorção é utilizado, principalmente, para atender necessidades gerenciais; o custeio direto ou variável, para preparar o custo de estoques e de produtos vendidos das demonstrações contábeis oficiais objeto de divulgação.

(Polícia Federal – Perito) – Item 31.

Uma empresa que utiliza o custeio por processo iniciou, em junho, a produção de 7.500 unidades de determinado produto. No final desse mesmo mês, restavam 300 unidades a serem concluídas. As unidades equivalentes (UEs) às unidades semiacabadas foram calculadas em 200 unidades referentes ao custo de materiais e 100 unidades referente ao custo de conversão. Esses custos são, respectivamente, R$ 12 e R$ 8 por UE. Com base nessas informações e considerando que a empresa adota o método da média ponderada, julgue o item abaixo.

31. O custo das unidades semiacabadas a serem apropriadas ao final de junho é superior a R$ 3.000,00.

(Polícia Federal – Perito) – Item 32.

	Varejo	Venda direta
receitas	370.000	500.000
custos variáveis		
custo dos produtos vendidos	200.000	220.000
comissões	10.000	20.000
custos fixos		
propaganda	20.000	20.000
depreciação do depósito	25.000	15.000
salário dos diretores	30.000	30.000
outras despesas	40.000	40.000

Considere que uma empresa que atualmente comercialize suas mercadorias por meio de uma rede varejista, esteja avaliando para realizar a comercialização alternativamente, por venda direta. Considere, ainda, que o gerente comercial tenha levantado os valores envolvidos nessas duas alternativas e construído a tabela acima. Com base nessas informações, julgue o próximo item.

32. A soma dos custos incrementais a serem tomados nessa decisão é superior a R$ 105.000.

(Petrobras – Contador(a) Júnior) – Itens 33 a 42.

Acerca dos conceitos, sistemas, procedimentos, comportamentos, finalidade e utilização de custos nas empresas, julgue os itens a seguir.

33. Ao valor dos estoques, bem como aos demais ativos, devem ser incorporados todos os gastos incorridos para colocá-los em condições de venda, consumo ou uso nas atividades operacionais da empresa, tais como transporte, seguros, armazenagem e impostos de importação.

34. Estoques iniciais superavaliados reduzem o custo do produto vendido (CPV) e aumentam o resultado; caso sejam subavaliados, aumentam o CPV e diminuem o resultado.

35. O regulamento do imposto de renda estabelece que, para as empresas que tenham sistemas de custos integrados e coordenados com o restante da escrituração, o valor dos bens existentes no encerramento do período base poderá ser o custo médio ou dos bens adquiridos ou produzidos nas datas mais antigas.

36. O custo de oportunidade é um custo verdadeiro, no sentido de representar quanto está sendo o sacrifício da empresa ao optar por investir em determinado empreendimento em detrimento de outro. Apesar de não ser contabilizável, esse tipo de custo obrigatoriamente tem de ser considerado na análise de decisões.

37. As despesas variáveis integram o cálculo da margem de contribuição, conceito fundamental na utilização de custos para subsidiar o processo decisório, porém não são agregadas ao produto para fins de avaliação dos estoques, a menos que a empresa utilize o custeio variável.

38. Nas decisões de precificação de dentro para fora, o ponto de partida é o custo do bem ou serviço, apurado de acordo com um determinado critério de custeio, agregando-se a esse custo o *mark-up*, que consiste numa margem exatamente igual ao lucro desejado pelos administradores.

39. No custeio variável, sob a alegação de que ocorrerão independentemente do volume de produção da empresa, os custos fixos recebem o mesmo tratamento das despesas, ou seja, são contabilizadas diretamente a débito de conta de resultado.

40. No custeio padrão, os custos são apropriados à produção não pelo seu valor efetivo, mas sim por uma estimativa do que deveriam ser. As eventuais diferenças entre o custo padrão e o custo real são objeto de análise da contabilidade de custos, com o objetivo do controle dos gastos e de medida de eficiência. Esse tipo de custeio só é compatível com o custeio pleno – por absorção.

41. No custeio pleno ou por absorção, todos os custos, sejam eles fixos ou variáveis, são apropriados à produção do período. Entretanto os gastos não fabris – despesas – são contabilizados diretamente contra o resultado do período.

42. Estruturas diferenciadas em termos de composição de custos e despesas, fixos e variáveis, provocam diferentes condições de resistência a oscilações nos volumes e preços de venda.

(Polícia Federal – Perito Criminal) – Itens 43 e 44.

43. Na avaliação dos estoques de uma empresa, as expressões custo de produção do período, custo da produção acabada e custo dos produtos vendidos não são sinônimas e não há nenhuma relação obrigatória entre seus valores. Assim, o somatório desses custos pode ser maior ou menor que o outro em cada período, dependendo das circunstâncias.

44. Ao adotar o custeio padrão, uma empresa deve apropriar os custos à produção pelo seu valor efetivo. Além disso, só poderá compatibilizar o custeio dado com o custeio pleno (custeio por absorção).

(Auditor-Fiscal da Prefeitura de Boa Vista – Roraima) – Itens 45 a 49.
Julgue os itens seguintes relativos à contabilidade de custos.

45. A margem de contribuição é a diferença entre os custos fixos e os custos variáveis.

46. No custeamento variável, considera-se que os custos fixos são custos do período e não custos do produto.

47. Os custos por ordem são registrados em contas que representam as diversas linhas de produção, encerradas sempre ao fim de cada período contábil.

48. Os custos contínuos são acumulados em uma conta específica para cada ordem ou encomenda, que só para de receber custos quando a ordem estiver encerrada.

49. Se uma empresa possui custos fixos de R$ 4.000,00 e produz determinado item por R$ 12,00 (custo variável), vendendo-o no mercado por R$ 20 (preço de venda), então ela necessita vender 500 unidades do produto para manter o ponto de equilíbrio.

(Petrobras – Contador Júnior) – Itens 50 a 54

Capacidade de produção, em unidades	500.000
Nível de produção atual	300.000
Custo unitário variável (mão de obra e matéria-prima)	R$ 2,35
Custo fixo total mensal	R$ 300.000
Preço de venda líquido de tributos	R$ 4,00

Considerando os dados apresentados no quadro acima, referentes a uma empresa que tem um único produto em linha de produção, julgue os itens a seguir.

50. Aumentando a sua produção até o limite da capacidade instalada (500.000 unidades) e mantendo o preço atual, o lucro bruto da companhia seria levado para um valor superior a R$ 520.000,00.

51. Caso as 200.000 unidades adicionais fossem vendidas a R$ 2,50, não haveria aumento do lucro bruto da companhia, em relação à situação inicial.

52. O preço de venda de equilíbrio (lucro bruto igual a zero), utilizando a capacidade total, é igual a R$ 2,95.

53. O ponto de equilíbrio, ao preço de venda de R$ 4,00, está entre 200.000 e 220.000 unidades.

54. Caso recebesse proposta para colocação das 200.000 unidades que cabem na sua capacidade de produção, ao preço de R$ 2,65, a empresa não deveria aceitar, porque cairia o lucro bruto.

(Polícia Federal – Perito Criminal) – Itens 55 a 58

A respeito de custos, julgue os itens a seguir.

55. Determinada empresa intensiva em custos fixos, operando a 50% da capacidade instalada, que tenha um custo unitário de R$ 5,00 no conceito por absorção, não poderá aceitar encomenda para ocupar a capacidade ociosa por preço abaixo de R$ 5,00, sob pena de registrar prejuízo na operação.

56. Revelada uma margem de contribuição de determinado produto menor ou igual a zero, ele deve obrigatoriamente ser eliminado da linha de produção, mesmo que participe da formação da margem de contribuição de outro produto da mesma empresa.

57. Conceitualmente, o ponto de equilíbrio de determinado produto é atingido quando a margem de contribuição dele atinge os custos fixos.

58. No sistema de custeio RKW, os custos de depreciação de equipamentos e outros bens de produção devem ser apropriados aos produtos.

(Polícia Federal – Perito Criminal) – Itens 59 a 61

Há diversas classificações possíveis para custos. Entre as mais relevantes, de acordo com sua função administrativa, estão:
- Custos de fabricação (produção) – vinculados ao processo produtivo – que podem ser divididos em material direto, mão de obra direta e custos indiretos;
- Custos não vinculados à fabricação (administrativos) – decorrentes das atividades de apoio – que podem ser as despesas de vendas (despesas associadas à obtenção de vendas e à entrega do produto) ou despesas gerais e administrativas.

Acerca do assunto objeto do texto acima, julgue os itens a seguir.

59. A energia elétrica consumida pelos pontos de luz da fábrica normalmente é considerada como um custo direto.

60. Utilizar melhor a capacidade instalada ou reduzir a ociosidade significa reduzir o custo fixo por produto (unitário).

61. O custo de processamento de dados de uma indústria de calçados deve ser considerado como um custo de fabricação.

Soluções Comentadas:

1. **(CERTO)** Ao comprar mercadorias, por exemplo, uma empresa realiza um GASTO que poderá ser feito com a entrega imediata de um ativo (normalmente dinheiro) ou com a entrega futura de ativos, no caso de o GASTO ser a prazo. O mesmo acontece na aquisição de serviços, que poderá ser um GASTO à vista ou a prazo.

2. **(CERTO)** Como o nome já sugere, o Custeio por ABSORÇÃO é um sistema no qual os produtos fabricados "absorvem" todos os custos de produção, sejam fixos ou variáveis.

3. **(ERRADO)** É o custo DIRETO de fabricação que não depende de critério de rateio e não o indireto.

4. **(ERRADO)** O CUSTO PRIMÁRIO é o somatório da Matéria-Prima Aplicada com a Mão de Obra Direta, os quais são CUSTOS DIRETOS. No entanto, os Materiais Secundários Diretos, por exemplo, não integram o Custo Primário, embora sejam custos diretos.

5. **(ERRADO)** No RKW, conforme já visto no tópico 15.3 do Capítulo 8 da presente obra, que é a sigla originária do alemão (*Reichs**K**uratorium für **W**irtschaftlichkeit*), cuja tradução aproximada para o português é "*conselho administrativo do estado para a eficiência econômica*", é um sistema de alocação de custos e DESPESAS, onde são distribuídos todos os custos de fabricação juntamente com as demais despesas, tais como as de administração e venda, bem como também quaisquer outros tipos de despesas, como, por exemplo as despesas financeiras.

6. **(CERTO)** Como o nome já sugere, no custeio VARIÁVEL, só são considerados custos de produção os custos variáveis, de sorte que os custos fixos, juntamente com as demais despesas fixas, são todos tratados como despesas.

7. **(ERRADO)** Embora o conceito de margem de contribuição seja importante para auxiliar a gerência na identificação da real rentabilidade de um produto, entre outros, em uma mesma linha de produção, no seu cálculo só serão considerados os custos e despesas variáveis de produção, de modo que os custos e despesas fixas não integram o cálculo da margem de contribuição.

8. **(CERTO)** Não havendo limitação da capacidade de produção, os produtos que mais "contribuirão" para o aumento do resultado são aqueles que possuem as maiores margens de contribuição por unidade. Havendo limitação, a margem de contribuição ainda será utilizada, mas de forma relativa, ou seja, os produtos que deverão ser priorizados pela administração de produção serão aqueles que possuírem a maior margem de contribuição dividida pelo fator de limitação.

9. **(CERTO)** Conforme já comentado no item anterior.

10. **(ERRADO)** Em nenhuma hipótese os custos fixos serão considerados para o cálculo da margem de contribuição.

11. **(ERRADO)** As empresas de telefonia, de energia elétrica e petroquímicas, nas suas atividades operacionais de prestação de serviços ou industriais, são clássicos exemplos de produção por PROCESSO (= produção CONTÍNUA), visto que não dependem de encomendas específicas de clientes.

12. **(CERTO)** Independentemente da forma de acumulação de custos, os custos indiretos são primeiramente apropriados aos diversos departamentos para depois serem apropriados aos produtos.

13. **(CERTO)** Havendo danificação e perda de uma ordem de produção inteira ou em estado adiantado de produção, de valor relevante, o tratamento contábil mais adequado é a baixa direta para a perda do período, a qual é considerada DESPESA.

14. **(ERRADO)** O conceito de equivalente de produção é utilizado para apuração dos custos unitários na produção CONTÍNUA (ou por PROCESSO).

15. **(ERRADO)** As perdas ANORMAIS dos processos produtivos devem ser separadas contabilmente, para a apropriação como retificação das receitas (= apropriação como despesas).

16. **(ERRADO)** No custeio por absorção os custos fixos são integrantes do custo de fabricação dos produtos.

17. **(CERTO)** O fato gerador dos custos fixos serem tratados como despesas e apropriados ao resultado é a venda efetiva dos produtos. No custeio direto (ou custeio variável), tais custos são apropriados diretamente ao resultado, mesmo que os produtos não sejam vendidos, contrariando assim o princípio da competência.

18. **(CERTO)** Conforme comentado no item anterior, no custeio direto os custos fixos são tratados como despesas e apropriados ao resultado, mesmo que os produtos não

sejam vendidos. Isso se traduz em dizer que as despesas correspondentes a tais custos foram apropriadas ao resultado antecipadamente, ou seja, antes de ocorrer seus fatos geradores, de modo que o lucro apurado pelo custeio direto é menor do que deveria e, consequentemente, o Imposto de Renda sobre esse lucro também é menor do que o realmente devido pela empresa, caso parte ou totalidade dos produtos não sejam vendidos.

19. **(ERRADO)** O custeio por absorção é o único que é aceito pelo Fisco.
20. **(CERTO)** O custo de fabricação dos produtos no custeio por absorção inclui os custos variáveis e os custos fixos de fabricação. Nesse caso, os custos fixos só integrarão o resultado como despesa quando da venda dos produtos, atendendo assim o princípio da competência.
21. **(ERRADO)** Os encargos financeiros já transcorridos, tais como os juros na aquisição a prazo de matérias-primas, serão apropriados diretamente ao resultado.
22. **(ERRADO)** MC/u = R$ 4,20 – R$ 2,80 = R$ 1,40
23. **(CERTO)** Qc = R$ 320.000 ÷ R$ 1,40 = 228.571 unidades
24. **(CERTO)**
    - Novas vendas = R$ 4,20 × 350.000 × 1,20 = R$ 1.764.000
    - Novas despesas = (R$ 2,80 × 350.000 + R$ 320.000) × 1,10 = R$ 1.430.000

    Visto que as vendas continuam maiores que as despesas, a empresa ainda apresentaria lucro.
25. **(CERTO)** Visto que a Margem de Contribuição Unitária das 50.000 unidades ainda é positiva (R$ 3,00 – R$ 2,80 = R$ 0,20), então a venda das 50.000 unidades contribuiriam para um aumento do resultado de R$ 0,20 × 50.000 = R$ 10.000.
26. **(CERTO)** Em geral, o aluguel da fábrica e a depreciação de máquinas e do prédio da fábrica são custos indiretos, sendo, portanto, apropriados aos produtos indiretamente por meio de critérios de rateio.
27. **(CERTO)** Nos diversos processos de fabricação, cada departamento de produção tem sua participação na atribuição dos custos indiretos, já alocados aos respectivos departamentos, aos produtos fabricados, de sorte que esse fato torna menos arbitrários os critérios de rateio desses custos.
28. **(ERRADO)** Visto que no critério PEPS saem primeiro dos estoques as mercadorias mais antigas e essas, num período de inflação são mais baratas, então o custo das mercadorias vendidas pelo PEPS é o menor de todos os métodos.
29. **(ERRADO)** Isso só ocorreria se os gastos indiretos de fabricação fossem apropriados em razão direta da mão de obra direta. Caso fossem, por exemplo, apropriados em razão direta à matéria-prima consumida, o aumento ou redução seria função das variações nessas matérias-primas e não das variações no custo da mão de obra direta.
30. **(ERRADO)** O sistema de custeio DIRETO ou VARIÁVEL é utilizado, principalmente, para atender necessidades gerenciais; o custeio POR ABSORÇÃO, para preparar o

custo de estoques e de produtos vendidos das demonstrações contábeis oficiais objeto de divulgação.

31. **(CERTO)** Com relação aos materiais, se 300 unidades semiacabadas equivalem a 200 acabadas, então o custo de uma unidade semiacabada será de 2/3 do custo de uma acabada. Assim, o custo unitário de materiais de uma unidade semiacabada valerá R$ 12 × 2/3 = R$ 8.

    Analogamente, com relação ao custo de conversão, que é o somatório da mão de obra direta com os custos indiretos de fabricação, o custo de uma unidade semiacabada equivalerá a 1/3 de uma unidade acabada, ou seja, R$ 8 × 1/3 = R$ 2,67.

    Com isso, o custo de fabricação de cada uma das 300 unidades semiacabadas será de R$ 8 + R$ 2,67 = R$ 10,67.

    Por fim, o custo total de fabricação das 300 unidades semiacabadas será de R$ 10,67 × 300 = R$ 3.200, valor esse maior que R$ 3.000.

32. **(ERRADO)**

    Os custos incrementais serão os R$ 20.000 (= R$ 220.000 – R$ 200.000) do custo dos produtos vendidos, os R$ 10.000 (= R$ 20.000 – R$ 10.000) e a redução de R$ 10.000 na depreciação do depósito, totalizando R$ 20.000 valor esse menor que R$ 105.000.

33. **(CERTO)** Abaixo, reproduzimos os itens 10 e 11 do Pronunciamento Técnico CPC 16 (R1) – Estoques:

    10. O valor de custo do estoque deve incluir todos os custos de aquisição e de transformação, bem como outros custos incorridos para trazer os estoques à sua condição e localização atuais.

    11. O custo de aquisição dos estoques compreende o preço de compra, os impostos de importação e outros tributos (exceto os recuperáveis junto ao fisco), bem como os custos de transporte, seguro, manuseio e outros diretamente atribuíveis à aquisição de produtos acabados, materiais e serviços. Descontos comerciais, abatimentos e outros itens semelhantes devem ser deduzidos na determinação do custo de aquisição.

34. **(ERRADO)** Lembrando da fórmula do Custo dos Produtos Vendidos: CPV = EIPA + EIPP + CP – EFPP – EFPA, observamos que se aumentarmos o valor de EIPA (Estoque Inicial dos Produtos Acabados) ou de EIPP (Estoque Inicial dos Produtos em Processo), o CPV AUMENTARÁ, reduzindo assim o resultado.

35. **(ERRADO)** O regulamento do imposto de renda estabelece que, para as empresas que tenham sistemas de custos integrados e coordenados com o restante da escrituração, o valor dos bens existentes no encerramento do período base poderá ser o custo médio ou dos bens adquiridos ou produzidos nas datas mais RECENTES.

36. **(CERTO)** Suponhamos, por exemplo, que uma empresa tenha duas opções de investimento mutuamente excludentes: Se investir na aplicação X terá um ganho de R$ 12.000; se investir na aplicação Y, terá um ganho de R$ 17.000. Assim, o custo de oportunidade de X é que deixaria de ganhar por não investir em Y, ou seja, R$ 17.000,

e o custo de oportunidade de Y é o que deixaria de ganhar por não investir em X, no caso, R$ 12.000. Se, por exemplo, investisse em X, só iria contabilizar o ganho de R$ 12.000, de sorte que o ganho de Y, que é o custo de oportunidade de X, não seria contabilizado. Em geral, para ser vantajoso investir em qualquer empreendimento, o ganho mínimo deverá ser, pelo menos, igual ao seu custo de oportunidade.

37. **(ERRADO)** Embora seja verdade que as despesas variáveis integram o cálculo da margem de contribuição, em nenhuma hipótese elas integrarão o valor dos estoques, sendo sempre apropriadas ao resultado.

38. **(ERRADO)** Nas decisões de precificação de dentro para fora, o ponto de partida é o custo do bem ou serviço, apurado de acordo com um determinado critério de custeio (custeio variável, custeio por absorção etc.), agregando-se a esse custo o *mark-up*, que cobre os gastos não incluídos nos custos de produção os tributos e comissões e o lucro desejado pelos administradores e **não somente** o lucro desejado pelos administradores

39. **(CERTO)** No custeio variável os custos fixos de produção são tratados contabilmente da mesma forma que as despesas fixas de administração e vendas, sendo apropriados ao resultado integralmente no período em que ocorrerem.

40. **(ERRADO)** O custeio padrão pode ser analisado tanto sob a ótica do custeio por absorção quanto pela ótica do custeio variável.

41. **(CERTO)** No custeio por absorção, todos os custos, sejam fixos ou variáveis, integrarão o custo dos produtos fabricados, exceto as despesas, visto que essas são integralmente apropriadas ao resultado.

42. **(CERTO)** Dependendo do sistema de custeio considerado, os efeitos das oscilações das quantidades vendidas e dos preços de vendas, provocam resultados diferenciados.

43. **(CERTO)** Admitindo que CP seja o Custo de Produção, CPA, o Custo da Produção Acabada, CPV, o Custo dos Produtos Vendidos, MPA, a Matéria-Prima Aplicada, MOD, a Mão de Obra Direta, CIF, os Custos Indiretos de Fabricação, EIPP, o Estoque Inicial dos Produtos em Processo, EIPA, o Estoque Inicial dos Produtos Acabados, EFPP, o Estoque Final dos Produtos em Processo e EFPA, o Estoque Final dos Produtos Acabados, teremos:
    - CP = MPA + MOD + CIF
    - CPA = EIPP + CP − EFPP
    - CPV = EIPA + CPA − EFPA

    Desse modo, concluímos pelas fórmulas acima que não são a mesma coisa e não há uma obrigatoriedade de que sejam maiores ou menores entre si, visto que isso dependerá dos valores das variáveis constantes das fórmulas.

44. **(ERRADO)** Embora no uso do custeio padrão os custos de produção sejam apropriados à produção pelos seus valores efetivos (custos reais), tais custos poderão ser obtidos tanto pela ótica do custeio por absorção quanto pela ótica do custeio variável.

45. **(ERRADO)** A margem de contribuição unitária é a diferença entre o preço unitário de venda e os custos e despesas variáveis unitárias.

46. **(CERTO)** Ao passo que os custos dos produtos são custos de produção, os custos do período são DESPESAS, como é o caso dos custos fixos no custeio variável.
47. **(ERRADO)** Os custos CONTÍNUOS (ou por PROCESSO) são registrados em contas que representam as diversas linhas de produção, encerradas sempre ao fim de cada período contábil.
48. **(ERRADO)** Os custos POR ORDEM são acumulados em uma conta específica para cada ordem ou encomenda, que só para de receber custos quando a ordem estiver encerrada.
49. **(CERTO)** Quantidade no ponto de equilíbrio contábil = R$ 4.000 ÷ (R$ 20 − R$ 12) = 500 unidades.
50. **(CERTO)**

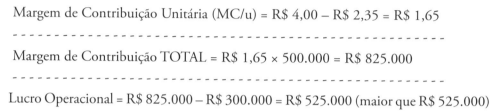

Margem de Contribuição Unitária (MC/u) = R$ 4,00 − R$ 2,35 = R$ 1,65

- -

Margem de Contribuição TOTAL = R$ 1,65 × 500.000 = R$ 825.000

- -

Lucro Operacional = R$ 825.000 − R$ 300.000 = R$ 525.000 (maior que R$ 525.000)

Comentário extra: O que a banca chamou de "Lucro Bruto" nessa questão foi na realidade o "Lucro Líquido" apurado pelo critério do Custeio Variável, induzindo muitos candidatos ao erro na solução dessa questão.

51. **(ERRADO)** Visto que a Margem de Contribuição Unitária (MC/u) é POSITIVA de R$ 2,50 − R$ 2,35 = R$ 0,15, qualquer quantidade que fosse vendida sempre contribuiria para o aumento do lucro da empresa.
52. **(CERTO)** A quantidade no ponto de equilíbrio contábil (Qc) é o quociente entre os Custos e Despesas Fixas totais (R$ 300.000) pela Margem de Contribuição Unitária (com o novo preço de venda), a qual vale R$ 2,95 − R$ 2,35 = R$ 0,60. Assim, Qc = R$ 300.000 ÷ R$ 0,60 = 500.000 unidades (= capacidade total).
53. **(ERRADO)** Qc = R$ 300.000 ÷ (R$ 4,00 − R$ 2,35) = 181.818 unidades
54. **(ERRADO)** Visto que a MC/u seria POSITIVA de R$ 2,65 − R$ 2,35 = R$ 0,30, qualquer quantidade que fosse vendida sempre contribuiria para o aumento do lucro da empresa, de modo que a empresa deveria aceitar o pedido.
55. **(ERRADO)** O custo unitário de um produto, apurado pelo custeio por absorção, inclui, além dos custos variáveis unitários, os custos fixos unitários. Para gerar uma margem de contribuição unitária negativa e, consequentemente, reduzir o resultado de uma empresa seria necessário que o preço de venda do produto estivesse abaixo do custo e despesas variáveis unitárias apuradas pela ótica do custeio variável, visto que não inclui os custos unitários fixos.

56. **(ERRADO)** Um determinado produto que possuísse uma margem de contribuição negativa mas que impulsionasse a venda de outro produto que possuísse margem de contribuição positiva, poderia ou não ser eliminado, dependendo se o resultado final na venda concomitante dos produtos geraria lucro ou prejuízo para a empresa. Assim, por exemplo, se uma empresa vendesse um produto X que possuísse uma margem de contribuição negativa de R$ 4, mas que a venda desse produto obrigasse o consumidor a comprar da mesma empresa um produto Y que possuísse uma margem de contribuição positiva de R$ 9, então o resultado da venda dos dois produtos para a empresa seria uma margem positiva de R$ 5.

57. **(CERTO)** Quando a margem de contribuição total de um produto se iguala aos custos e despesas fixas, para a empresa não haverá lucro nem prejuízo, traduzindo-se isso no ponto de equilíbrio contábil.

Comentário extra: É comum entre autores e bancas de concursos a utilização da expressão "custos fixos" como equivalente a "custos e despesas fixas", ou seja, omitindo a expressão "despesas", visto que consideram os custos fixos dos produtos como custos de produção e as despesas fixas de administração e vendas como custos do período. Daí, esse item 57 afirmar que o ponto de equilíbrio é atingido quando a margem de contribuição total se igualar aos custos fixos. Na realidade, o que a banca quis dizer seria que o ponto de equilíbrio é atingido quando a margem de contribuição total se iguala aos custos e "DESPESAS" fixas. Infelizmente, isso tem induzido de forma desleal os candidatos a errarem questões desse tipo, por interpretarem que faltou a expressão "despesas fixas", de modo que a banca elaboradora, em geral, também não acata os recurso dos candidatos prejudicados por esse tipo de imprecisão de origem doutrinária no enunciado da questão.

58. **(CERTO)** No sistema RKW, no cálculo do custo de fabricação dos produtos, utilizamos o custeio por absorção, no qual são considerados todos os custos, sejam fixos ou variáveis. Feito isso, adicionalmente, somam-se também aos custos de fabricação todas as despesas não vinculadas à fabricação, tais como as despesas de vendas e administrativas. Assim, por exemplo, se na fabricação e venda de determinado produto fossem identificados numa empresa custos fixos de R$ 12, custos variáveis de R$ 25, despesas fixas de R$ 3 e despesas variáveis de R$ 6, o custo de fabricação pelo custeio por absorção seria de R$ 12 + R$ 25 = R$ 37. O custo total (incluindo as despesas) a serem considerados pelo RKW seria de R$ 37 + R$ 3 + R$ 6 = R$ 46.

59. **(ERRADO)** A energia elétrica geral de fábrica normalmente é um custo INDIRETO.

60. **(CERTO)** Quanto maior o volume de produção, menor será o custo fixo UNITÁRIO.

61. **(ERRADO)** O custo de processamento de dados de uma indústria de calçados é uma DESPESA (ou custo do período) e não um custo de fabricação

Rua Alexandre Moura, 51
24210-200 – Gragoatá – Niterói – RJ
Telefax: (21) 2621-7007
www.impetus.com.br

Esta obra foi impressa em papel offset 75 grs/m^2